2026
이동기 공무원 VOCA

New Trend 이동기 영어

저자 및 감수 (주)이앤미래(대표 이동기)

이 책의 머리말

모든 언어 학습의 시작은 어휘입니다. 영어 시험 대비도 마찬가지입니다. 꼭 필요한 어휘를 알고 있어야 어휘를 연결하는 방식인 문법 학습도 이루어질 수 있고, 글을 읽는 방법인 독해 학습도 이루어질 수 있습니다.

그럼 어떤 어휘를 어떻게 선택하여 공부해야 할까?
어떻게 하면 효과적으로 어휘 학습을 할 수 있을까?

아마 누구나 공감하는 두 가지 의문 사항일 것입니다.
그동안 강의와 교재 개발을 통해 내린 결론은 다음과 같습니다.

선별된 어휘

공무원 시험 출제 소관 부서인 인사혁신처는 2025년 공무원 시험부터 영어 과목의 문제 출제 기조의 개편을 공지했고 이에 따라 큰 변화가 있었습니다. 출제 기조의 중요한 키워드 두 가지는 바로 "실제 업무수행에 필요한 실용적인 영어능력을 검증"하겠다는 것과 "암기형 문제를 배제"하겠다는 것입니다. 이를 기반으로 이제부터 어휘 학습은 암기형 문제에 주로 출제되었던 지나치게 학술적인 어휘는 제외하고 실용적인 어휘를 선별하여 학습하는 방향으로 반드시 수정되어야 합니다.

이 교재는 이 새로운 출제 기조에 맞춰 철저하게 선별된 어휘만을 수록했습니다.

모든 영어 시험을 대비함에 있어 가장 기본이 되는 어휘인 교육부 선정 초등학생이 꼭 알아야 할 영단어, 그리고 중고등 영어과 교육과정 및 수능 시험 대비용 어휘라는 기본 어휘를 한 축으로 그동안 공무원 영어 시험에서 출제되었던 기출 문제를 모두 분석하여 시험에 가장 반복되어 사용된 어휘만을 선별하여 수록했습니다. 또한 실제 공무원 업무수행에 필요한 실무 중심의 실용 어휘를 새롭게 선별하여 업무 분야별로 분류하여 수록했습니다.

새로운 시험에 대한 낯섦과 어떤 어휘를 학습해야 할지에 대한 막연함을 잘 이해하고 있기에 이 교재가 어느 때보다도 정확하게 시험을 예상하여 철저히 대비할 수 있도록 도와주는 전문가이자 길잡이가 되리라 믿습니다.

신경향 이동기 공무원 VOCA

반복이란 과정을 통한 암기라는 최고의 결과

그동안 강의를 하면서 여러분께 가장 많이 받은 상담은 어휘 암기에서 느낀 좌절과 어휘 암기 비법에 관한 것입니다. 그동안 어휘 암기에 능했던 여러 학습자들을 만났고 이들은 모두 서로 다른 학습법을 사용하고 있었지만, 공통점은 단 하나, 절대 한 번의 암기로 어휘 학습을 끝내지 않는다는 것입니다. 즉, 반복 학습만이 어휘를 암기할 수 있는 유일한 비법이라고 말할 수 있습니다.

명쾌한 비법을 기대하는 분께는 다소 실망스러운 답일 수 있습니다. 하지만 우리의 뇌는 한번 본 정보를 모두 기억하고 저장하기에는 용량이 충분치 않기에 대부분의 정보는 곧 삭제해 버리고 반복적으로 노출된 정보만 저장할 가치가 있는 정보로 인식하여 저장, 즉 기억하게 되는 것입니다. 여러분이 자주 사용하는 복잡한 비밀번호는 기억하고 있지만, 아주 간단한 어휘도 금방 잊어버리는 것이 그 하나의 예일 것입니다.

이 책에 수록된 '학습 스케줄 추천'을 자세히 읽고 그대로 진행할 것을 권합니다. 초반 학습에서는 원하는 만큼 단어를 암기하지 않았더라도 뒤도 돌아보지 말고 빠르게 진행하시기 바랍니다. 어느 정도 반복 회독이 되면 조금씩 암기가 되고 있다는 희망의 씨앗이 보일 것이며 이는 이후 학습에 대한 충분한 동기부여가 될 것입니다. 이제 이러한 동기부여를 통해 목표하는 시험까지 반복 암기를 지속한다면 여러분은 원하는 결과를 꼭 얻을 수 있을 것입니다.

이 교재를 기획하고 꼭 필요한 어휘를 선별하는 데 그 어떤 교재보다 많은 시간을 들였습니다. 그 땀과 노력의 결과물인 『신경향 이동기 공무원 VOCA』가 여러분의 영어 고득점과 합격의 마중물이 될 것임을 확신합니다.

교재 출간을 위해 수고해 준 이동기 영어교육연구소의 연구원들에게 감사드립니다. 또한 늘 완성도 있는 교재를 출간하기 위해 노력하시는 김지연 대표 이하 지금 출판사 여러분께 다시 한번 감사의 말씀을 드립니다.

2025년 4월
노량진 연구실에서
이동기 씀

학습 스케줄 추천

어휘 암기 비법의 공통점은 반복 학습입니다. 반복 학습만이 어휘를 암기할 수 있는 유일한 공통 비법입니다. 따라서 학습자가 적어도 3~5회 이상 반복 학습하시기를 권장드리며 다음과 같은 구체적인 학습 방법을 제시합니다.

처음 회독 시, **표제어**, **예문**, **Tip**을 암기하면서 단어에 익숙해지기
두 번째 회독 시, **표제어**와 **파생어**를 함께 보면서 단어를 활용하기
세 번째 회독 시, **표제어**, **유의어**, **반의어**를 함께 보면서 단어를 확장하기

빠르게 확인하기 2주 plan (3회독)

주차	1일차	2일차	3일차	4일차	5일차	6일차	7일차
1주차	Day 01~09	Day 10~18	Day 19~27	Day 28~36	Day 37~45	Day 46~54	Day 56~60 1회독완료
2주차	8일차	9일차	10일차	11일차	12일차	13일차	14일차
	Day 01~15	Day 16~30	Day 31~45	Day 46~60 2회독완료	Day 01~20	Day 21~40	Day 41~60 3회독완료

기본기 굳히기 4주 plan (3회독)

주차	1일차	2일차	3일차	4일차	5일차	6일차	7일차
1주차	Day 01~05	Day 06~10	Day 11~15	Day 16~20	Day 21~25	Day 26~30	Day 31~35
2주차	8일차	9일차	10일차	11일차	12일차	13일차	14일차
	Day 36~40	Day 41~45	Day 46~50	Day 51~55	Day 56~60 1회독완료	Day 01~07	Day 08~14
3주차	15일차	16일차	17일차	18일차	19일차	20일차	21일차
	Day 15~21	Day 22~28	Day 29~35	Day 36~42	Day 43~49	Day 50~56	Day 57~60 2회독완료
4주차	22일차	23일차	24일차	25일차	26일차	27일차	28일차
	Day 01~09	Day 10~18	Day 19~27	Day 28~36	Day 37~45	Day 46~54	Day 56~60 3회독완료

신경향 이동기 공무원 **VOCA**

탄탄하게 기본기 다지기   8주 plan (5회독)

	1일차	2일차	3일차	4일차	5일차	6일차	7일차
1주차	Day 01~03	Day 04~06	Day 07~09	Day 10~12	Day 13~15	Day 16~18	Day 19~21
	8일차	9일차	10일차	11일차	12일차	13일차	14일차
2주차	Day 22~24	Day 25~27	Day 28~30	Day 31~33	Day 34~36	Day 37~39	Day 40~42
	15일차	16일차	17일차	18일차	19일차	20일차	21일차
3주차	Day 43~45	Day 46~48	Day 49~51	Day 52~54	Day 55~57	Day 58~60 1회독완료	Day 01~04
	22일차	23일차	24일차	25일차	26일차	27일차	28일차
4주차	Day 05~08	Day 09~12	Day 13~16	Day 17~20	Day 21~24	Day 25~28	Day 29~32
	29일차	30일차	31일차	32일차	33일차	34일차	35일차
5주차	Day 33~36	Day 37~40	Day 41~44	Day 45~48	Day 49~52	Day 53~56	Day 57~60 2회독완료
	36일차	37일차	38일차	39일차	40일차	41일차	42일차
6주차	Day 01~05	Day 06~10	Day 11~15	Day 16~20	Day 21~25	Day 26~30	Day 31~35
	43일차	44일차	45일차	46일차	47일차	48일차	49일차
7주차	Day 36~40	Day 41~45	Day 46~50	Day 51~55	Day 56~60 3회독완료	Day 01~10	Day 11~20
	50일차	51일차	52일차	53일차	54일차	55일차	56일차
8주차	Day 21~30	Day 31~40	Day 41~50	Day 51~60 4회독완료	Day 01~20	Day 21~40	Day 41~60 5회독완료

구성과 특징

PART 1 | 필수 어휘 40 Day ★ 이디엄 5 Day 포함

인사혁신처에서 발표한 출제 기조 전환 예시 문제와 공무원 영어 11개년 빅데이터를 기반으로 반드시 알아야 할 필수 어휘 1,400개와 핵심 이디엄 200개를 엄선했습니다.
Day마다 그날 학습할 40개 어휘를 미리 제시했으니 회독 시 활용하시기 바랍니다.

1 QR 코드 & 베스트 VOCA 사이트

교재 내 수록된 QR 코드를 스캔하여 Day 내 영단어 암기 테스트(60Day)와 Part별 온라인 모의고사(2회분)를 풀어볼 수 있습니다. 이동기 베스트 VOCA 사이트(표제어와 유의어 테스트)와 함께 학습하시기를 권합니다.

2 최빈출 / 중요 / 기본 어휘 & 실용 예문

공무원 영어 필수 어휘를 빈출 및 난이도에 따라 '최빈출 → 중요 → 기본 어휘'로 세분화하였습니다. 또한 출제 기조 변경에 따라 시험에 최적화된 실용 예문으로 전면 새롭게 구성함으로써 실전 능력도 키울 수 있습니다.

3 IDIOM Day

Part 1에서 여덟 번째 Day마다 총 5번에 걸쳐 이디엄 Day를 구성하고, Day마다 40개 이디엄을 배치했습니다. 공무원 시험의 전 영역에서 두루 활용할 수 있는 중요 이디엄과 표현들을 예문과 함께 학습함으로써 그 쓰임과 활용을 쉽게 이해할 수 있습니다.

4 다의어

공무원 영어 시험에 자주 출제되는 35개의 다의어를 Day마다 가장 마지막에 수록하였습니다. 실제 활용도가 높은 다의어 선별과 이에 맞는 예문 구성으로, 어휘의 확장은 물론 실용적인 영어 능력 평가에 효과적으로 학습할 수 있습니다.

신경향 이동기 공무원 VOCA

PART 2) 직무·실용 어휘 20 Day   PART 3) 생활 영어
부록) 공무원 필수 어휘, 기초 어휘, 학문 어휘, 문법 어휘

인사혁신처의 출제 기조 전환 방침과 최근 공무원 9급 시험을 참고하여 공무원 영어 시험 전 영역에서 실무 관련 내용의 문제를 푸는 데 최적화된 800개의 어휘를 세부 직무에 맞게 구성했습니다. 특히 실제 업무 수행에 필요한 어휘 및 예문까지 세심히 반영하여 변화된 출제경향을 적극적으로 반영하였습니다.

5 12개 분야별 직무·실용 어휘

출제 기조 전환 예시 문제와 최근 공무원 9급 시험을 기반으로, 공무원의 직무를 주제별(민원·행정, 정부·정치, 법, 경제·일자리 등 12개 분야)로 분류하고, 분야별 유용한 어휘와 예문을 엄선하여 수록했습니다. 업무 현장의 소재로 활용될 수 있는 표현이 대폭 반영되어 독해 학습에도 효과적입니다.

6 생활 영어의 주제별·상황별 주요 표현

시험에 자주 출제되는 핵심적인 생활영어 표현을 주제별·상황별로 나누어 수록함으로써 생활 영어 영역에서 반드시 알아두어야 할 표현을 시간 효율적으로 학습할 수 있습니다.

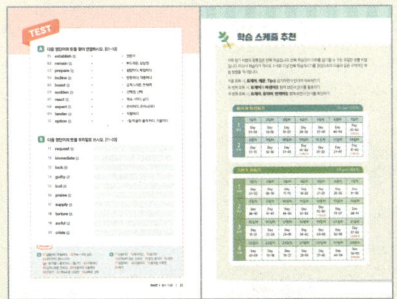

7 Daily Test & 학습 스케줄

Day별로 테스트를 안배하여 학습과 실력 점검을 동시에 하고 취약한 어휘를 스스로 확인할 수 있도록 구성했습니다. 테스트는 찍기의 요행을 배제한 문제들로 배치하여 완벽한 복습 효과를 얻을 수 있습니다. 또한 학습 스케줄을 제공하여 체계적인 어휘 학습이 가능하도록 지원합니다.

8 다양한 부속 어휘

신경향 대비 공무원 업무 수행에 필요한 표현들(65개)을 제일 앞에 위치시키고, 교육부 권장 기초 어휘(1038개), 독해 학술 지문에 도움 되는 학문 어휘(28개), 문법 학습에 도움 되는 문법 어휘(71개)를 권말부록으로 수록하여 공무원 영어 시험의 전 영역을 고루 대비할 수 있도록 했습니다.

차례

PART 01 필수 어휘

DAY 01	14	DAY 21	174
DAY 02	22	DAY 22	182
DAY 03	30	DAY 23	190
DAY 04	38	DAY 24 이디엄 데이	198
DAY 05	46	DAY 25	206
DAY 06	54	DAY 26	214
DAY 07	62	DAY 27	222
DAY 08 이디엄 데이	70	DAY 28	230
DAY 09	78	DAY 29	238
DAY 10	86	DAY 30	246
DAY 11	94	DAY 31	254
DAY 12	102	DAY 32 이디엄 데이	262
DAY 13	110	DAY 33	270
DAY 14	118	DAY 34	278
DAY 15	126	DAY 35	286
DAY 16 이디엄 데이	134	DAY 36	294
DAY 17	142	DAY 37	302
DAY 18	150	DAY 38	310
DAY 19	158	DAY 39	318
DAY 20	166	DAY 40 이디엄 데이	326

PART 02 직무·실용 어휘

DAY 41 민원·행정	336	DAY 51 교육	416
DAY 42 민원·행정	344	DAY 52 과학·기술	424
DAY 43 정부·정치	352	DAY 53 과학·기술	432
DAY 44 법	360	DAY 54 사회 복지	440
DAY 45 법	368	DAY 55 보건 의료	448
DAY 46 경제·일자리	376	DAY 56 공공 보건	456
DAY 47 경제·일자리	384	DAY 57 외교·국방	464
DAY 48 경제·일자리	392	DAY 58 외교·국방	472
DAY 49 문화·관광	400	DAY 59 환경	480
DAY 50 문화·관광	408	DAY 60 환경	488

PART 03 생활 영어

주제별 주요 표현 ·· 498
상황별 주요 표현 ·· 504

부록

기초 어휘 ·· 510
학문 어휘 ·· 548
문법 어휘 ·· 549

찾아보기

·· 554

신경향대비 공무원 필수 표현

1. 정부 기관명

- ☐ 부, 처 Ministry
- ☐ 청 Administration, Agency, Service, Office
- ☐ 원 Board, Agency
- ☐ 실, 본부, 사무처(국) Office
- ☐ 위원회 Commission
- ☐ 국, 부, 단 Bureau, Department
- ☐ 과 Division
- ☐ 팀 Team
- ☐ 운영지원과 General Affairs Division
- ☐ 인사과 Human Resources Division
- ☐ 교육원 Training Institute
- ☐ 연구원 Research Institute
- ☐ 과학원 Institute of Science(s)
- ☐ 출장소 Branch Office

2. 정부 직위명

- ☐ 장관, 처장 Minister
- ☐ 차관 Vice Minister
- ☐ 청장 Administrator, Commissioner
- ☐ 차장 Vice Minister, Vice Administrator, Vice Commissioner
- ☐ 위원장 Chair, Chairperson
- ☐ 위원 Commissioner
- ☐ 차관보, 실장, 본부장 Deputy Minister
- ☐ 국장, 부장 Director General
- ☐ 심의관 Deputy Director General
- ☐ 과장급 담당관 Director
- ☐ 팀장 Head of Team
- ☐ 장관비서실장 Chief Secretary to the Minister
- ☐ 장관정책보좌관 Policy Advisor to the Minister
- ☐ 대변인 Spokesperson
- ☐ 감사관 Inspector General
- ☐ 기획조정실장 Deputy Minister for Planning and Coordination
- ☐ 기획조정관 Director General for Planning and Coordination
- ☐ 정책기획관 Director General for Policy Planning
- ☐ 국제협력관 Director General for International Cooperation
- ☐ 비상안전기획관 Director General for Emergency Planning and Safety
- ☐ 기획재정담당관 Director for Planning and Finance
- ☐ 창조행정담당관 Director for Organization and Management Innovation
- ☐ 규제개혁법무담당관 Director for Regulatory Reform and Legal Affairs

- 정보화담당관 Director for ICT Management
- 홍보담당관 Director for Public Relations
- 감사담당관 Director for Audit and Inspection

3. 휴일명

- 설날 New Year's Day (Seollal)
- 삼일절 Independence Movement Day (Samiljeol)
- 부처님 오신 날 Buddha's Birthday
- 어린이날 Children's Day
- 현충일 Memorial Day (Hyeonchungil)
- 제헌절 Constitution Day (Jeheonjeol)
- 광복절 National Liberation Day (Gwangbokjeol)
- 추석 Chuseok
- 개천절 National Foundation Day (Gaecheonjeol)
- 한글날 Hangeul Proclamation Day (Hangeul Day)
- 성탄절 Christmas

4. 축제명

- 벚꽃 축제 Cherry Blossom Festival
- 진주 남강 유등 축제 Jinju Namgang Yudeung Festival
- 창덕궁 달빛기행 The Moonlight Tour at Changdeokgung
- 해운대 빛축제 Haeundae Lighting Festival
- 수원 문화재 야행 Suwon Cultural Heritage Night Tour
- 서울장미축제 Seoul Rose Festival
- 에버랜드 튤립 축제 Everland Tulip Festival
- 서울국제도서전 Seoul International Book Fair
- 제주 유채꽃 축제 Jeju Canola Flower Festival
- 울진 대게 축제 Uljin Snow Crab Festival
- 태백산 눈축제 Mt. Taebaek Snow Festival
- 서울세계불꽃축제 Seoul International Fireworks Festival

PART 01

제1회 온라인 모의고사
QR코드로 온라인 모의고사 풀기
시험 범위: PART 1
시험 형태: 객관식 4지 선다형

시험 일정과 정답은 "네이버카페: 이동기 영어 카페"를 확인해 주세요.

신경향 이동기 공무원 VOCA

DAY
01-40

필수 어휘

Day 01

암기 전 미리보기 & 암기 후 확인하기

학습 전에 아는 단어에 체크해 보세요.
학습 후에 암기한 단어에 체크해 보세요.
체크가 안 된 약점 어휘만 보면서 복습용으로 활용해 보세요.

Self Check

맞힌 개수 　　 / 40개　1회독 ☐　2회독 ☐　3회독 ☐

영단어 암기 테스트

☐	claim	주장하다; 주장, 요구	☐ update	갱신하다, 최신의 것으로 만들다; 갱신, 최신화
☐	establish	설립하다, 확립하다	☐ crisis	위기
☐	expert	전문가; 전문가의, 숙련된	☐ span	지속 시간(기간); (기간에) 걸치다, 걸쳐 이어지다
☐	immediate	즉각적인	☐ request	요청하다; 요청
☐	emphasis	강조, 주안점	☐ casual	무심한, 건성의, 격식을 차리지 않는
☐	react	반응하다, 작용하다	☐ option	선택권, 선택
☐	exact	정확한, 엄격한	☐ cancel	취소하다
☐	prepare	준비하다, 준비시키다	☐ locate	찾아내다, 두다
☐	operate	조작하다, 작동시키다	☐ lock	잠그다; 자물쇠
☐	supply	공급하다; 공급, 공급품	☐ layer	층, 막
☐	suit	어울리다, 알맞다; 정장, 소송	☐ install	설치하다
☐	boast	자랑하다	☐ tender	부드러운, 상냥한
☐	narrate	내레이션을 하다, 이야기하다	☐ urge	충동, (강한) 욕구; 촉구하다, 설득하다
☐	guilty	죄책감이 드는, 유죄의	☐ boil	끓다, 끓이다
☐	sink	가라앉다, 침몰하다	☐ torture	고문하다; 고문
☐	sudden	갑작스러운, 뜻밖의	☐ unite	통합하다, 결합하다
☐	oral	구전의, 구술의	☐ stitch	(바느질감의) 한 바늘, 한 땀; 바느질을 하다, 꿰매다
☐	incline	~할 마음이 들게 하다, 기울이다	☐ platform	연단, 승강장
☐	carve	새기다, 조각하다	☐ awful	끔찍한, 지독한
☐	praise	칭찬; 칭찬하다	☐ remain	1. 계속 ~이다 2. 남다; 나머지, 잔고 3. 유해, (pl.) 유적, 잔존자

× 모름
△ 애매함
○ 알고 있음

최빈출 어휘

0001

claim ★★★
[kleim]

동 **주장하다** 명 **주장, 요구**

He **claims** that he was robbed of all his belongings.
그는 자신의 모든 소지품을 강도를 당했다고 **주장한다**.

유의어 insist, argue, allege

Tip **make a claim** 요구하다

0002

establish ★★★
[istǽbliʃ]

동 **설립하다, 확립하다**

The millionaire **established** a charity for orphans in the country.
그 백만장자는 그 나라에 고아들을 위한 자선 단체를 **설립했다**.

Tip **well-established** 자리를 확실히 잡은

0003

expert ★★★
[ékspə:rt]

명 **전문가** 형 **전문가의, 숙련된**

They can test their knowledge with the **experts**.
그들은 **전문가들**과 함께 그들의 지식을 시험할 수 있다.

파생어 **expertise** 명 전문 지식

0004

immediate ★★★
[imí:diət]

형 **즉각적인**

Immediate actions are needed to prevent wildfires.
산불을 예방하기 위해 **즉각적인** 조치들이 필요하다.

파생어 **immediately** 부 즉시
유의어 instant, prompt, instantaneous

Tip **with immediate effect** (시행·발효를) 즉각(~부터)

0005

emphasis ★★★
[émfəsis]

명 **강조, 주안점**

They placed great **emphasis** on the individual's freedom.
그들은 개인의 자유를 크게 **강조했다**.

파생어 **emphasize** 동 강조하다
유의어 highlight, stress, underline

Tip **put(lay/place) emphasis on** ~을 강조하다

0006

react ★★★
[riǽkt]

동 **반응하다, 작용하다**

She **reacts** calmly to difficult situations to find good solutions.
그녀는 좋은 해결책을 찾기 위해 어려운 상황에 침착하게 **반응한다**.

파생어 **reaction** 명 반응
유의어 반응하다 respond

Tip **react against** ~에 반발하다

0007
exact [igzǽkt] ★★★

형 **정확한, 엄격한**

The **exact** details of the project are still being worked out.
그 프로젝트의 정확한 세부 사항들은 아직 계획 중이다.

유의어 precise, accurate

Tip exact discipline 엄격한 규율

0008
prepare [pripέər] ★★★

동 **준비하다, 준비시키다**

Now is the time to **prepare** for the career of your dream.
지금은 네 꿈의 직업을 위해 준비할 시기이다.

Tip pre(미리) + par(마련해 놓다)

0009
operate [ɑ́pərèit] ★★★

동 **조작하다, 작동시키다**

She can **operate** the machine better than any one else.
그녀는 그 어떤 사람보다 그 기계를 더 잘 조작할 수 있다.

파생어 operation 명 수술, 작동
유의어 작동시키다 activate

0010
supply [səplái] ★★★

동 **공급하다** 명 **공급, 공급품**

They **supply** fresh vegetables to the local grocery store.
그들은 현지 식료품점에 신선한 채소를 공급한다.

Tip supply and demand 수요와 공급
supply A with B A에게 B를 공급하다

중요 어휘

0011
suit [sju:t] ★★

동 **어울리다, 알맞다** 명 **정장, 소송**

This dress **suits** her better than any other outfit.
이 드레스는 다른 어떤 의상보다 그녀에게 어울린다.

Tip Suit yourself. 마음대로 해, 좋을 대로 해.

0012
boast [boust] ★★

동 **자랑하다**

He **boasted** of his success.
그는 자신의 성공에 대해 자랑했다.

유의어 brag, show off

0013
narrate [nǽreit] ★★

동 **내레이션을 하다, 이야기하다**

The film was **narrated** by a famous singer.
그 영화는 유명한 가수에 의해 내레이션되었다.

파생어 narrative 명 묘사, 서술   narrator 명 내레이터

0014
guilty
[gílti]

형 죄책감이 드는, 유죄의

The man was haunted by a **guilty** conscience.
그 남자는 죄의식에 괴로워했다.

유의어 유죄의 culpable

0015
sink
[siŋk]

동 가라앉다, 침몰하다

The ship **sank** beneath the surface of the ocean.
그 배는 대양의 수면 아래로 가라앉았다.

0016
sudden
[sʌ́dən]

형 갑작스러운, 뜻밖의

You must prepare for **sudden** changes.
갑작스러운 변화에 대비해야만 한다.

파생어 suddenly 부 갑자기

Tip all of a sudden = out of the blue 갑자기

0017
oral
[ɔ́(ː)rəl]

형 구전의, 구술의

Oral history is a method of gathering stories from people.
구전 역사는 사람들로부터 이야기를 모으는 방법이다.

Tip oral test(exam) 구술 시험

0018
incline
[inkláin]

동 ~할 마음이 들게 하다, 기울이다

The truth didn't **incline** me to think twice.
진실은 내가 재고할 마음이 들게 하지 않았다.

파생어 inclination 명 좋아하는 것

Tip be inclined to ~하는 경향이 있다

0019
carve
[kɑːrv]

동 새기다, 조각하다

They **carve** counterclockwise ovals.
그들은 시계 반대 방향의 타원을 새긴다.

0020
praise
[preiz]

명 칭찬 동 칭찬하다

Giving empty **praise** is just as bad as criticizing children.
공허한 칭찬을 하는 것은 아이들을 비판하는 것만큼이나 나쁘다.

유의어 칭찬 compliment, laud
칭찬하다 compliment, laud, exalt

Tip praise A for B A를 B 때문에 칭찬하다

0021
update
[ʌpdéit]

동 갱신하다, 최신의 것으로 만들다 명 갱신, 최신화

They **update** their website daily for better performance.
그들은 더 나은 성능을 위해 웹 사이트를 매일 갱신한다.

> Tip updated 최신의

0022
crisis
[kráisis]

명 위기

The government responded quickly to the economic **crisis**.
정부는 그 경제 위기에 신속하게 대응했다.

0023
span
[spæn]

명 지속 시간(기간) 동 (기간에) 걸치다, 걸쳐 이어지다

Children under five generally have short attention **spans**.
5세 미만의 아이들은 일반적으로 짧은 주의 지속 시간을 가지고 있다.

0024
request
[rikwést]

동 요청하다 명 요청

They **request** additional time to complete the project.
그들은 프로젝트를 완료하기 위해 추가 시간을 요청한다.

> 유의어 요청하다 ask, demand, solicit, petition
> Tip re(다시) + quest(구하다)

0025
casual
[kǽʒjuəl]

형 무심한, 건성의, 격식을 차리지 않는

He spoke in a **casual** manner about problems.
그는 문제들에 대해 무심한 태도로 말했다.

> 반의어 격식을 차리는 formal
> Tip casual wear 평상복

0026
option
[ápʃən]

명 선택권, 선택

You have an **option** to cancel the deal.
당신은 거래를 취소할 수 있는 선택권이 있다.

> 파생어 opt 동 선택하다   optional 형 선택적인
> 유의어 choice

0027
cancel
[kǽnsəl]

동 취소하다

The flight was **canceled** due to the heavy rain.
폭우 때문에 그 항공편이 취소되었다.

> 파생어 cancellation 명 취소

0028
locate [lóukeit] ★★
동 찾아내다, 두다

They couldn't **locate** her whereabouts.
그들은 그녀의 행방을 찾아내지 못했다.

- 파생어 location 명 위치
- 유의어 위치시키다 situate, position, place
- Tip be located in ~에 위치해 있다

기본 어휘

0029
lock [lɑk] ★
동 잠그다   명 자물쇠

She always **locks** the door before going out.
그녀는 외출 전에 항상 문을 잠근다.

0030
layer [léiər] ★
명 층, 막

The ozone **layer** affects the Earth's climate.
오존층은 지구 기후에 영향을 미친다.

- 유의어 막 membrane

0031
install [instɔ́:l] ★
동 설치하다

She **installed** a private elevator in her house.
그녀는 자신의 집 안에 개인 엘리베이터를 설치했다.

- 파생어 installation 명 설치
- 유의어 equip, furnish

0032
tender [téndər] ★
형 부드러운, 상냥한

She gave him a **tender** smile of reassurance.
그녀는 그에게 안심하라는 부드러운 미소를 보냈다.

- 유의어 상냥한 benign, kind, friendly

0033
urge [ə:rdʒ] ★
명 충동, (강한) 욕구   동 촉구하다, 설득하다

He suddenly felt a strong **urge** to speak up.
그는 발언하고 싶은 강한 충동을 갑자기 느꼈다.

0034
boil [bɔil] ★
동 끓다, 끓이다

The water started to **boil** after a few minutes.
몇 분이 지나자 물이 끓기 시작했다.

0035
torture [tɔ́ːrtʃər]

동 고문하다 명 고문

They never **tortured** anyone during the war.
전쟁 동안 그들은 결코 누구도 고문하지 않았다.

[Tip] self-torture 고행

0036
unite [júːnait]

동 통합하다, 결합하다

The conqueror **united** two countries into one.
그 정복자는 두 나라를 하나로 통합했다.

파생어 unity 명 통합
유의어 combine, splice

0037
stitch [stitʃ]

명 (바느질감의) 한 바늘, 한 땀 동 바느질을 하다, 꿰매다

A **stitch** in time saves nine.
제때의 바느질 한 번이 아홉 번(의 바느질)을 던다.

0038
platform [plǽtfɔːrm]

명 연단, 승강장

The speaker stepped up onto the **platform**.
연사는 연단 위로 올라갔다.

0039
awful [ɔ́ːfəl]

형 끔찍한, 지독한

The weather was **awful** during our entire vacation.
우리 휴가 내내 날씨가 끔찍했다.

유의어 terrible, horrible
[Tip] awe(공포) + ful(가득한)

다의어

0040
remain [riméin]

❶ 동 계속 ~이다

She **remains** calm under pressure and stress.
그녀는 압력과 스트레스 아래서도 계속 침착한 상태이다.

❷ 동 남다 명 나머지, 잔고

Her achievements will long **remain** in history.
그녀의 업적은 역사에 길이 남을 것이다.

❸ 명 (pl.) 유해, 유적, 잔존자

The fossil **remains** of dinosaurs were discovered by the scientists.
공룡의 화석 유해가 그 과학자들에 의해 발견되었다.

TEST

A 다음 영단어의 뜻을 찾아 연결하시오. [01~10]

01 establish 동	•	• 전문가
02 remain 동	•	• 부드러운, 상냥한
03 prepare 동	•	• 설립하다, 확립하다
04 incline 동	•	• 반응하다, 작용하다
05 boast 동	•	• 갑작스러운, 뜻밖의
06 sudden 형	•	• 선택권, 선택
07 react 동	•	• 계속 ~이다, 남다
08 expert 명	•	• 준비하다, 준비시키다
09 tender 형	•	• 자랑하다
10 option 명	•	• ~할 마음이 들게 하다, 기울이다

B 다음 영단어의 뜻을 우리말로 쓰시오. [11~20]

11 request 동

12 immediate 형

13 lock 동

14 guilty 형

15 boil 동

16 praise 명

17 supply 동

18 torture 동

19 awful 형

20 crisis 명

Answer

A 01 설립하다, 확립하다 02 계속 ~이다, 남다
03 준비하다, 준비시키다
04 ~할 마음이 들게 하다, 기울이다 05 자랑하다
06 갑작스러운, 뜻밖의 07 반응하다, 작용하다
08 전문가 09 부드러운, 상냥한 10 선택권, 선택

B 11 요청하다 12 즉각적인 13 잠그다
14 죄책감이 드는, 유죄의 15 끓다, 끓이다 16 칭찬
17 공급하다 18 고문하다 19 끔찍한, 지독한
20 위기

Day 02

암기 전 미리보기 & 암기 후 확인하기

학습 전에 아는 단어에 체크해 보세요.
학습 후에 암기한 단어에 체크해 보세요.
체크가 안 된 약점 어휘만 보면서 복습용으로 활용해 보세요.

✓ Self Check   맞힌 개수   / 40개   1회독 ☐ 2회독 ☐ 3회독 ☐

영단어 암기 테스트

☐ constant	끊임없는, 변함없는	☐ devil	악마
☐ contact	접촉, 연락; 접촉하다, 연락하다	☐ clap	박수를 치다
☐ transmit	전송하다, 전달하다	☐ upset	속상하게 만들다, 뒤엎다; 화난, 마음이 상한
☐ avoid	피하다, 방지하다	☐ reach	~에 이르다, ~에 도달하다; (팔이) 미치는 거리[범위]
☐ experience	경험, 경력; 경험하다, 겪다	☐ bury	묻다, 매장하다
☐ argue	논쟁하다, 언쟁하다, 주장하다	☐ insert	넣다, 삽입하다
☐ accept	수락하다, 받아들이다, 인정하다	☐ leap	도약하다, 뛰어오르다
☐ path	길, (인생의) 경로	☐ apply	바르다, 적용하다, 지원하다
☐ achieve	성취하다, 해내다	☐ pity	동정, 연민
☐ ancient	고대의, 아주 오래된	☐ steel	강철, 강철 제품
☐ cruise	항해하다, 순항하다; 순항	☐ confess	인정하다, 자백하다
☐ million	100만	☐ naked	(몸의 일부가) 노출된, 벌거벗은
☐ crew	선원, 승무원, 무리	☐ blink	눈을 깜빡이다
☐ channel	경로, 채널; 수로를 내다, 보내다	☐ fund	자금; 자금을 대다
☐ apart	(거리·공간·시간상으로) 사이를 두고, 떨어져	☐ fold	접다
☐ promise	약속하다, 서약하다; 약속, 서약	☐ rear	뒤쪽의; 뒤방; 기르다, 양육하다
☐ lead	이끌다, 안내하다	☐ spit	침을 뱉다, (입안의 음식 등을) 뱉다; 침, 뱉기
☐ blank	빈, 공허한	☐ nail	못으로 고정하다[박다]; 손톱, 발톱, 못
☐ silent	조용한, 말을 안 하는	☐ theme	주제, 테마
☐ cruel	잔인한	☐ objective	1. 객관적인 2. 목표, 목적

✗ 모름
△ 애매함
○ 알고 있음

최빈출 어휘

0041
constant ★★★
[kánstənt]

형 끊임없는, 변함없는

He felt **constant** pain in his lower back muscles.
그는 허리 근육에 끊임없는 통증을 느꼈다.

유의어 incessant, ceaseless, permanent, perpetual, perennial

Tip make a constant effort 끊임없는 노력을 하다

0042
contact ★★★
[kántækt]

명 접촉, 연락   동 접촉하다, 연락하다

Try to avoid physical **contact** with the patient.
환자와의 신체 접촉을 피하도록 하라.

0043
transmit ★★★
[trænsmít]

동 전송하다, 전달하다

This device is used to **transmit** digital information.
이 기구는 디지털 정보를 전송하는 데 사용된다.

파생어 transmission 명 전송, 전달

0044
avoid ★★★
[əvɔ́id]

동 피하다, 방지하다

She **avoids** eating junk food and sugary drinks.
그녀는 정크 푸드와 설탕 음료 마시는 것을 피한다.

유의어 shun, avert, escape, evade, circumvent

0045
experience ★★★
[ikspí(:)əriəns]

명 경험, 경력   동 경험하다, 겪다

He learned his lesson by painful **experience**.
그는 고통스러운 경험을 통해 교훈을 배웠다.

Tip in my experience 내 경험으로는

0046
argue ★★★
[á:rgju:]

동 논쟁하다, 언쟁하다, 주장하다

They often **argue** about politics and personal beliefs.
그들은 종종 정치와 개인적 신념에 대해 논쟁한다.

파생어 argument 명 언쟁, 주장

0047
accept ★★★
[əksépt]

동 수락하다, 받아들이다, 인정하다

The king **accepted** the nobility's demand for land.
왕은 땅에 대한 귀족의 요구를 수락했다.

파생어 acceptance 명 수락, 승인

Tip ac(~을) + cept((동의하여) 받아들이다)

0048
path
[pæθ]

명 길, (인생의) 경로

I found a new **path** in my life.
나는 내 인생에서 새로운 길을 찾았다.

유의어 road, way, street, lane, route

0049
achieve
[ətʃíːv]

동 성취하다, 해내다

She **achieved** her goals through hard work.
그녀는 열심히 일해서 목표를 성취했다.

파생어 achievement 명 성취, 업적
유의어 fulfill, accomplish

0050
ancient
[éinʃənt]

형 고대의, 아주 오래된

The **ancient** Thai people regarded white elephants as sacred.
고대 태국인들은 코끼리를 신성하게 여겼다.

Tip in ancient times 아주 오래 전에

중요 어휘

0051
cruise
[kruːz]

동 항해하다, 순항하다   명 순항

They **cruised** along the coast, enjoying the sunset.
그들은 해안을 따라 항해하며, 석양을 즐겼다.

유의어 sail, voyage
Tip 유람선을 타고 하는 여행을 우리는 '크루즈 여행'이라고 한다.

0052
million
[míljən]

명 100만

Bangkok has a population of nine **million**.
방콕의 인구는 9백만 명이다.

Tip thousand 1천   billion 1십억   hundred 1백

0053
crew
[kruː]

명 선원, 승무원, 무리

The captain heard rumors among his **crew**.
그 선장은 선원들 사이에 도는 소문을 들었다.

0054
channel
[tʃǽnəl]

명 경로, 채널   동 수로를 내다, 보내다

This company has a variety of sales **channels**.
이 회사는 다양한 판매 경로를 가지고 있다.

0055
apart [əpáːrt]

뷔 (거리 · 공간 · 시간상으로) 사이를 두고, 떨어져
The stores were spaced about five feet **apart**.
그 상점들은 5피트 간격으로 떨어져 있었다.

> Tip **apart from** ~을 제외하고

0056
promise [prɑ́mis]

동 약속하다, 서약하다 명 약속, 서약
He **promised** to do whatever he could do.
그는 그가 할 수 있는 모든 것을 하겠다고 약속했다.

0057
lead [liːd]

동 이끌다, 안내하다
Passion **leads** people to their goals.
열정은 사람들을 그들의 목표로 이끈다.

0058
blank [blæŋk]

형 빈, 공허한
He left the last question on the test **blank**.
그는 시험의 마지막 문제를 빈 채 남겨 두었다.

0059
silent [sáilənt]

형 조용한, 말을 안 하는
The class was completely **silent** after the announcement.
발표 후에 교실은 완전히 조용했다.

파생어 **silence** 명 침묵, 고요   **silently** 부 조용히

0060
cruel [krúː(ː)əl]

형 잔인한
The king was known for his **cruel** punishments.
그 왕은 잔인한 처벌로 잘 알려졌다.

파생어 **cruelty** 명 잔인함
유의어 **brutal, savage**
반의어 **compassionate, merciful, mild**

> Tip **Failure makes people bitter and cruel.**
> 실패는 사람을 냉혹하고 잔인하게 만든다.

0061
devil [dévəl]

명 악마
The **Devil** always tries to lead people astray.
악마는 항상 사람들을 타락시키려 노력한다.

유의어 **demon**

> Tip **Speak of the devil.** 호랑이도 제 말하면 온다더니.

0062
★★
clap
[klæp]

동 박수를 치다

The audience began to **clap** after the performance.
관중들은 **박수를 치기** 시작했다.

유의어 applaud

0063
★★
upset
[ʌpsét]

동 속상하게 만들다, 뒤엎다   형 화난, 마음이 상한

The sudden change in plans **upset** everyone a lot.
계획의 갑작스러운 변경은 모두를 크게 **속상하게 만들었다**.

0064
★★
reach
[riːtʃ]

동 ~에 이르다, ~에 도달하다   명 (팔이) 미치는 거리[범위]

They finally **reached** the summit of the mountain.
그들은 마침내 산의 정상**에 이르렀다**.

Tip out of reach 손이 닿지 않는, 힘이 미치지 않는

0065
★★
bury
[béri]

동 묻다, 매장하다

The pirate captain **buried** the treasure on a remote island.
해적 두목은 보물을 외딴 섬에 **묻었다**.

파생어 burial 명 매장

0066
★★
insert
[insə́ːrt]

동 넣다, 삽입하다

She **inserted** coins into the vending machine.
그녀는 자동판매기에 동전을 **넣었다**.

파생어 insertion 명 투입
유의어 interject, put in

0067
★★
leap
[liːp]

동 도약하다, 뛰어오르다

Keep on trying and you will **leap** higher.
계속 노력하면 당신은 더 높이 **도약할** 것이다.

Tip by leaps and bounds 급속도로, 엄청나게

0068
★★
apply
[əplái]

동 바르다, 적용하다, 지원하다

Just **apply** this ointment and it will be gone.
이 연고를 그저 **바르기만** 하면 그것은 사라질 것이다.

파생어 applicant 명 지원자
Tip apply for ~에 지원하다   apply to ~에 적용되다

기본 어휘

0069

pity
[píti]

명 동정, 연민

My son takes **pity** on stray dogs.
내 아들은 떠돌이 개에게 동정을 느낀다.

유의어 sympathy, compassion

Tip What a pity! 불쌍해라!

0070

steel
[sti:l]

명 강철, 강철 제품

The steel mill produces most of the country's **steel**.
그 제철소는 그 나라의 강철 대부분을 생산한다.

Tip of steel 강철 같은

0071

confess
[kənfés]

동 인정하다, 자백하다

He **confessed** that he had attacked the man.
그는 자신이 그 남성을 공격했다고 인정했다.

파생어 confession 명 고백, 자백
유의어 인정하다 admit

Tip con(모두, 함께) + fess(말하다)

0072

naked
[néikid]

형 (몸의 일부가) 노출된, 벌거벗은

Naked shoulders burned quickly under strong sunlight.
강한 햇빛 아래에서 노출된 어깨가 금방 화상을 입었다.

유의어 bare

0073

blink
[bliŋk]

동 눈을 깜빡이다

She had to **blink** several times to focus.
그녀는 초점을 맞추기 위해 눈을 여러 번 깜빡여야 했다.

0074

fund
[fʌnd]

명 자금 동 자금을 대다

Scientific research is getting more **funds**.
과학적 연구는 더 많은 자금을 얻고 있다.

0075

fold
[fould]

동 접다

Butterflies sometimes **fold** their wings back.
나비는 가끔씩 날개를 뒤로 접는다.

유의어 bend

0076
rear [riər]

형 뒤쪽의 명 뒤쪽, 후방 동 기르다, 양육하다

The **rear** bumper of my car was damaged.
내 차의 뒤쪽 범퍼가 파손되었다.

유의어 기르다, 양육하다 raise, bring up

0077
spit [spit]

동 침을 뱉다, (입안의 음식 등을) 뱉다 명 침, 뱉기

We should not **spit** on the street.
우리는 거리에 침을 뱉어서는 안 된다.

Tip Spit it out! 어서 말해!

0078
nail [neil]

동 못으로 고정하다(박다) 명 손톱, 발톱, 못

He **nailed** the picture to the wall.
그는 벽에 그림을 못으로 박아 걸었다.

0079
theme [θi:m]

명 주제, 테마

The movies touch on **themes** such as religion.
그 영화들은 종교와 같은 주제를 다룬다.

유의어 주제 topic, subject, matter

Tip theme park 테마 파크

다의어

0080
objective [əbdʒéktiv]

❶ 형 객관적인

You should make an **objective** decision based on the facts.
너는 사실에 근거한 객관적인 결정을 해야 한다.

❷ 명 목표, 목적

What is your primary **objective**?
당신의 주된 목표는 무엇인가?

TEST

A 다음 영단어의 뜻을 찾아 연결하시오. [01~10]

01 cruel 형 • • 자금
02 experience 명 • • 전송하다, 전달하다
03 fund 명 • • 수락하다, 받아들이다, 인정하다
04 reach 동 • • 약속하다, 서약하다
05 transmit 동 • • 속상하게 만들다, 뒤엎다
06 promise 동 • • 경험, 경력
07 rear 형 • • 성취하다, 해내다
08 accept 동 • • 잔인한
09 upset 동 • • 뒤쪽의
10 achieve 동 • • ~에 이르다, ~에 도달하다

B 다음 영단어의 뜻을 우리말로 쓰시오. [11~20]

11 constant 형
12 ancient 형
13 lead 동
14 avoid 동
15 apply 동
16 crew 명
17 leap 동
18 pity 명
19 confess 동
20 argue 동

Answer

A 01 잔인한 02 경험, 경력 03 자금
04 ~에 이르다, ~에 도달하다 05 전송하다, 전달하다
06 약속하다, 서약하다 07 뒤쪽의
08 수락하다, 받아들이다, 인정하다
09 속상하게 만들다, 뒤엎다 10 성취하다, 해내다

B 11 끊임없는, 변함없는 12 고대의, 아주 오래된
13 이끌다, 안내하다 14 피하다, 방지하다
15 바르다, 적용하다, 지원하다 16 선원, 승무원, 무리
17 도약하다, 뛰어오르다 18 동정, 연민
19 인정하다, 자백하다
20 논쟁하다, 언쟁하다, 주장하다

Day 03

암기 전 미리보기 & 암기 후 확인하기

학습 전에 아는 단어에 체크해 보세요.
학습 후에 암기한 단어에 체크해 보세요.
체크가 안 된 약점 어휘만 보면서 복습용으로 활용해 보세요.

✓ Self Check

맞힌 개수 / 40개 1회독 ☐ 2회독 ☐ 3회독 ☐

영단어 암기 테스트

☐ feature	특징, 주안점	☐ emergency	비상 사태
☐ prefer	선호하다, (더) 좋아하다	☐ ignore	무시하다
☐ approach	다가가다, 접근하다; 접근	☐ avenue	~가, (도시의) 거리
☐ element	요소	☐ terrible	끔찍한, 지독한
☐ appear	(~인) 듯하다, 나타나다	☐ secret	비밀, 기밀; 비밀의, 남몰래 하는
☐ favor	호의, 부탁; 호의를 보이다, 편애하다	☐ patch	작은 땅, 조각; 수선하다, 수정하다, 짜맞추다
☐ connect	연결하다, 관련시키다	☐ volume	음량, 용량
☐ wealth	부유함, 풍부(함)	☐ skip	빼먹다, 거르다
☐ aware	알고 있는, 의식하고 있는	☐ sin	죄
☐ merry	명랑한, 즐거운	☐ pat	토닥거리다, 가볍게 두드리다; 가볍게 두드리기
☐ summary	요약(서), 개요	☐ march	걸어가다, 행진하다; (가두) 행진
☐ idle	게으른, 놀고 있는	☐ lone	고독한, 혼자의
☐ clarify	명확하게 하다, 분명히 말하다	☐ rough	거친, 괴로운
☐ weary	피곤한, 지친	☐ toss	(가볍게) 던지다, (결정을 위해 동전을) 던지다; 던지기
☐ pioneer	선구자, 개척자	☐ choir	성가대, 합창단
☐ departure	출발, 떠남	☐ mark	흔적, 자국; 나타내다, 표시하다
☐ upward	위쪽으로, 위쪽을 향해서; 위쪽을 향한	☐ await	기다리다
☐ spare	남는, 여가의	☐ pause	잠깐 멈춤, 중단; 잠시 중단하다
☐ mention	언급하다	☐ roll	흘러내리다, 구르다; 두루마리, 목록, 출석부
☐ career	직업, 경력	☐ mean	1. ~을 의미하다, 의도하다 2. 못되게 구는, 비열한 3. 평균의

X 모름
△ 애매함
○ 알고 있음

최빈출 어휘

0081
★★★
feature
[fíːtʃər]

명 특징, 주안점
Metaphor is an important **feature** of human communication.
은유는 인간의 의사소통의 중요한 특징이다.

유의어 characteristic, quality, trait, attribute

Tip 복수로 features는 '용모, 이목구비'의 뜻이 있다.

0082
★★★
prefer
[prifə́ːr]

동 선호하다, (더) 좋아하다
I **prefer** this coat to that one.
나는 저 코트보다 이 코트를 선호한다.

파생어 preference 명 선호

Tip prefer A to B B보다 A를 선호하다

0083
★★★
approach
[əpróutʃ]

동 다가가다, 접근하다 명 접근
The policeman **approached** the suspected murderer.
그 경찰은 살인 용의자에게 다가갔다.

0084
★★★
element
[éləmənt]

명 요소
The law doesn't cover all the **elements** of an immigration policy.
그 법은 이민 정책의 모든 요소들을 다루지 않는다.

유의어 factor

Tip element 기본적이고 필수적 요소
component 합성물의 하나의 성분으로서의 요소

0085
★★★
appear
[əpíər]

동 (~인) 듯하다, 나타나다
American culture **appears** suspicious of leisure.
미국 문화는 여가에 대해 회의적인 듯하다.

파생어 appearance 명 겉모습, 외모
유의어 emerge

Tip appear in a dream 꿈에 나타나다

0086
★★★
favor(영 favour)
[féivər]

명 호의, 부탁 동 호의를 보이다, 편애하다
She asked her friend for a small **favor** about work.
그녀는 친구에게 일에 관한 작은 호의를 요청했다.

파생어 favorable 형 호의적인, 유리한

Tip do a favor 호의를 베풀다
in favor of ~에 찬성하여

0087
connect
[kənékt]

2024 지방직 9급

동 연결하다, 관련시키다

The bridge **connects** the two cities together beautifully.
그 다리는 두 도시를 아름답게 연결한다.

파생어 **connected** 형 관계가 있는, 관련이 있는

Tip con(함께) + nect(잇다)

0088
wealth
[welθ]

명 부유함, 풍부(함)

Gold and diamonds are symbols of **wealth**.
금과 다이아몬드는 부유함의 상징들이다.

파생어 **wealthy** 형 부유한

0089
aware
[əwéər]

형 알고 있는, 의식하고 있는

You are well **aware** of the tragedy caused by the accident.
여러분은 그 사건에 의한 비극을 잘 알고 있다.

파생어 **awareness** 명 의식, 자각

유의어 **acquainted, informed**

반의어 알지 못하는 **unaware**

Tip aware는 of 전치사구나 that절을 이끌 수 있다.

중요 어휘

0090
merry
[méri]

형 명랑한, 즐거운

She is **merry** and keeps her smile.
그녀는 명랑하고 미소를 유지한다.

유의어 **joyful, hilarious, entertaining**

0091
summary
[sʌ́məri]

명 요약(서), 개요

The manager sent the meeting **summary**.
매니저는 회의 요약서를 보냈다.

파생어 **summarize** 동 요약하다

Tip **abstract** (논문의) 개요
synopsis (글·희곡 등의) 개요

0092
idle
[áidl]

형 게으른, 놀고 있는

Don't be **idle** and keep moving on.
게으름 피우지 말고 계속 나아가라.

유의어 **lazy, indolent, sluggish**

Tip **The devil makes work for idle hands.** 흔히 할 일 없는 자들이 나쁜 짓을 한다.

0093
clarify [klǽrəfài]
통 명확하게 하다, 분명히 말하다
The government **clarified** its position on the situation.
정부가 그 상황에 대한 입장을 명확하게 했다.
유의어 elucidate
Tip clear와 동일하게 clarus(맑은, 분명한)가 어원이다.

0094
weary [wí(:)əri]
형 피곤한, 지친
She felt **weary** after a long day of work.
그녀는 긴 하루 일과를 마친 후 피곤하다고 느꼈다.
유의어 tired, exhausted, worn-out

0095
pioneer [pàiəníər]
명 선구자, 개척자
She is a **pioneer** in the field of artificial intelligence.
그녀는 인공지능 분야에서 선구자이다.

0096
departure [dipá:rtʃər]
명 출발, 떠남
She made a hasty **departure** at the news.
그녀는 뉴스를 듣고 급한 출발을 했다.
파생어 depart 통 출발하다

0097
upward [ʌ́pwərd]
부 위쪽으로, 위쪽을 향해서 형 위쪽을 향한
The kite soared **upward** in the strong wind.
그 연은 강한 바람을 타고 위쪽으로 솟구쳤다.
반의어 downward

0098
spare [spɛər]
형 남는, 여가의
The office turned a **spare** room into a small meeting area.
사무실은 남는 방을 작은 회의 공간으로 바꾸었다.
유의어 extra, surplus
Tip spare key 여분의 열쇠

0099
mention [ménʃən]
통 언급하다
He **mentioned** the economic problems.
그는 경제 문제들에 대해 언급했다.

0100
career [kəríər]
명 직업, 경력
You will prepare for your **career** after graduation.
여러분은 졸업 후에 여러분의 직업을 준비해야 할 것이다.
유의어 vocation

0101
emergency
[imə́ːrdʒənsi]

명 비상 사태

The soldiers carried survival packs for **emergencies**.
그 군인들은 비상 사태에 대비하여 생존 팩을 휴대했다.

0102
ignore
[ignɔ́ːr]
2024 지방직 9급

동 무시하다

He **ignored** the rude comments and walked away.
그는 무례한 말들을 무시하고 떠났다.

파생어 ignorant 형 무지한, 무식한   ignorance 명 무지, 무식
유의어 disregard
Tip in(아닌) + gno(알고 있다)

0103
avenue
[ǽvənjùː]

명 ~가, (도시의) 거리

A robbery occurred on Euclid **Avenue**.
한 강도 사건이 Euclid가에서 발생했다.

0104
terrible
[térəbl]

형 끔찍한, 지독한

Bangkok suffers **terrible** traffic jams.
방콕은 끔찍한 교통 체증을 겪고 있다.

유의어 abysmal

0105
secret
[síːkrit]

명 비밀, 기밀   형 비밀의, 남몰래 하는

She kept her plans a **secret** from everyone.
그녀는 그녀의 계획을 모두에게 비밀로 유지했다.

파생어 secretly 부 비밀리에
유의어 surreptitious, clandestine

0106
patch
[pætʃ]

명 작은 땅, 조각   동 수선하다, 수정하다, 짜맞추다

A family-owned strawberry **patch** grows fresh strawberries.
가족 소유의 작은 딸기 밭이 신선한 딸기를 키운다.

0107
volume
[váljuːm]

명 음량, 용량

You should turn down the **volume** at night.
너는 밤에는 음량을 줄여야 한다.

0108
skip [skip]

동 빼먹다, 거르다

He **skipped** the final class to catch the last train.
그는 마지막 기차를 타기 위해 마지막 수업을 빼먹었다.

> Tip Skip it. 그냥 넘어가(말하기 싫거나 반복하기 싫을 때 하는 말).

기본 어휘

0109
sin [sin]

명 죄

The murderer confessed his **sins**.
그 살인자는 자신의 죄를 고백했다.

유의어 crime, guilt

0110
pat [pæt]

동 토닥거리다, 가볍게 두드리다   명 가볍게 두드리기

The boss **patted** me on the back.
상사는 내 등을 토닥거렸다.

0111
march [mɑːrtʃ]

동 걸어가다, 행진하다   명 (가두) 행진

She **marched** into the doctor's office.
그녀는 진료실로 걸어갔다.

0112
lone [loun]

형 고독한, 혼자의

A **lone** wolf howled in the dark forest.
고독한 늑대가 어두운 숲에서 울부짖었다.

유의어 lonely

0113
rough [rʌf]

형 거친, 괴로운

The **rough** pavement caused the tires to wear out.
거친 포장도로가 타이어를 닳게 했다.

유의어 거친 coarse

> Tip a rough ride 곤경, 난처한 입장

0114
toss [tɔ(ː)s]

동 (가볍게) 던지다, (결정을 위해 동전을) 던지다   명 던지기

They **tossed** the ball back and forth playfully.
그들은 장난스럽게 공을 앞뒤로 던졌다.

0115
choir [kwáiər]

명 성가대, 합창단

He sang in a church **choir**.
그는 교회 성가대에서 노래했다.

0116
mark [mɑːrk]

명 흔적, 자국　동 나타내다, 표시하다

He left a **mark** in the music world.
그는 음악 세계에 흔적을 남겼다.

유의어 blemish

0117
await [əwéit]

동 기다리다

They eagerly **await** the results of the competition.
그들은 경기의 결과를 간절히 기다린다.

유의어 wait for

Tip wait은 자동사, await은 타동사

0118
pause [pɔːz]

명 잠깐 멈춤, 중단　동 잠시 중단하다

After a **pause**, he continued his speech.
잠깐 멈춘 후, 그는 연설을 계속했다.

0119
roll [roul]

동 흘러내리다, 구르다　명 두루마리, 목록, 출석부

She felt sweat **rolling** down on her back.
그녀는 등에서 땀이 흘러내리는 것을 느꼈다.

다의어

0120
mean [miːn]

❶ 동 ~을 의미하다, 의도하다

Silence **means** something negative.
침묵은 부정적인 것을 의미한다.

❷ 형 못되게 구는, 비열한

She regrets she was **mean** to him.
그녀는 그에게 못되게 굴었던 것을 후회한다.

❸ 형 평균의

The global **mean** temperature is rising.
지구의 평균 기온이 상승하고 있다.

TEST

A 다음 영단어의 뜻을 찾아 연결하시오. [01~10]

- 01 wealth 명 • • 기다리다
- 02 approach 동 • • 요약(서), 개요
- 03 pioneer 명 • • 부유함, 풍부(함)
- 04 volume 명 • • 무시하다
- 05 summary 명 • • 요소
- 06 mean 동 • • 끔찍한, 지독한
- 07 ignore 동 • • 다가가다, 접근하다
- 08 await 동 • • 선구자, 개척자
- 09 element 명 • • 음량, 용량
- 10 terrible 형 • • ~을 의미하다, 의도하다

B 다음 영단어의 뜻을 우리말로 쓰시오. [11~20]

- 11 weary 형
- 12 spare 형
- 13 feature 명
- 14 pause 명
- 15 appear 동
- 16 upward 부
- 17 idle 형
- 18 rough 형
- 19 emergency 명
- 20 skip 동

Answer

A 01 부유함, 풍부(함) 02 다가가다, 접근하다
03 선구자, 개척자 04 음량, 용량 05 요약(서), 개요
06 ~을 의미하다, 의도하다 07 무시하다
08 기다리다 09 요소 10 끔찍한, 지독한

B 11 피곤한, 지친 12 남는, 여가의 13 특징, 주안점
14 잠깐 멈춤, 중단 15 (~인) 듯하다, 나타나다
16 위쪽으로, 위쪽을 향해서 17 게으른, 놀고 있는
18 거친, 괴로운 19 비상 사태 20 빼먹다, 거르다

PART 1 필수 어휘 | 37

Day 04

암기 전 미리보기 & 암기 후 확인하기

학습 전에 아는 단어에 체크해 보세요.
학습 후에 암기한 단어에 체크해 보세요.
체크가 안 된 약점 어휘만 보면서 복습용으로 활용해 보세요.

✓ Self Check

맞힌 개수 _____ / 40개   1회독 ☐   2회독 ☐   3회독 ☐

영단어
암기 테스트

☐	presence	존재, 있음	☐	president	대통령, 사장
☐	fluid	유동적인, 부드러운; 유체	☐	load	짐을 싣다, 적재하다; 짐, 부담
☐	proud	자랑스러워하는	☐	intelligent	총명한, 똑똑한
☐	graduate	졸업하다, 학위를 받다; 졸업생, 대학원생	☐	terrific	훌륭한, 엄청난
☐	function	기능; 기능하다	☐	thick	두꺼운, 빽빽한
☐	flow	흐름, 계속 이어짐; 흐르다, 계속 이동하다	☐	pure	순수한, 깨끗한
☐	receive	받다, 받아들이다	☐	royal	왕실의, 왕족의; 왕족(의 한 사람)
☐	accurate	정확한	☐	mere	단지 ~에 불과한, 겨우 ~의
☐	develop	개발하다, 발전하다	☐	grind	갈다, 빻다
☐	tough	힘든, 어려운, 강인한	☐	loose	느슨한, 풀린
☐	celebrity	유명인, 명성	☐	serve	도움이 되다, 시중들다
☐	faith	신뢰, 신앙(심)	☐	needle	바늘
☐	familiar	익숙한, ~을 잘 알고 있는	☐	underline	강조하다, 밑줄 긋다
☐	constitute	구성하다	☐	paste	붙이다, 풀칠하다; (밀가루) 반죽, 반죽한 것
☐	colony	식민지	☐	sting	쏘다, 찌르다; (곤충의) 침, 찌름, 쏨
☐	gain	얻다, 이득을 보다, 쌓다	☐	silly	바보 같은, 어리석은
☐	senior	연장자, 상급자; 손위의, 고령자의	☐	cling	매달리다, 꼭 붙잡다
☐	rub	비비다, 문지르다	☐	pile	쌓아올리다, 쌓다; 더미, 쌓아 놓은 것
☐	spill	쏟다, 엎지르다	☐	pray	기도하다, 기원하다
☐	bless	축복하다	☐	subject	1. 주제 2. 과목, 학과 3. 실험 대상 4. ~에 걸리기 쉬운, ~의 영향을 받기 쉬운 5. 종속된

X 모름
△ 애매함
○ 알고 있음

최빈출 어휘

0121
presence
[prézəns]
명 존재, 있음

The test showed the **presence** of bacteria.
그 테스트는 박테리아의 존재를 보여주었다.

파생어 **present** 형 존재하는, 참석한
Tip in the presence of ~의 면전에서, ~에 직면하여

0122
fluid
[flú(ː)id]
형 유동적인, 부드러운 명 유체

The situation will be **fluid** for six months.
상황은 6개월 동안 유동적일 것이다.

Tip correction fluid 수정액

0123
proud
[praud]
형 자랑스러워하는

They are **proud** of their team's success.
그들은 자신들의 팀의 성공을 자랑스러워한다.

파생어 **pride** 명 자랑스러움, 자부심
Tip be proud of = take pride in ~을 자랑스러워하다

0124
graduate
[grǽdʒuèit]
동 졸업하다, 학위를 받다 명 [grǽdʒuət] 졸업생, 대학원생

He **graduated** from Glasgow University in 1990.
그는 1990년에 글라스고 대학을 졸업했다.

파생어 **graduation** 명 졸업
Tip graduate school 대학원

0125
function
[fʌ́ŋkʃən]
명 기능 동 기능하다

The major **function** of social media is to give information.
소셜 미디어의 주요 기능은 정보를 주는 것이다.

0126
flow
[flou]
명 흐름, 계속 이어짐 동 흐르다, 계속 이동하다

A dam controls the **flow** of water in a river.
댐은 강에 있는 물의 흐름을 제어한다.

0127
receive
[risíːv]
동 받다, 받아들이다

You will all **receive** a library pass tomorrow.
여러분들 모두 내일 도서관 통행증을 받을 것이다.

파생어 **receipt** 명 받기, 영수증
유의어 **get**, **take**

0128
***
accurate
[ǽkjərət]

형 정확한

The report was **accurate** and well balanced.
그 보도는 정확하고 균형이 잘 잡혔다.

파생어 accuracy 명 정확, 정확도
유의어 precise, exact, correct

0129
***
develop
[divéləp]

동 개발하다, 발전하다

A magnet toy can help **develop** creativity.
자석 장난감은 창의성을 개발하는 데 도움이 될 수 있다.

파생어 development 명 발전
유의어 발전하다 advance, better
Tip developed country 선진국
     developing country 개발도상국
     undeveloped country 후진국

중요 어휘

0130
**
tough
[tʌf]

형 힘든, 어려운, 강인한

The old men in Korea are having **tough** times.
한국의 노인들은 힘든 시기를 겪고 있다.

유의어 힘든 arduous, rough
      강력한 formidable
Tip tough-minded 정신이 강인한

0131
**
celebrity
[səlébrəti]

명 유명인, 명성

The young actor quickly became a famous **celebrity**.
그 어린 배우는 빠르게 유명인이 되었다.

Tip 가산명사로 쓰이면 '유명인'의 뜻이고, 불가산명사의 경우 '명성'의 뜻이다.

0132
**
faith
[feiθ]

명 신뢰, 신앙(심)

American culture has a strong **faith** in the efficacy of markets.
미국 문화는 시장의 효능에 강한 신뢰를 가지고 있다.

유의어 신뢰 belief, trust
Tip blind faith 맹목적인 믿음

0133
**
familiar
[fəmíljər]

형 익숙한, ~을 잘 알고 있는

His voice has long been **familiar** to the Chinese audience.
그의 목소리는 중국인 청자들에게 오랫동안 익숙했다.

유의어 알고 있는 acquainted
반의어 익숙하지 않은, 낯선 unfamiliar
Tip be familiar with + 사물: ~을 잘 알다

0134
constitute
[kánstətjùːt]

동 구성하다

Female officers **constitute** 13 percent of the police force.
여성 경찰관들이 경찰 조직의 13퍼센트를 구성한다.

유의어 compose

Tip con(함께) + stitute(세우다) → 함께 세우다 → 구성하다

0135
colony
[káləni]

명 식민지

The island was once a wealthy British **colony**.
그 섬은 한때 부유한 영국 식민지였다.

0136
gain
[gein]

동 얻다, 이득을 보다, 쌓다

Taxi drivers have to undertake training to **gain** a license.
택시 운전기사들은 면허를 얻기 위해 교육을 받아야 한다.

유의어 get, obtain, attain, procure

Tip gain ground 지지를(기반을) 얻다, 더 강해지다

0137
senior
[síːnjər]

명 연장자, 상급자   형 손위의, 고령자의

He gave up his seat for a **senior** on the bus.
그는 버스에서 연장자에게 자리를 양보했다.

반의어 junior

0138
rub
[rʌb]

동 비비다, 문지르다

You must not **rub** your eyes with dirty hands.
너는 더러운 손으로 눈을 비벼서는 안 된다.

유의어 scrub

0139
spill
[spil]

동 쏟다, 엎지르다

He had **spilled** a chemical on his hands.
그는 자신의 손에 어떤 화학물질을 쏟았다.

0140
bless
[bles]

동 축복하다

The priest will **bless** the newly married couple.
신부는 새로 결혼한 부부를 축복할 것이다.

파생어 blessing 명 축복

0141
president
[prézidənt]

명 대통령, 사장

The **President** appoints officials to his cabinet.
대통령은 내각에 공무원을 임명한다.

Tip vice-president 부통령, 부사장

0142
load
[loud]

동 짐을 싣다, 적재하다   명 짐, 부담

It takes weeks for workers to **load** a ship.
일꾼들이 배에 짐을 싣는 데 몇 주가 걸린다.

유의어 짐 luggage, baggage
       부담 burden, strain

0143
intelligent
[intélidʒənt]

형 총명한, 똑똑한

She is an **intelligent** student who loves science.
그녀는 과학을 좋아하는 총명한 학생이다.

파생어 intelligence 명 지능

0144
terrific
[tərífik]

형 훌륭한, 엄청난

He gave a **terrific** speech to the public yesterday.
그는 어제 대중에게 훌륭한 연설을 했다.

유의어 훌륭한 awesome, wonderful, gorgeous, magnificent, excellent

Tip at terrific speed 엄청난(맹렬한) 속도로

0145
thick
[θik]

형 두꺼운, 빽빽한

Thick wool carpets were used to cover wooden floors.
두꺼운 울 카펫이 나무 바닥을 덮는 데 사용되었다.

반의어 얇은, 가는 thin

0146
pure
[pjuər]

형 순수한, 깨끗한

This tea pill contains **pure** tea ingredients.
이 차 정제는 순수한 차 성분들을 포함하고 있다.

파생어 purify 동 정화하다
유의어 naive, innocent, genuine

0147
royal
[rɔ́iəl]

형 왕실의, 왕족의   명 왕족(의 한 사람)

The **royal** family attended the grand banquet last night.
왕실 가족이 지난밤의 대연회에 참석했다.

0148
mere
[miər]

형 단지 ~에 불과한, 겨우 ~의

His success was not a **mere** stroke of luck.
그의 성공은 단지 요행수에 불과한 것이 아니었다.

유의어 just, only

Tip mere 간신히 충분하거나 부족한
     bare 최소한의 정도의

기본 어휘

0149
grind [graind]
동 갈다, 빻다
She cheerfully **grinds** fresh coffee beans every morning.
그녀는 매일 아침 신선한 원두를 유쾌하게 **간다**.

0150
loose [luːs]
형 느슨한, 풀린
His pants were too **loose** after losing much weight.
살을 많이 빼서 그의 바지가 너무 **느슨했다(헐렁했다)**.
반의어 꽉 끼는 tight

0151
serve [səːrv]
동 도움이 되다, 시중들다
This training will **serve** you well in handling challenges.
이러한 교육은 당신이 어려움을 다루는 데 상당히 **도움이 될** 것이다.
Tip 음식점에서 음식을 서빙하는 waiter나 waitress를 중립적 의미로 server(서버)라고도 한다.

0152
needle [níːdl]
명 바늘
She used a sharp **needle** and thread to sew the fabric.
그녀는 날카로운 **바늘**과 실을 사용하여 천을 바느질했다.

0153
underline [ʌ́ndərlàin]
2024 국가직 9급
동 강조하다, 밑줄 긋다
That book **underlines** the importance of education.
그 책은 교육의 중요성을 **강조한다**.
유의어 강조하다 emphasize, stress, highlight, accentuate

0154
paste [peist]
동 붙이다, 풀칠하다 명 (밀가루) 반죽, 반죽한 것
He **pasted** the pictures into his scrapbook carefully.
그는 그 사진을 자신의 스크랩북에 **붙였다**.
유의어 붙이다 stick, attach, glue
Tip cut and paste 잘라 붙이기

0155

sting [stiŋ]
동 쏘다, 찌르다 명 (곤충의) 침, 찌름, 쏨
The bee will **sting** anyone who disturbs its precious hive.
벌은 자신의 소중한 벌집을 건드리는 사람은 누구나 **쏠** 것이다.

0156
silly
[síli]

형 바보 같은, 어리석은

The **silly** puppy eagerly chased its tail in the park.
바보 같은 강아지가 공원에서 자신의 꼬리를 열심히 쫓았다.

유의어 fatuous

0157
cling
[klíŋ]

동 매달리다, 꼭 붙잡다

The frightened child **clung** tightly to her loving mother.
겁에 질린 아이는 자신의 사랑하는 어머니에게 꼭 매달렸다.

Tip cling to ~을 고수하다

0158
pile
[pail]

동 쌓아올리다, 쌓다   명 더미, 쌓아 놓은 것

They **piled** logs up for the cozy winter campfire tonight.
오늘 밤 아늑한 겨울 캠프파이어를 위해 통나무를 쌓아올렸다.

0159
pray
[prei]

동 기도하다, 기원하다

They **pray** for healing in times of darkness and despair.
그들은 어둠과 절망의 시기에 치유를 위해 기도한다.

다의어

0160
subject
[sʌ́bdʒikt]

① 명 주제

There was few reliable information on the **subject**.
그 주제에 대한 신뢰할 만한 정보가 거의 없었다.

② 명 과목, 학과

Mathematics is not a popular **subject** among many students.
수학은 많은 학생들에게 인기 과목이 아니다.

③ 명 실험 대상

Children are the main **subjects** of language development.
아이들은 언어 발달의 주요 실험 대상이다.

④ 형 ~에 걸리기 쉬운, ~의 영향을 받기 쉬운

I'm **subject** to catching a cold.
나는 감기에 걸리기 쉽다.

⑤ 형 종속된

The **subject** people ardently hoped for their independence.
그 종속된 국민들은 자신들의 독립을 열렬히 희망했다.

TEST

A 다음 영단어의 뜻을 찾아 연결하시오. [01~10]

- 01 mere 형 • • 유명인, 명성
- 02 graduate 동 • • 훌륭한, 엄청난
- 03 celebrity 명 • • 도움이 되다, 시중들다
- 04 terrific 형 • • 기능
- 05 tough 형 • • 졸업하다, 학위를 받다
- 06 familiar 형 • • 자랑스러워하는
- 07 serve 동 • • 연장자, 상급자
- 08 function 명 • • 단지 ~에 불과한, 겨우 ~의
- 09 senior 명 • • 익숙한, ~을 잘 알고 있는
- 10 proud 형 • • 힘든, 어려운, 강인한

B 다음 영단어의 뜻을 우리말로 쓰시오. [11~20]

- 11 constitute 동
- 12 spill 동
- 13 accurate 형
- 14 intelligent 형
- 15 president 명
- 16 underline 동
- 17 presence 명
- 18 grind 동
- 19 pray 동
- 20 subject 명

Answer

A 01 단지 ~에 불과한, 겨우 ~의 02 졸업하다, 학위를 받다
03 유명인, 명성 04 훌륭한, 엄청난
05 힘든, 어려운, 강인한
06 익숙한, ~을 잘 알고 있는 07 도움이 되다, 시중들다
08 기능 09 연장자, 상급자 10 자랑스러워하는

B 11 구성하다 12 쏟다, 엎지르다 13 정확한
14 총명한, 똑똑한 15 대통령, 사장
16 강조하다, 밑줄 긋다 17 존재, 있음 18 갈다, 빻다
19 기도하다, 기원하다 20 주제, 과목, 학과, 실험 대상

Day 05

암기 전 미리보기 & 암기 후 확인하기

학습 전에 아는 단어에 체크해 보세요.
학습 후에 암기한 단어에 체크해 보세요.
체크가 안 된 약점 어휘만 보면서 복습용으로 활용해 보세요.

✓ Self Check

맞힌 개수 　 / 40개　 1회독 ☐　 2회독 ☐　 3회독 ☐

영단어
암기 테스트

☐ imagine	상상하다		☐ reply	답장을 보내다, 대답하다; 답장, 대답, 대응
☐ exist	존재하다, 살다		☐ flip	홱 뒤집(히)다, 툭 던지다
☐ crime	범죄, 죄악		☐ leak	새다, 누설하다
☐ purpose	목적, 의도		☐ fame	명성
☐ select	선택하다, 선발하다		☐ fair	공정한, 타당한; 박람회
☐ recent	최근의		☐ empire	제국
☐ suffer	고통받다, 시달리다		☐ ideal	이상적인
☐ emotion	감정, 정서		☐ dot	흩어져 있다, 산재하다; 점
☐ desire	욕망, 욕구; 바라다, 원하다		☐ once	한때, (과거) 언젠가; 일단 (한번) ~하면
☐ instance	사례, 경우		☐ stir	휘젓다, 자극하다
☐ routine	일상; 일상적인		☐ lean	기대다, 기울다
☐ category	범주		☐ stick	막대기, 지팡이; 달라붙다, 고정시키다
☐ capable	할 수 있는		☐ awake	잠을 깨우다, 잠에서 깨다; 깨어 있는
☐ grief	큰 슬픔, 비탄		☐ column	기둥
☐ admire	존경하다, 칭찬하다		☐ drag	끌다, 힘들게 움직이다
☐ crush	뭉개다, 으깨다, 짜내다		☐ lay	놓다, 두다
☐ consult	상담하다, 참고하다		☐ peak	산꼭대기, 절정, 뾰족한 끝
☐ impress	감명을 주다		☐ somewhat	다소, 어느 정도
☐ fulfill	실현하다, 이행하다		☐ omit	빼먹다, 생략하다
☐ pump	퍼붓다, 퍼 올리다; 펌프		☐ stroke	1. 타격, 때리기 2. 뇌졸중, 발작 3. 쓰다듬다

X 모름
△ 애매함
○ 알고 있음

최빈출 어휘

0161
★★★
imagine
[imǽdʒin]

동 상상하다

I **imagine** a beautiful world filled with kindness and hope.
나는 친절함과 희망으로 가득한 아름다운 세상을 상상한다.

파생어 imaginative 형 창의적인, 상상력이 풍부한
유의어 conceive

0162
★★★
exist
[igzíst]

동 존재하다, 살다

The most attractive faces do not **exist** in reality.
가장 매력적인 얼굴들은 현실에 존재하지 않는다.

Tip ex(바깥으로) + sist(나오게 하다)

0163
★★★
crime
[kraim]

명 범죄, 죄악

The detective solved the puzzling **crime** with brilliant skills.
형사는 뛰어난 능력으로 수수께끼 같은 범죄를 해결했다.

파생어 criminal 형 범죄의 명 범인

0164
★★★
purpose
[pə́ːrpəs]

명 목적, 의도

She pursued her life's **purpose** with unwavering determination.
그녀는 흔들리지 않는 결단력으로 인생의 목적을 추구했다.

0165
★★★
select
[silékt]

동 선택하다, 선발하다

We **select** premium fabrics for luxurious gowns and dresses.
우리는 고급스러운 가운과 드레스를 위한 고급 직물을 선택한다.

파생어 selection 명 선택, 선발
유의어 opt

Tip se(떨어져 있는) + lect(고르다) → 선발하다

0166
★★★
recent
[ríːsənt]

형 최근의

Recent scientific ideas fuel progress in medical care.
최근의 과학적 아이디어는 의료 서비스의 발전을 촉진한다.

파생어 recently 부 최근에
유의어 latest, up-to-the-minute

Tip in recent years(months, times) 최근에

0167
suffer
[sʌ́fər]

동 고통받다, 시달리다

Many people **suffer** from chronic back pain after injuries.
많은 사람이 부상 후 만성적인 허리 통증으로 고통받는다.

파생어 suffering 명 고통

Tip suffer from ~으로 고통받다

0168
emotion
[imóuʃən]

명 감정, 정서

We deeply cherish **emotion** as a fundamental part of being.
우리는 감정을 존재의 근본적인 부분으로 깊이 소중히 여긴다.

파생어 emotional 형 감정적인

0169
desire
[dizáiər]

명 욕망, 욕구 동 바라다, 원하다

I nurture **desire** through creative art and gentle reflection.
나는 창조적인 예술과 온화한 성찰을 통해 욕망을 키운다.

유의어 바라다 long, want, yearn, aspire

Tip 동사 desire는 완전타동사로 to부정사를 목적어로 취한다.

중요 어휘

0170
instance
[ínstəns]

명 사례, 경우

This **instance** illustrates the importance of decision-making.
이 사례는 의사 결정의 중요성을 보여 준다.

유의어 example

Tip for instance 예를 들어

0171
routine
[ru:tí:n]

명 일상 형 일상적인

A healthy **routine** improves physical and mental well-being.
건강한 일상은 신체적, 정신적 복지를 향상시킨다.

파생어 routinely 부 일상적으로

유의어 everyday, daily, mundane, secular

0172
category
[kǽtəgɔ̀:ri]

명 범주

Each book belongs to a specific **category** based on its content.
각 책은 내용에 따라 특정 범주에 속한다.

0173
capable [kéipəbl]
형 할 수 있는

She is **capable** of solving complex problems with ease.
그녀는 복잡한 문제들을 쉽게 해결할 수 있다.

- 파생어 capability 명 능력
- 유의어 able
- Tip be capable of -ing = be able to + 동사원형: ~을 할 수 있다

0174
grief [gri:f]
명 큰 슬픔, 비탄

His heart was heavy with **grief** after the loss of his life's work.
평생의 업적을 잃은 후 그의 마음은 큰 슬픔으로 무거웠다.

- 파생어 grieve 동 슬퍼하다
- 유의어 sorrow, sadness
- Tip in grief 슬픔에 잠긴

0175
admire [ədmáiər]
2008 국회사무처 8급
동 존경하다, 칭찬하다

Children **admire** the firefighter's bravery in dangerous moments.
아이들은 위험한 순간의 소방관의 용기를 존경한다.

- 파생어 admiration 명 존경
- 유의어 존경하다 respect, esteem, honor, look up to

0176
crush [krʌʃ]
동 뭉개다, 으깨다, 짜내다

The heavy waves **crush** the fragile sandcastles along the shore.
거센 파도가 해안을 따라 있는 연약한 모래성을 뭉갠다.

0177
consult [kənsʌ́lt]
동 상담하다, 참고하다

You should **consult** a doctor before starting any new medication.
새로운 약을 복용하기 전에 의사와 상담해야 한다.

0178
impress [imprés]
동 감명을 주다

Her outstanding performance surely **impressed** the audience.
그녀의 뛰어난 연기는 분명 관객들에게 감명을 주었다.

- 파생어 impression 명 인상   impressive 형 인상적인

0179
fulfill [fulfíl]
동 실현하다, 이행하다

Parents should help their children to **fulfill** their dreams.
부모는 자녀들이 그들의 꿈을 실현하도록 도와야 한다.

- 유의어 accomplish, execute
- Tip fulfill one's obligation 의무를 다하다

0180
pump [pʌmp] ★★
동 퍼붓다, 퍼 올리다 명 펌프
The government **pumps** money into health care.
정부는 의료 분야에 돈을 퍼붓는다.

0181
reply [riplái] ★★
동 답장을 보내다, 대답하다 명 답장, 대답, 대응
He quickly **replied** to the urgent email from his manager.
그는 매니저가 보낸 긴급한 이메일에 재빨리 답장을 보냈다.
유의어 answer

0182
flip [flip] ★★
동 홱 뒤집(히)다, 툭 던지다
The coin **flipped** several times before landing on the ground.
동전은 바닥에 떨어지기 전에 몇 번 홱 뒤집혔다.

0183
leak [liːk] ★★
동 새다, 누설하다
Water **leaked** from the old pipe during the heavy rain.
폭우 동안 낡은 파이프에서 물이 샜다.
파생어 leakage 명 누출

0184
fame [feim] ★★
명 명성
His remarkable achievements earned him lasting **fame**.
그의 놀라운 업적은 그에게 지속적인 명성을 안겨주었다.
파생어 famous 형 유명한

0185
fair [fɛər] ★★
형 공정한, 타당한 명 박람회
The role of the government is to provide a **fair** chance.
정부의 역할은 공정한 기회를 제공하는 것이다.
유의어 공정한 equal, impartial

0186
empire [émpaiər] ★★
명 제국
The **empire** was replaced by a variety of regional states.
그 제국은 다양한 지역적인 국가에 의해 대체되었다.

0187
ideal [aidí(ː)əl] ★★
형 이상적인
She strives to create the **ideal** environment for learning.
그녀는 학습을 위한 이상적인 환경을 만들기 위해 노력한다.
파생어 idealize 동 이상화하다
Tip 플라톤의 이데아(Idea)에서 유래했다.

0188
dot [dɑt]

동 흩어져 있다, 산재하다 명 점

Tiny freckles **dotted** her rosy cheeks under the bright sunlight.
작은 주근깨가 밝은 햇빛 아래로 장밋빛 뺨에 흩어져 있었다.

기본 어휘

0189
once [wʌns]

부 한때, (과거) 언젠가 접 일단(한번) ~하면

She **once** lived in a small peaceful village by the sea.
그녀는 한때 바닷가의 작고 평화로운 마을에서 살았다.

Tip once 한 번, twice 두 번(두 배), three times 세 번(세 배)

0190
stir [stəːr]

동 휘젓다, 자극하다

She gently **stirred** the hot soup with a wooden spoon.
그녀는 나무로 된 숟가락으로 뜨거운 수프를 부드럽게 휘저었다.

유의어 agitate

Tip stir up emotion 감정을 자극하다

0191
lean [liːn]

동 기대다, 기울다

The sorrowful old man **leaned** against the old wooden fence.
슬픔에 잠긴 노인이 낡은 나무 울타리에 기대었다.

Tip lean on ~에 기대다, 의지하다

0192
stick [stik]

명 막대기, 지팡이 동 달라붙다, 고정시키다

The woodsman picked up a long **stick** from the forest ground.
나무꾼이 숲속 땅에서 긴 막대기를 집어 들었다.

0193
awake [əwéik]

동 잠을 깨우다, 잠에서 깨다 형 깨어 있는

The nurse **awoke** the patient for the early morning checkup.
간호사는 이른 아침 검진을 위해 환자를 깨웠다.

0194
column [kάləm]

명 기둥

The ancient temple is supported by tall marble **columns**.
고대 사원은 높은 대리석 기둥으로 지탱되어 있다.

0195
drag [dræg]

동 끌다, 힘들게 움직이다

The worker **dragged** the heavy metal barrel into the warehouse.
작업자는 무거운 철제 통을 창고로 끌고 들어갔다.

> **Tip** drag on 질질 끌다

0196
lay [lei]

동 놓다, 두다

The housekeeper **lays** the washed clothes neatly on the bed.
가정부는 세탁한 옷을 침대 위에 가지런히 놓아둔다.

> **Tip** lay는 타동사이다. '눕다'를 의미하는 자동사 lie의 과거형과 혼동하지 말자.

0197
peak [pi:k]

명 산꼭대기, 절정, 뾰족한 끝

The mountain climbers reached the **peak** just before sunrise.
등산객들은 일출 직전에 산꼭대기에 도착했다.

유의어 top, climax, summit, zenith, pinnacle

0198
somewhat [sʌ́mhwàt]

부 다소, 어느 정도

The movie was **somewhat** interesting but lacked depth.
영화는 다소 흥미로웠지만 깊이가 부족했다.

> **Tip** somehow 어떻게든
> somewhere 어딘가에서

0199
omit [oumít]

동 빼먹다, 생략하다

The editor **omitted** an important detail from the article.
편집자가 기사에서 중요한 세부 사항을 빼먹었다.

파생어 omission 명 누락

> **Tip** ob(강조) + mit(보내다)

다의어

0200
stroke [strouk]

① 명 타격, 때리기

The man knocked the thief down at a **stroke**.
그 남자는 그 도둑을 한 번의 타격으로 쓰러뜨렸다.

② 명 뇌졸중, 발작

The **stroke** left him partly paralysed.
그는 뇌졸중으로 부분 마비가 되었다.

③ 동 쓰다듬다

A liar may **stroke** his chin or touch his nose.
거짓말쟁이는 자기 턱을 쓰다듬거나 코를 만질 수 있다.

유의어 caress, pet

TEST

A 다음 영단어의 뜻을 찾아 연결하시오. [01~10]

01 drag 동 · · 큰 슬픔, 비탄
02 recent 형 · · 고통받다, 시달리다
03 grief 명 · · 공정한, 타당한
04 reply 동 · · 존재하다, 살다
05 suffer 동 · · 욕망, 욕구
06 fair 형 · · 최근의
07 fulfill 동 · · 답장을 보내다, 대답하다
08 exist 동 · · 끌다, 힘들게 움직이다
09 impress 동 · · 실현하다, 이행하다
10 desire 명 · · 감명을 주다

B 다음 영단어의 뜻을 우리말로 쓰시오. [11~20]

11 emotion 명
12 admire 동
13 fame 명
14 instance 명
15 omit 동
16 purpose 명
17 stroke 명
18 ideal 형
19 leak 동
20 capable 형

Answer

A 01 끌다, 힘들게 움직이다 02 최근의
03 큰 슬픔, 비탄 04 답장을 보내다, 대답하다
05 고통받다, 시달리다 06 공정한, 타당한
07 실현하다, 이행하다 08 존재하다, 살다
09 감명을 주다 10 욕망, 욕구

B 11 감정, 정서 12 존경하다, 칭찬하다 13 명성
14 사례, 경우 15 빼먹다, 생략하다 16 목적, 의도
17 타격, 때리기, 뇌졸중, 발작 18 이상적인
19 새다, 누설하다 20 할 수 있는

Day 06

암기 전 미리보기 & 암기 후 확인하기

학습 전에 아는 단어에 체크해 보세요.
학습 후에 암기한 단어에 체크해 보세요.
체크가 안 된 약점 어휘만 보면서 복습용으로 활용해 보세요.

✓ Self Check

맞힌 개수   / 40개   1회독 ☐   2회독 ☐   3회독 ☐

영단어
암기 테스트

☐ remove	제거하다, 없애다	☐ colleague	동료
☐ confuse	혼란시키다, 혼동하다	☐ doubt	의심하다; 의심
☐ realize	깨닫다, 인식하다	☐ method	방법
☐ opportunity	기회	☐ repeat	반복하다, 되풀이되다
☐ tear	눈물; 찢다	☐ grip	꽉 잡다, 움켜잡다
☐ describe	설명하다, 묘사하다	☐ tend	경향이 있다
☐ frequent	잦은, 빈번한	☐ mercy	자비, 연민
☐ similar	유사한, 비슷한, 닮은	☐ blind	눈이 먼, ~을 보지 못하는
☐ tragic	비극적인, 비극의	☐ thirsty	목이 마른, 갈증이 나는
☐ suburb	교외, 근교	☐ rude	무례한, 예의 없는
☐ detail	상세히 알리다; 세부 사항	☐ backward	뒤로, 거꾸로; 뒤의, 발전이 더딘
☐ sentiment	감정, 정서	☐ wander	돌아다니다, 헤매다
☐ ordinary	평범한, 보통의	☐ gather	모으다, 모이다
☐ guard	지키다, 경비를 보다	☐ plate	접시, (한 접시의) 요리
☐ gender	성, 성별	☐ unit	(구성) 단위, 한 개
☐ lawyer	변호사	☐ fancy	화려한, 장식이 많은; 원하다, ~을 하고 싶다
☐ merit	장점, 공로	☐ remind	생각나게 하다, 상기시키다
☐ focus	초점을 맞추다, 집중하다; 초점	☐ crisp	바삭바삭한, 아삭아삭한
☐ sort	종류, 유형; 분류하다, 구분하다	☐ trail	따라가다, (질질) 끌고 가다; 자국, 흔적
☐ weird	이상한, 기이한	☐ domestic	1. 국내의 2. 길들여진

X 모름
△ 애매함
○ 알고 있음

최빈출 어휘

0201
remove ★★★
[rimúːv]

동 제거하다, 없애다

The technician **removed** the faulty component from the machine.
기술자가 기계에서 결함이 있는 부품을 제거했다.

파생어 **removable** 형 제거할 수 있는
유의어 eliminate
Tip re(다시) + move(움직이다)

0202
confuse ★★★
[kənfjúːz]

동 혼란시키다, 혼동하다

The complicated instructions **confused** the new employees.
복잡한 지침은 신입 직원들을 혼란시켰다.

파생어 **confusion** 명 혼동

0203
realize ★★★
[ríː(ː)əlàiz]

동 깨닫다, 인식하다

The scientist **realized** the importance of the new discovery.
과학자는 새로운 발견의 중요성을 깨달았다.

파생어 **realization** 명 깨달음
유의어 깨닫다 understand, recognize, find
Tip real(실제의) + ize(~으로 하다)

0204
opportunity ★★★
[ὰpərtjúːnəti]

명 기회

The internship provided her with a great **opportunity** for career growth.
인턴 일은 그녀에게 경력 성장을 위한 좋은 기회를 제공했다.

유의어 chance
Tip 일반적으로 opportunity 뒤에 for + 명사, of + 동명사, 또는 to부정사가 와서 opportunity를 수식한다.

0205
tear ★★★
[tiər]

명 눈물 동 [teər] 찢다

A single **tear** fell silently from her eye in sorrow.
슬픔에 젖은 그녀의 눈에서 조용히 눈물 한 방울이 떨어졌다.

유의어 찢다 tatter

0206
describe ★★★
[diskráib]

동 설명하다, 묘사하다

The witness **described** the suspect's appearance to the police.
목격자는 경찰에게 용의자의 외모를 설명했다.

파생어 **descriptive** 형 서술적인
유의어 depict
Tip de(밑에) + scribe(쓰다)

0207
frequent ★★★
[fríːkwənt]

형 잦은, 빈번한

The professor's **frequent** visits were familiar to the library staff.
교수님의 잦은 방문은 도서관 직원들에게도 익숙한 일이었다.

파생어 frequency 명 빈도
Tip frequent guest 단골손님

0208
similar ★★★
[símələr]

형 유사한, 비슷한, 닮은

Her painting technique is **similar** to that of her mentor.
그녀의 그림 기법은 그녀의 스승의 기법과 유사하다.

파생어 similarity 명 유사성, 닮음
유의어 analogous
반의어 다른 different, disparate

0209
tragic ★★★
[trǽdʒik]

형 비극적인, 비극의

The novel tells the story of a **tragic** love affair.
이 소설은 비극적인 연애 사건에 대한 이야기를 말하고 있다.

파생어 tragedy 명 비극

중요 어휘

0210
suburb ★★
[sʌ́bəːrb]

명 교외, 근교

My grandparents recently moved to a quiet **suburb** outside the city.
최근 조부모님이 도시 외곽의 한적한 교외로 이사하셨다.

파생어 suburban 형 교외의

0211
detail ★★
[ditéil]

동 상세히 알리다   명 [díːteil] 세부 사항

The reporter **detailed** the events of the shocking incident.
기자는 그 충격적인 사건을 상세히 알렸다.

Tip in detail 상세하게

0212
sentiment ★★
[séntəmənt]

명 감정, 정서

The novel captures the deep **sentiment** of love beautifully.
이 소설은 사랑의 깊은 감정을 아름답게 담아내고 있다.

파생어 sentimental 형 정서의, 감정적인

0213
ordinary ★★
[ɔ́ːrdənèri]

형 평범한, 보통의

The photographer finds beauty in the **ordinary** moments of life.
그 사진작가는 일상의 평범한 순간에서 아름다움을 찾아낸다.

유의어 usual, normal, common
반의어 비상한, 비범한 extraordinary
Tip out of the ordinary 특이한

0214
guard [gɑːrd]

동 지키다, 경비를 보다

The soldiers **guarded** the border to ensure national security.
군인들은 국가 안보를 지키기 위해 국경을 지켰다.

파생어 guardian 명 보호자

0215
gender [dʒéndər]

명 성, 성별

How can **gender** equality be improved in the workplace?
어떻게 하면 직장에서 성 평등이 개선될 수 있을까?

Tip sex는 '생물학적인 성', gender는 '사회학적인 성'

0216
lawyer [lɔ́ːjər]

명 변호사

The skilled **lawyer** successfully defended his client in court.
노련한 변호사가 법정에서 의뢰인을 성공적으로 변호했다.

유의어 attorney

0217
merit [mérit]

명 장점, 공로

The new policy has great **merits** and benefits many people.
새로운 정책은 큰 장점이 있고 많은 사람들에게 혜택을 제공한다.

Tip lasting merit 불후의 공적

0218
focus [fóukəs]

동 초점을 맞추다, 집중하다 명 초점

The President's speech **focused** on Latin America.
대통령의 연설은 라틴 아메리카에 초점을 맞추었다.

Tip focus on ~에 초점을 맞추다

0219
sort [sɔːrt]

명 종류, 유형 동 분류하다, 구분하다

The musician prefers that **sort** of music over any other genre.
그 음악가는 다른 어떤 장르보다 그런 종류의 음악을 선호한다.

유의어 분류하다 categorize, classify

0220
weird [wiərd]

형 이상한, 기이한

A lost girl saw a **weird** creature in the dark, mysterious forest.
길 잃은 소녀는 어둡고 신비한 숲에서 이상한 생명체를 보았다.

유의어 odd, strange, peculiar, abnormal, eccentric, bizarre

Tip weird and wonderful (냉소적) 기묘하지만 멋진

0221
colleague [káliːg]

명 동료

My **colleagues** worked together to complete the important project.
내 동료들은 중요한 프로젝트를 완료하기 위해 함께 일했다.

유의어 companion

0222

doubt
[daut]

동 의심하다 명 의심

I **doubt** his words because they sound too good to believe.
믿기에는 너무 좋게 들리기 때문에 나는 그의 말을 의심한다.

유의어 suspect, mistrust

Tip cast doubt on ~을 의심하다

0223

method
[méθəd]

명 방법

This **method** works well for solving complex math problems.
이 방법은 복잡한 수학 문제들을 해결하는 데 효과적이다.

유의어 way, means, manner

Tip without method 조리 없이, 엉터리로

0224

repeat
[ripí:t]

동 반복하다, 되풀이되다

The teacher told me to **repeat** the part for better understanding.
선생님은 나에게 더 나은 이해를 위해 그 부분을 반복하라고 말했다.

파생어 repetition 명 반복
유의어 reiterate, restate, redo

0225

grip
[grip]

동 꽉 잡다, 움켜잡다

Suddenly, the baby **gripped** her mother's arm firmly in fear.
갑자기 아기가 두려워하며 어머니의 팔을 꽉 잡았다.

Tip get a grip on ~을 파악하다

0226

tend
[tend]

동 경향이 있다

The teacher **tends** to explain things in a very detailed way.
선생님은 사물을 매우 상세하게 설명하는 경향이 있다.

파생어 tendency 명 경향, 성향
유의어 be apt, be inclined

Tip to부정사와 함께 쓰여 '~하는 경향이 있다'라고 해석한다.

0227

mercy
[mə́:rsi]

명 자비, 연민

Hannibal refused to beg for **mercy** when he was captured by the Romans.
Hannibal은 로마군에게 포로가 되었을 때 자비를 구하길 거부했다.

Tip in mercy 불쌍히 여겨
at the mercy of ~에 좌우되는

0228

blind
[blaind]

형 눈이 먼, ~을 보지 못하는

The **blind** musician played the piano beautifully at the concert.
눈이 먼 음악가가 콘서트에서 피아노를 아름답게 연주했다.

기본 어휘

0229

thirsty
[θə́:rsti]

형 목이 마른, 갈증이 나는

The hiker was extremely **thirsty** after walking under the hot sun.
등산객은 뜨거운 태양 아래서 걷다 보니 매우 목이 말랐다.

파생어 thirst 명 갈증

0230

rude
[ru:d]

형 무례한, 예의 없는

The customer was very **rude** to the waiter for no reason.
그 고객은 아무런 이유 없이 웨이터에게 매우 무례했다.

반의어 공손한, 예의 바른 polite

0231

backward
[bǽkwərd]

부 뒤로, 거꾸로   형 뒤의, 발전이 더딘

The car slowly rolled **backward** down the steep hill.
차는 가파른 언덕을 천천히 뒤로 굴러 내려갔다.

반의어 앞쪽으로 forward

Tip back(뒤) + ward(쪽으로)

0232

wander
[wándər]

동 돌아다니다, 헤매다

The tourists **wandered** around the city, exploring its hidden alleys.
관광객들은 도시 곳곳을 돌아다니며 숨겨진 골목을 탐험했다.

유의어 roam

Tip '궁금해 하다'의 wonder와 철자에 유의하자.

0233

gather
[gǽðər]

동 모으다, 모이다

The professor showed how ancient people **gathered** food.
그 교수는 고대 사람들이 어떻게 식량을 모았는지를 보여 주었다.

유의어 collect

0234

plate
[pleit]

명 접시, (한 접시의) 요리

The master shef took out **plates** from the kitchen shelf.
그 요리 명인은 부엌 선반에서 접시들을 꺼냈다.

0235
unit [júːnit]

명 (구성) 단위, 한 개

The kilogram is a standard **unit** of weight measurement.
킬로그램은 무게 측정의 표준 단위이다.

> **Tip** unity(1) + digit(숫자)

0236
fancy [fǽnsi]

형 화려한, 장식이 많은 동 원하다, ~을 하고 싶다

The hotel lobby was decorated with **fancy** furniture.
호텔 로비가 화려한 가구들로 장식되어 있었다.

0237
remind [rimáind]

동 생각나게 하다, 상기시키다

This beautiful song **reminds** me of my childhood days.
이 아름다운 노래는 내 어린 시절을 생각나게 한다.

> **Tip** remind A of B A에게 B를 생각나게 하다

0238
crisp [krisp]

형 바삭바삭한, 아삭아삭한

The chef served **crisp** and golden fries with a side of ketchup.
셰프가 케첩을 곁들인 바삭바삭한 황금빛 감자튀김을 제공했다.

0239
trail [treil]

동 따라가다, (질질) 끌고 가다 명 자국, 흔적

The detective quietly **trailed** the suspect through the crowded streets.
형사는 혼잡한 거리를 통과하여 조용히 용의자를 따라갔다.

다의어

0240
domestic [dəméstik]

❶ 형 국내의

The engine was developed with **domestic** technology.
그 엔진은 국내 기술로 개발되었다.

❷ 형 길들여진

These **domestic** horses are not fierce.
이 길들여진 말들은 사납지 않다.

TEST

A 다음 영단어의 뜻을 찾아 연결하시오. [01~10]

- 01 tragic 형 • • 이상한, 기이한
- 02 weird 형 • • 상세히 알리다
- 03 mercy 명 • • 잦은, 빈번한
- 04 detail 동 • • 제거하다, 없애다
- 05 remind 동 • • 비극적인, 비극의
- 06 realize 동 • • 경향이 있다
- 07 frequent 형 • • 생각나게 하다, 상기시키다
- 08 ordinary 형 • • 깨닫다, 인식하다
- 09 remove 동 • • 자비, 연민
- 10 tend 동 • • 평범한, 보통의

B 다음 영단어의 뜻을 우리말로 쓰시오. [11~20]

- 11 suburb 명
- 12 rude 형
- 13 merit 명
- 14 confuse 동
- 15 sort 명
- 16 domestic 형
- 17 opportunity 명
- 18 doubt 동
- 19 wander 동
- 20 trail 동

Answer

A 01 비극적인, 비극의 02 이상한, 기이한
03 자비, 연민 04 상세히 알리다
05 생각나게 하다, 상기시키다 06 깨닫다, 인식하다
07 잦은, 빈번한 08 평범한, 보통의
09 제거하다, 없애다 10 경향이 있다

B 11 교외, 근교 12 무례한, 예의 없는 13 장점, 공로
14 혼란시키다, 혼동하다 15 종류, 유형
16 국내의, 길들여진 17 기회 18 의심하다
19 돌아다니다, 헤매다 20 따라가다, (질질) 끌고 가다

Day 07

암기 전 미리보기 & 암기 후 확인하기

학습 전에 아는 단어에 체크해 보세요.
학습 후에 암기한 단어에 체크해 보세요.
체크가 안 된 약점 어휘만 보면서 복습용으로 활용해 보세요.

✓ Self Check   맞힌 개수 ___ / 40개   1회독 ☐   2회독 ☐   3회독 ☐

영단어 암기 테스트

☐ rely	의존하다, 의지하다	☐ excuse	변명, 핑곗거리; 용서하다, 변명하다
☐ reason	이유, 까닭	☐ destiny	운명
☐ essential	필수적인, 본질적인	☐ roar	굉음, 으르렁거림; 굉음을 내다, 으르렁거리다
☐ insist	주장하다, 고집하다, 우기다	☐ weigh	무게를 재다, 무게가 ~이다
☐ suggest	제안하다, 시사하다	☐ dozen	12개의, 십여 개[명]의; 12(개), (pl.) 수십
☐ actual	실제의, 사실상의	☐ float	(물 위나 공중에) 뜨다, 떠돌다
☐ pull	끌다, 당기다; 끌어당기기	☐ renew	갱신하다
☐ seek	찾다, 구하다	☐ transform	탈바꿈시키다, 변형시키다
☐ predict	예측하다, 예언하다	☐ due	~하기로 되어 있는, ~ 때문에
☐ domain	영역, 범위	☐ stem	줄기; 생겨나다
☐ funeral	장례(식)	☐ flight	비행, 항공편
☐ empty	비어 있는	☐ pinch	(손가락으로) 꼬집다; 한 꼬집, 극히 적은 분량
☐ narrow	좁은	☐ pattern	패턴, 양식; 본떠서 만들다
☐ steep	가파른, 비탈진	☐ sow	(씨를) 뿌리다, 심다
☐ sincere	진심 어린, 진심의, 진정한	☐ murder	살인, 살인죄; 살해하다
☐ phrase	구절, 구	☐ proverb	속담, 격언
☐ pitch	던지다, 내놓다; (음의) 높이	☐ whisper	속삭이다, 소곤거리다; 속삭임, 소곤소곤하는 말
☐ greet	맞이하다, 환영하다	☐ fond	좋아하는, 다정한
☐ intend	(~하려고) 생각하다, 의도하다	☐ blend	섞이다, 섞다
☐ neat	깔끔한, 정돈된	☐ scale	1. 규모, 척도 2. 눈금, 저울

X 모름
△ 애매함
○ 알고 있음

최빈출 어휘

0241
rely ★★★
[rilái]

동 의존하다, 의지하다

The students **rely** on their teacher for guidance and support.
학생들은 지도와 지원을 받기 위해 선생님에게 의존한다.

파생어 reliable 형 믿을 수 있는
유의어 depend

0242
reason ★★★
[ríːzən]

명 이유, 까닭

The main **reason** for his success is hard work and dedication.
그의 성공의 주된 이유는 노력과 헌신이다.

Tip It stands to reason (that) ~은 사리에 맞다, ~은 당연하다

0243
essential ★★★
[isénʃəl]

형 필수적인, 본질적인

Clean water is **essential** for all forms of life on Earth.
깨끗한 물은 지구상의 모든 생명체에게 필수적이다.

유의어 necessary, crucial, vital, requisite, imperative, indispensable
Tip an essential difference 본질적인 차이

0244
insist ★★★
[insíst]

동 주장하다, 고집하다, 우기다

The manager **insisted** on following the company's strict policies.
관리자는 회사의 엄격한 정책들을 따라야 한다고 주장했다.

파생어 insistent 형 고집하는, 계속되는
유의어 assert, contend
Tip in(위에) + sist(서다, 버티다) → 무언가의 위에 서서 버티는 굳건한 모습 → 주장하다

0245
suggest ★★★
[səgdʒést]

동 제안하다, 시사하다

The teacher **suggested** a new book for the students to read.
선생님은 학생들이 읽을 새로운 책을 제안했다.

파생어 suggestion 명 제안
유의어 allude
Tip at one's suggestion ~의 제안에 따라

0246
actual ★★★
[ǽktʃuəl]

형 실제의, 사실상의

The **actual** cost of the project exceeded our budget by far.
그 프로젝트의 실제 비용은 우리의 예산을 훨씬 초과했다.

파생어 actually 부 실제로, 사실은   actuality 명 실제, 사실
유의어 real
Tip actual은 명사 앞에서만 수식을 한다.

0247
pull ***
[pul]

동 끌다, 당기다　명 끌어당기기

The strong farmer **pulled** the heavy cart up the steep hill.
힘센 농부는 무거운 수레를 가파른 언덕 위로 끌어 올라갔다.

반의어 밀다 push

0248
seek ***
[siːk]

동 찾다, 구하다

The scientist **seeks** a solution to the complex problem.
과학자는 복잡한 문제에 대한 해결책을 찾고 있다.

유의어 look for

0249
predict ***
[pridíkt]

동 예측하다, 예언하다

The weather forecast **predicts** heavy rain for tomorrow morning.
일기 예보는 내일 아침 동안 폭우를 예측한다.

파생어 prediction 명 예언　predictable 형 예측할 수 있는
유의어 foretell, forecast, foresee

중요 어휘

0250
domain **
[douméin]

명 영역, 범위

The subject has now moved into the political **domain**.
그 주제는 이제 정치 영역으로 옮겨갔다.

Tip private domain 사적 영역　public domain 공적 영역

0251
funeral **
[fjúːnərəl]

명 장례(식)

The family attended the **funeral** to say their final goodbyes.
가족은 마지막 인사를 하기 위해 장례식에 참석했다.

유의어 burial
Tip Mind your own funeral. 네 일이나 신경 써.

0252
empty **
[émpti]

형 비어 있는

The **empty** bottle lay forgotten on the dusty wooden shelf.
빈 병은 먼지가 쌓인 나무 선반 위에 잊혀진 채 놓여 있었다.

유의어 vacant

0253
narrow **
[nǽrou]

형 좁은

The car struggled to pass through the **narrow** mountain road.
차는 좁은 산길을 통과하는 데 어려움을 겪었다.

반의어 넓은 wide

0254
steep [stiːp]
형 가파른, 비탈진
The hikers climbed the **steep** trail to reach the summit.
등산객들은 정상에 오르기 위해 가파른 오솔길을 올랐다.

0255
sincere [sinsíər]
형 진심 어린, 진심의, 진정한
The student wrote a **sincere** letter of gratitude to his teacher.
학생은 선생님께 진심 어린 감사의 편지를 썼다.

유의어 serious, earnest
Tip sincere gratitude 진심 어린 감사

0256
phrase [freiz]
명 구절, 구
The professor wrote down an interesting **phrase** from the book.
교수님은 책에서 흥미로운 구절을 적었다.

Tip in a phrase 한마디로 말하자면

0257
pitch [pitʃ]
동 던지다, 내놓다 명 (음의) 높이
The baseball player **pitched** the ball with incredible speed.
야구 선수는 놀라운 속도로 공을 던졌다.

유의어 던지다 throw, cast

0258
greet [griːt]
동 맞이하다, 환영하다
The hotel staff **greeted** the guests with warm smiles.
호텔 직원들은 따뜻한 미소로 손님들을 맞이했다.

0259
intend [inténd]
동 (~하려고) 생각하다, 의도하다
The worker **intended** to leave the company.
그 노동자는 회사를 떠날 생각이었다.

파생어 intention 명 의도
Tip in(안으로) + tend(뻗다) → 속으로 생각하다

0260
neat [niːt]
형 깔끔한, 정돈된
The diligent student kept her small wooden desk clean and **neat**.
부지런한 이 학생은 작은 나무 책상을 깨끗하고 깔끔하게 유지했다.

유의어 tidy, clean, orderly, well-ordered

0261
excuse [ikskjúːs]

명 변명, 핑곗거리   동 [ikskjúːz] 용서하다, 변명하다

The student gave a weak **excuse** for being late to class.
학생은 수업에 지각한 것에 대해 궁색한 변명을 늘어놓았다.

유의어 용서하다 forgive, pardon

Tip **Excuse me.** 실례합니다.

0262
destiny [déstəni]

명 운명

The worker truly believed in his **destiny** to lead the team.
그 직원은 팀을 이끌 자신의 운명을 진정으로 믿었다.

유의어 fate

Tip **be destined to** ~할 운명이다

0263
roar [rɔːr]

명 굉음, 으르렁거림   동 굉음을 내다, 으르렁거리다

Tornadoes are accompanied by a deafening **roar**.
토네이도는 귀를 먹먹하게 만드는 굉음을 동반한다.

Tip **roar of laughter** 포복절도하다

0264
weigh [wei]

동 무게를 재다, 무게가 ~이다

The machine **weighs** the packages before they are shipped.
이 기계는 포장물이 배송되기 전에 무게를 잰다.

파생어 weight 명 무게

0265
dozen [dʌ́zən]

형 12개의, 십여 개(명)의   명 12(개), (pl.) 수십

She bought a **dozen** sweet red apples yesterday.
그녀는 어제 12개의 맛있는 붉은 사과를 샀다.

Tip **dozens of people** 수십 명의 사람들

0266
float [flout]

동 (물 위나 공중에) 뜨다, 떠돌다

Anyone can **float** in the Dead Sea.
사해에서는 누구나 뜰 수 있다.

0267
renew [rinjúː]

동 갱신하다

The driver **renewed** his driver's license.
그 운전자는 자신의 운전 면허증을 갱신했다.

파생어 renewal 명 갱신, 재생   renewable 형 재생 가능한, 갱신(연장) 가능한

Tip **re**(다시) + **new**(새로운)

0268
transform [trænsfɔ́ːrm]

동 탈바꿈시키다, 변형시키다

The factory was **transformed** into a park.
그 공장은 공원으로 탈바꿈했다.

> **Tip** 영화 '트랜스포머'를 연상해 보자.

기본 어휘

0269
due [djuː]

형 ~하기로 되어 있는, ~ 때문에

Tomorrow is the **due** date for the presentation.
내일이 발표하기로 되어 있는 날짜이다.

> **Tip** due to + (동)명사: ~에 기인하는, ~ 때문에
> be due + to부정사: ~할 예정이다

0270
stem [stem]

명 줄기 동 생겨나다

The plant has a thick **stem** to store water.
그 식물은 물을 저장하기 위한 굵은 줄기를 가지고 있다.

> **Tip** stem from ~에서 생겨나다, 유래하다

0271
flight [flait]

명 비행, 항공편

High levels of pollution forced airlines to cancel **flights**.
높은 수준의 오염은 항공사들이 비행을 취소할 수밖에 없게 했다.

0272
pinch [pintʃ]

동 (손가락으로) 꼬집다 명 한 꼬집, 극히 적은 분량

He **pinched** his cheek to wake himself.
그는 잠을 깨려고 자신의 볼을 꼬집었다.

0273
pattern [pǽtərn]

명 패턴, 양식 동 본떠서 만들다

There are life **patterns** that people share.
사람들이 공유하는 인생 패턴이 있다.

0274
sow [sou]

동 (씨를) 뿌리다, 심다

As you **sow**, so you reap.
네가 뿌린 대로 거둔다.

0275
murder
[mə́:rdər]

명 살인, 살인죄　동 살해하다

The suspect was arrested for the brutal **murder** of the victim.
용의자는 피해자에 대한 잔인한 살인 혐의로 체포되었다.

- 유의어　살인 homicide
　　　　 살해하다 kill, slay
- Tip　attempt to murder 살해를 시도하다

0276
proverb
[právə:rb]

명 속담, 격언

You have probably heard the **proverb** that "Blood is thicker than water."
당신은 아마도 '피는 물보다 진하다.'라는 속담을 들어본 적이 있을 것이다.

- 유의어　saying, maxim
- Tip　pro(앞에) + verb(단어) → 앞서는 말

0277
whisper
[hwíspər]

동 속삭이다, 소곤거리다　명 속삭임, 소곤소곤하는 말

The teacher **whispered** instructions to the students during the test.
선생님은 시험 중에 학생들에게 지시 사항들을 속삭였다.

0278
fond
[fɑnd]

형 좋아하는, 다정한

The artist is **fond** of painting landscapes in vibrant colors.
그 화가는 생생한 색감으로 풍경을 그리는 것을 좋아한다.

- Tip　be fond of ~을 좋아하다

0279
blend
[blend]

동 섞이다, 섞다

Each person tries to **blend** into the crowd.
각 개인은 군중과 섞이려 노력한다.

- 유의어　mix
- Tip　blend in with ~와 조화를 이루다

다의어

0280
scale
[skeil]

❶ 명 규모, 척도

We need to act on a national **scale**.
우리는 국가적인 규모로 행동할 필요가 있다.

❷ 명 눈금, 저울

How much does it read on the **scale**?
눈금에서 얼마가 나왔나요?

TEST

A. 다음 영단어의 뜻을 찾아 연결하시오. [01~10]

- 01 rely 동 • • 실제의, 사실상의
- 02 actual 형 • • 맞이하다, 환영하다
- 03 roar 명 • • 무게를 재다, 무게가 ~이다
- 04 weigh 동 • • 필수적인, 본질적인
- 05 funeral 명 • • 의존하다, 의지하다
- 06 scale 명 • • 규모, 척도, 눈금, 저울
- 07 seek 동 • • 굉음, 으르렁거림
- 08 essential 형 • • 주장하다, 고집하다, 우기다
- 09 greet 동 • • 장례(식)
- 10 insist 동 • • 찾다, 구하다

B. 다음 영단어의 뜻을 우리말로 쓰시오. [11~20]

- 11 phrase 명
- 12 destiny 명
- 13 sow 동
- 14 transform 동
- 15 reason 명
- 16 predict 동
- 17 whisper 동
- 18 float 동
- 19 steep 형
- 20 excuse 명

Answer

A 01 의존하다, 의지하다 02 실제의, 사실상의
03 굉음, 으르렁거림 04 무게를 재다, 무게가 ~이다
05 장례(식) 06 규모, 척도, 눈금, 저울
07 찾다, 구하다 08 필수적인, 본질적인
09 맞이하다, 환영하다 10 주장하다, 고집하다, 우기다

B 11 구절, 구 12 운명 13 (씨를) 뿌리다, 심다
14 탈바꿈시키다, 변형시키다 15 이유, 까닭
16 예측하다, 예언하다 17 속삭이다, 소곤거리다
18 (물 위나 공중에) 뜨다, 떠돌다 19 가파른, 비탈진
20 변명, 핑곗거리

IDIOM Day 08

암기 전 미리보기 & 암기 후 확인하기

학습 전에 아는 이디엄에 체크해 보세요.
학습 후에 암기한 이디엄에 체크해 보세요.
체크가 안 된 약점 이디엄만 보면서 복습용으로 활용해 보세요.

✓ Self Check

맞힌 개수　　　/ 40개　1회독 ☐　2회독 ☐　3회독 ☐

이디엄 암기 테스트

☐ lead to	~로 이어지다, ~을 야기하다	☐ at second hand	간접적으로
☐ be based on	~에 근거를 두다, ~에 입각하다	☐ hold back	참다, 저지하다
☐ regardless of	~에 상관없이	☐ be cut out for	~에 적임이다, 적합하다
☐ stand out	두드러지다	☐ have nothing to do with	~와 관련이 없다
☐ pick up	(차에) 태워 주다, 집어 올리다, 다시 시작하다, 회복하다	☐ enter into	~을 시작하다
☐ result from	~의 결과로 생기다	☐ care for	~을 돌보다
☐ consist of	~로 구성되다	☐ out of place	불편한
☐ such as	~와 같은	☐ see off	~을 배웅하다
☐ fill up	~을 가득 채우다	☐ look out	조심하다
☐ from time to time	가끔, 이따금	☐ nothing but	~만, 오직
☐ be tied up	바쁘다	☐ catch up with	~을 따라잡다, (뒤)따라가다
☐ beside the point	요점을 벗어난	☐ in token of	~의 표시로
☐ come into effect	시행[실시]되다, 발효되다	☐ pass out	기절하다, ~을 나눠주다
☐ sign up for	~에 등록하다	☐ instead of	~ 대신에
☐ bear in mind	~을 명심하다	☐ walk on air	아주 기뻐하다
☐ call off	~을 취소하다	☐ stick to	~을 고수하다
☐ play down	~을 경시하다, ~을 폄하하다	☐ run down	(건전지 등이) 다 되다, 멈추다
☐ run for	~에 출마하다	☐ look down on	~을 무시하다, ~을 멸시하다
☐ anything but	결코 ~이 아닌	☐ at will	마음대로
☐ build up	~을 쌓다, ~을 키우다	☐ be fed up with	~에 질리다, ~에 싫증나다

X 모름
△ 애매함
○ 알고 있음

최빈출 어휘

0281 lead to ★★★
~로 이어지다, ~을 야기하다
The heavy rain **led to** flooding in the low-lying areas.
폭우는 저지대 지역의 홍수로 이어졌다.
유의어 cause, result in
Tip lead 안내하다, 이끌다

중요 어휘

0282 be based on ★★
~에 근거를 두다, ~에 입각하다
This movie **is based on** a true story from the 1800s.
이 영화는 1800년대의 실화에 근거를 두고 있다.
Tip be based on facts 사실에 입각하다

0283 regardless of ★★
2011 국가직 9급
~에 상관없이
We stick to our customs **regardless of** the change of time.
시간의 변화에 상관없이 우리는 관습을 지켜 나간다.
유의어 irrespective of, without regard to

0284 stand out ★★
2019 국가직 9급
두드러지다
The diligence of the people **stands out** above others.
그 사람들의 근면함은 다른 사람들보다 두드러진다.
유의어 be impressive, be prominent
Tip outstanding은 형용사로 '두드러지는'을 의미한다.

0285 pick up ★★
2012 서울시 9급
(차에) 태워 주다, 집어 올리다, 다시 시작하다, 회복하다
I drove dad into the village and promised to **pick** him **up** at 4.
나는 아버지를 차로 마을까지 모셔다 드리고, 네 시에 태우러 오겠다고 약속했다.
Tip pick up a pencil 연필을 집어 올리다
business picks up 경기가 좋아지다

0286 result from ★★
~의 결과로 생기다
Positive qualities **result from** regular exercise.
긍정적인 자질들은 규칙적인 운동의 결과로 생긴다.
Tip result in 결과적으로 ~이 되다, ~을 야기하다

0287
consist of
~로 구성되다
This book **consists of** several short stories.
이 책은 몇 편의 단편 소설들로 구성되어 있다.
> Tip consist in = lie in ~에 (놓여) 있다

0288
such as
~와 같은
Obesity is the cause of many diseases **such as** diabetes.
비만은 당뇨와 같은 많은 질병들의 원인이다.

0289
fill up
2013 지방직 7급
2012 지방직 9급
~을 가득 채우다
He quickly **filled up** his empty glass with fresh cold water.
그는 재빨리 빈 잔에 신선한 찬물을 가득 채웠다.
유의어 replenish, load

0290
from time to time
가끔, 이따금
The teacher reviews the students' progress **from time to time**.
교사는 가끔 학생들의 진척 상황을 검토한다.
> Tip sometimes 역시 같은 표현이다. 너무 자주는 아니고 가끔씩 어떤 것들이 이루어지고 있다는 것을 표현할 때 쓴다.

 기본 어휘

0291
be tied up
바쁘다
The employees skipped lunch because they **were tied up**.
직원들은 너무 바빠서 점심을 건너뛰었다.
> Tip 직역하면 '완전히 묶이다'라는 뜻이므로 너무 바빠서 움직일 수조차 없는 상황을 연상해보자.

0292
beside the point
요점을 벗어난
The speaker's argument seems to be **beside the point**.
연사의 주장은 요점을 벗어난 것 같다.
유의어 irrelevant, off the point, out of point, wide of the mark

0293
come into effect
시행(실시)되다, 발효되다
The municipal ordinance may not **come into effect** until August.
그 시의 조례는 8월까지 시행되지 않을 것이다.
> Tip come 대신 go를 써서 go into effect로 쓰기도 한다.

0294
sign up for
~에 등록하다
He has finally decided to **sign up for** swimming classes.
그는 결국 수영 강좌에 등록하기로 결심했다.
유의어 enroll, register

0295
bear in mind
~을 명심하다
Bear in mind you need to arrive on time.
제시간에 도착해야 한다는 것을 명심해라.
유의어 keep in mind

0296
call off
~을 취소하다
The coach decided to **call off** the game due to heavy rain.
코치는 폭우로 인해 경기를 취소하기로 결정했다.
유의어 cancel, revoke, rescind, repeal
Tip call on ~을 방문하다, ~을 요청하다

0297
play down
2024 국가직 9급
~을 경시하다, ~을 폄하다
The professor **played down** the importance of the minor mistake.
교수는 사소한 실수의 중요성을 경시했다.
유의어 belittle, underestimate, make light of

0298
run for
~에 출마하다
The young lawyer **ran for** city mayor in the last election.
이 젊은 변호사는 지난 선거에서 시장에 출마했다.

0299
anything but
결코 ~이 아닌
The final exam was **anything but** easy for the students.
기말고사는 학생들에게 결코 쉬운 시험이 아니었다.
유의어 not at all, never
Tip all but = almost 거의   nothing but = only 단지

0300
build up
~을 쌓다, ~을 키우다
Bright people often **build up** these strong social networks.
현명한 사람들은 종종 이러한 강력한 사회 네트워크를 쌓는다.

0301
at second hand
간접적으로
Reading enables us to experience life **at second hand**.
독서는 우리가 삶을 간접적으로 경험할 수 있게 한다.
유의어 indirectly
반의어 직접적으로 at first hand

0302
hold back

2010 지방직(상반기) 9급

참다, 저지하다

Quite a few people were unable to **hold back** their laughter.
꽤 많은 사람들이 웃음을 참을 수가 없었다.

유의어 restrain, control, curb

Tip hold(잡다) + back(뒤로, 억눌러)

0303
be cut out for

~에 적임이다, 적합하다

The old chef **was** not **cut out for** the intense restaurant industry.
그 나이 든 요리사는 치열한 레스토랑 업계에 적합하지 않았다.

유의어 be qualified for, be fit for

0304
have nothing to do with

~와 관련이 없다

The cue seems to **have nothing to do with** the plane crash.
그 단서는 비행기 추락 사고와 관련 없어 보인다.

Tip have something to do with ~와 관련이 있다
     have little to do with ~와 거의 관련이 없다

0305
enter into

~을 시작하다

The entrepreneur **entered into** the food business with high hopes.
이 기업가는 큰 희망을 품고 식품 사업을 시작했다.

유의어 go into, begin

0306
care for

~을 돌보다

The nurse carefully **cared for** the elderly patients at the hospital.
간호사는 병원에서 노인 환자들을 세심하게 돌보았다.

유의어 look after, take care of, provide for

0307
out of place

불편한

The new student felt **out of place** on his first day at school.
새로 온 학생은 등교 첫날부터 불편함을 느꼈다.

유의어 uncomfortable

Tip '장소에서 벗어난', 즉 '장소에 맞지 않은'의 의미를 갖는다. '꿔다 놓은 보릿자루'와 같은 뉘앙스!

0308
see off

~을 배웅하다

The proud father **sees off** his son at the airport every semester.
자랑스러운 아버지는 매 학기마다 공항에서 아들을 배웅한다.

Tip see는 타동사이며 off는 부사이므로 대명사가 목적어로 올 경우 반드시 타동사와 부사 사이에 와야 한다.

0309
look out
조심하다

You should **look out** while you are crossing the busy street.
너는 분주한 길을 건너는 동안 조심해야 한다.

유의어 be careful

Tip look(보다) + out(밖으로)

0310
nothing but
~만, 오직

Between the two brothers, there were **nothing but** arguments.
두 형제 사이에는 논쟁만 있었다.

유의어 only, just

Tip all but 거의
anything but ~이 결코 아닌

0311
catch up with
2016 지방직 7급
2012 국가직 9급

~을 따라잡다, (뒤)따라가다

The police finally **caught up with** the thief after a long chase.
경찰은 긴 추격전 끝에 마침내 도둑을 따라잡았다.

0312
in token of
~의 표시로

The company gave him a medal **in token of** his dedicated service.
회사는 그의 헌신적인 봉사에 대한 감사의 표시로 메달을 수여했다.

유의어 in sign of, as a sign of, as a symbol of

Tip token 표시, 상징

0313
pass out
2014 사회복지직 9급

기절하다, ~을 나눠주다

The exhausted runner **passed out** after crossing the finish line.
지친 주자가 결승선을 통과한 후 기절했다.

유의어 기절하다 faint, black out
나눠주다 hand out, distribute

Tip pass out copies 복사물을 나눠주다

0314
instead of
~ 대신에

If possible, take a train or bus **instead of** an airplane.
가능하면 비행기 대신 기차나 버스를 타라.

0315
walk on air
2015 사회복지직 9급

아주 기뻐하다

Since he heard the news of promotion, he has been **walking on air**.
승진 소식을 들은 후로 그는 **아주 기뻐하고** 있다.

[유의어] walk on a cloud, be on cloud nine, be in the seventh heaven

[Tip] 우리말로도 기분이 너무 좋을 때 '하늘을 나는 기분'이라고 말하는 것과 비슷하다.

0316
stick to

~을 고수하다

The project manager **stuck to** his original plan despite the challenges.
프로젝트 매니저는 어려움 속에서도 원래의 계획을 **고수했다**.

[유의어] adhere to, cling to, hold fast to

[Tip] Stick to it! 힘내!, 포기하지 마!

0317
run down

(건전지 등이) 다 되다, 멈추다

The batteries **ran down** after hours of continuous heavy use.
몇 시간 동안 계속해서 과도하게 사용하다 보니 배터리가 **다 되었다**.

0318
look down on

~을 무시하다, ~을 멸시하다

Some people **look down on** others because of their appearance.
어떤 사람들은 외모 때문에 다른 사람들**을 무시한다**.

[유의어] despise, ignore, belittle

[반의어] ~을 존경하다 look up to

0319
at will

마음대로

I was authorized to use the main computer **at will**.
나는 중앙 컴퓨터를 **마음대로** 사용할 수 있는 권한을 얻었다.

[Tip] will은 '의지'의 뜻으로, at will은 '의지에 따라', 즉 '마음대로'의 의미이다.

0320
be fed up with

~에 질리다, ~에 싫증나다

Since it has been raining for weeks, I **am fed up with** this weather.
수 주간 비가 내리고 있어 나는 이 날씨**에 질린다**.

[유의어] be sick of, be tired of, be bored with

TEST

A 다음 영숙어의 뜻을 찾아 연결하시오. [01~10]

01 anything but	•	• 두드러지다
02 stand out	•	• ~에 상관없이
03 come into effect	•	• 결코 ~이 아닌
04 pass out	•	• 간접적으로
05 stick to	•	• 가끔, 이따금
06 regardless of	•	• 시행(실시)되다, 발효되다
07 at will	•	• ~을 고수하다
08 hold back	•	• 기절하다, ~을 나눠주다
09 at second hand	•	• 마음대로
10 from time to time	•	• 참다, 저지하다

B 다음 영숙어의 뜻을 우리말로 쓰시오. [11~20]

11 consist of
12 bear in mind
13 run for
14 catch up with
15 look out
16 lead to
17 have nothing to do with
18 build up
19 call off
20 result from

Answer

A 01 결코 ~이 아닌 02 두드러지다
03 시행(실시)되다, 발효되다
04 기절하다, ~을 나눠주다 05 ~을 고수하다
06 ~에 상관없이 07 마음대로 08 참다, 저지하다
09 간접적으로 10 가끔, 이따금

B 11 ~로 구성되다 12 ~을 명심하다 13 ~에 출마하다
14 ~을 따라잡다, (뒤)따라가다 15 조심하다
16 ~로 이어지다, ~을 야기하다 17 ~와 관련이 없다
18 ~을 쌓다, ~을 키우다 19 ~을 취소하다
20 ~의 결과로 생기다

PART 1 필수 어휘 | 77

Day 09

암기 전 미리보기 & 암기 후 확인하기

학습 전에 아는 단어에 체크해 보세요.
학습 후에 암기한 단어에 체크해 보세요.
체크가 안 된 약점 어휘만 보면서 복습용으로 활용해 보세요.

✓ Self Check

맞힌 개수 ___ / 40개 1회독 ☐ 2회독 ☐ 3회독 ☐

영단어
암기 테스트

☐	compete	경쟁하다, 겨루다	☐ bark	(개가) 짖다; 나무껍질
☐	increase	증가시키다, 증가하다; 증가	☐ hide	숨다, 감추다
☐	aspect	측면, 양상	☐ convenient	편리한
☐	matter	문제, 일; 중요하다	☐ panic	겁에 질려 어쩔 줄 모르다; 극심한 공포, 공황 상태
☐	athlete	운동 선수	☐ jealous	질투하는, 시기하는
☐	differ	다르다	☐ prejudice	편견
☐	effect	영향, 결과, 효과; (어떤 결과를) 가져오다	☐ gloomy	우울한, 비관적인
☐	support	지원하다, 지지하다; 지지, 버팀대	☐ sure	확신하는, 확실히 아는
☐	explain	설명하다	☐ splash	(물·흙탕물을) 튀기다, 철벅철벅 소리를 내면서 부딪치다; 튀기기, 철벅철벅하는 소리
☐	advance	증진시키다, 나아가다, 승진하다; 발전, 전진	☐ glory	영광
☐	pride	자부심, 자랑스러움	☐ core	핵심, 속
☐	diligent	부지런한, 근면한	☐ envelope	봉투
☐	restore	회복하다, 복원하다	☐ peel	껍질을 벗기다, 옷을 벗기다(벗다); 껍질
☐	plenty	풍부함, 많음	☐ beam	빛줄기, 환한 미소; 비추다, 활짝 웃다
☐	fabric	직물, 천	☐ forth	앞으로, 밖으로
☐	heal	치유하다, 치유되다	☐ prior	이전의, 앞의, ~보다 앞선
☐	fellow	동료, 친구	☐ intermediate	중급의, 중간의
☐	broadcast	방송하다	☐ mate	짝, 친구; 짝을 맞추다
☐	surprise	(깜짝) 놀라게 하다; 놀람, 놀라운 일	☐ genius	천재, 천재성
☐	scratch	긁다, 할퀴다; 긁힌 자국(상처), 할퀴기	☐ positive	1. 긍정적인, 긍정적인 것 2. 양성의; 양성 (반응)

X 모름
△ 애매함
○ 알고 있음

최빈출 어휘

0321
compete ★★★
[kəmpíːt]

동 경쟁하다, 겨루다

People looking for jobs must **compete** against one another.
직장을 구하는 사람들은 서로 **경쟁해야** 한다.

파생어 competition 명 경쟁　　competitive 형 경쟁적인, 경쟁력이 있는
유의어 vie
Tip compete for ~을 위해 경쟁하다

0322
increase ★★★
[inkríːs]

동 증가시키다, 증가하다　　명 [ínkriːs] 증가

The company **increased** its budget for research and development.
회사는 연구 개발 예산을 **증가시켰다**.

유의어 grow, rise, escalate, multiply
반의어 감소하다; 감소 decrease

0323
aspect ★★★
[ǽspekt]

명 측면, 양상

One important **aspect** of learning a new language is practice.
새로운 언어를 배우는 데 있어 중요한 하나의 **측면**은 연습이다.

유의어 facet
Tip from every aspect 모든 면에서

0324
matter ★★★
[mǽtər]

명 문제, 일　　동 중요하다

The most important **matter** is how we solve the problem.
가장 중요한 **문제**는 우리가 그 문제를 어떻게 해결하느냐이다.

유의어 문제 issue, problem, trouble, concern
Tip It doesn't matter ~. ~은 중요하지 않다(상관없다).

0325
athlete ★★★
[ǽθliːt]

명 운동 선수

The dedicated **athlete** trained hard to win the championship title.
이 헌신적인 **운동 선수**는 챔피언 타이틀을 획득하기 위해 열심히 훈련했다.

파생어 athletic 형 운동 경기의

0326
differ ★★★
[dífər]

동 다르다

Opinions on this matter **differ** depending on personal experiences.
이 문제에 대한 의견들은 개인적인 경험에 따라 **다르다**.

파생어 difference 명 차이
유의어 vary

0327
effect [ifékt]
★★★

명 영향, 결과, 효과 동 (어떤 결과를) 가져오다

Politicians have some **effect** on the lives of ordinary people.
정치인들은 일반 사람들의 삶에 약간의 영향을 끼친다.

- 파생어 effective 형 효과적인, 시행되는
- 유의어 impact, influence, repercussion
- Tip go(come) into effect 효력이 발생되다, 시행되다

0328
support [səpɔ́:rt]
★★★
2024 지방직 9급

동 지원하다, 지지하다 명 지지, 버팀대

The company **supports** employees by offering specialized training.
그 회사는 전문적인 교육을 제공함으로써 직원들을 지원한다.

- 유의어 지원하다 assist, back, sponsor

0329
explain [ikspléin]
★★★

동 설명하다

The teacher **explained** the concept to the students clearly.
그 교사는 학생들에게 그 개념을 명확하게 설명했다.

- 파생어 explanation 명 설명
- 유의어 elaborate, illustrate, elucidate
- Tip ex(완전히) + plain(평평하게 하다) → '완전히 평평하게 펴다'에서 '설명하다'가 유래했다.

0330
advance [ədvǽns]
★★★

동 증진시키다, 나아가다, 승진하다 명 발전, 전진

The organization **advances** technology in renewable energy.
그 기관은 재생 에너지 분야의 기술을 증진시킨다.

- 파생어 advancement 명 발전, 승진
- Tip in advance (of) (~보다) 앞서, 미리

중요 어휘

0331
pride [praid]
★★

명 자부심, 자랑스러움

The renowned scientist takes **pride** in her achievements.
그 유명한 과학자는 자신의 업적에 자부심을 가진다.

- 파생어 proud 형 자랑스러운
- 유의어 conceit
- Tip take pride in = pride oneself on ~에 자부심을 가지다, ~을 자랑하다

0332
diligent [dílidʒənt]
★★

형 부지런한, 근면한

He was so **diligent** that he achieved remarkable success.
그는 매우 부지런해서 엄청난 성공을 거두었다.

- 파생어 diligently 부 부지런히, 열심히
- 유의어 industrious, assiduous

0333
restore [ristɔ́:r]
동 회복하다, 복원하다

After a long illness, the patient finally **restored** his health.
오랜 투병 끝에, 그 환자는 마침내 건강을 회복했다.

파생어 restoration 명 회복, 복원, 복구
유의어 recover

0334
plenty [plénti]
명 풍부함, 많음

The designer appreciates **plenty** of opportunities available to her.
그 디자이너는 자신에게 주어진 풍부한 기회를 감사하게 여긴다.

Tip plenty of 풍부한, 많은

0335
fabric [fǽbrik]
명 직물, 천

The fashion designer selects only the finest **fabric** for her creations.
그 패션 디자이너는 자신의 작품들을 위해 오직 최고의 직물만을 선택한다.

0336
heal [hi:l]
동 치유하다, 치유되다

The doctor **heals** patients with various advanced treatments.
그 의사는 다양한 첨단 치료법으로 환자들을 치유한다.

유의어 cure, treat, remedy

0337
fellow [félou]
명 동료, 친구

The scientist shared his findings with his **fellow** researchers.
그 과학자는 자신의 연구 결과를 동료 연구원들과 공유했다.

유의어 동료 associate, colleague

0338
broadcast [brɔ́:dkæ̀st]
동 방송하다

The major news channel **broadcasts** live updates every hour.
그 주요 뉴스 채널은 매시간 실시간 업데이트를 방송한다.

0339
surprise [sərpráiz]
동 (깜짝) 놀라게 하다 명 놀람, 놀라운 일

The unexpected news **surprised** everyone in the office.
그 예상치 못한 소식은 사무실의 모든 사람을 놀라게 했다.

파생어 surprised 형 놀란   surprising 형 놀라운
유의어 놀라게 하다 astound, amaze, astonish, startle

0340
scratch [skrætʃ]
동 긁다, 할퀴다 명 긁힌 자국(상처), 할퀴기

The cat **scratched** the luxury furniture with its sharp claws.
그 고양이는 날카로운 발톱으로 고가의 가구를 긁었다.

유의어 scrape

0341
bark [bɑːrk]
동 (개가) 짖다 명 나무껍질
The dog **barked** loudly at the stranger approaching the house.
그 개는 집에 다가오는 낯선 사람에게 크게 짖었다.

0342
hide [haid]
동 숨다, 감추다
The rabbit **hid** under the bush to avoid the foxes chasing it.
토끼는 쫓아오는 여우를 피하기 위해 덤불 밑에 숨었다.
유의어 감추다 conceal

0343
convenient [kənvíːnjənt]
형 편리한
Online shopping is **convenient** for people with busy schedules.
온라인 쇼핑은 바쁜 일정을 가진 사람들에게 편리하다.
파생어 convenience 명 편리함
Tip convenience store 편의점

0344
panic [pǽnik]
동 겁에 질려 어쩔 줄 모르다 명 극심한 공포, 공황 상태
The traveler **panicked** at the airport after losing her passport.
그 여행자는 여권을 잃어버린 후 공항에서 겁에 질려 어쩔 줄 몰랐다.
Tip panic의 과거, 과거분사는 panicked, 현재분사는 panicking으로 표기한다.

0345
jealous [dʒéləs]
형 질투하는, 시기하는
The ambitious actress felt **jealous** of her rival's success.
그 야망 있는 여배우는 라이벌의 성공에 질투를 느꼈다.
파생어 jealousy 명 질투
유의어 envious
Tip jealous looks 질투하는 표정

0346
prejudice [prédʒudis]
명 편견
It is a common **prejudice** that whales live only in the cold oceans.
고래들이 차가운 대양에서만 산다는 것은 흔한 편견이다.
유의어 bias, preconception
Tip pre(사전의) + judice(판단) → 미리 판단하는 것

0347
gloomy [glúːmi]
형 우울한, 비관적인
The lonely poet felt **gloomy** after receiving a rejection for his work.
외로운 시인은 작품이 거절당한 후 우울한 기분이 들었다.
유의어 우울한 dark, depressed, melancholy, dismal, bleak

기본 어휘

0348
sure [ʃuər]
형 확신하는, 확실히 아는
The scientist was **sure** that his experiment would be successful.
과학자는 자신의 실험이 성공할 것이라고 확신했다.
유의어 certain, convinced, positive, confident

0349
splash [splæʃ]
동 (물·흙탕물을) 튀기다, 철벅철벅 소리를 내면서 부딪치다
명 튀기기, 철벅철벅하는 소리
The stone thrown into the lake **splashed** water in all directions.
호수에 던져진 돌은 사방으로 물을 튀겼다.

0350
glory [glɔ́:ri]
명 영광
The champion's hard work brought great **glory** to his country.
그 챔피언의 노력은 조국에 큰 영광을 가져다주었다.
파생어 glorious 형 영광스러운
Tip morning glory 나팔꽃

0351
core [kɔːr]
명 핵심, 속
The **core** of the problem lies in the lack of communication.
문제의 핵심은 소통의 부재에 있다.

0352
envelope [énvəlòup]
명 봉투
The secretary carefully opened the **envelope** containing a letter.
비서는 편지가 들어 있는 봉투를 조심스럽게 열었다.
파생어 envelop 동 감싸다, 뒤덮다

0353
peel [piːl]
동 껍질을 벗기다, 옷을 벗기다(벗다) 명 껍질
The chef quickly **peeled** the potatoes before boiling them.
요리사는 감자를 삶기 전에 재빨리 껍질을 벗겼다.

0354
beam [biːm]
명 빛줄기, 환한 미소 동 비추다, 활짝 웃다
A bright, warm **beam** of sunlight shone through the window.
밝고 따뜻한 해의 빛줄기 하나가 창문을 통해 비췄다.

0355
forth [fɔːrθ]

튄 앞으로, 밖으로

The graduate stepped **forth** into the unknown with confidence.
졸업생은 자신감을 가지고 미지의 세계를 향해 **앞으로** 나아갔다.

유의어 forward, ahead

Tip put forth (힘을) 발휘하다, 제출하다

0356
prior [práiər]

형 이전의, 앞의, ~보다 앞선

He had no **prior** experience.
그는 **이전** 경험이 전혀 없다.

유의어 previous

Tip prior to ~ 이전에

0357
intermediate [ìntərmíːdiət]

형 중급의, 중간의

The student enrolled in an **intermediate** French course.
그 학생은 **중급** 프랑스어 강좌에 등록했다.

유의어 중간의 medium, average

Tip inter(중간) + midi(사이) + ate(형용사형 어미)

0358
mate [meit]

명 짝, 친구 동 짝을 맞추다

The traveler met a **mate** while exploring the mountains in Nepal.
그 여행자는 네팔의 산을 탐험하던 중 **짝**을 만났다.

유의어 match

0359
genius [dʒíːnjəs]

명 천재, 천재성

The **genius** solved the complex puzzle in just a few minutes.
이 **천재**는 단 몇 분 만에 복잡한 퍼즐을 풀었다.

다의어

0360
positive [pázətiv]

❶ 형 긍정적인   명 긍정적인 것

He affirmed the **positive** effects of AI technology.
그는 인공지능 기술의 **긍정적인** 효과를 단언했다.

❷ 형 양성의   명 양성 (반응)

The athlete tested **positive** for steroids.
그 선수는 테스트 결과 스테로이드 **양성 반응**이 나왔다.

TEST

A 다음 영단어의 뜻을 찾아 연결하시오. [01~10]

- 01 restore 동 • • 문제, 일
- 02 heal 동 • • 치유하다, 치유되다
- 03 intermediate 형 • • 긍정적인, 양성의
- 04 positive 형 • • 중급의, 중간의
- 05 matter 명 • • 영향, 결과, 효과
- 06 peel 동 • • 회복하다, 복원하다
- 07 plenty 명 • • 풍부함, 많음
- 08 increase 동 • • 껍질을 벗기다, 옷을 벗기다(벗다)
- 09 effect 명 • • 측면, 양상
- 10 aspect 명 • • 증가시키다, 증가하다

B 다음 영단어의 뜻을 우리말로 쓰시오. [11~20]

- 11 surprise 동
- 12 jealous 형
- 13 sure 형
- 14 compete 동
- 15 advance 동
- 16 prior 형
- 17 support 동
- 18 prejudice 명
- 19 convenient 형
- 20 differ 동

Answer

A 01 회복하다, 복원하다 02 치유하다, 치유되다
03 중급의, 중간의 04 긍정적인, 양성의
05 문제, 일 06 껍질을 벗기다, 옷을 벗기다(벗다)
07 풍부함, 많음 08 증가시키다, 증가하다
09 영향, 결과, 효과 10 측면, 양상

B 11 (깜짝) 놀라게 하다 2 질투하다, 시기하다
13 확신하는, 확실히 아는 14 경쟁하다, 겨루다
15 증진시키다, 나아가다, 승진하다
16 이전의, 앞의, ~보다 앞선
17 지원하다, 지지하다 18 편견 19 편리한 20 다르다

Day 10

암기 전 미리보기 & 암기 후 확인하기

학습 전에 아는 단어에 체크해 보세요.
학습 후에 암기한 단어에 체크해 보세요.
체크가 안 된 약점 어휘만 보면서 복습용으로 활용해 보세요.

✓ Self Check

맞힌 개수 ___ / 40개 1회독 ☐ 2회독 ☐ 3회독 ☐

영단어
암기 테스트

☐ overcome	극복하다	☐ keen	강한, 열심인, 예리한
☐ influence	영향을 미치다; 영향, 영향력	☐ mood	기분, 분위기
☐ strike	치다, 때리다; 파업, 공격, 때리기	☐ finite	한정된, 유한한
☐ negative	부정적인	☐ resemble	닮다, 비슷하다
☐ notice	통보, 주목; 주목하다, 알아채다	☐ broad	넓은, 광범위한
☐ series	일련, 연속	☐ stream	시내, 개울; 흐르다, 끊임없이 계속되다
☐ strict	엄격한, 엄한	☐ squeeze	짜내다, 쥐어짜다; 짜기, 쥐기
☐ refuse	거부하다, 거절하다; 폐기물, 찌꺼기	☐ swift	재빠른, 신속한
☐ liberty	자유	☐ indeed	정말로
☐ damage	손상시키다, 훼손하다; 손상, 훼손	☐ cease	중단하다, 그만두다
☐ admit	인정하다, 입장(입학)을 허락하다	☐ wonder	궁금해하다; 경이, 놀랄 만한 일, 기적(과 같은 것)
☐ shallow	얕은, 피상적인	☐ slice	얇게 썰다; 조각
☐ mortal	언젠가는 반드시 죽는, 영원히 살 수 없는, 치명적인	☐ bald	대머리의, 헐벗은, 꾸밈없는, 닳은
☐ dust	먼지를 털다; 먼지	☐ invitation	초대장, 초대
☐ alike	같게, 동등하게; 같은, 비슷한	☐ tie	(강한) 유대, 관계; 매다, 묶다
☐ formation	형성, 대형	☐ widow	미망인, 과부
☐ quarrel	말다툼, 언쟁; 말다툼하다	☐ deed	행동, 행위
☐ entry	진입, 들어감, 참가, 기입	☐ lend	빌려주다
☐ lecture	강의; 강의하다	☐ rage	분노, 격분
☐ plot	모의하다, 줄거리를 만들다; 줄거리, 음모	☐ relative	1. 상대적인 2. 친척

X 모름
△ 애매함
○ 알고 있음

최빈출 어휘

0361
overcome ★★★
[òuvərkʌ́m]

동 극복하다

The athlete **overcame** all the obstacles during the race.
이 선수는 레이스 도중 모든 장애물을 **극복했다**.

유의어 get over, surmount

0362
influence ★★★
[ínfluəns]

동 영향을 미치다　명 영향, 영향력

Our physical health greatly **influences** our thoughts and emotions.
우리의 신체 건강은 우리의 사고와 감정에 크게 **영향을 미친다**.

유의어 영향을 미치다 affect, impact

Tip　have a great influence on ~에 큰 영향을 주다

0363
strike ★★★
[straik]

동 치다, 때리다　명 파업, 공격, 때리기

The boxer **struck** the punching bag with full force during his training.
복싱 선수는 훈련 중에 온 힘을 다해 샌드백을 **쳤다**.

0364
negative ★★★
[négətiv]

형 부정적인

The batter received **negative** feedback on his batting technique.
타자는 타격 기술에 대해 **부정적인** 피드백을 받았다.

유의어 pessimistic

반의어 긍정적인 positive

0365
notice ★★★
[nóutis]

명 통보, 주목　동 주목하다, 알아채다

The tenant received a **notice** about her rent increase yesterday.
그 세입자는 어제 집세 인상에 대한 **통보**를 받았다.

파생어 noticeable 형 주목할 만한

Tip　라틴어 notus(알려진, 인식된)에서 유래했다.

0366
series ★★★
[síː(ː)əriːz]

명 일련, 연속

The company launched a **series** of new products this year.
그 회사는 올해 **일련**의 신제품을 출시했다.

Tip　단수와 복수가 동형이다.

0367
strict [strikt]

형 엄격한, 엄한

The school has **strict** rules about student behavior and discipline.
그 학교는 학생 행동과 규율에 대해 엄격한 규칙을 가지고 있다.

유의어 rigid, rigorous, stern, stringent, austere

0368
refuse [rɪfúːz]

동 거부하다, 거절하다   명 [réfuːs] 폐기물, 찌꺼기

The manager firmly **refused** to accept the late report.
그 매니저는 늦게 제출된 보고서를 단호히 거부했다.

파생어 refusal 명 거부, 거절
유의어 reject, decline

0369
liberty [líbərti]

명 자유

The country fought for its **liberty**, rights, and independence.
그 나라는 자유, 권리, 그리고 독립을 위해 싸웠다.

파생어 liberal 형 자유로운, 자유주의의
　　　 liberate 동 자유롭게 해주다, 해방시키다
유의어 freedom

0370
damage [dǽmɪdʒ]

동 손상시키다, 훼손하다   명 손상, 훼손

The heavy rain severely **damaged** the old wooden bridge.
폭우가 오래된 나무 다리를 심하게 손상시켰다.

유의어 tarnish

0371
admit [ədmít]

동 인정하다, 입장(입학)을 허락하다

The professor **admitted** her mistake during the lecture.
그 교수는 강의 중에 자신의 실수를 인정했다.

파생어 admission 명 인정, 입장, 입학　　admittance 명 출입 허가
유의어 인정하다 acknowledge
반의어 부정하다 deny

0372
shallow [ʃǽlou]

형 얕은, 피상적인

The children played in the **shallow** water near the beach.
아이들은 해변 근처의 얕은 물에서 놀았다.

유의어 피상적인 superficial
반의어 깊은 deep, profound

0373
mortal [mɔ́:rtəl]
- 형 언젠가는 반드시 죽는, 영원히 살 수 없는, 치명적인
- All humans are **mortal** beings and cannot live forever.
- 모든 인간은 언젠가는 반드시 죽는 존재이며 영원히 살 수 없다.
- [반의어] 죽지 않는, 불멸의 immortal
- [Tip] a mortal wound 치명적인 부상

0374
dust [dʌst]
- 동 먼지를 털다 명 먼지
- The housekeeper **dusted** the shelves in the living room.
- 그 가정부는 거실에 있는 선반의 먼지를 털었다.

0375
alike [əláik]
- 부 같게, 동등하게 형 같은, 비슷한
- The twins look very **alike**, but they have different personalities.
- 그 쌍둥이는 아주 같게 보이지만, 성격은 다르다.

0376
formation [fɔ:rméiʃən]
- 명 형성, 대형
- The **formation** of massive mountains takes millions of years.
- 거대한 산맥의 형성에는 수백만 년이 걸린다.
- [Tip] in battle formation 전투 대형으로

0377
quarrel [kwɔ́(:)rəl]
- 명 말다툼, 언쟁 동 말다툼하다
- The neighbors had a heated **quarrel** over the parking space.
- 이웃들은 주차 공간 문제로 격한 말다툼을 벌였다.
- [유의어] 말다툼하다 argue, have words

0378
entry [éntri]
- 명 진입, 들어감, 참가, 기입
- The police had to make a forced **entry** to arrest kidnappers.
- 경찰은 납치범들을 체포하기 위해 강제 진입을 해야 했다.
- [Tip] entry requirements 참가 요건

0379
lecture [léktʃər]
- 명 강의 동 강의하다
- The professor gave an interesting **lecture** on ancient history.
- 그 교수는 고대 역사에 관한 흥미로운 강의를 했다.

0380
plot [plɑt]
- 동 모의하다, 줄거리를 만들다 명 줄거리, 음모
- The rebels secretly **plotted** to overthrow the corrupt government.
- 반란군은 비밀리에 부패한 정부를 전복하려는 모의를 했다.

0381
keen [ki:n]

형 강한, 열심인, 예리한

The volunteers are rewarded with a **keen** sense of accomplishment.
자원봉사자들은 강한 성취감으로 보상받는다.

유의어 열심인 eager, avid, ardent

Tip be keen on + (동)명사 : ~에 열심이다, ~이 간절하다

0382
mood [mu:d]

명 기분, 분위기

The teacher was in a good **mood** after receiving the news.
그 교사는 그 소식을 듣고 기분이 좋았다.

0383
finite [fáinait]

형 한정된, 유한한

The Earth's natural resources are **finite** and must be used wisely.
지구의 천연자원은 한정되어 있으며 현명하게 사용해야 한다.

반의어 무한한 infinite

Tip finite은 수나 양이 제한된 것을 의미하며, definite은 명확하고 분명하다는 의미가 있다.

0384
resemble [rizémbl]

동 닮다, 비슷하다

The newborn baby closely **resembles** his father in appearance.
신생아는 외모가 자기 아버지를 많이 닮았다.

유의어 take after

Tip resemble은 타동사이므로 전치사 없이 목적어가 온다.

0385
broad [brɔ:d]

형 넓은, 광범위한

The new highway, with better lighting, is as **broad** as the old one.
더 나은 조명을 갖춘 새 고속도로는 기존 고속도로만큼 넓다.

파생어 breadth 명 폭, 너비, 폭넓음
유의어 wide, extensive

Tip in a broad sense 넓은 의미에서

0386
stream [stri:m]

명 시내, 개울 동 흐르다, 끊임없이 계속되다

A small **stream** flows peacefully through the dense forest.
작은 시내가 울창한 숲을 평화롭게 흐른다.

0387
squeeze [skwi:z]

동 짜내다, 쥐어짜다 명 짜기, 쥐기

His mother **squeezed** the ripe lemon to make fresh juice.
그의 어머니는 신선한 주스를 만들기 위해 잘 익은 레몬을 짜냈다.

Tip squeeze ~ in ~을 위한 짬을 내다

0388
swift ★★
[swift]

형 재빠른, 신속한

The football player made a **swift** move to avoid the defender.
그 미식축구 선수는 수비수를 피하기 위해 **재빠르게** 움직였다.

유의어 rapid, quick

0389
indeed ★★
[indíːd]

부 정말로

The final result was **indeed** truly surprising to everyone.
최종 결과는 **정말로** 모두에게 매우 놀라웠다.

유의어 in fact

Tip A friend in need is a friend indeed. 어려울 때 친구가 정말 친구다.

기본 어휘

0390
cease ★
[siːs]

동 중단하다, 그만두다

The factory **ceased** operations due to financial problems.
그 공장은 재정 문제로 운영을 **중단했다**.

유의어 stop, end, discontinue, halt, quit

Tip Wonders will never cease. 놀랄 일이 끝이 없군(어떤 일에 기분 좋게 놀랐을 때 하는 말).

0391
wonder ★
[wʌ́ndər]

동 궁금해하다 명 경이, 놀랄 만한 일, 기적(과 같은 것)

The scientist **wondered** about the origins of the universe.
그 과학자는 우주의 기원에 대해 **궁금해했다**.

유의어 궁금해하다 be curious about
　　　경이 awe, marvel

Tip work(do) wonders 기적을 낳다

0392
slice ★
[slais]

동 얇게 썰다 명 조각

The chef **sliced** the fresh organic vegetables for the salad.
요리사는 샐러드를 위해 신선한 유기농 채소를 **얇게 썰었다**.

유의어 조각 piece

0393
bald ★
[bɔːld]

형 대머리의, 헐벗은, 꾸밈없는, 닳은

The man wore a hat to hide his **bald** head.
그 남자는 자신의 **대머리**를 숨기기 위해 모자를 썼다.

파생어 baldness 명 대머리임, 꾸밈 없음

0394
invitation ★
[ìnvitéiʃən]

명 초대장, 초대

The manager sent an official **invitation** to all employees.
그 매니저는 모든 직원에게 공식 **초대장**을 보냈다.

파생어 invite 동 초대하다

0395
tie [tai]

명 (강한) 유대, 관계 동 매다, 묶다

The strong **tie** between the two nations led to a lasting alliance.
두 나라 사이의 **강한 유대**가 지속적인 동맹으로 이어졌다.

유의어 관계 relation, bond, connection, relationship, link

Tip tie up 묶어 놓다

0396
widow [wídou]

명 미망인, 과부

A **widow**'s wearing of a black dress is a tradition in this country.
미망인의 검은 드레스 착용은 이 나라의 전통이다.

반의어 홀아비 widower

0397
deed [diːd]

명 행동, 행위

The soldier was honored for his brave **deed** during the war.
그 군인은 전쟁 중의 용감한 **행동**으로 인해 표창을 받았다.

Tip do a good deed 선행을 하다

0398
lend [lend]

동 빌려주다

The librarian **lent** a rare historical book to the researcher.
그 사서는 연구자에게 희귀한 역사책을 **빌려주었다**.

유의어 loan
반의어 빌리다 borrow

0399
rage [reidʒ]

명 분노, 격분

The actor's face turned red with uncontrollable fiery **rage**.
그 배우의 얼굴이 걷잡을 수 없는 불같은 **분노**로 붉어졌다.

유의어 fury, anger, indignation, resentment

다의어

0400
relative [rélətiv]

❶ 형 상대적인

The difficulty of the test is **relative** to the student's preparation.
시험의 난이도는 학생의 준비 정도에 따라 **상대적이다**.

❷ 명 친척

The young boy visited his elderly **relative** in the hospital.
그 어린 소년은 병원에 있는 나이 많은 **친척**을 방문했다.

TEST

A 다음 영단어의 뜻을 찾아 연결하시오. [01~10]

- 01 alike 〔부〕 • • 통보, 주목
- 02 notice 〔명〕 • • 모의하다, 줄거리를 만들다
- 03 plot 〔동〕 • • 같게, 동등하게
- 04 keen 〔형〕 • • 닮다, 비슷하다
- 05 broad 〔형〕 • • 상대적인
- 06 resemble 〔동〕 • • 강의
- 07 lecture 〔명〕 • • 거부하다, 거절하다
- 08 strike 〔동〕 • • 넓은, 광범위한
- 09 refuse 〔동〕 • • 강한, 열심인, 예리한
- 10 relative 〔형〕 • • 치다, 때리다

B 다음 영단어의 뜻을 우리말로 쓰시오. [11~20]

- 11 finite 〔형〕
- 12 overcome 〔동〕
- 13 damage 〔동〕
- 14 deed 〔명〕
- 15 mortal 〔형〕
- 16 cease 〔동〕
- 17 squeeze 〔동〕
- 18 wonder 〔동〕
- 19 swift 〔형〕
- 20 strict 〔형〕

Answer

A 01 같게, 동등하게 02 통보, 주목
03 모의하다, 줄거리를 만들다 04 강한, 열심인, 예리한
05 넓은, 광범위한 06 닮다, 비슷하다 07 강의
08 치다, 때리다 09 거부하다, 거절하다
10 상대적인

B 11 한정된, 유한한 12 극복하다
13 손상시키다, 훼손하다 14 행동, 행위
15 언젠가는 반드시 죽는, 영원히 살 수 없는, 치명적인
16 중단하다, 그만두다 17 짜내다, 쥐어짜다
18 궁금해하다 19 재빠른, 신속한 20 엄격한, 엄한

Day 11

암기 전 미리보기 & 암기 후 확인하기

학습 전에 아는 단어에 체크해 보세요.
학습 후에 암기한 단어에 체크해 보세요.
체크가 안 된 약점 어휘만 보면서 복습용으로 활용해 보세요.

✓ Self Check

맞힌 개수   / 40개   1회독 ☐   2회독 ☐   3회독 ☐

영단어
암기 테스트

☐ survive	살아남다, 생존하다	☐ caution	신중, 경고; 경고하다
☐ comfort	위로하다, 위안하다	☐ infant	유아; 유아의, 소아의
☐ endure	견디다, 참다	☐ overnight	하룻밤 사이에, 하룻밤 동안; 하룻밤 동안의, 갑작스러운
☐ vast	광대한, (수나 양이) 막대한	☐ glance	흘깃 보다; 흘깃 봄
☐ meal	식사, 끼니	☐ press	언론, 신문; 누르다, 밀어붙이다
☐ generation	세대	☐ severe	심각한, 심한
☐ thrill	열광시키다, 오싹하게 하다; 흥분, 오싹함	☐ moment	순간, 때, 시기, 중요성
☐ popular	인기 있는, 대중의	☐ tight	빠듯한, 꽉 조이는
☐ basis	기초, 근거, 기준	☐ alien	이질적인, 외국의; 외국인, 외계인
☐ interpret	해석하다, 통역하다	☐ glitter	반짝반짝 빛나다
☐ miracle	기적	☐ chat	수다를 떨다; 담소, 수다
☐ master	~을 완전히 익히다, 숙달하다; 주인	☐ rid	없애다, 제거하다
☐ portion	일부, 부분, 1인분	☐ square	광장, 정사각형; 정사각형의, 제곱의
☐ minimal	최소의, 아주 적은	☐ smash	깨뜨리다, 박살내다; 박살내기
☐ minimum	최소한도, 최저(치); 최소의, 최소한의	☐ minor	사소한, 경미한; 부전공
☐ own	(자기) 자신의; 소유하다	☐ shame	유감스러운 일, 창피
☐ willing	기꺼이 ~하는	☐ cozy	아늑한, 안락한
☐ usual	평소의, 보통의	☐ sneak	살금살금 가다, 몰래 가다
☐ rush	급히 가다, 돌진하다	☐ forecast	예측, 예보; 예측하다
☐ counsel	조언, 상담; 조언하다, 상담하다	☐ promote	1. 촉진하다 2. 홍보하다 3. 승진시키다

X 모름
△ 애매함
○ 알고 있음

최빈출 어휘

0401
★★★ survive
[sərváiv]

동 살아남다, 생존하다

The lost hikers **survived** the harsh winter in the mountains.
길을 잃은 등산객들은 산에서 혹독한 겨울을 살아남았다.

파생어 survival 명 생존

0402
★★★ comfort
[kʌ́mfərt]

동 위로하다, 위안하다

The mother **comforted** her crying child with a gentle hug.
어머니는 부드러운 포옹으로 울고 있는 아이를 위로했다.

파생어 comfortable 형 편안한, 기분 좋은
유의어 console, solace

0403
★★★ endure
[indjúər]

동 견디다, 참다

The athlete **endured** intense training to prepare for the competition.
그 운동선수는 대회를 준비하기 위해 혹독한 훈련을 견뎠다.

파생어 endurance 명 인내
유의어 tolerate, stand, bear
Tip enduring 오래 지속되는, 참을성이 있는

0404
★★★ vast
[væst]

형 광대한, (수나 양이) 막대한

The explorer was amazed by the **vast** desert stretching before him.
그 탐험가는 눈앞에 펼쳐진 광대한 사막에 놀랐다.

유의어 huge, immense, abundant

0405
★★★ meal
[miːl]

명 식사, 끼니

The family enjoyed a delicious **meal** together at the restaurant.
그 가족은 레스토랑에서 함께 맛있는 식사를 즐겼다.

0406
★★★ generation
[dʒènəréiʃən]

명 세대

The new **generation** highly values technology over tradition.
새로운 세대는 전통보다 기술을 매우 중요하게 여긴다.

파생어 generate 동 발생시키다
Tip generation gap 세대 차이

0407
★★★ thrill
[θril]

동 열광시키다, 오싹하게 하다   명 흥분, 오싹함

The fast roller coaster **thrilled** the excited riders immensely.
그 빠른 롤러코스터는 신난 탑승객들을 엄청나게 열광시켰다.

0408
popular
[pápjələr] ★★★

형 인기 있는, 대중의

The **popular** singer attracted many enthusiastic fans to the concert.
그 인기 있는 가수는 많은 열광적인 팬들을 콘서트로 끌어모았다.

0409
basis
[béisis] ★★★

명 기초, 근거, 기준

A strong foundation is the **basis** of a successful building.
튼튼한 토대는 성공적인 건물의 기초이다.

파생어 basic 형 기본적인

Tip on the basis of ~에 근거하여

0410
interpret
[intə́ːrprit] ★★★

동 해석하다, 통역하다

The professor **interpreted** the ancient text for his students.
그 교수는 학생들을 위해 고대 문서를 해석했다.

파생어 interpretation 명 통역, 번역
유의어 해석하다 construe
       통역하다 translate

Tip misinterpret 잘못 해석하다

중요 어휘

0411
miracle
[mírəkl] ★★

명 기적

The doctors called his sudden recovery from lung cancer a **miracle**.
의사들은 그가 폐암에서 갑작스럽게 회복된 것을 기적이라고 불렀다.

파생어 miraculous 형 기적적인, 기적의

0412
master
[mǽstər] ★★

동 ~을 완전히 익히다, 숙달하다 명 주인

The pianist **mastered** the complex piece after months of practice.
그 피아니스트는 몇 달간의 연습 끝에 복잡한 곡을 완전히 익혔다.

0413
portion
[pɔ́ːrʃən] ★★

명 일부, 부분, 1인분

The dissatisfied customer ate only a small **portion** of the meal.
그 불만족한 손님은 식사의 일부만 먹었다.

유의어 part

Tip one portion of roast beef 1인분의 로스트 비프(소고기 구이)

0414
minimal
[mínəməl] ★★

형 최소의, 아주 적은

The project was completed with **minimal** effort and cost.
그 프로젝트는 최소의 노력과 비용으로 완료되었다.

유의어 minimum
반의어 최대의 maximal, maximum

Tip mini(m)-는 '최소'라는 의미로, 이 단어가 오면 무엇이든 아주 적은 것과 연관이 된다.

0415
minimum
[mínəməm]

영 최소한도, 최저(치)　영 최소의, 최소한의

The job requires a **minimum** of two years of experience.
그 직무는 **최소한도** 2년의 경력을 요구한다.

- 유의어　최소의 minimal
- 반의어　최대(의) maximum
- Tip　reduce something to a minimum ~을 최소로 줄이다

0416
own
[oun]

형 (자기) 자신의　동 소유하다

The entrepreneur decided to start her **own** successful business.
그 기업가는 **자신의** 성공적인 사업을 시작하기로 결정했다.

- 파생어　owner 명 주인, 소유주
- 유의어　소유하다 possess

0417
willing
[wíliŋ]

형 기꺼이 ~하는

The team is **willing** to work overtime to meet the deadline.
그 팀은 마감일을 맞추기 위해 **기꺼이** 초과 근무를 **한다**.

- 파생어　willingness 명 기꺼이 하는 마음
- 반의어　꺼리는 unwilling, reluctant
- Tip　be willing to + 동사원형: 기꺼이 ~하다

0418
usual
[júːʒuəl]

형 평소의, 보통의

The teacher followed her **usual** routine every morning.
그 교사는 매일 아침 자신의 **평소** 일과를 따랐다.

- 파생어　usually 부 보통, 대개
- Tip　business as usual 정상 영업(영업은 평상시와 같음)
  usual suspects 특정한 상황에 항상 등장하는 사람(사물)

0419
rush
[rʌʃ]

동 급히 가다, 돌진하다

The student **rushed** to class in a hurry to avoid being late.
그 학생은 지각하지 않으려고 수업에 **급히 갔다**.

- 유의어　dash

0420
counsel
[káunsəl]

명 조언, 상담　동 조언하다, 상담하다

The young lawyer sought **counsel** from a trusted mentor.
그 젊은 변호사는 신뢰하는 멘토에게 **조언**을 구했다.

- 파생어　counsellor 명 상담가, 고문
- Tip　상담가를 뜻하는 '카운슬러'를 알고 있다면 쉽게 암기할 수 있다.

0421
caution [kɔ́ːʃən]
명 신중, 경고 동 경고하다
The driver proceeded with **caution** through the foggy road.
그 운전자는 안개 낀 도로를 신중하게 지나갔다.
유의어 경고 warning
Tip with caution 조심하여, 신중히
precaution 예방 조치

0422
infant [ínfənt]
명 유아 형 유아의, 소아의
The nurse carefully fed the **infant** in the hospital nursery.
간호사는 병원 유아실에서 유아를 조심스럽게 먹였다.
파생어 infancy 명 유아기
유의어 baby, newborn

0423
overnight [óuvərnàit]
부 하룻밤 사이에, 하룻밤 동안 형 하룻밤 동안의, 갑작스러운
The plant grew significantly **overnight** due to the extra sunlight.
그 식물은 추가된 햇빛 덕분에 하룻밤 사이에 크게 자랐다.
Tip stay overnight 하룻밤 묵다, 일박하다

0424
glance [glæns]
동 흘깃 보다 명 흘깃 봄
The teacher **glanced** at the clock before continuing the lesson.
교사는 수업을 계속하기 전에 시계를 흘깃 봤다.
유의어 glimpse

0425
press [pres]
명 언론, 신문 동 누르다, 밀어붙이다
The **press** reported the incident quickly and accurately.
언론은 그 사건을 신속하고 정확하게 보도했다.

0426
severe [sivíər]
형 심각한, 심한
The country is facing a **severe** economic crisis and unemployment.
그 국가는 심각한 경제 위기와 실업에 직면해 있다.
유의어 harsh, serious

0427
moment [móumənt]
명 순간, 때, 시기, 중요성
The athlete realized the importance of the **moment** of decision.
그 운동선수는 결정의 순간의 중요성을 깨달았다.
파생어 momentary 형 순간적인 momentous 형 중요한
Tip aha moment 깨달음의 순간

0428
tight [tait]
형 빠듯한, 꽉 조이는
The company completed the project on a **tight** budget.
그 회사는 빠듯한 예산으로 프로젝트를 완료했다.
파생어 tighten 동 죄다, 강화하다
반의어 헐거운 loose
Tip sit tight 있는 자리에 그대로 있다, 현 상황을 고수하다

(0429)

alien ★★
[éiliən]

- 형 이질적인, 외국의   명 외국인, 외계인

The new technology felt **alien** to the traditional workers.
그 새로운 기술은 전통적인 근로자들에게 이질적으로 느껴졌다.

> Tip '외국인'을 의미할 때, 시민권을 가진 **citizen**과 대비되는 의미이다.

기본 어휘

(0430)

glitter ★
[glítər]

- 동 반짝반짝 빛나다

The stars **glittered** brightly in the clear night sky above the sea.
별들이 바다 위 맑은 밤하늘에서 밝게 반짝반짝 빛났다.

> Tip All that glitters is not gold. 반짝인다고 다 금은 아니다.

(0431)

chat ★
[tʃæt]

- 동 수다를 떨다   명 담소, 수다

The three longtime friends **chatted** happily over coffee.
세 명의 오랜 친구들은 커피를 마시며 즐겁게 수다를 떨었다.

(0432)

rid ★
[rid]

- 동 없애다, 제거하다

The new homeowner **rid** the house of all the old furniture.
그 새 집주인은 집에서 모든 오래된 가구를 없앴다.

> 유의어 remove, eliminate, clear, eradicate, exterminate

> Tip 일반적으로 **get rid of**의 형태로 사용되어 '~을 제거하다'의 의미를 갖는다.

(0433)

square ★
[skwɛr]

- 명 광장, 정사각형   형 정사각형의, 제곱의

The children played in the **square** near the town hall.
아이들은 시청 근처의 광장에서 놀았다.

(0434)

smash ★
[smæʃ]

- 동 깨뜨리다, 박살내다   명 박살내기

The clumsy waiter **smashed** the vase while cleaning the table.
그 서투른 웨이터는 테이블을 청소하다가 꽃병을 깨뜨렸다.

(0435)

minor ★
[máinər]

- 형 사소한, 경미한   명 부전공

The project faced a **minor** setback but was completed on time.
그 프로젝트는 사소한 지연이 있었지만 제시간에 완료되었다.

> 반의어 중대한 **major**

> Tip **minor-league** 이류의

(0436)
* **shame**
[ʃeim]

명 유감스러운 일, 창피

It would be a **shame** to waste such a great opportunity.
그런 좋은 기회를 낭비하는 것은 유감스러운 일이다.

Tip   What a shame! 그거 안됐다!, 그건 너무 심했다!

(0437)
* **cozy**
[kóuzi]

형 아늑한, 안락한

The café had a **cozy** atmosphere with warm lights and soft music.
그 카페는 따뜻한 조명과 부드러운 음악이 있는 아늑한 분위기를 가지고 있었다.

유의어   comfortable

(0438)
* **sneak**
[sni:k]

동 살금살금 가다, 몰래 가다

The thief **sneaked** into the building through the back door.
그 도둑은 뒷문을 통해 건물 안으로 살금살금 갔다.

유의어   creep

Tip   sneakers 걸을 때 소리가 나지 않는다고 해서 스니커(sneakers)라고 불린다.

(0439)
* **forecast**
[fɔ́:rkæst]

명 예측, 예보   동 예측하다

The economic **forecast** suggests a slow recovery in the market.
경제 예측은 시장의 느린 회복을 시사한다.

유의어   예측하다 predict, foresee, foretell

다의어

(0440)
*** **promote**
[prəmóut]

❶ 동 촉진하다

The policies **promote** economic growth.
그 정책들은 경제 성장을 촉진한다.

❷ 동 홍보하다

The campaign **promotes** the beauty of the island to the world.
그 캠페인은 그 섬의 아름다움을 세계에 홍보한다.

❸ 동 승진시키다

The company decided to **promote** him due to his sincerity.
회사는 그의 성실함 때문에 그를 승진시키기로 결정했다.

파생어   promotion 명 승진, 홍보
유의어   encourage, support

TEST

A 다음 영단어의 뜻을 찾아 연결하시오. [01~10]

01 generation 명 • • ~을 완전히 익히다, 숙달하다
02 master 동 • • 유아
03 portion 명 • • 세대
04 infant 명 • • 일부, 부분, 1인분
05 vast 형 • • 기꺼이 ~하는
06 promote 동 • • 예측, 예보
07 willing 형 • • 위로하다, 위안하다
08 endure 동 • • 광대한, (수나 양이) 막대한
09 forecast 명 • • 촉진하다, 홍보하다, 승진시키다
10 comfort 동 • • 견디다, 참다

B 다음 영단어의 뜻을 우리말로 쓰시오. [11~20]

11 basis 명
12 minimum 명
13 own 형
14 rush 동
15 glance 동
16 caution 명
17 rid 동
18 press 명
19 square 명
20 survive 동

Answer

A 01 세대 02 ~을 완전히 익히다, 숙달하다
03 일부, 부분, 1인분 04 유아
05 광대한, (수나 양이) 막대한
06 촉진하다, 홍보하다, 승진시키다 07 기꺼이 ~하는
08 견디다, 참다 09 예측, 예보 10 위로하다, 위안하다

B 11 기초, 근거, 기준 12 최소한도, 최저(치)
13 (자기) 자신의 14 급히 가다, 돌진하다
15 흘깃 보다 16 신중, 경고 17 없애다, 제거하다
18 언론, 신문 19 광장, 정사각형
20 살아남다, 생존하다

Day 12

암기 전 미리보기 & 암기 후 확인하기

학습 전에 아는 단어에 체크해 보세요.
학습 후에 암기한 단어에 체크해 보세요.
체크가 안 된 약점 어휘만 보면서 복습용으로 활용해 보세요.

✓ Self Check

맞힌 개수 ___ / 40개 1회독 ☐ 2회독 ☐ 3회독 ☐

영단어 암기 테스트

☐ perform	공연하다, 연기하다, 연주하다		☐ aisle	통로, 복도
☐ spread	확산시키다, 펼치다; 확산, 전파		☐ polite	공손한, 예의 바른
☐ permit	허용하다, 허락하다; 허가증		☐ haunt	(귀신이) 나타나다, 따라다니다, 괴롭히다
☐ external	외부의		☐ range	(범위가) 이르다; 범위, 영역
☐ invent	발명하다		☐ level	수준, 단계; 평평하게 하다
☐ encourage	용기를 북돋워 주다, 권장하다		☐ vigorous	활발한, 격렬한
☐ extent	규모, 정도		☐ firm	회사; 딱딱한, 확고한, 단호한
☐ tremendous	엄청난, 굉장한		☐ alive	살아 있는, 활발한
☐ reveal	폭로하다, 드러내다		☐ mechanic	정비공
☐ widespread	광범위한, 널리 퍼진		☐ aside	한쪽으로, (나중에 쓰려고) 따로
☐ position	위치, 상태, 입장; 위치시키다		☐ beat	때리다, 이기다; 박자, 순찰 구역
☐ mislead	호도하다, 잘못 인도하다		☐ maximum	최대의, 최고의; 최고, 최대
☐ extra	추가의, 특별한		☐ sew	꿰매다, 바느질하다, 바느질로 만들다(달다)
☐ outcome	결과, 성과, 결론		☐ format	형식, 구성
☐ recite	암송하다, 낭독하다		☐ slim	날씬한, 호리호리한
☐ revive	활기를 되찾다, 회복하다		☐ edit	수정하다, 편집하다
☐ hesitate	망설이다, 주저하다		☐ scold	꾸짖다, 야단치다
☐ charm	매력; 매혹하다		☐ prison	교도소, 감옥
☐ blush	얼굴이 붉어지다		☐ bow	고개를 숙이다, 절하다; 절, 뱃머리
☐ match	어울리다, 맞다; 짝, 성냥, 경기		☐ release	1. 석방; 석방하다, 풀어주다 2. 발산하다 3. 발표하다, 공개하다; 개봉, 출시

X 모름
△ 애매함
○ 알고 있음

최빈출 어휘

0441
perform
[pərfɔ́ːrm]

동 공연하다, 연기하다, 연주하다

The band will **perform** their new songs at the concert tonight.
그 밴드는 오늘 밤 콘서트에서 신곡들을 공연할 것이다

- 파생어 **performance** 명 공연, 연기, 연주, 실적
- 유의어 연주하다 play

0442
spread
[spred]

동 확산시키다, 펼치다   명 확산, 전파

The company **spread** its influence across international markets.
그 회사는 국제 시장에 영향을 확산시켰다.

- 유의어 확산시키다 diffuse
- Tip spread a disease 병을 퍼뜨리다

0443
permit
[pəːrmít]

동 허용하다, 허락하다   명 [pɔ́ːrmit] 허가증

The school **permits** students to use the library after class.
그 학교는 학생들이 수업 후 도서관을 이용하는 것을 허용한다.

- 파생어 **permission** 명 허가, 허락
- 유의어 허락하다 allow, let, consent
- Tip if weather conditions permit 날씨가 좋으면

0444
external
[ikstə́ːrnəl]

형 외부의

The **external** shock triggered the safety alarm system.
외부 충격이 안전 경보 시스템을 작동시켰다.

- 반의어 internal

0445
invent
[invént]

동 발명하다

Scientists **invented** a new device to detect earthquakes.
과학자들은 지진을 감지하는 새로운 장치를 발명했다.

- 파생어 **invention** 명 발명(품)

0446
encourage
[inkə́ːridʒ]

동 용기를 북돋워 주다, 권장하다

The coach **encouraged** the players to keep fighting until the end.
코치는 선수들에게 끝까지 싸우라고 용기를 북돋워 주었다.

- Tip encourage A to B A가 B하도록 권장하다

0447
extent
[ikstént]

명 규모, 정도

The officials assessed the **extent** of the damage after the accident.
공무원들은 사고 이후 피해의 규모를 평가했다.

- Tip to a certain extent 어느 정도까지

0448
tremendous
[triméndəs]

형 엄청난, 굉장한

The team made **tremendous** progress in a short period of time.
그 팀은 짧은 기간 동안 엄청난 발전을 이루었다.

유의어 enormous, colossal, immense, huge, massive

Tip have a tremendous effect on ~에 엄청난 영향을 미치다

0449
reveal
[rivíːl]
2024 지방직 9급

동 폭로하다, 드러내다

The journalist **revealed** corruption within the government.
기자는 정부 내 부패를 폭로했다.

파생어 revelation 명 폭로, (신의) 계시

유의어 disclose, divulge, debunk, unveil, unearth

0450
widespread
[wáidspred]

형 광범위한, 널리 퍼진

The disease caused **widespread** panic across the country.
그 질병은 전국적으로 광범위한 공포를 초래했다.

유의어 prevalent, pervasive, omnipresent

Tip wide(넓은) + spread(퍼지다)

중요 어휘

0451
position
[pəzíʃən]

명 위치, 상태, 입장 동 위치시키다

The hotel is located in a **position** overlooking the ocean.
그 호텔은 바다를 내려다보는 위치에 자리하고 있다.

유의어 위치시키다 place, situate, locate

0452
mislead
[mislíːd]

동 호도하다, 잘못 인도하다

The advertisement **misled** customers into holding a false belief.
광고는 고객이 잘못된 믿음을 갖도록 호도했다.

유의어 deceive

0453
extra
[ékstrə]

형 추가의, 특별한

The doctor scheduled **extra** appointments for emergencies.
의사는 응급 상황을 위해 추가 진료 일정을 잡았다.

Tip extra special 최고의, 최상의

0454

outcome
[áutkʌ̀m]

명 결과, 성과, 결론

The researcher documented the unexpected **outcome**.
연구자는 예측치 못한 결과를 기록했다.

유의어 result, effect, consequence

Tip income은 '수입, 소득'의 의미이다.

0455

recite
[riːsáit]

동 암송하다, 낭독하다

The actor confidently **recited** his dramatic lines on the stage.
배우는 무대에서 극적인 대사를 자신 있게 암송했다.

0456

revive
[riváiv]

동 활기를 되찾다, 회복하다

The flowers in the garden **revived** quickly after the gentle rain.
잔잔한 비가 내린 후 정원의 꽃들은 금세 활기를 되찾았다.

파생어 revival **명** 부활, 회복

Tip 이전에 했던 공연을 다시 할 때 그 재공연을 revival이라고 한다.

0457

hesitate
[hézitèit]

동 망설이다, 주저하다

The young deer **hesitated** nervously before crossing the road.
어린 사슴은 도로를 건너기 전에 불안하게 망설였다.

파생어 hesitant **형** 머뭇거리는

Tip Don't hesitate. 주저하지 마.

0458

charm
[tʃɑːrm]

명 매력 **동** 매혹하다

The singer's voice had a **charm** that attracted the audience.
그 가수의 목소리에는 청중을 끌어들이는 매력이 있었다.

유의어 매혹하다 attract, tempt

Tip give off one's charm 매력을 발산하다

0459

blush
[blʌʃ]

동 얼굴이 붉어지다

The shy student **blushed** slightly at the teacher's compliment.
그 수줍은 학생은 선생님의 칭찬에 살짝 얼굴이 붉어졌다.

유의어 flush, turn red

0460

match
[mætʃ]

동 어울리다, 맞다 **명** 짝, 성냥, 경기

The red dress perfectly **matched** her elegant fashion style.
그 빨간 드레스는 그녀의 우아한 패션 스타일과 완벽하게 어울렸다.

유의어 어울리다 agree, harmonize, suit

0461
aisle
[ail]

명 통로, 복도

The flight attendant walked down the narrow **aisle** of the plane.
승무원은 비행기의 좁은 **통로**를 따라 걸어갔다.

0462
polite
[pəláit]

형 공손한, 예의 바른

The waiter gave a **polite** response to the customer's request.
웨이터는 고객의 요청에 **공손한** 응답을 했다.

- 유의어 courteous, well-mannered
- 반의어 무례한 impolite
- Tip polite request 공손한 요청

0463
haunt
[hɔːnt]

동 (귀신이) 나타나다, 따라다니다, 괴롭히다

People say ghosts **haunt** the abandoned mansion every night.
사람들은 귀신들이 매일 밤 버려진 저택에 **나타난다**고 말한다.

- Tip a haunted house 귀신의 집

0464
range
[reindʒ]

동 (범위가) 이르다　명 범위, 영역

The temperature **ranges** from 10 to 25 degrees in spring.
봄에는 기온이 10도에서 25도까지 **이른다**.

- Tip range 작용 범위　reach 손에 닿는 한계

0465
level
[lévəl]

명 수준, 단계　동 평평하게 하다

The noise **level** in the room was too high for a conversation.
방의 소음 **수준**이 대화를 하기에는 너무 높았다.

- Tip level the ground 땅을 평평하게 하다

0466
vigorous
[vígərəs]

형 활발한, 격렬한

The dancer team gave a **vigorous** performance at the festival.
그 무용 팀은 축제에서 **활발한** 공연을 펼쳤다.

- 파생어 vigorously 부 활발히, 격렬하게

0467
firm
[fəːrm]

명 회사　형 딱딱한, 확고한, 단호한

The well-established **firm** experienced rapid growth last year.
잘 자리 잡은 그 **회사**는 작년에 빠른 성장을 경험했다.

- 유의어 회사 company, business, corporation
  단단한 solid, hard, robust
- Tip be on firm ground (논쟁에서) 근거가 확고하다

0468
alive
[əláiv]

형 살아 있는, 활발한

The old tree remains **alive** despite the harsh winter.
그 오래된 나무는 혹독한 겨울에도 여전히 살아 있다.

> Tip alive는 서술적으로 쓰여 명사를 수식할 수 없다.

0469
mechanic
[məkǽnik]

명 정비공

The skilled **mechanic** quickly repaired the broken transmission.
그 숙련된 정비공은 고장 난 변속기를 빠르게 수리했다.

기본 어휘

0470
aside
[əsáid]

부 한쪽으로, (나중에 쓰려고) 따로

The pedestrians stood **aside** to let the ambulance through.
보행자들은 구급차가 통과할 수 있도록 한쪽으로 비켜 섰다.

> Tip aside from = apart from ~을 제외하고, ~ 외에도

0471
beat
[biːt]

동 때리다, 이기다   명 박자, 순찰 구역

The angry boxer **beat** his opponent with heavy punches.
화난 권투 선수는 묵직한 펀치로 상대를 때렸다.

유의어 때리다 smack, hit, blow

0472
maximum
[mǽksəməm]

형 최대의, 최고의   명 최고, 최대

The elevator has a **maximum** capacity of ten people.
그 엘리베이터의 최대 수용 인원은 10명이다.

반의어 최소의; 최소 minimum

> Tip to the maximum 최대한으로

0473
sew
[sou]

동 꿰매다, 바느질하다, 바느질로 만들다(달다)

The tailor skillfully **sewed** the torn jacket with fine stitches.
그 재단사는 정교한 바느질로 찢어진 재킷을 능숙하게 꿰맸다.

유의어 stitch

0474
format
[fɔ́ːrmæt]

명 형식, 구성

The report must follow the standard **format** required by the firm.
그 보고서는 회사에서 요구하는 표준 형식을 따라야 한다.

> Tip data format 데이터의 형식

0475
slim [slim]
- 형 날씬한, 호리호리한
- The **slim** model walked gracefully up and down the runway.
- 그 날씬한 모델은 우아하게 런웨이를 오르내리며 걸었다.
- 반의어 통통한 plump, chubby, fat

0476
edit [édit]
- 동 수정하다, 편집하다
- The editor carefully **edited** the article before publishing it.
- 그 편집자는 기사를 출판하기 전에 신중하게 수정했다.

0477
scold [skould]
- 동 꾸짖다, 야단치다
- The teacher **scolded** the student for being late to class.
- 선생님은 수업에 늦은 것에 대해 학생을 꾸짖었다.
- 유의어 rebuke, reprimand, admonish

0478
prison [prízən]
- 명 교도소, 감옥
- The largest **prison** in the country houses thousands of inmates.
- 그 나라에서 가장 큰 교도소에는 수천 명의 재소자들이 수감되어 있다.
- 파생어 imprison 동 투옥시키다
- 유의어 jail

0479
bow [bau]
- 동 고개를 숙이다, 절하다 명 절, 뱃머리
- The performers **bowed** deeply to the audience after the show.
- 공연자들은 공연 후 관객들에게 깊이 고개를 숙였다.
- Tip bow[bou] 명 활, 나비 모양 (매듭, 리본)

다의어

0480
release [rilí:s]

① 명 석방 동 석방하다, 풀어주다
- The man commanded the **release** of the prisoners.
- 그 남자가 죄수들의 석방을 지시했다.

② 동 발산하다
- When you burn fossil fuels, they **release** greenhouse gas.
- 네가 화학 연료를 태우면, 그것들은 온실가스를 발산한다.

③ 동 발표하다, 공개하다 명 개봉, 출시
- The singer will **release** her second album next year.
- 그 가수는 내년에 두 번째 앨범을 발표할 것이다.

TEST

A 다음 영단어의 뜻을 찾아 연결하시오. [01~10]

- 01 outcome 명 • • 허용하다, 허락하다
- 02 extra 형 • • 엄청난, 굉장한
- 03 reveal 동 • • 어울리다, 맞다
- 04 encourage 동 • • 결과, 성과, 결론
- 05 permit 동 • • 폭로하다, 드러내다
- 06 tremendous 형 • • 확산시키다, 펼치다
- 07 vigorous 형 • • 용기를 북돋워 주다, 권장하다
- 08 match 동 • • 활발한, 격렬한
- 09 hesitate 동 • • 망설이다, 주저하다
- 10 spread 동 • • 추가의, 특별한

B 다음 영단어의 뜻을 우리말로 쓰시오. [11~20]

- 11 position 명
- 12 mislead 동
- 13 range 동
- 14 recite 동
- 15 release 명
- 16 external 형
- 17 aside 부
- 18 haunt 동
- 19 aisle 명
- 20 perform 동

Answer

A 01 결과, 성과, 결론 02 추가의, 특별한
03 폭로하다, 드러내다 04 용기를 북돋워 주다, 권장하다
05 허용하다, 허락하다 06 엄청난, 굉장한
07 활발한, 격렬한 08 어울리다, 맞다
09 망설이다, 주저하다 10 확산시키다, 펼치다

B 11 위치, 상태, 입장 12 호도하다, 잘못 인도하다
13 (범위가) 이르다 14 암송하다, 낭독하다
15 석방, 개봉, 출시 16 외부의
17 한쪽으로, (나중에 쓰려고) 따로
18 (귀신이) 나타나다, 따라다니다, 괴롭히다
19 통로, 복도 20 공연하다, 연기하다, 연주하다

Day 13

암기 전 미리보기 & 암기 후 확인하기

학습 전에 아는 단어에 체크해 보세요.
학습 후에 암기한 단어에 체크해 보세요.
체크가 안 된 약점 어휘만 보면서 복습용으로 활용해 보세요.

Self Check

맞힌 개수 　　　/ 40개　1회독 ☐　2회독 ☐　3회독 ☐

영단어 암기 테스트

☐ quantity	양, 수량	☐ firsthand	직접(으로); 직접의
☐ pursue	추구하다, 쫓다	☐ dim	흐릿한, 어둑한
☐ pain	통증, 아픔	☐ refresh	상쾌하게 하다, 생기를 되찾게 하다
☐ entire	전체의, 완전한	☐ edge	가장자리, 끝, 우위
☐ enable	할 수 있게 하다	☐ witty	재치 있는, 기지 있는
☐ reduce	줄이다, 감소시키다	☐ happen	일어나다, 발생하다
☐ prevent	막다, 예방하다	☐ pleasure	기쁨, 즐거움
☐ period	기간, 시기	☐ scarce	부족한, 드문
☐ require	요구하다, 필요로 하다	☐ perspective	관점, 시각
☐ sacrifice	희생하다, 제물로 바치다; 희생, 희생물	☐ forehead	이마
☐ compulsive	강박적인	☐ throw	던지다, 내동댕이치다
☐ peasant	농부, 소작농	☐ wipe	닦다, 닦아내다; 닦음, 물수건, 물티슈
☐ courage	용기	☐ shade	그늘, 음달
☐ stretch	늘이다, 늘어나다, (팔다리를) 뻗다	☐ thorn	가시, 고통의 원인
☐ explode	폭발하다, 터지다	☐ pace	속도; 속도를 조정하다
☐ treasure	보물; 귀하게 여기다	☐ slide	미끄럼틀, 미끄러짐; 미끄러지다
☐ snap	툭 부러뜨리다, 스냅 사진을 찍다; 툭 하는 소리, 스냅 사진	☐ glare	노려보다, 환하다; 환한 빛, 노려봄
☐ suppose	가정하다, 추정하다	☐ tremble	떨리다, 떨다
☐ honor	영광, 명예, 존경; 존경하다	☐ rob	강탈하다, 도둑질하다
☐ sweep	휩쓸다, (비바람이) 휘몰아치다; 쓸기, 휘몰아치기	☐ figure	1. 숫자, 수치 2. 인물 3. ~라고 생각하다

X 모름
△ 애매함
○ 알고 있음

최빈출 어휘

0481
quantity ★★★
[kwάntəti]

명 양, 수량

The recipe requires a surprisingly large **quantity** of sugar.
그 조리법에는 놀랍도록 많은 양의 설탕이 필요하다.

유의어 amount
Tip quality 질, 특성

0482
pursue ★★★
[pərsjúː]

동 추구하다, 쫓다

The scientist **pursued** his lifelong dream of discovering a cure.
그 과학자는 치료법을 발견하는 평생의 꿈을 추구했다.

파생어 pursuit 명 추구
유의어 chase, track, trace
Tip pursue a criminal 범인을 뒤쫓다

0483
pain ★★★
[pein]

명 통증, 아픔

The athlete endured sharp **pain** in his leg during the match.
그 운동선수는 경기 중 다리에 극심한 통증을 견뎌냈다.

파생어 painful 형 아픈, 괴로운
유의어 ache, discomfort, suffering, hurt

0484
entire ★★★
[intáiər]

형 전체의, 완전한

The **entire** team proudly celebrated their victory after the game.
그 전체 팀은 경기 후 자랑스럽게 승리를 축하했다.

유의어 전체의 total, whole
Tip entire freedom 완전한 자유

0485
enable ★★★
[inéibl]

동 할 수 있게 하다

The new program **enabled** all members to improve skills.
새로운 프로그램은 모든 구성원들이 기술을 향상할 수 있게 했다.

Tip en(만들다) + able(할 수 있는) → 할 수 있게 만들다

0486
reduce ★★★
[ridjúːs]

동 줄이다, 감소시키다

The labor agreement gradually **reduced** overtime hours.
노사 합의가 초과 근무 시간을 점진적으로 줄였다.

파생어 reduction 명 감소
유의어 decrease, lower, lessen, diminish

0487
prevent
[privént]

동 막다, 예방하다

The rules successfully **prevented** workers from making mistakes.
그 규칙은 근로자들이 실수하는 것을 성공적으로 **막았다**.

파생어 prevention 명 예방, 방지
유의어 막다 hinder, obstruct, block, curb, forestall
Tip prevent A from B A가 B하는 것을 막다

0488
period
[píːəriəd]

명 기간, 시기

The trial **period** allowed technicians to adjust to the new system.
시험 **기간**은 기술자들이 새로운 시스템에 적응하도록 했다.

Tip peri(주위에) + hodos(떠나기, 길, 여정)
periodical 정기 간행물

0489
require
[rikwáiər]

동 요구하다, 필요로 하다

The system **requires** users to reset passwords regularly.
그 시스템은 사용자들에게 정기적으로 비밀번호 변경을 **요구한다**.

파생어 requirement 명 필요, 요구
Tip re(다시) + quir(구하다, 얻어내다)

0490
sacrifice
[sǽkrəfàis]

동 희생하다, 제물로 바치다 명 희생, 희생물

The ancient priests **sacrificed** many animals in sacred rituals.
고대의 사제들은 신성한 의식에서 많은 동물들을 **희생했다**.

Tip sacri(신성한) + fice(~으로 하다)

중요 어휘

0491
compulsive
[kəmpʌ́lsiv]

형 강박적인

Her **compulsive** spending made her saving even harder.
그녀의 **강박적인** 소비는 저축을 훨씬 더 힘들게 하였다.

유의어 obsessive, irresistible

0492
peasant
[pézənt]

명 농부, 소작농

The poor **peasants** harvested crops before the winter came.
가난한 **농부들**은 겨울이 오기 전에 작물을 수확했다.

0493
courage
[kə́ːridʒ]

명 용기

The firefighter displayed great **courage** while saving lives.
소방관은 사람들을 구하는 동안 큰 **용기**를 보여주었다.

파생어 courageous 형 용기 있는
유의어 bravery, nerve, fortitude
Tip Dutch courage 술기운을 빌린 용기

0494
stretch ★★
[stretʃ]

동 늘이다, 늘어나다, (팔다리를) 뻗다
The company **stretched** the deadline to give workers more time.
회사는 근로자들에게 더 많은 시간을 주기 위해 마감일을 늘렸다.

0495
explode ★★
[iksplóud]

동 폭발하다, 터지다
The old factory suddenly **exploded**, causing massive damage.
오래된 공장이 갑자기 폭발하여 큰 피해를 일으켰다.

파생어 explosion 명 폭발

0496
treasure ★★
[tréʒər]

명 보물 동 귀하게 여기다
The pirates discovered a hidden **treasure** deep in the island.
해적들은 섬 깊숙한 곳에서 숨겨진 보물을 발견했다.

0497
snap ★★
[snæp]

동 툭 부러뜨리다, 스냅 사진을 찍다 명 툭 하는 소리, 스냅 사진
The strong wind suddenly **snapped** the tree branch in half.
강한 바람이 갑자기 나뭇가지를 반으로 툭 부러뜨렸다.

0498
suppose ★★
[səpóuz]

동 가정하다, 추정하다
Scientists **suppose** that ancient people used advanced tools.
과학자들은 고대 사람들이 발달된 도구를 사용했다고 가정한다.

파생어 supposition 명 추정, 가정 supposed 형 소위 ~라는
Tip be supposed to ~하기로 되어 있다, ~해야 한다, ~할 예정이다

0499
honor ★★
[ánər]

명 영광, 명예, 존경 동 존경하다
The soldier received a great **honor** for his bravery in battle.
군인은 전투에서의 용기로 큰 영광을 받았다.

파생어 honorable 형 명예로운, 영광스러운
유의어 존경하다 respect, admire, esteem
Tip in honor of ~에게 경의를 표하여

0500
sweep ★★
[swi:p]

동 휩쓸다, (비바람이) 휘몰아치다 명 쓸기, 휘몰아치기
The powerful storm **swept** across the coastal villages quickly.
강력한 폭풍이 해안 마을을 빠르게 휩쓸었다.

Tip sweep out 완전히 없애버리다

0501
firsthand
[fə́ːrsthǽnd]

튀 직접(으로) 형 직접의

I heard the news of the plane crash **firsthand** from a flight attendant.
나는 비행기 추락 소식을 한 승무원으로부터 직접 들었다.

유의어 직접의 direct
반의어 간접의, 중고의 secondhand
Tip firsthand experience 직접 경험
　　 secondhand experience 간접 경험

0502
dim
[dim]

형 흐릿한, 어둑한

The **dim** light in the old cabin made it hard to see clearly.
오래된 오두막의 흐릿한 불빛은 잘 보이지 않게 만들었다.

유의어 faint, dull

0503
refresh
[rifréʃ]

동 상쾌하게 하다, 생기를 되찾게 하다

The cool breeze **refreshed** the hikers after the long climb.
시원한 바람이 긴 등반 후 등산객들을 상쾌하게 했다.

파생어 refreshing 형 상쾌한
Tip re(다시) + fresh(신선한)

0504
edge
[edʒ]

명 가장자리, 끝, 우위

The cat carefully walked along the narrow **edge** of the rooftop.
고양이는 좁은 지붕 가장자리를 따라 조심스럽게 걸었다.

유의어 가장자리 margin, fringe
Tip on edge 긴장된
　　 cutting edge 최첨단

0505
witty
[wíti]

형 재치 있는, 기지 있는

The **witty** comedian made the audience laugh with clever jokes.
그 재치 있는 코미디언은 기발한 농담으로 관객들을 웃게 만들었다.

파생어 wit 명 기지, 재치
Tip '재치 있다'는 의미로 '위트 있다'라고도 한다.

0506
happen
[hǽpən]

동 일어나다, 발생하다

The tragic accident **happened** suddenly on the crowded highway.
그 비참한 사고는 붐비는 고속도로에서 갑자기 일어났다.

유의어 occur, arise, take place
Tip Accidents will happen.
　　 사고는 일어나기 마련이다(그러니 너무 걱정하지 마라).

0507 ★★
pleasure
[pléʒər]

명 기쁨, 즐거움

The young artist felt great **pleasure** after finishing a painting.
젊은 예술가는 그림을 완성한 후 큰 기쁨을 느꼈다.

- 파생어 **pleasant** 형 (사물·일이) 즐거운, 쾌적한
- 유의어 delight, happiness, enjoyment
- Tip **My pleasure.** 도움이 되어 저도 기뻐요.

0508 ★★
scarce
[skɛərs]

형 부족한, 드문

Fresh water became **scarce** during the long summer heatwave.
신선한 물이 긴 여름 폭염 동안 부족해졌다.

- 파생어 **scarcity** 명 부족, 결핍
- 유의어 드문 rare
  부족한 limited, sparse, insufficient, inadequate

0509 ★★
perspective
[pərspéktiv]

명 관점, 시각

The historian offered a fresh **perspective** on ancient cultures.
그 역사가는 고대 문명에 대한 신선한 관점을 제시했다.

- 유의어 point, view, standpoint
- Tip **in perspective** 올바른 균형으로, 전체적 시야로

기본 어휘

0510 ★
forehead
[fɔ́ːrhed]

명 이마

The athlete wiped sweat from his **forehead** after the hard game.
그 운동선수는 힘든 경기 후 이마에서 땀을 닦았다.

0511 ★
throw
[θrou]

동 던지다, 내동댕이치다

The baseball player **threw** the ball fast toward the catcher.
그 야구 선수는 공을 포수를 향해 빠르게 던졌다.

0512 ★
wipe
[waip]

동 닦다, 닦아내다   명 닦음, 물수건, 물티슈

The waiter quickly **wiped** the table before serving the food.
그 웨이터는 음식을 내오기 전에 테이블을 빠르게 닦았다.

- 유의어 polish

0513 ★
shade
[ʃeid]

명 그늘, 응달

The travelers rested in the cool **shade** under a large tree.
그 여행자들은 큰 나무 아래의 시원한 그늘에서 쉬었다.

0514
thorn
[θɔːrn]

명 가시, 고통의 원인

The gardener carefully removed a sharp **thorn** from his finger.
그 정원사는 손가락에서 날카로운 가시를 조심스럽게 제거했다.

0515
pace
[peis]

명 속도 동 속도를 조정하다

The runner maintained a steady **pace** throughout the race.
달리기 선수는 경기 내내 일정한 속도를 유지했다.

> Tip 라틴어 passus(발걸음, 보행)에서 유래함

0516
slide
[slaid]

명 미끄럼틀, 미끄러짐 동 미끄러지다

The children happily played on the **slide** at the local park.
아이들은 지역 공원의 미끄럼틀에서 즐겁게 놀았다.

> Tip swing 그네 seesaw 시소

0517
glare
[glɛər]

동 노려보다, 환하다 명 환한 빛, 노려봄

The angry teacher **glared** at the noisy students in the class.
화난 선생님은 수업 중에 시끄러운 학생들을 노려보았다.

0518
tremble
[trémbl]

동 떨리다, 떨다

The frightened child **trembled** in the cold wind outside.
그 겁먹은 아이는 바깥의 차가운 바람 속에서 떨었다.

유의어 shake, shiver

0519
rob
[rɑb]

동 강탈하다, 도둑질하다

The masked criminals violently **robbed** a bank late at night.
복면을 쓴 범인들은 늦은 밤에 은행을 폭력적으로 강탈했다.

파생어 robbery 명 강도

> Tip rob A of B A에게서 B를 빼앗다(강탈하다)

다의어

0520
figure
[fígjər]

❶ 명 숫자, 수치

Write the **figure** 10 on the board.
칠판에 숫자 10을 써라.

❷ 명 인물

He is an important **figure** in the art industry.
그는 미술 산업에서 중요한 인물이다.

❸ 동 ~라고 생각하다

I **figured** he was about thirty.
나는 그가 30살이라고 생각했다.

TEST

A 다음 영단어의 뜻을 찾아 연결하시오. [01~10]

01 peasant 명	•	• 막다, 예방하다
02 courage 명	•	• 용기
03 enable 동	•	• 부족한, 드문
04 prevent 동	•	• 희생하다, 제물로 바치다
05 sacrifice 동	•	• 전체의, 완전한
06 sweep 동	•	• 가정하다, 추정하다
07 suppose 동	•	• 휩쓸다, (비바람이) 휘몰아치다
08 scarce 형	•	• 농부, 소작농
09 quantity 명	•	• 할 수 있게 하다
10 entire 형	•	• 양, 수량

B 다음 영단어의 뜻을 우리말로 쓰시오. [11~20]

11 require 동 _____

12 firsthand 부 _____

13 reduce 동 _____

14 figure 명 _____

15 thorn 명 _____

16 tremble 동 _____

17 honor 명 _____

18 pursue 동 _____

19 perspective 명 _____

20 compulsive 형 _____

Answer

A 01 농부, 소작농 02 용기 03 할 수 있게 하다
04 막다, 예방하다 05 희생하다, 제물로 바치다
06 휩쓸다, (비바람이) 휘몰아치다
07 가정하다, 추정하다 08 부족한, 드문 09 양, 수량
10 전체의, 완전한

B 11 요구하다, 필요로 하다 12 직접(으로)
13 줄이다, 감소시키다 14 숫자, 수치, 인물
15 가시, 고통의 원인 16 떨리다, 떨다
17 영광, 명예, 존경 18 추구하다, 쫓다 19 관점, 시각
20 강박적인

PART 1 필수 어휘

Day 14

✱ 암기 전 미리보기 & 암기 후 확인하기

학습 전에 아는 단어에 체크해 보세요.
학습 후에 암기한 단어에 체크해 보세요.
체크가 안 된 약점 어휘만 보면서 복습용으로 활용해 보세요.

✓ Self Check

맞힌 개수 　　 / 40개　1회독 ☐　2회독 ☐　3회독 ☐

영단어
암기 테스트

☐ decrease	감소하다, 줄이다; 감소, 하락	☐ complete	완전한, 완벽한, 완료된; 완료하다
☐ communicate	전하다, 의사소통을 하다	☐ bounce	튀다, 깡충깡충 뛰다
☐ cause	야기하다; 원인	☐ envy	부러워하다, 선망하다
☐ leave	남기다, 떠나다	☐ scream	비명을 지르다, 소리치다; 비명, 절규
☐ several	몇몇의, 몇 개의	☐ strip	벗기다, 벗다; 좁고 긴 땅[조각]
☐ common	흔한, 공통의	☐ perhaps	어쩌면, 아마
☐ earn	벌다, 얻다	☐ smooth	매끄러운, 순조로운
☐ primary	주요한, 초등의	☐ direct	직접적인; ~로 향하다, 지시하다, 지휘하다
☐ devote	바치다, 쏟다	☐ review	후기, 논평, 비평; 재검토하다, 논평하다
☐ continue	계속하다, 계속되다	☐ spouse	배우자
☐ priest	사제, 성직자	☐ regret	후회하다, 유감으로 여기다; 유감
☐ bother	괴롭히다	☐ glow	빛나다, 상기되다
☐ rehearse	예행 연습(리허설)을 하다	☐ lift	들어 올리다, 해제하다; 승강기, 태워주기
☐ foreign	외국의, 이질적인	☐ string	끈; 실에 꿰다, 줄줄이 이어지다
☐ vice	악, 악덕 (행위)	☐ dip	살짝 담그다
☐ ruin	망치다, 파멸시키다; 파괴, 파멸	☐ trim	다듬다, 손질하다; 다듬기
☐ bare	벌거벗은, 있는 그대로의; 드러내다	☐ virgin	처녀의, 원래 그대로의; 숫처녀[총각], 동정녀
☐ noble	고결한, 귀족의	☐ worship	숭배하다, 예배하다; 숭배, 예배
☐ complain	불평하다, 항의하다	☐ cater	음식을 제공[공급]하다
☐ regular	규칙적인, 정기적인; 단골 손님, 고정 출연자	☐ ground	1. 땅바닥, 지면 2. 기초, 근거 3. 외출 금지시키다

X 모름
△ 애매함
○ 알고 있음

최빈출 어휘

0521
decrease ★★★
[dikríːs]

동 감소하다, 줄이다　명 감소, 하락

The company's profits **decreased** sharply due to weak demand.
회사의 이익은 낮은 수요로 인해 급격하게 감소했다.

유의어 감소하다 diminish, decline, lessen, reduce, drop
반의어 증가하다 increase

0522
communicate ★★★
[kəmjúːnəkèit]

동 전하다, 의사소통을 하다

The CEO clearly **communicated** the new policy to employees.
최고 경영자는 새로운 정책을 직원들에게 명확하게 전했다.

파생어 communication 명 의사소통

0523
cause ★★★
[kɔːz]

동 야기하다　명 원인

The heavy rainfall **caused** severe flooding in the small town.
폭우는 작은 마을에 심각한 홍수를 야기했다.

유의어 engender
Tip cause and effect 원인과 결과

0524
leave ★★★
[liːv]

동 남기다, 떠나다

The strong storm **left** heavy damage across the coastal region.
강한 폭풍은 해안 지역에 큰 피해를 남겼다.

0525
several ★★★
[sévərəl]

형 몇몇의, 몇 개의

Several tourists visited the ancient temple earlier.
몇몇의 관광객들이 그 고대 사원을 전에 방문한 적이 있다.

0526
common ★★★
[kámən]

형 흔한, 공통의

This plant is **common** in tropical regions and grows very fast.
이 식물은 열대 지역에서 흔하며 매우 빠르게 자란다.

반의어 흔하지 않은 uncommon
Tip have ~ in common ~을 공통적으로 가지고 있다

0527
earn ★★★
[əːrn]

동 벌다, 얻다

The young worker **earned** enough money to support his family.
그 젊은 노동자는 가족을 부양할 만큼의 돈을 벌었다.

유의어 get, gain, obtain, procure

0528
primary ★★★
[práiməri]

형 **주요한, 초등의**

The **primary** goal of the project is to improve public safety.
그 프로젝트의 **주요한** 목표는 공공 안전을 개선하는 것이다.

유의어 주요한 principal, chief, main, prime, important, paramount
초등의 rudimentary

Tip 영국에서는 초등학교를 primary school이라고 부른다.

0529
devote ★★★
[divóut]

동 **바치다, 쏟다**

The artist **devoted** countless hours to his final masterpiece.
그 예술가는 마지막 걸작을 위해 수많은 시간을 **바쳤다**.

Tip devote oneself to ~에 몰두하다

0530
continue ★★★
[kəntínju(:)]

동 **계속하다, 계속되다**

The workers **continued** their efforts despite harsh conditions.
노동자들은 가혹한 환경에도 불구하고 노력을 **계속했다**.

유의어 persist

Tip to be continued 다음에 계속

중요 어휘

0531
priest ★★
[pri:st]

명 **사제, 성직자**

The **priest** led the sacred ceremony inside the ancient temple.
그 **사제**는 고대 사원에서 신성한 의식을 이끌었다.

0532
bother ★★
[báðər]

동 **괴롭히다**

The loud noise outside **bothered** the students during the test.
바깥의 시끄러운 소음이 시험 중에 학생들을 **괴롭혔다**.

유의어 annoy, irritate, bully, harass

0533
rehearse ★★
[rihə́:rs]

동 **예행 연습(리허설)을 하다**

The actors **rehearsed** their lines before the big performance.
배우들은 큰 공연 전에 대사를 **예행 연습했다**.

파생어 rehearsal 명 예행 연습, 리허설

0534
foreign ★★
[fɔ́:rən]

형 **외국의, 이질적인**

The **foreign** tourists visited the city's famous landmarks.
외국 관광객들은 그 도시의 유명한 명소들을 방문했다.

Tip foreign language 외국어
foreigner 외국인

0535
vice
[vais]

명 **악, 악덕 (행위)**

Greed is often considered a **vice** that leads to corruption.
탐욕은 종종 부패로 이어지는 악으로 여겨진다.

파생어 vicious 형 악랄한, 나쁜
유의어 evil
반의어 선, 미덕 virtue
Tip vice versa 거꾸로, 반대의 경우도

0536
ruin
[rú(:)in]

동 **망치다, 파멸시키다**   명 **파괴, 파멸**

The storm **ruined** the crops and devastated the local farmers.
폭풍은 농작물을 망쳤고 지역 농부들을 황폐화시켰다.

Tip the way to ruin 멸망의 길

0537
bare
[bɛər]

형 **벌거벗은, 있는 그대로의**   동 **드러내다**

The man walked slowly along the quiet beach with **bare** feet.
그 남자는 조용한 해변을 벌거벗은 발로 천천히 걸었다.

파생어 barely 부 간신히, 거의 ~이 아니게

0538
noble
[nóubl]

형 **고결한, 귀족의**

The **noble** knight protected the village with determination.
고결한 기사님은 결연한 의지로 마을을 보호했다.

유의어 sublime
Tip a man(woman) of noble birth 귀족 출신 남성(여성)

0539
complain
[kəmpléin]

동 **불평하다, 항의하다**

The employees **complained** loudly about the new office policies.
직원들은 새로운 사무실 정책에 대해 큰 소리로 불평했다.

파생어 complaint 명 불평

0540
regular
[régjələr]

형 **규칙적인, 정기적인**   명 **단골손님, 고정 출연자**

The doctor maintains a **regular** schedule to stay focused.
그 의사는 집중을 유지하기 위해 규칙적인 일정을 유지한다.

반의어 불규칙적인 irregular
Tip on a regular basis 정기적으로

0541
complete
[kəmplí:t]

형 **완전한, 완벽한, 완료된**   동 **완료하다**

The architect presented a **complete** plan for the new building.
건축가는 새로운 건물에 대한 완전한 계획을 제시했다.

파생어 completion 명 완성
유의어 완료하다 finish, end

0542
bounce [bauns] ★★
동 튀다, 깡충깡충 뛰다
The ball **bounced** high into the air after hitting the ground.
공은 땅에 튕긴 후 하늘로 높이 튀어 올랐다.

0543
envy [énvi] ★★
동 부러워하다, 선망하다
Greedy people **envy** even the smallest achievements of others.
탐욕스러운 사람들은 다른 사람의 작은 성과도 부러워한다.
파생어 envious 형 부러워하는

0544
scream [skri:m] ★★
동 비명을 지르다, 소리치다 명 비명, 절규
The frightened girl **screamed** loudly at the sight of the spider.
겁먹은 소녀는 거미를 보고 큰 소리로 비명을 질렀다.

0545
strip [strip] ★
동 벗기다, 벗다 명 좁고 긴 땅〔조각〕
The carpenter **stripped** the paint from the wooden door.
그 목수는 나무 문에서 페인트를 벗겨냈다.
Tip strip A of B A에게서 B를 벗기다

0546
perhaps [pərhǽps] ★★
부 어쩌면, 아마
Perhaps it will take a really long time to get there.
어쩌면 그곳에 가는 데 정말 오래 걸릴 것이다.
유의어 maybe, possibly, probably
Tip per(~을 통해) + haps(우연) → 우연을 통해 → 어쩌면

0547
smooth [smu:ð] ★★
형 매끄러운, 순조로운
The **smooth** surface of the mirror reflected the sunlight well.
거울의 매끄러운 표면은 햇빛을 잘 반사했다.
파생어 smoothly 부 매끄럽게, 순조롭게

0548
direct [d(ə)irékt] ★★
형 직접적인 동 ~로 향하다, 지시하다, 지휘하다
The manager gave **direct** answers to the customer's questions.
관리자가 고객의 질문에 직접적인 답변을 했다.
유의어 지시하다 instruct, superintend
반의어 간접적인 indirect
Tip 지시하고 지휘하는 사람을 director, 즉 '디렉터(감독)'라고 한다.

0549 ★★ review [rivjúː]

명 후기, 논평, 비평 동 재검토하다, 논평하다

Some customer left a direct **review** about the product's quality.
일부 고객은 제품의 품질에 대한 직접적인 **후기**를 남겼다.

> Tip preview 시사회

기본 어휘

0550 ★ spouse [spauz]

명 배우자

My **spouse** always supports me in every decision I make.
내 **배우자**는 내가 내리는 모든 결정에서 나를 항상 지지한다.

0551 ★ regret [rigrét]

동 후회하다, 유감으로 여기다 명 유감

The man **regrets** not spending more time with his family.
그 남자는 가족과 더 많은 시간을 보내지 못한 것을 **후회한다**.

파생어 regretful 형 후회하는, 유감스러워하는
유의어 후회하다 repent
      유감 remorse

> Tip regret + 동명사: ~한 일을 후회하다
>   regret + to부정사: ~하게 되어 유감이다

0552 ★ glow [glou]

동 빛나다, 상기되다

Tonight, the stars in the southern sky **glow** brighter than usual.
오늘 밤은 남쪽 하늘의 별들이 평소보다 더 밝게 **빛난다**.

유의어 shine

0553 ★ lift [lift]

동 들어 올리다, 해제하다 명 승강기, 태워주기

The workers carefully **lift** the heavy boxes with great effort.
근로자들은 큰 노력을 기울여 무거운 상자들을 조심스럽게 **들어 올린다**.

> Tip lift a ban 금지를 풀다

0554 ★ string [striŋ]

명 끈 동 실에 꿰다, 줄줄이 이어지다

The **string** was tightly wound around the package to secure it.
포장물을 고정하기 위해 그 주위에 **끈**이 단단히 감겼다.

> Tip a string of 일련의

0555
dip [dip]
- 동 살짝 담그다

The painter **dips** the brush into the paint before starting the artwork.
화가는 작품을 시작하기 전에 붓을 물감에 살짝 담근다.

0556
trim [trim]
- 동 다듬다, 손질하다 명 다듬기

The tailor skillfully **trimmed** the fabric to ensure a perfect fit.
재단사가 완벽한 맞춤을 보장하기 위해 원단을 능숙하게 다듬었다.

0557
virgin [və́ːrdʒin]
- 형 처녀의, 원래 그대로의 명 숫처녀(총각), 동정녀

The **virgin** forests are a precious natural heritage we must protect.
처녀림은 우리가 보호해야 할 소중한 자연 유산이다.

▪ Tip the Virgin 성모 마리아

0558
worship [wə́ːrʃip]
- 동 숭배하다, 예배하다 명 숭배, 예배

Ancient people **worshiped** natural things like animals and plants.
고대 사람들은 동물이나 식물 같은 자연적인 것들을 숭배했다.

유의어 숭배하다 idolize, venerate, revere

0559
cater [kéitər]
- 동 음식을 제공(공급)하다

The food company **caters** food for large events and gatherings.
그 식품 회사는 큰 행사와 모임을 위한 음식을 제공한다.

다의어

0560
ground [graund]

❶ 명 땅바닥, 지면

I found her lying on the **ground**.
나는 그녀가 땅바닥에 누워 있는 것을 발견했다.

❷ 명 기초, 근거

I can't find any scientific **ground** to support the theory.
나는 그 이론을 뒷받침할 어떤 과학적 근거도 찾을 수가 없다.

❸ 동 외출 금지시키다

You're **grounded** for 3 days!
너는 3일 동안 외출 금지야!

TEST

A 다음 영단어의 뜻을 찾아 연결하시오. [01~10]

01 devote 동 · · 외국의, 이질적인
02 cause 동 · · 벌다, 얻다
03 earn 동 · · 벌거벗은, 있는 그대로의
04 foreign 형 · · 바치다, 쏟다
05 trim 동 · · 야기하다
06 ground 명 · · 직접적인
07 direct 형 · · 땅바닥, 지면, 기초, 근거
08 bare 형 · · 남기다, 떠나다
09 bother 동 · · 다듬다, 손질하다
10 leave 동 · · 괴롭히다

B 다음 영단어의 뜻을 우리말로 쓰시오. [11~20]

11 vice 명
12 common 형
13 primary 형
14 regular 형
15 regret 동
16 worship 동
17 complete 형
18 several 형
19 ruin 동
20 decrease 동

Answer

A 01 바치다, 쏟다 02 야기하다 03 벌다, 얻다
04 외국의, 이질적인 05 다듬다, 손질하다
06 땅바닥, 지면, 기초, 근거 07 직접적인
08 벌거벗은, 있는 그대로의 09 괴롭히다
10 남기다, 떠나다

B 11 악, 악덕 (행위) 12 흔한, 공통의 13 주요한, 초등한
14 규칙적인, 정기적인 15 후회하다, 유감으로 여기다
16 숭배하다, 예배하다 17 완전한, 완벽한, 완료된
18 몇몇의, 몇 개의 19 망치다, 파멸시키다
20 감소하다, 줄이다

Day 15

암기 전 미리보기 & 암기 후 확인하기

학습 전에 아는 단어에 체크해 보세요.
학습 후에 암기한 단어에 체크해 보세요.
체크가 안 된 약점 어휘만 보면서 복습용으로 활용해 보세요.

✓ Self Check

맞힌 개수 　 / 40개　1회독 ☐　2회독 ☐　3회독 ☐

영단어 암기 테스트

☐ honesty	정직, 솔직함	☐ celebrate	축하하다, 기념하다
☐ numerous	수없이 많은, 다수의	☐ vibrate	떨리다, 진동하다, 진동시키다
☐ individual	개인의, 개개의; 개인	☐ fit	적합한, 건강한; 맞다, 적합하게 하다
☐ brief	간략한, 짧은	☐ normal	평범한, 보통의, 정상적인
☐ contain	포함하다, ~이 들어 있다	☐ thread	실을 꿰다; 실, 가닥, 줄
☐ bore	지루하게 하다	☐ nod	(고개를) 끄덕이다, 졸다; (고개를) 끄덕임
☐ express	표현하다, 나타내다; 고속의, 분명한	☐ raise	기르다, 키우다, 올리다
☐ final	최종적인, 결정적인	☐ former	(시간, 순서상) 전(前)자의, 예전의
☐ harm	손상, 손해	☐ tick	(시계가) 똑딱[재깍]거리다; (시계의) 똑딱거리는 소리
☐ dare	감히 ~하다; 모험, 도전	☐ split	나누다, 분배하다
☐ comment	논평하다, 견해를 밝히다; 논평, 언급	☐ interior	내부의
☐ assemble	모으다, 조립하다	☐ beg	간청하다, 구걸하다
☐ arise	발생하다, 유발되다	☐ dawn	새벽
☐ highlight	강조하다	☐ foretell	예언하다
☐ decorate	장식하다	☐ trunk	(자동차) 트렁크, (나무) 몸통, (코끼리) 코
☐ eager	열심인, 간절히 바라는	☐ triple	3배가 되다, 3배로 만들다; 3배의, 3중의
☐ dig	파다	☐ swing	휘두르다, 흔들리다, 획 움직이다; 휘두르기, 흔들기, 그네
☐ recommend	권장하다, 추천하다	☐ trick	속임수, 비결; 속임수를 쓰다, 속이다
☐ straight	곧은, 일직선의; 똑바로, 일직선으로	☐ quite	꽤, 상당히
☐ feed	먹이다, 공급하다	☐ practice	1. 실행, 실천 2. 연습; 연습하다 3. 관행, 관례, 관습

X 모름
△ 애매함
○ 알고 있음

최빈출 어휘

0561
honesty
[ánisti]

명 정직, 솔직함

Honesty is an essential value in building trust and relationships.
정직은 신뢰와 관계를 구축하는 데 필수적인 가치이다.

파생어 honest 형 정직한

Tip to be honest 솔직하게 말해서

0562
numerous
[njúːmərəs]

형 수없이 많은, 다수의

Numerous health studies showed the benefits of regular exercise.
수없이 많은 건강 연구들이 정기적인 운동의 이점을 보여주었다.

0563
individual
[ìndəvídʒuəl]

형 개인의, 개개의   명 개인

The **individual** approach of the teacher helped each student succeed.
교사의 개인별 접근 방식은 각 학생의 성공에 도움이 되었다.

유의어 개인의 private, personal

Tip an amusing individual 재미있는 사람

0564
brief
[briːf]

형 간략한, 짧은

The manager gave a **brief** explanation of the new pay policy.
매니저가 새로운 급여 정책에 대해 간략한 설명을 해 주었다.

유의어 short, simple, concise

Tip to be brief with you 간단히 말하면

0565
contain
[kəntéin]

동 포함하다, ~이 들어 있다

The report **contains** detailed information about the company.
그 보고서는 그 회사에 대한 상세한 정보를 포함한다.

유의어 포함하다 include, involve, comprise, encompass

Tip container는 무언가를 담는 '용기'이다. 따라서 contain은 '~을 담다, 포함하다'의 의미임을 유추할 수 있다.

0566
bore
[bɔːr]

동 지루하게 하다

The long meeting without breaks **bored** all the participants.
휴식이 없는 그 긴 회의가 모든 참석자들을 지루하게 했다.

파생어 boredom 명 지루함

Tip be bored with ~에 지루함을 느끼다

0567
express [iksprés] ★★★

동 표현하다, 나타내다 형 고속의, 분명한

The participants **expressed** different degrees of negative feelings.
참가자들은 각각 다른 정도의 부정적인 감정들을 표현했다.

파생어 expression 명 표현 expressive 형 나타내는, 표현력이 있는
Tip express bus terminal 고속버스 터미널

0568
final [fáinəl] ★★★

형 최종적인, 결정적인

The **final** version of the report was made available to the public.
이 보고서의 최종 버전이 대중에 공개되었다.

파생어 finally 부 마침내, 최종적으로
유의어 ultimate
Tip final exam 기말고사

0569
harm [hɑːrm] ★★★

명 손상, 손해

The earthquake caused significant **harm** to the buildings there.
지진은 그곳의 건물들에 상당한 손상을 주었다.

파생어 harmful 형 해로운

중요 어휘

0570
dare [dɛər] ★★

동 감히 ~하다 명 모험, 도전

Courageous whistleblowers **dare** to speak the truth in public.
용감한 내부 고발자들은 대중 앞에서 감히 진실을 말한다.

0571
comment [kάment] ★★

동 논평하다, 견해를 밝히다 명 논평, 언급

The critic **comments** on the movie's unique style and storytelling.
평론가는 영화의 독특한 스타일과 스토리텔링에 대해 논평한다.

0572
assemble [əsémbl] ★★

동 모으다, 조립하다

The expert **assembled** the fragments to restore the broken vase.
전문가는 부서진 화병을 복원하기 위해 파편들을 모았다.

유의어 gather, collect

0573
arise [əráiz] ★★

동 발생하다, 유발되다

Unexpected issues **arose** during the team's important project.
예상치 못한 문제들이 그 팀의 중요한 프로젝트 동안 발생했다.

유의어 occur, happen
Tip rise 역시 arise와 마찬가지로 자동사이며 '오르다, 올라가다'의 의미를 갖는다.

0574
highlight
[háilàit]

동 강조하다

This article **highlights** the utmost importance of good sleep.
이 기사는 질 좋은 수면의 최고의 중요성을 강조한다.

유의어 emphasize, stress, underline, underscore

0575
decorate
[dékərèit]

동 장식하다

The planners **decorate** the room with flowers for the wedding.
웨딩 플래너들이 결혼식을 위해 방을 꽃들로 장식한다.

파생어 decoration 명 장식

0576
eager
[í:gər]

형 열심인, 간절히 바라는

The graduates are **eager** for greater knowledge in their field.
대학원생들은 자신의 분야에서 더 많은 지식을 얻는 데 열심이다.

유의어 열망하는 anxious, zealous, longing, avid

Tip eager + for: ~을 열망하는
eager + to부정사: ~하기를 간절히 바라는

0577
dig
[dig]

동 파다

Workers **dig** a trench to lay the underground water pipes.
일꾼들은 지하 수도관을 놓기 위해 깊은 도랑을 판다.

0578
recommend
[rèkəménd]

동 권장하다, 추천하다

Supervisors **recommend** additional training for employees.
관리자들은 직원들에게 추가 교육을 권장한다.

파생어 recommendation 명 권고, 추천

0579
straight
[streit]

형 곧은, 일직선의   부 똑바로, 일직선으로

A **straight** tree stood alone beside a rocky mountain path.
곧은 나무가 바위투성이 산길 옆에 홀로 서 있었다.

반의어 crooked

0580
feed
[fí:d]

동 먹이다, 공급하다

The zookeepers **feed** the animals fresh vegetables every day.
사육사들은 동물들에게 신선한 채소를 매일 먹인다.

Tip feed on ~을 먹고 살다

0581
celebrate ★★
[séləbrèit]

동 축하하다, 기념하다

I throw a party to **celebrate** my birthday every year.
나는 매년 내 생일을 축하하기 위해 파티를 연다.

파생어 celebration 명 축하

0582
vibrate ★★
[váibreit]

동 떨다, 진동하다, 진동시키다

The two participants' voices **vibrated** with anger during the argument.
논쟁하는 동안 두 참가자의 목소리는 분노로 떨렸다.

파생어 vibration 명 진동

Tip vibr(흔들다) + ate(~시키다)

0583
fit ★★
[fit]

형 적합한, 건강한 동 맞다, 적합하게 하다

The hostess' loud red dress was not **fit** for the formal event.
여성 진행자의 화려한 붉은 드레스는 그 공식 행사에 적합하지 않았다.

Tip That coat fitted him. 저 코트는 그에게 맞았다.

0584
normal ★★
[nɔ́:rməl]

형 평범한, 보통의, 정상적인

The **normal** routine is disrupted by the unexpected announcement.
예상치 못한 발표로 인해 평범한 일상에 차질이 생겼다.

유의어 mediocre, run-of-the-mill, banal
반의어 비정상적인 abnormal

0585
thread ★★
[θred]

동 실을 꿰다 명 실, 가닥, 줄

The tailor **threads** the needle carefully to stitch the fabric.
재단사는 천을 꿰매기 위해 바늘에 실을 조심스럽게 꿴다.

Tip thread the needle 바늘에 실을 꿰다, 어려운 일을 해내다

0586
nod ★★
[nɑd]

동 (고개를) 끄덕이다, 졸다 명 (고개를) 끄덕임

The teacher **nodded** in approval after hearing the student's answer.
교사는 학생의 대답을 듣고 동의하며 고개를 끄덕였다.

0587
raise ★★
[reiz]

동 기르다, 키우다, 올리다

The farmer also **raises** cows for milk and meat production.
농부는 우유와 고기 생산을 위해 젖소도 기른다.

유의어 기르다 bring up, rear, foster, nurture
올리다 increase

0588
former
[fɔ́ːrmər] ★★

형 (시간, 순서상) 전(前)자의, 예전의
Of the two pictures, I prefer the **former** to the latter.
두 그림 중, 나는 후자보다 전(前)자가 마음에 든다.

유의어 previous, prior, preceding, earlier
Tip former president 전 대통령

기본 어휘

0589
tick
[tik] ★

동 (시계가) 똑딱[재깍]거리다 명 (시계의) 똑딱거리는 소리
The antique clock **ticked** steadily on the wooden shelf.
골동품 시계가 나무 선반 위에서 꾸준히 똑딱거렸다.

0590
split
[split] ★

동 나누다, 분배하다
The business partners **split** the profits equally after a successful deal.
비즈니스 파트너들은 성공적인 거래 후 수익을 균등하게 나눴다.

0591
interior
[intí(ː)əriər]

형 내부의
The newly moved-in family put wallpaper on the **interior** walls.
새로 이사 온 가족은 집 내부의 벽에 벽지를 발랐다.

유의어 inside, inner, internal
반의어 외부의 exterior, external

0592
beg
[beg] ★

동 간청하다, 구걸하다
The desperate man **begged** me for help in the stormy night.
폭풍우가 몰아치는 밤, 절박한 남자가 내게 도움을 간청했다.

파생어 beggar 명 거지

0593
dawn
[dɔːn] ★

명 새벽
At **dawn**, a bird flew quietly through the southern sky.
새벽에, 새 한 마리가 남쪽 하늘을 조용히 날아갔다.

0594
foretell
[fɔːrtél] ★

동 예언하다
Ancient prophecies **foretell** great changes in the future.
고대의 예언은 미래의 큰 변화를 예언한다.

유의어 predict, forecast, foresee
Tip 과거형과 과거분사형은 foretold이다.

0595
trunk [trʌŋk]
- 명 (자동차) 트렁크, (나무) 몸통, (코끼리) 코

The stolen jewels were found in the criminal's car **trunk**.
훔친 보석들이 범인의 자동차 트렁크에서 발견되었다.

0596
triple [trípl]
- 동 3배가 되다, 3배로 만들다 형 3배의, 3중의

The company's annual revenue **tripled** in just three years.
회사의 연간 매출은 불과 3년 만에 3배가 되었다.

> Tip double 2배의   quadruple 4배의

0597
swing [swiŋ]
- 동 휘두르다, 흔들리다, 휙 움직이다 명 휘두르기, 흔들기, 그네

The baseball player always **swings** the bat with great force.
그 야구 선수는 배트를 항상 힘차게 휘두른다.

0598
trick [trik]
- 명 속임수, 비결 동 속임수를 쓰다, 속이다

A stranger I had never seen before used a **trick** to confuse me.
처음 보는 낯선 사람이 속임수를 써서 나를 혼란시켰다.

0599
quite [kwait]
- 부 꽤, 상당히

The task was **quite** difficult for a beginner to complete.
이 작업은 초보자가 완료하기에는 꽤 어려웠다.

유의어 fairly, somewhat, considerably

> Tip quite a few 상당수

다의어

0600
practice [præktis]

① 명 실행, 실천

You should put your suggestion into **practice**.
네 제안을 실행에 옮겨야 한다.

② 명 연습 동 연습하다

Mastering a musical instrument needs repeated **practice**.
악기를 숙달하는 것은 반복적인 연습이 필요하다.

③ 명 관행, 관례, 관습

Unpaid internships used to be a **practice** in the industry.
무급 인턴십은 한때 업계의 관행이었다.

TEST

A 다음 영단어의 뜻을 찾아 연결하시오. [01~10]

- 01 contain • • 표현하다, 나타내다
- 02 harm 명 • • 논평하다, 견해를 밝히다
- 03 eager 형 • • 손상, 손해
- 04 comment 동 • • 발생하다, 유발되다
- 05 express • • 포함하다, ~이 들어 있다
- 06 arise 동 • • 적합한, 건강한
- 07 individual 형 • • 정직, 솔직함
- 08 honesty 명 • • 열심인, 간절히 바라는
- 09 fit 형 • • 간략한, 짧은
- 10 brief 형 • • 개인의, 개개의

B 다음 영단어의 뜻을 우리말로 쓰시오. [11~20]

- 11 bore 동
- 12 assemble 동
- 13 feed 동
- 14 raise 동
- 15 straight 형
- 16 numerous 형
- 17 split 동
- 18 foretell 동
- 19 recommend 동
- 20 practice 명

Answer

A 01 포함하다, ~이 들어 있다 02 손상, 손해
03 열심인, 간절히 바라는 04 논평하다, 견해를 밝히다
05 표현하다, 나타내다 06 발생하다, 유발되다
07 개인의, 개개의 08 정직, 솔직함
09 적합한, 건강한 10 간략한, 짧은

B 11 지루하게 하다 12 모으다, 조립하다
13 먹이다, 공급하다 14 기르다, 키우다, 올리다
15 곧은, 일직선의 16 수없이 많은, 다수의
17 나누다, 분배하다 18 예언하다
19 권장하다, 추천하다
20 실행, 실천, 연습, 관행, 관례, 관습

IDIOM Day 16

✿ 암기 전 미리보기 & 암기 후 확인하기

학습 전에 아는 이디엄에 체크해 보세요.
학습 후에 암기한 이디엄에 체크해 보세요.
체크가 안 된 약점 이디엄만 보면서 복습용으로 활용해 보세요.

✓ Self Check

맞힌 개수 　　/ 40개　1회독 ☐　2회독 ☐　3회독 ☐

이디엄 암기 테스트

☐ on the other hand	반면, 다른 한편	☐ end up	결국 ~하게 되다
☐ rule out	배제하다, 제외하다	☐ out of sight	보이지 않는, 멀리
☐ delve into	~을 깊이 조사하다, ~을 캐다	☐ that is	즉, 말하자면
☐ in no time	순식간에, 즉시	☐ give off	(빛, 가스를) 내뿜다, 발산하다
☐ hand out	~을 나눠주다	☐ for nothing	공짜로, 헛되이
☐ find out	~을 알아내다, ~을 찾아내다	☐ sooner or later	조만간
☐ turn down	~을 거절하다	☐ ill at ease	(긴장되고) 마음이 불편한
☐ in addition to	~뿐만 아니라, ~에 더하여	☐ by accident	우연히
☐ pay off	성과를 거두다, 성공하다	☐ come by	~을 얻다, 방문하다
☐ depend on(upon)	~에 의존하다, ~에 달려 있다	☐ dress up	잘 차려입다, 정장을 입다
☐ pick on	~을 괴롭히다, ~을 혹평하다	☐ show up	나타나다
☐ stay up	깨어 있다	☐ for good	영원히, 아주
☐ be fond of	~을 좋아하다	☐ point out	지적하다
☐ be bound to	반드시 ~하게 되어 있다, ~하지 않을 수 없다	☐ hang on	(전화) 끊지 않고 기다리다
☐ no more than	단지, 많아야	☐ keep track of	~을 기록하다, ~을 추적하다
☐ on the point of -ing	막 ~하려고 하는	☐ run into	~을 우연히 만나다, ~에 충돌하다
☐ far from	결코 ~이 아닌 (그 반대인)	☐ tell A from B	A와 B를 구별하다
☐ at all costs	어떤 일이 있어도	☐ by no means	결코 ~ 아닌
☐ in vain	허사가 되어, 헛되이	☐ as usual	늘 그렇듯
☐ hand in	~을 제출하다	☐ for the time being	당분간

X 모름
△ 애매함
○ 알고 있음

최빈출 어휘

0601
on the other hand
반면, 다른 한편

On the other hand, many girls tend to avoid conflict.
반면, 많은 여자아이들은 갈등을 피하는 경향이 있다.

> Tip: On the one hand ~ and on the other hand... 한편으로는 ~하며, 다른 한편으로는 …하다

중요 어휘

0602
rule out
2024 지방직 9급
2015 지방직 9급

배제하다, 제외하다

Investigators quickly **ruled out** terrorism as a possible cause.
수사관들은 테러를 가능한 원인에서 신속히 배제했다.

유의어: exclude

0603
delve into
2014 서울시 9급

~을 깊이 조사하다, ~을 캐다

The scientist **delved into** the causes of the disease.
그 과학자는 그 질병의 원인들을 깊이 조사했다.

유의어: investigate, inspect, scrutinize, examine, probe into, look into, go over, pore over

> Tip: delve는 '파다, 파고들다'의 의미가 있다.

0604
in no time
2018 국가직 9급

순식간에, 즉시

The rescue team arrived at the accident scene **in no time**.
구조 팀은 사고 현장에 순식간에 도착했다.

유의어: immediately, right away, on the spot

0605
hand out

~을 나눠주다

The teacher **handed out** worksheets to all the students in the class.
선생님은 학급의 모든 학생들에게 워크시트를 나눠주었다.

유의어: distribute

> Tip: handout은 나누어준 '인쇄물, 유인물'을 의미한다.
> hand over ~을 넘겨주다

0606
find out

~을 알아내다, ~을 찾아내다

The detective **found out** that the rumor about the actress was not true.
형사는 그 여배우에 관한 소문이 사실이 아니라는 것을 알아냈다.

0607
turn down ★★

~을 거절하다

The editor **turned down** the article due to weak arguments.
편집자는 논거가 약하다는 이유로 그 기사를 거절했다.

[유의어] reject, refuse

[Tip] turn up 나타나다

0608
in addition to ★★

~뿐만 아니라, ~에 더하여

In addition to being a center of trade, Babylon became an academic center.
무역의 중심지일 뿐만 아니라 바빌론은 학문의 중심지가 되었다.

[Tip] addition 추가, 부가

0609
pay off ★★

성과를 거두다, 성공하다

Strong measures taken by the government have **paid off**.
정부가 취한 강력한 조치는 성과를 거두었다.

[유의어] come off

0610
depend on (upon) ★★

2018 국가직 9급
2016 지방직 9급

~에 의존하다, ~에 달려 있다

Children who **depend on** parental help may get lazy.
부모의 도움에 의존하는 아이들은 나태해질 수 있다.

[유의어] turn to, resort to, rely on, lean on, rest on, count on, hinge on, fall back on, look to, be up to

기본 어휘

0611
pick on ★

2009 국가직 7급

~을 괴롭히다, ~을 혹평하다

Some children **pick on** their peers for being small and weak.
일부 아이들은 작고 약하다는 이유로 또래들을 괴롭힌다.

[유의어] ~을 괴롭히다 harass, bully

0612
stay up ★

깨어 있다

I **stay up** late every night, then regret it in the morning.
나는 매일 밤늦게까지 깨어 있다가, 아침에 후회한다.

[Tip] stay up for 자지 않고 ~을 기다리다

0613
be fond of

~을 좋아하다

I'm fond of watching animation films.
나는 만화 영화를 보는 것을 좋아한다.

> Tip fond 좋아하는, 즐기는

0614
be bound to

2017 서울시 9급

반드시 ~하게 되어 있다, ~하지 않을 수 없다

AI **is bound to** replace many jobs in the future.
인공지능이 반드시 미래에 많은 일자리를 대체하게 되어 있다.

0615
no more than

단지, 많아야

The goal is **no more than** a distant dream.
그 목표는 단지 먼 꿈에 불과하다.

> 유의어 only, merely, just

0616
on the point of -ing

막 ~하려고 하는

She was **on the point of** going out when we visited.
우리가 방문했을 때 그녀는 막 외출하려던 참이었다.

> 유의어 on the brink(verge) of, be about to

0617
far from

결코 ~이 아닌 (그 반대인)

The final solution was **far from** what we had expected.
최종 해결책은 결코 우리가 예상했던 것이 아니었다.

> 유의어 not at all, never

> Tip Far from it! 전혀 그렇지 않아, 그런 일은 절대 없어!

0618
at all costs

어떤 일이 있어도

War must be avoided **at all costs**.
전쟁은 어떤 일이 있어도 피해야 한다.

> 유의어 by all means

0619
in vain

허사가 되어, 헛되이

His years of research ended **in vain** when the data was lost.
수년간의 그의 연구는 데이터가 유실되며 허사가 되고 말았다.

0620
hand in

~을 제출하다

You should **hand in** the essay before class.
너는 수업 전에 에세이를 제출해야 한다.

> 유의어 submit

0621
end up
결국 ~하게 되다
All three have **ended up** in management jobs at the restaurant.
이들 세 명 모두 **결국** 그 레스토랑에서 관리직을 맡게 **되었다**.

유의어 wind up, finish up, round off

Tip end up in a draw 무승부로 끝나다

0622
out of sight
보이지 않는, 멀리
The car disappeared **out of sight**.
그 차는 사라져 **보이지 않았다**.

Tip out of(범위 밖에) + sight(시야)

0623
that is
즉, 말하자면
He is nocturnal. **That is,** he stays awake at night.
그는 야행성이다. **즉,** 그는 밤에 깨어 있다.

Tip 재진술의 표현이다. 즉, 이전에 했던 말을 좀 더 정확히 말하거나 정정할 때 사용한다.

0624
give off
(빛, 가스를) 내뿜다, 발산하다
The fire **gave off** a lot of smoke.
그 불은 많은 연기를 **내뿜었다**.

유의어 emit, send out

0625
for nothing
2008 소방직 9급

공짜로, 헛되이
I got this jacket **for nothing**.
나는 이 재킷을 **공짜로** 얻었다.

유의어 for free

Tip be good for nothing 쓸모가 없다

0626
sooner or later
조만간
Sooner or later, the truth will come out.
조만간 진실이 밝혀질 것이다.

Tip sooner or later는 '가까운 시일 내에, 조만간'이라는 의미지만 정확하게 말하면 '가까운 시일 내 언젠가는, 결국'의 의미이다.

0627
ill at ease
(긴장되고) 마음이 불편한
I was **ill at ease** during the interview.
나는 인터뷰 동안 **마음이 불편했다**.

유의어 uncomfortable

0628 by accident
우연히
I never did anything **by accident**.
나는 어떤 일도 결코 우연히 하지 않았다.

> 유의어 by chance, accidentally
> Tip by design 고의로

0629 come by
~을 얻다, 방문하다
He **came by** all ideas from his own experience.
그는 자신의 경험에서 모든 아이디어를 얻었다.

> Tip come by for a drink 한 잔 하려고 들르다

0630 dress up
잘 차려입다, 정장을 입다
I like to **dress up** when I go to a fancy restaurant.
나는 고급 식당에 갈 때 잘 차려입는 것을 좋아한다.

> Tip dress down 간편한 옷을 입다, ~을 나무라다

0631 show up
나타나다
I waited for her to arrive, but she didn't **show up**.
나는 그녀가 도착하기를 기다렸지만, 그녀는 나타나지 않았다.

> 유의어 appear, turn up
> Tip 명사로 showup은 '폭로, 들추어냄'의 의미이다.

0632 for good
2011 지방직 9급

영원히, 아주
The injury may keep him out of football **for good**.
그 부상은 그가 축구를 영원히 못하게 할 수도 있다.

> 유의어 forever, eternally, endlessly

0633 point out
지적하다
My teacher **pointed out** my grammar mistakes.
선생님이 내 문법 실수들을 지적하셨다.

> 유의어 indicate

0634 hang on
(전화) 끊지 않고 기다리다
Hang on, I'll come back right away.
끊지 말고 기다리세요, 금방 돌아올게요.

0635
keep track of

~을 기록하다, ~을 추적하다
I use an app to **keep track of** my expenses.
나는 내 지출을 **기록하기** 위해 앱을 사용한다.

유의어 ~을 추적하다 trace, chase, pursue
반의어 ~을 놓치다 lose track of

0636
run into

~을 우연히 만나다, ~에 충돌하다
I **ran into** a friend at the supermarket.
나는 슈퍼마켓에서 친구를 **우연히 만났다**.

유의어 ~을 우연히 만나다 meet by chance, encounter, run across, come across, bump into
충돌하다 collide

Tip run over (사람·동물을 차로) 치다

0637
tell A from B

A와 B를 구별하다
It's hard to **tell** a real diamond **from** a fake one.
진짜 다이아몬드와 가짜 다이아몬드를 **구분하는** 것은 어렵다.

유의어 distinguish A from B

0638
by no means

결코 ~ 아닌
It is **by no means** easy to learn English.
영어를 배우는 것은 **결코** 쉬운 일이 **아니다**.

반의어 꼭 by all means

0639
as usual

늘 그렇듯
As usual, he walked to work.
늘 그렇듯, 그는 걸어서 출근했다.

Tip usually 보통, 대개

0640
for the time being

당분간
Don't think about money **for the time being.**
당분간 돈에 대해서는 생각하지 마라.

2018 기상직 9급

유의어 for the moment, temporarily, in the meantime

TEST

A 다음 영숙어의 뜻을 찾아 연결하시오. [01~10]

01 rule out   · ~을 얻다, 방문하다
02 in no time   · 결국 ~하게 되다
03 pay off   · (빛, 가스를) 내뿜다, 발산하다
04 be fond of   · 배제하다, 제외하다
05 no more than   · 단지, 많아야
06 in vain   · ~을 좋아하다
07 end up   · 허사가 되어, 헛되이
08 give off   · 순식간에, 즉시
09 ill at ease   · 성과를 거두다, 성공하다
10 come by   · (긴장되고) 마음이 불편한

B 다음 영숙어의 뜻을 우리말로 쓰시오. [11~20]

11 delve into
12 turn down
13 pick on
14 be bound to
15 on the point of -ing
16 hand in
17 for nothing
18 by accident
19 run into
20 by no means

Answer

A 01 배제하다, 제외하다 02 순식간에, 즉시
03 성과를 거두다, 성공하다 04 ~을 좋아하다
05 단지, 많아야 06 허사가 되어, 헛되이
07 결국 ~하게 되다 08 (빛, 가스를) 내뿜다, 발산하다
09 (긴장되고) 마음이 불편한 10 ~을 얻다, 방문하다

B 11 ~을 깊이 조사하다, ~을 캐다 12 ~을 거절하다
13 ~을 괴롭히다, ~을 혹평하다
14 반드시 ~하게 되어 있다, ~하지 않을 수 없다
15 막 ~하려고 하는 16 ~을 제출하다
17 공짜로, 헛되이 18 우연히
19 ~을 우연히 만나다, ~에 충돌하다 20 결코 ~ 아닌

Day 17

암기 전 미리보기 & 암기 후 확인하기

학습 전에 아는 단어에 체크해 보세요.
학습 후에 암기한 단어에 체크해 보세요.
체크가 안 된 약점 어휘만 보면서 복습용으로 활용해 보세요.

✓ Self Check

맞힌 개수   / 40개   1회독 ☐   2회독 ☐   3회독 ☐

영단어 암기 테스트

☐ concept	개념	☐ screw	나사(못); 나사로 고정시키다
☐ occur	일어나다, 발생하다	☐ wrap	감싸다, 포장하다; 포장지
☐ premise	전제; 전제하다	☐ prohibit	금지하다, 금하다
☐ indicate	나타내다, 가리키다	☐ contentious	다투기 좋아하는
☐ attain	획득하다, 이루다, 도달하다	☐ insatiable	만족을 모르는, 탐욕스러운
☐ personality	성격, 개성	☐ disagree	동의하지 않다, 일치하지 않다
☐ deliberate	의도적인, 고의의, 신중한	☐ specify	(구체적으로) 명시하다, 명기하다
☐ rare	드문, 희귀한, (고기를) 살짝 익힌	☐ bulk	대부분, 크기; 부피를 늘리다
☐ standard	기준, 표준	☐ principal	주요한; 교장
☐ signify	의미하다, 나타내다, 중요하다	☐ delete	삭제하다
☐ pronounce	발음하다, 선언하다	☐ tune	곡조, 선율; 조율하다, 조정하다
☐ harsh	거슬리는, 가혹한, 거친	☐ dizzy	어지러운
☐ inquisitive	호기심이 많은	☐ fortify	강하게 하다, 요새화하다
☐ craft	기술, 기능, 항공기	☐ post	공지하다, 붙이다, 우송하다; 기둥, 푯말, 우편, 게시글
☐ discourse	담화, 담론	☐ drown	익사하다, 물에 빠지다
☐ insight	통찰력, 이해	☐ bind	결속시키다, 묶다, 제본하다, 제한하다
☐ deteriorate	악화되다	☐ shave	면도하다
☐ destination	목적지, 도착지	☐ laconic	간결한
☐ vivid	생생한, 선명한	☐ ratio	비율, 비
☐ circular	원형의, 순환하는	☐ interest	1. 관심, 흥미 2. 이익 3. 이자 4. ~의 관심을 끌다

X 모름
△ 애매함
○ 알고 있음

최빈출 어휘

0641
concept ★★★
[kánsept]

명 개념

Do you understand the basic **concept** of democracy?
민주주의의 기본 **개념**을 이해하나요?

> Tip self-concept 자아 개념, 자아상

0642
occur ★★★
[əkə́:r]

동 일어나다, 발생하다

Some injuries **occur** because of carelessness.
일부 부상들은 부주의에 의해 **일어난다**.

파생어 occurrence 명 발생
유의어 happen, arise
> Tip occur to ~에게 생각이 떠오르다

0643
premise ★★★
[prémis]

2018 법원행정처 9급
2015 국회사무처 8급

명 전제 동 전제하다

His argument rests on the **premise** that people are rational.
그의 주장은 사람들이 이성적이라는 **전제**에 의존한다.

0644
indicate ★★★
[índəkèit]

동 나타내다, 가리키다

A green light **indicates** the device is charged.
초록 불은 기기가 충전된 것을 **나타낸다**.

파생어 indication 명 표시
유의어 denote
> Tip in(안에서) + dicare(선언하다) + ate(~하게 하다)

0645
attain ★★★
[ətéin]

동 획득하다, 이루다, 도달하다

The scientist **attained** international fame for his discovery.
그 과학자는 자신의 발견으로 국제적인 명성을 **획득했다**.

유의어 get, gain, obtain, glean
> Tip attain one's goal 목표를 달성하다

0646
personality ★★★
[pə̀rsənǽləti]

명 성격, 개성

A positive **personality** can inspire others to stay motivated.
긍정적인 **성격**은 다른 사람들에게 동기를 부여할 수 있다.

파생어 personal 형 개인적인
> Tip personal(사람의) + ity(특성)

0647
deliberate
[dilíbərət]

형 의도적인, 고의의, 신중한

His actions were not a mistake; they were **deliberate**.
그의 행동들은 실수가 아니라 의도적인 것이었다.

- 파생어 deliberately 부 고의로
- 유의어 고의적인 intentional   신중한 careful, cautious
- Tip a deliberate judgement 신중한 판단

0648
rare
[rɛər]

형 드문, 희귀한, (고기를) 살짝 익힌

Finding a true friend is **rare** these days.
요즘은 진정한 친구를 찾기가 드물다.

- 파생어 rarely 부 드물게, 좀처럼 ~않는
- 유의어 scarce

0649
standard
[stǽndərd]

명 기준, 표준

There is no universal **standard** for beauty.
미의 보편적인 기준은 없다.

- 유의어 criterion
- Tip 품질 보증 마크인 KS 마크는 '한국 표준'의 의미로 'Korean Standards'를 나타낸다.

중요 어휘

0650
signify
[sígnəfài]

동 의미하다, 나타내다, 중요하다

Nodding your head usually **signifies** agreement.
고개를 끄덕이는 것은 보통 동의를 의미한다.

- 파생어 signification 명 의미
- 유의어 mean, represent

0651
pronounce
[prənáuns]

동 발음하다, 선언하다

The announcers always **pronounce** their words correctly.
아나운서들은 언제나 단어들을 정확하게 발음한다.

- 파생어 pronunciation 명 발음
- 유의어 발음하다 enunciate, articulate
  선언하다 declare, proclaim, announce

0652
harsh
[hɑːrʃ]

2013 국가직 9급
2011 서울시 9급
2009 국회사무처 8급
2008 서울시 9급

형 거슬리는, 가혹한, 거친

Lots of people use alarm clocks that generate **harsh** sounds.
많은 사람들이 거슬리는 소리를 내는 알람 시계를 사용한다.

- 유의어 가혹한 cruel
- Tip harsh punishment 가혹한 처벌

0653
inquisitive ★★
[inkwízətiv]

형 호기심이 많은

An **inquisitive** child kept asking questions during the tour.
호기심이 많은 아이가 견학 도중 질문을 계속했다.

유의어 curious

Tip in(안으로) + quire(구하다) + tive

0654
craft ★★
[kræft]

명 기술, 기능, 항공기

It takes years to master the **craft** of woodworking.
목공 기술을 익히는 데는 수년이 걸린다.

Tip craftsman은 기술을 보유한 사람으로 '장인'의 의미이다.

0655
discourse ★★
[dískɔːrs]

명 담화, 담론

His **discourse** doesn't make sense.
그의 담화는 말이 안 된다.

0656
insight ★★
[ínsàit]

명 통찰력, 이해

Studying different cultures gives us **insight** into how people think.
다양한 문화를 공부하는 것은 우리에게 사람들이 어떻게 생각하는지에 대한 통찰력을 준다.

유의어 intuition

Tip in(안) + sight(꿰뚫어 보기)

0657
deteriorate ★★
[ditíəriərèit]

동 악화되다

The economic situation is **deteriorating** rapidly.
경제 상황이 급속도로 악화되고 있다.

유의어 worsen, degenerate
반의어 개선하다 ameliorate, improve

0658
destination ★★
[dèstənéiʃən]

명 목적지, 도착지

Enjoy the journey, not just the **destination**.
단지 목적지뿐만 아니라 여정을 즐기세요.

Tip arrive at one's destination 목적지에 도착하다

0659
vivid ★★
[vívid]

형 생생한, 선명한

His dream was so **vivid** that he thought it was real.
그의 꿈은 너무 생생해서 실제라고 생각했다.

파생어 vividly 부 생생하게
유의어 graphic, clear
반의어 vague, obscure, unclear

0660
circular ★★
[sə́ːrkjələr]

형 원형의, 순환하는

Most security cameras have a **circular** shape.
대부분의 보안 카메라는 원형의 모양을 가지고 있다.

파생어 circulate 동 순환하다, 돌다

0661
screw [skru:]
명 나사(못) 동 나사로 고정시키다
Make sure the **screws** are properly fastened.
나사들이 제대로 조여졌는지 확인해.

0662
wrap [ræp]
동 감싸다, 포장하다 명 포장지
His left leg was tightly **wrapped** in bandages.
그의 왼쪽 다리는 붕대로 단단히 감싸져 있었다.
Tip plastic wrap 비닐 랩

0663
prohibit [prouhíbit]
동 금지하다, 금하다
The rules **prohibit** students from using phones during exams.
그 규정은 학생들이 시험 중 휴대전화를 사용하는 것을 금지한다.
파생어 prohibition 명 금지
유의어 ban, inhibit, forbid

0664
contentious [kənténʃəs]
형 다투기 좋아하는
A **contentious** person argues and disputes about minor things.
다투기 좋아하는 사람은 사소한 일에도 말싸움하고 따지고 든다.
파생어 contend 동 주장하다, 다투다
유의어 quarrelsome, argumentative
Tip content 내용물; 만족하는

0665
insatiable [inséiʃəbl]
2014 지방직 9급
형 만족을 모르는, 탐욕스러운
Most of them have an **insatiable** greed for money.
그 사람들 대부분이 돈에 대한 만족을 모르는 탐욕을 가지고 있다.
유의어 unquenchable, greedy
Tip in(= not) + satis(만족시키다) + able → 만족시킬 수 없는

0666
disagree [dìsəgríː]
동 동의하지 않다, 일치하지 않다
Do you agree or **disagree** with him?
그에게 동의하는 거니 아니면 동의하지 않는 거니?
반의어 동의하다 agree
Tip disagree with + 사람: ~와 의견이 다르다

0667
specify [spésəfài]
동 (구체적으로) 명시하다, 명기하다
He didn't **specify** a time and a place for the meeting.
그는 회의 시간과 장소를 명시하지 않았다.
파생어 specification 명 설명서, 사양   specific 형 특정한
Tip specify in a contract 계약서에 명기하다

0668 bulk
[bʌlk]

명 대부분, 크기 동 부피를 늘리다

The **bulk** of their profits comes from online sales.
그들의 수익 대부분은 온라인 판매에서 나온다.

파생어 bulky 형 부피가 큰
유의어 대부분 majority
Tip in bulk 대량으로

기본 어휘

0669 principal
[prínsəpəl]

2017 서울시 사회복지직 9급

형 주요한 명 교장

The **principal** aim of this research is to find a solution to the problem.
이 연구의 주요한 목표는 그 문제에 대한 해결책을 찾는 것이다.

유의어 주요한 major, prime, critical, crucial, paramount, vital, momentous
Tip the principal of a high school 고등학교의 교장

0670 delete
[dilíːt]

동 삭제하다

Please **delete** unnecessary emails from your inbox.
받은 편지함에서 불필요한 이메일을 삭제하세요.

유의어 erase, efface

0671 tune
[tjuːn]

명 곡조, 선율 동 조율하다, 조정하다

The band played a familiar **tune** at the concert.
그 밴드는 콘서트에서 익숙한 곡조를 연주했다.

유의어 조정하다 adjust, control, coordinate

0672 dizzy
[dízi]

형 어지러운

I suddenly felt **dizzy** after standing up too fast.
나는 너무 빨리 일어난 후 갑자기 어지러움을 느꼈다.

0673 fortify
[fɔ́ːrtəfài]

2011 국회사무처 8급
2008 국회사무처 8급

동 강하게 하다, 요새화하다

Babies need milk to **fortify** their bones.
아기들은 뼈를 강하게 하기 위해 우유가 필요하다.

유의어 강하게 하다 strengthen, consolidate, reinforce, intensify, beef up

0674 post
[poust]

동 공지하다, 붙이다, 우송하다 명 기둥, 푯말, 우편, 게시글

Changes will be **posted** on the bulletin board.
변경 사항은 게시판에 공지될 것이다.

Tip Keep me posted. 계속해서 소식 보내 주세요.

0675
drown [draun]
동 익사하다, 물에 빠지다
A child **drowned** after falling into the sea.
한 아이가 바다에 빠진 후 **익사했다**.

0676
bind [baind]
동 결속시키다, 묶다, 제본하다, 제한하다
Their shared experiences **bind** them together.
그들의 공통된 경험이 그들을 하나로 **결속시켜 준다**.

0677
shave [ʃeiv]
동 면도하다
Men **shave** their beards.
남성들은 그들의 턱수염을 **면도한다**.

0678
laconic [ləkánik]
형 간결한
The writer is famous for his **laconic** style.
그 작가는 **간결한** 문체로 유명하다.

유의어 terse, brief, concise, succinct
반의어 장황한 wordy, verbose, garrulous
Tip '의미를 잘 함축하여 간결한'의 의미와 '말수가 적은'의 의미가 있다.

0679
ratio [réiʃjou]
명 비율, 비
The **ratio** of men to women is three to two.
남성과 여성의 **비율**은 3 대 2이다.

유의어 proportion
Tip in the ratio of ~의 비율로

다의어

0680
interest [íntərəst]

① 명 관심, 흥미
A book was the start of his **interest** in the field.
한 권의 책이 그가 그 분야에 **관심**을 갖게 된 출발점이었다.

② 명 이익
Individuals shouldn't be sacrificed for the public **interests**.
공공의 **이익**을 위해 개인들이 희생되어서는 안 된다.

③ 명 이자
The couple pay more than 200 dollars in **interest** per month.
그 부부는 한 달에 **이자**로 200달러 이상을 지불한다.

④ 동 ~의 관심을 끌다
Recently, some articles on censorship **interest** me.
최근, 검열에 대한 일부 논문들이 나의 **관심을 끈다**.

Tip be interested in ~에 관심이 있다

TEST

A 다음 영단어의 뜻을 찾아 연결하시오. [01~10]

01 premise 명 • • 주요한
02 attain 동 • • 강하게 하다, 요새화하다
03 signify 동 • • 전제
04 inquisitive 형 • • 담화, 담론
05 discourse 명 • • 악화되다
06 deteriorate 동 • • 획득하다, 이루다, 도달하다
07 vivid 형 • • 의미하다, 나타내다, 중요하다
08 contentious 형 • • 생생한, 선명한
09 principal 형 • • 다투기 좋아하는
10 fortify 동 • • 호기심이 많은

B 다음 영단어의 뜻을 우리말로 쓰시오. [11~20]

11 deliberate 형
12 pronounce 동
13 craft 명
14 screw 명
15 insatiable 형
16 bulk 명
17 drown 동
18 bind 동
19 laconic 형
20 ratio 명

Answer

A 01 전제 02 획득하다, 이루다, 도달하다
03 의미하다, 나타내다, 중요하다 04 호기심이 많은
05 담화, 담론 06 악화되다 07 생생한, 선명한
08 다투기 좋아하는 09 주요한
10 강하게 하다, 요새화하다

B 11 의도적인, 고의의, 신중한 12 발음하다, 선언하다
13 기술, 기능, 항공기 14 나사(못)
15 만족을 모르는, 탐욕스러운 16 대부분, 크기
17 익사하다, 물에 빠지다
18 결속시키다, 묶다, 제본하다, 제한하다
19 간결한 20 비율, 비

Day 18

암기 전 미리보기 & 암기 후 확인하기

학습 전에 아는 단어에 체크해 보세요.
학습 후에 암기한 단어에 체크해 보세요.
체크가 안 된 약점 어휘만 보면서 복습용으로 활용해 보세요.

✓ Self Check   맞힌 개수   / 40개   1회독 ☐   2회독 ☐   3회독 ☐

영단어
암기 테스트

☐ plummet	폭락하다, 급락하다	☐ underlie	기초가 되다, 기저를 이루다
☐ majority	대다수, 대부분	☐ maturity	성숙, 숙성
☐ depress	침체시키다, 우울하게 만들다	☐ passenger	승객
☐ aggravate	악화시키다	☐ surrounding	주위의; (*pl.*) 환경
☐ injure	다치게 하다, 해치다	☐ tire	지치게 하다, 피곤하게 하다
☐ passionate	열정적인, 열렬한	☐ offer	제공하다, 제안하다; 제안
☐ embarrass	당황스럽게 만들다, 부끄럽게 만들다	☐ sigh	한숨을 쉬다, 한탄하다; 한숨, 한탄
☐ probably	아마(도), 대개는	☐ link	관련(성), 관계
☐ attend	참석하다, 돌보다, 주의하다	☐ formidable	가공할 만한, 만만찮은
☐ supplement	보충하다; 보충(물)	☐ fade	바래다, 점점 희미해지다
☐ tiny	아주 작은	☐ chilling	으스스한, 쌀쌀한, 냉담한
☐ ripe	익은, 숙성한	☐ frame	틀을 잡다, 표현하다; 틀, 뼈대
☐ flame	불길, 화염; 불타오르다	☐ weave	짜다, 엮다
☐ acclaim	찬사, 환호; 환호하다	☐ turnover	이직률, 회전율, 총 매출액
☐ accompany	동행하다, 수반하다	☐ magnificent	장엄한, 웅장한
☐ switch	바꾸다, 스위치를 켜다; 전환, 스위치	☐ dive	뛰어들다, 급강하하다
☐ blame	~을 탓하다, 비난하다	☐ neutralize	중화하다, 중립화하다
☐ burden	부담, 짐; 짐을 지우다	☐ swell	붓다, 부어오르다; 부음, 부어오름
☐ talent	재능, 재주	☐ scrub	북북 문지르다, 문질러 닦다; 북북 문질러 씻기
☐ belong	(~의) 것이다, (~에) 속하다	☐ count	1. (수를) 세다 2. 중요하다

X 모름
△ 애매함
○ 알고 있음

최빈출 어휘

0681
plummet
[plʌ́mit]
2019 서울시 9급

동 폭락하다, 급락하다
The value of the currency **plummeted** due to inflation.
인플레이션으로 인해 화폐 가치가 폭락했다.
- 유의어 plunge, take a nosedive
- 반의어 급등하다 soar, surge, skyrocket

0682
majority
[mədʒɔ́(ː)rəti]

명 대다수, 대부분
The **majority** of birds build their nests.
대다수의 새들은 둥지를 짓는다.
- Tip by majority 다수결로

0683
depress
[diprés]

동 침체시키다, 우울하게 만들다
The market was **depressed** because of weak consumer demand.
시장은 소비자 수요 감소로 인해 침체되었다.
- 파생어 depressed 형 불경기의, 우울한 depression 명 불경기, 우울증

0684
aggravate
[ǽɡrəvèit]
2018 법원행정처 9급
2014 서울시 7급
2013 국가직 9급
2011 서울시 9급

동 악화시키다
Cutting down more trees will **aggravate** environmental problems.
더 많은 나무를 베는 것은 환경 문제들을 더욱 악화시킬 것이다.
- 파생어 aggravation 명 악화
- 유의어 make worse, worsen, exacerbate
- 반의어 완화하다 alleviate, relieve, relax
- Tip a/ad(~쪽으로) + gravate(부담, 무게) → 부담, 무게 쪽으로 가게 하다 → 악화시키다

0685
injure
[índʒər]

동 다치게 하다, 해치다
The explosion **injured** several people.
그 폭발은 몇몇 사람들을 다치게 했다.
- 파생어 injury 명 부상, 피해
- 유의어 hurt

0686
passionate
[pǽʃənət]
2014 서울시 7급

형 열정적인, 열렬한
He is a **passionate** advocate for human rights.
그는 인권의 열정적인 옹호자이다.
- 파생어 passion 명 열정
- 유의어 열정적인 enthusiastic, exuberant
- Tip passionate towards one another 서로에게 열렬한

PART 1 | Day 18

PART 1 필수 어휘 | 151

0687
embarrass [imbǽrəs] ★★★

동 당황스럽게 만들다, 부끄럽게 만들다

His rude comment **embarrassed** me in front of everyone.
그의 무례한 발언이 나를 모든 사람들 앞에서 **당황하게 만들었다**.

- 파생어: embarrassing 형 난처한, 당혹스러운
- 유의어: perplex, baffle, humiliate

0688
probably [prάbəbli] ★★★

부 아마(도), 대개는

I'll **probably** be home by midnight.
나는 **아마도** 자정까지는 집에 올 것이다.

- 파생어: probable 형 있을 것 같은 / probability 명 개연성
- Tip: perhaps, maybe, possibly 모두 '아마도'의 의미를 갖지만 probably는 그 중에서도 가능성이 가장 높을 때 사용된다.

0689
attend [əténd] ★★★

동 참석하다, 돌보다, 주의하다

The mayor **attended** the farewell meeting.
시장은 그 송별 모임에 **참석했다**.

- 파생어: attendance 명 출석, 출석자 / attention 명 관심, 주의(력)
- Tip: attend는 타동사로 뒤에 to 없이 '~에 참석하다'의 의미를 갖고, 자동사로 전치사 to와 함께 '~을 돌보다'라는 의미를 갖는다.
  - attend on + 사람: ~의 시중을 들다, ~을 간호하다
  - attend to + 문제/일: ~을 돌보다, ~을 챙기다

0690
supplement [sʌ́pləmənt] ★★★

2011 서울시 9급
2009 국회사무처 8급

동 보충하다 명 보충(물)

They **supplement** their diets with vegetables from gardens.
그들은 정원에서 가꾼 채소로 자기들의 식단을 **보충한다**.

- 유의어: 보충하다 replenish, make up for
- Tip: a vitamin supplement 비타민 보충제

중요 어휘

0691
tiny [táini] ★★

형 아주 작은

It looked like a **tiny** dot.
그것은 **아주 작은** 점처럼 보였다.

- 유의어: very small, slight, compact

0692
ripe [raip] ★★

형 익은, 숙성한

Tomatoes are red when they are **ripe**.
토마토는 **익으면** 빨갛다.

0693
flame [fleim] ★★

명 불길, 화염 동 불타오르다

The firefighters worked hard to put out the **flames**.
소방관들은 **불길**을 잡기 위해 열심히 노력했다.

0694
acclaim ★★
[əkléim]

명 찬사, 환호　동 환호하다

His first novel received instant critical **acclaim**.
그의 첫 소설은 즉각적인 비평가들의 찬사를 받았다.

유의어 praise, ovation

0695
accompany ★★
[əkʌ́mpəni]

동 동행하다, 수반하다

I want you to **accompany** me tomorrow.
난 네가 내일 나와 동행했으면 해.

유의어 go with

0696
switch ★★
[switʃ]

동 바꾸다, 스위치를 켜다　명 전환, 스위치

The manager **switched** the deadline to next Friday.
관리자는 마감일을 다음 금요일로 바꾸었다.

유의어 바꾸다 change, shift, convert

0697
blame ★★
[bleim]

동 ~을 탓하다, 비난하다

She **blamed** others for her unhappiness.
그녀는 자신의 불행에 대해 남을 탓했다.

Tip　blame A for B　B 때문에 A를 비난하다

0698
burden ★★
[bə́:rdən]

명 부담, 짐　동 짐을 지우다

Taking care of elderly parents can be a heavy **burden**.
노부모를 돌보는 것은 큰 부담이 될 수 있다.

0699
talent ★★
[tǽlənt]

명 재능, 재주

It takes **talent** to become a musician.
음악가가 되는 것은 재능을 필요로 한다.

파생어 talented 형 재능(재주) 있는
유의어 flair

Tip　talent show는 자신의 장기를 겨루는 경연 대회를 의미한다.

0700
belong ★★
[bilɔ́(:)ŋ]

동 (~의) 것이다, (~에) 속하다

These glasses **belong** to my father.
이 안경은 나의 아버지의 것이다.

파생어 belongings 명 소지품

Tip　belong to　~의 소유이다, ~의 소속이다

0701
underlie
[ʌ̀ndərlái]

동 기초가 되다, 기저를 이루다

Ethical values **underlie** most legal systems.
윤리적 가치가 대부분의 법 체계의 **기초가 된다**.

파생어 underlying 형 기저의, 내재하는

Tip under(밑에) + lie(있다)

0702
maturity
[mətʃúrəti]

2018 법원행정처 9급
2016 서울시 7급

명 성숙, 숙성

Maturity comes with experience and time.
성숙함은 경험과 시간과 함께 온다.

파생어 mature 형 성숙한

0703
passenger
[pǽsəndʒər]

명 승객

Attention, all **passengers** on Pacific Air Flight.
Pacific Air 항공편의 모든 **승객** 여러분께 알려 드립니다.

0704
surrounding
[səráundiŋ]

형 주위의 명 (pl.) 환경

The **surrounding** area was covered in snow.
주변 지역이 눈으로 덮였다.

파생어 surround 동 둘러싸다
유의어 주위의 ambient   환경 environment

Tip live in pleasant surroundings 쾌적한 환경에서 살다

0705
tire
[taiər]

동 지치게 하다, 피곤하게 하다

You **tired** me with all the boring stuff.
넌 지루한 것들로 나를 **지치게 했어**.

0706
offer
[ɔ́(:)fər]

동 제공하다, 제안하다 명 제안

A balanced diet **offers** many health benefits.
균형 잡힌 식단은 많은 건강상의 이점들을 **제공한다**.

유의어 제공하다 provide, supply, give, present
반의어 receive, accept, take

Tip accept an offer 제안을 수락하다
    decline an offer 제안을 거절하다

0707
sigh
[sai]

동 한숨을 쉬다, 한탄하다 명 한숨, 한탄

She **sighed** with relief.
그녀는 안도의 **한숨을 쉬었다**.

0708
link [liŋk]

📗 관련(성), 관계

There is a **link** between income and happiness.
수입과 행복 사이에는 관련성이 있다.

💡 Tip break a link with ~와 관계를 끊다

기본 어휘

0709
formidable [fɔ́ːrmidəbl]
2011 국회사무처(속기·사서직) 9급

📗 가공할 만한, 만만찮은

The team will face a **formidable** opponent in the finals.
그 팀은 결승전에서 가공할 만한 상대를 맞이할 것이다.

유의어 powerful, invincible, impregnable, tremendous

💡 Tip fear가 어원으로 '두려워할 만큼 만만치 않음'을 의미한다.

0710
fade [feid]

📗 바래다, 점점 희미해지다

The colors of the painting have **faded** over time.
그 그림의 색들이 시간이 지나면서 바랬다.

0711
chilling [tʃíliŋ]

📗 으스스한, 쌀쌀한, 냉담한

I created a **chilling** story to scare my children.
나는 내 아이들을 겁주기 위해 으스스한 이야기를 만들어 냈다.

파생어 chill 📗 냉기, 한기

💡 Tip chilly 쌀쌀한, 추운

0712
frame [freim]

📗 틀을 잡다, 표현하다 📗 틀, 뼈대

This data should be used to **frame** the public policy.
이 데이터는 공공 정책의 틀을 잡는 데 사용되어야 한다.

0713
weave [wiːv]

📗 짜다, 엮다

Camels give people hair for **weaving** cloth.
낙타는 사람들에게 천을 짤 수 있는 털을 제공해 준다.

0714
turnover [tə́ːrnòuvər]

📗 이직률, 회전율, 총 매출액

Employee **turnover** rates vary by industry.
직원 이직률은 산업에 따라 다르다.

💡 Tip turn over ~을 바꾸다, ~을 뒤집다

0715
magnificent
[mægnífisənt]

형 장엄한, 웅장한
The castle offers a **magnificent** view of the valley.
그 성은 계곡의 **장엄한** 경관을 제공한다.
유의어 wonderful, amazing, impressive, grand
Tip a magnificent opportunity 절호의 기회

0716
dive
[daiv]

동 뛰어들다, 급강하하다
The athlete in lane four **dived** into the water.
4번 레인의 선수는 물속으로 **뛰어들었다**.

0717
neutralize
[njúːtrəlàiz]
2009 서울시 9급

동 중화하다, 중립화하다
The air cleaner **neutralizes** unpleasant odors.
공기 청정기는 불쾌한 냄새를 **중화한다**.
파생어 neutralization 명 중화, 중립화   neutral 형 중립의

0718
swell
[swel]

동 붓다, 부어오르다   명 부음, 부어오름
Her broken finger started to **swell** badly.
그녀의 부러진 손가락이 심하게 **붓기** 시작했다.

0719
scrub
[skrʌb]

동 북북 문지르다, 문질러 닦다   명 북북 문질러 씻기
She **scrubbed** the floor clean.
그녀는 바닥을 북북 **문질러** 깨끗하게 했다.

다의어

0720
count
[kaunt]

① 동 (수를) 세다
The little girl can **count** up to 20 in French.
그 작은 소녀는 프랑스어로 20까지 **셀** 수 있다.

② 동 중요하다
Every subject in the curriculum **counts**.
교육 과정의 모든 과목은 **중요하다**.
유의어 중요하다 matter, be important

TEST

A 다음 영단어의 뜻을 찾아 연결하시오. [01~10]

01 plummet 동 • • 불길, 화염
02 embarrass 동 • • 기초가 되다, 기저를 이루다
03 flame 명 • • 북북 문지르다, 문질러 닦다
04 switch 동 • • 장엄한, 웅장한
05 underlie 동 • • 주위의
06 formidable 형 • • 바꾸다, 스위치를 켜다
07 weave 동 • • 폭락하다, 급락하다
08 magnificent 형 • • 가공할 만한, 만만찮은
09 surrounding 형 • • 짜다, 엮다
10 scrub 동 • • 당황스럽게 만들다, 부끄럽게 만들다

B 다음 영단어의 뜻을 우리말로 쓰시오. [11~20]

11 aggravate 동
12 supplement 동
13 acclaim 명
14 accompany 동
15 maturity 명
16 chilling 형
17 turnover 명
18 dive 동
19 swell 동
20 count 동

Answer

A 01 폭락하다, 급락하다
02 당황스럽게 만들다, 부끄럽게 만들다 03 불길, 화염
04 바꾸다, 스위치를 켜다 05 기초가 되다, 기저를 이루다
06 가공할 만한, 만만찮은 07 짜다, 엮다
08 장엄한, 웅장한 09 주위의 10 북북 문지르다, 문질러 닦다

B 11 악화시키다 12 보충하다 13 찬사, 환호
14 동행하다, 수반하다 15 성숙, 숙성
16 으스스한, 쌀쌀한, 냉담한
17 이직률, 회전율, 총 매출액
18 뛰어들다, 급강하하다
19 붓다, 부어오르다 20 (수를) 세다, 중요하다

Day 19

암기 전 미리보기 & 암기 후 확인하기

학습 전에 아는 단어에 체크해 보세요.
학습 후에 암기한 단어에 체크해 보세요.
체크가 안 된 약점 어휘만 보면서 복습용으로 활용해 보세요.

✓ Self Check

맞힌 개수 ____ / 40개 1회독 ☐ 2회독 ☐ 3회독 ☐

영단어 암기 테스트

☐ fortune	행운, 큰 재산, 운명	☐ captivate	사로잡다, 매혹하다
☐ anticipate	기대하다, 예상하다	☐ limit	제한, 한계; 제한하다
☐ decline	거절하다, 감소하다; 감소, 하락	☐ relate	관련시키다, 결부시키다
☐ imitate	모방하다	☐ pervasive	만연한, 널리 퍼지는
☐ opponent	상대, 적수	☐ exemplary	모범적인, 본보기의
☐ separate	분리된; 분리하다	☐ drowsy	졸리는, 졸음이 오는
☐ comprehend	이해하다	☐ blur	흐릿하게 만들다, 흐리게 하다; 흐릿한 것(상태)
☐ sibling	형제자매, 동기	☐ found	설립하다, ~에 기반을 두다
☐ initial	처음의, 초기의; 이름의 첫 머리글자들	☐ transact	거래하다, 처리하다
☐ vacant	텅 빈	☐ flash	(불빛을) 비추다, 번쩍이다; 번쩍임, 찰나, (카메라) 플래시
☐ ambition	야망, 의욕	☐ scant	거의 없는, 불충분한, 부족한
☐ differentiate	구별 짓다, 식별하다	☐ telegraph	전보, 전신; 전보를 치다, 전신으로 알리다
☐ catholic	가톨릭의, 폭넓은	☐ soak	흠뻑 젖다, 흡수하다; 적심, 담금, 흠뻑 젖기
☐ resentment	분노, 분개	☐ burgeoning	급성장하는, 급증하는
☐ exempt	면제하다; 면제되는	☐ infamous	악명 높은
☐ govern	통치하다, 통제하다	☐ postpone	연기하다, 늦추다
☐ intermittent	간헐적인	☐ tip	끝(부분), 조언
☐ utter	발언하다; 완전한	☐ motion	동작, 운동, 움직임
☐ contrary	반대; 반대되는	☐ steal	훔치다, 도둑질하다; 횡재, 싼 물건
☐ candidate	(입)후보자, 지원자	☐ rest	1. 쉬다, 휴식하다; 쉼, 휴식 2. 의지하다, 기대다, 의지하다 3. 나머지

X 모름
△ 애매함
○ 알고 있음

최빈출 어휘

0721
fortune ★★★
[fɔ́ːrtʃən]

명 행운, 큰 재산, 운명

Fortune smiled on him, and he got the job.
행운이 그에게 미소 지었고, 그는 그 직업을 얻었다.

파생어 fortunate 형 운 좋은
Tip cost a fortune 큰돈이 들다

0722
anticipate ★★★
[æntísəpèit]
2009 서울시(세무·기술직) 9급

동 기대하다, 예상하다

We can anticipate good results because we worked hard.
우리는 열심히 일했기 때문에 좋은 결과를 기대해 볼 수 있다.

파생어 anticipation 명 예상
유의어 expect, predict, foresee, forecast

0723
decline ★★★
[dikláin]

동 거절하다, 감소하다   명 감소, 하락

The company declined my request for a refund.
그 회사는 내 환불 요청을 거절했다.

유의어 거절하다 refuse, reject, turn down
감소하다 decrease, diminish, dwindle, wane
Tip de(아래로) + cline(기울다)

0724
imitate ★★★
[ímitèit]
2016 기상직 9급
2014 서울시 9급

동 모방하다

Many American buildings imitated European styles.
많은 미국 건물들은 유럽 양식들을 모방했다.

파생어 imitation 명 모방
유의어 emulate, copy, mimic, mock
Tip 진품을 본뜨거나 흉내내서 만든 물건을 '이미테이션(모조품)'이라 한다.

0725
opponent ★★★
[əpóunənt]

명 상대, 적수

The player defeated the opponent in the final match.
그 선수는 결승전에서 상대를 물리쳤다.

파생어 oppose 동 반대하다

0726
separate ★★★
[sépərət]

형 분리된   동 [sépərèit] 분리하다

The two buildings are separate but connected by a bridge.
그 두 건물은 분리되어 있지만 다리로 연결되어 있다.

파생어 separation 명 분리
유의어 분리하다 divide, distinguish, discriminate, isolate, split
Tip separate A from B   A를 B로부터 분리하다

0727
comprehend
[kàmprihénd]

⊙ 이해하다

It's not easy to **comprehend** the reading materials.
그 읽기 자료를 이해하는 것은 쉽지 않다.

파생어 comprehension 명 이해
유의어 understand, apprehend, fathom

0728
sibling
[síbliŋ]

명 형제자매, 동기

She has three **siblings** who are teachers.
그녀는 선생님인 세 명의 형제자매가 있다.

0729
initial
[iníʃəl]

형 처음의, 초기의   명 이름의 첫 머리글자들

The **initial** discovery often goes unnoticed.
처음 발견은 종종 간과된다.

파생어 initially 부 처음에   initiate 동 시작하다
유의어 beginning, incipient, nascent
Tip His initials are JFK. 그의 이니셜은 JFK이다.

중요 어휘

0730
vacant
[véikənt]

형 텅 빈

The mansion has been **vacant** since last year.
그 대저택은 작년부터 텅 비어 있었다.

유의어 empty, hollow, void

0731
ambition
[æmbíʃən]

명 야망, 의욕

Without **ambition**, it's hard to achieve great things.
야망이 없으면, 위대한 일을 이루기가 어렵다.

파생어 ambitious 형 야심 있는
Tip ambi(주위를) + it(가다) + ion(명사형 어미) → 주위를 돌아다니는 것 → 야망

0732
differentiate
[dìfərénʃièit]

동 구별 짓다, 식별하다

The unique design **differentiates** my bag from yours.
독특한 디자인이 내 가방을 너의 것과 구별해 준다.

유의어 distinguish, discriminate, discern

0733
catholic
[kǽθəlik]

형 가톨릭의, 폭넓은

The majority of **Catholic** Americans live in and around cities.
미국 가톨릭 신자의 대다수는 도시나 도시 주변에 산다.

0734
resentment ★★
[rizéntmənt]

명 분노, 분개

He felt the deep **resentment** against Jack for hitting him.
그는 자기를 때린 것 때문에 Jack에게 깊은 분노를 느꼈다.

- 파생어 resent 동 분노하다
- 유의어 anger, indignation, rage, fury
- Tip in resentment 분개하여

0735
exempt ★★
[igzémpt]

동 면제하다   형 면제되는

The law **exempts** low-income families from property taxes.
그 법은 저소득 가정을 재산세에서 면제한다.

- 파생어 exemption 명 면제, 제외
- 유의어 면제하다 free, release   면제되는 immune
- Tip goods exempt from taxes 면세품

0736
govern ★★
[gʌ́vərn]

동 통치하다, 통제하다

The Netherlands is a state **governed** by a central body.
네덜란드는 중앙 기관에 의해 통치되는 국가다.

- 파생어 government 명 정부
- 유의어 control, rule
- Tip government official 정부 공무원

0737
intermittent ★★
[ìntərmítnt]

2013 서울시 7급

형 간헐적인

The soldier had **intermittent** bleeding from his head.
그 군인은 머리에서 간헐적인 출혈이 있었다.

- 파생어 intermittently 부 때때로
- 유의어 irregular, sporadic, occasional
- Tip inter(사이) + mittent(보내다 = mission) → 사이, 간격을 두고 보내다 → 간헐적인

0738
utter ★★
[ʌ́tər]

동 발언하다   형 완전한

He took back his words right after he **uttered** them.
그는 그 말을 발언한 후 곧바로 취소했다.

- 유의어 발언하다 say, speak, state
  완전한 absolute, outright
- Tip an utter stranger 완전히 모르는 사람

0739
contrary ★★
[kɑ́ntreri]

명 반대   형 반대되는

If there is proof to the **contrary**, please present it.
그와 반대되는 증거가 있다면, 제시해 주세요.

- 유의어 반대 opposition, reverse
- Tip contrary to ~에 반해서   on the contrary 그와 반대로

0740
candidate ★★
[kǽndidèit]

명 (입)후보자, 지원자

The election **candidates** gave speeches at the debate.
선거 후보자들이 토론회에서 연설을 했다.

- Tip presidential candidate 대선 후보

0741 ★★
captivate
[kǽptəvèit]

2014 지방직 7급

동 사로잡다, 매혹하다

The host was attractive enough to **captivate** audiences.
그 진행자는 관객을 사로잡을 만큼 매력적이었다.

유의어 attract, enthral, charm, fascinate

Tip capt-는 '붙잡다'를 의미한다. 누군가의 마음이나 시선을 붙잡는다는 의미에서 captivate는 '매혹하다'가 된다.

0742 ★★
limit
[límit]

명 제한, 한계 동 제한하다

Drivers should not exceed the speed **limit**.
운전자는 제한 속도를 초과해서는 안 된다.

유의어 제한하다 restrict, restrain

0743 ★★
relate
[riléit]

동 관련시키다, 결부시키다

Researchers **related** smoking habits to cancer development.
연구자들은 흡연 습관을 암 발병과 관련시켰다.

파생어 relation 명 관련

Tip be related to ~와 관련이 있다

0744 ★★
pervasive
[pərvéisiv]

2021 국가직 9급
2018 기상직 9급
2011 서울시 9급

형 만연한, 널리 퍼지는

Metaphor is **pervasive** in everyday life.
일상생활 속에 은유가 만연해 있다.

파생어 pervade 동 널리 퍼지다

유의어 widespread, prevalent, ubiquitous, universal, omnipresent, rampant, rife

Tip per(통하여) + vade(가다) + ive → 사람이나 사물을 통해 퍼지는

0745 ★★
exemplary
[igzémpləri]

2016 기상직 9급
2016 서울시 7급

형 모범적인, 본보기의

The police officer received an award for **exemplary** service.
그 경찰관은 모범적인 봉사로 상을 받았다.

파생어 exemplify 동 좋은 예가 되다

유의어 전형적인 typical, quintessential

0746 ★★
drowsy
[dráuzi]

2010 지방직 7급

형 졸리는, 졸음이 오는

Due to his **drowsy** voice, they couldn't concentrate.
그의 졸린 목소리 때문에 그들은 집중할 수 없었다.

유의어 sleepy

Tip drowsy head 잠꾸러기

0747 ★★
blur
[blə:r]

동 흐릿하게 만들다, 흐리게 하다 명 흐릿한 것(상태)

The fog **blurred** the outline of the car.
안개가 자동차의 윤곽을 흐릿하게 만들었다.

유의어 흐리게 하다 obscure

0748
found [faund]
- 동 설립하다, ~에 기반을 두다

His grandfather **founded** the organization three years ago.
3년 전에 그의 할아버지가 그 조직을 설립했다.

파생어 **foundation** 명 설립   **founder** 명 설립자
유의어 **establish**

Tip **find**의 과거형인 **found**와 혼동하지 않도록 유의하자.

기본 어휘

0749
transact [trænzǽkt]
- 동 거래하다, 처리하다

You can **transact** money transfers at the bank.
은행에서 송금 거래를 할 수 있다.

파생어 **transaction** 명 거래

0750
flash [flæʃ]
- 동 (불빛을) 비추다, 번쩍이다
- 명 번쩍임, 찰나, (카메라) 플래시

Mark **flashed** the light to where she was standing.
Mark는 그녀가 서 있는 곳에 불빛을 비추었다.

0751
scant [skænt]
- 형 거의 없는, 불충분한, 부족한

The village has **scant** water supply during the dry season.
그 마을은 건기 동안 물 공급이 거의 없다.

유의어 **insufficient**, **inadequate**, **meager**, **deficient**, **lacking**, **scarce**, **sparse**

Tip **pay scant attention** 그다지 주의를 기울이지 않다

0752
telegraph [téləgræf]
- 명 전보, 전신
- 동 전보를 치다, 전신으로 알리다

The news came by **telegraph**.
그 소식은 전보로 왔다.

0753
soak [souk]
- 동 흠뻑 젖다, 흡수하다
- 명 적심, 담금, 흠뻑 젖기

Your clothes are **soaked**!
네 옷이 흠뻑 젖었구나!

유의어 **saturate**

0754
burgeoning [bə́ːrdʒəniŋ]
- 형 급성장하는, 급증하는

The city's **burgeoning** economy is attracting more investors.
그 도시의 급성장하는 경제가 더 많은 투자자들을 끌어들이고 있다.

파생어 **burgeon** 동 급증하다, 급성장하다

0755
infamous
[ínfəməs]

형 악명 높은

He is **infamous** for his murderous and hateful personality.
그는 흉악하고 혐오스런 성격으로 악명 높다.

유의어 notorious

Tip in(부정) + famous(유명한) → 나쁜 쪽으로 유명한

0756
postpone
[poustpóun]

동 연기하다, 늦추다

The negotiations have been **postponed**.
협상이 연기되었다.

유의어 delay, defer, suspend, put off

0757
tip
[tip]

명 끝(부분), 조언

Helsinki is located on the **tip** of a peninsula.
헬싱키는 반도의 끝부분에 위치해 있다.

Tip It is on the tip of my tongue. 기억이 날 듯 말 듯 해(혀끝에서 맴돌아).

0758
motion
[móuʃən]

명 동작, 운동, 움직임

This scene was filmed in slow **motion**.
이 장면은 느린 동작으로 촬영되었다.

유의어 movement

Tip motion picture는 움직이는 사진의 의미로 '영화'를 지칭한다.

0759
steal
[sti:l]

동 훔치다, 도둑질하다 명 횡재, 싼 물건

I saw him **steal** the money.
나는 그가 그 돈을 훔치는 것을 보았다.

파생어 stealth 명 잠행, 몰래 함

다의어

0760
rest ★★
[rest]

① 동 쉬다, 휴식하다 명 쉼, 휴식

You have to **rest** from all your hard work.
너는 모든 힘든 일을 떠나서 쉬어야 한다.

② 동 의거하다, 기대다, 의지하다

A doctor's judgment **rests** on symptoms.
의사의 판단은 증상에 의거한다.

③ 명 나머지

I'll send the **rest** later today.
나머지는 오늘 중으로 보낼 것이다.

TEST

A 다음 영단어의 뜻을 찾아 연결하시오. [01~10]

01 anticipate 동 • • 처음의, 초기의
02 opponent 명 • • 급성장하는, 급증하는
03 initial 형 • • 동작, 운동, 움직임
04 differentiate 동 • • 면제하다
05 exempt 동 • • 만연한, 널리 퍼지는
06 contrary 명 • • 기대하다, 예상하다
07 pervasive 형 • • 상대, 적수
08 transact 동 • • 거래하다, 처리하다
09 burgeoning 형 • • 반대
10 motion 명 • • 구별 짓다, 식별하다

B 다음 영단어의 뜻을 우리말로 쓰시오. [11~20]

11 comprehend 동
12 vacant 형
13 resentment 명
14 intermittent 형
15 candidate 명
16 captivate 동
17 exemplary 형
18 scant 형
19 soak 동
20 postpone 동

Answer

A 01 기대하다, 예상하다 02 상대, 적수
03 처음의, 초기의 04 구별 짓다, 식별하다
05 면제하다 06 반대 07 만연한, 널리 퍼지는
08 거래하다, 처리하다 09 급성장하는, 급증하는
10 동작, 운동, 움직임

B 11 이해하다 12 텅 빈 13 분노, 분개 14 간헐적인
15 (입)후보자, 지원자 16 사로잡다, 매혹하다
17 모범적인, 본보기의 18 거의 없는, 불충분한, 부족한
19 흠뻑 젖다, 흡수하다 20 연기하다, 늦추다

Day 20

암기 전 미리보기 & 암기 후 확인하기

학습 전에 아는 단어에 체크해 보세요.
학습 후에 암기한 단어에 체크해 보세요.
체크가 안 된 약점 어휘만 보면서 복습용으로 활용해 보세요.

✓ Self Check

맞힌 개수 　　 / 40개　1회독 ☐　2회독 ☐　3회독 ☐

☐ desperate	절망적인, 필사적인	☐ moderate	적당한, 보통의; 완화하다, 조절하다
☐ relax	휴식을 취하다, 긴장을 풀다	☐ vain	허영심이 많은, 헛된
☐ solitary	혼자 지내는, 혼자만의, 혼자 하는	☐ empirical	실증적인, 경험에 의거한
☐ incredible	믿을 수 없는, (믿기 어려울 만큼) 훌륭한	☐ vision	비전, 통찰력, 시력
☐ lack	없다, 부족하다; 부족, 결핍	☐ exorbitant	과도한, 터무니없는
☐ linguistic	언어의	☐ household	가정
☐ infect	감염시키다, 전염시키다	☐ expire	만료되다, 무효가 되다
☐ fright	두려움, 공포	☐ equal	동일한, 동등한
☐ simultaneously	동시에	☐ deserve	받을 자격이 있다
☐ elegant	우아한	☐ mend	수리하다, 고치다
☐ either	(둘 중) 어느 하나[것]	☐ quote	인용하다; 견적액, 시세, 인용 부호
☐ superficial	피상적인, 표면의	☐ phase	단계, 시기
☐ meticulous	세심한, 매우 신중한	☐ paragraph	단락, 문단
☐ visual	시각적인, 시각에 의한; 시각 정보	☐ discord	불화, 불일치, 불협화음
☐ inquire	조사하다, 묻다	☐ stare	빤히 쳐다보다, 응시하다
☐ search	찾다, 샅샅이 뒤지다; 찾기, 수색	☐ disdain	경멸(감); 경멸하다
☐ skeptical	회의적인	☐ surveillance	감시, 망보기
☐ resist	견뎌 내다, 저항하다	☐ propitious	형편 좋은, 상서로운
☐ marvel	감탄하다, 경이로워하다; 경이로운 일, 불가사의함	☐ innocuous	무해한
☐ qualify	자격을 주다[얻다]	☐ pack	1. (짐을) 싸다 2. 가득 채우다 3. 무리, 떼

영단어
암기 테스트

X 모름
△ 애매함
○ 알고 있음

최빈출 어휘

0761
desperate
[déspərət]

형 절망적인, 필사적인

After losing his job, he was in a **desperate** situation.
직장을 잃은 후, 그는 절망적인 상황에 처했다.

파생어 despair 명 절망 동 절망하다   desperately 부 절망적으로, 필사적으로
유의어 절망적인 hopeless
Tip make desperate efforts 필사적인 노력을 하다

0762
relax
[riléks]

동 휴식을 취하다, 긴장을 풀다

Relaxing can recharge your energy.
휴식을 취하는 것은 당신의 에너지를 재충전시킬 수 있다.

파생어 relaxation 명 휴식
유의어 relieve, alleviate, appease, pacify

0763
solitary
[sálitèri]

2016 서울시 9급
2014 기상직 9급

형 혼자 지내는, 혼자만의, 혼자 하는

The majority of spider species are **solitary** creatures.
대다수의 거미 종들은 혼자 지내는 생물들이다.

파생어 solitude 명 고독
유의어 lone
반의어 사교적인, 군집성의 gregarious, sociable

0764
incredible
[inkrédəbl]

형 믿을 수 없는, (믿기 어려울 만큼) 훌륭한

The **incredible** news has arrived.
믿을 수 없는 뉴스가 도착했다.

유의어 unbelievable
Tip in(부정) + credit(믿음, 신용) + ible(할 수 있는)

0765
lack
[læk]

동 없다, 부족하다   명 부족, 결핍

Some people **lack** common sense.
어떤 사람들은 상식이 없다.

유의어 부족 absence, shortage
반의어 풍족 abundance, sufficiency
Tip lack of ~의 부족

0766
linguistic
[liŋgwístik]

형 언어의

The writer has a remarkable **linguistic** talent.
그 작가는 뛰어난 언어 재능을 가지고 있다.

Tip s가 붙은 linguistics는 명사인 '언어학'을 뜻하며 단수 취급한다.

0767
infect
[infékt]

동 감염시키다, 전염시키다
The virus has **infected** many people.
그 바이러스는 많은 사람들을 감염시켰다.

파생어 infectious 형 전염되는

0768
fright
[frait]

명 두려움, 공포
She was pale with **fright**.
그녀는 두려움으로 하얗게 질렸다.

파생어 frighten 동 무섭게(놀라게) 하다

0769
simultaneously
[sàiməltéiniəsli]

부 동시에
The lights in the building turned off **simultaneously**.
건물의 불들이 동시에 꺼졌다.

파생어 simultaneous 형 동시의
유의어 at the same time, concurrently
Tip simul(동시에) + taneous(자발적인) → 동시에 일어나는(존재하는)

중요 어휘

0770
elegant
[éləgənt]

형 우아한
She stood there in her most **elegant** dress.
그녀는 자신의 가장 우아한 드레스를 입고 저기에 서 있었다.

유의어 graceful, refined, sophisticated, dignified
Tip elegant는 인위적인 우아함, graceful은 선천적인 우아함을 의미한다.

0771
either
[í:ðər]

대 (둘 중) 어느 하나(것)
Either of the answers is correct.
두 개의 답변 중 하나가 정답이다.

Tip either A or B A나 B 둘 중 하나

0772
superficial
[sù:pərfíʃəl]

2015 서울시 7급

형 피상적인, 표면의
His knowledge of the topic is **superficial**.
그의 그 주제에 대한 지식은 피상적이다.

유의어 피상적인 shallow
Tip super(표) + facies(얼굴, 면) + al(~의)

0773
meticulous
[mətíkjuləs]

2018 서울시(1회) 9급
2016 국가직 9급

형 세심한, 매우 신중한
Meticulous people are required for this job.
이 일에는 세심한 사람들이 필요하다.

파생어 meticulously 부 꼼꼼하게, 주의 깊게
유의어 careful, thorough, scrupulous, fastidious, punctilious

0774
visual [víʒuəl]
- 형 시각적인, 시각에 의한 명 시각 정보
- She majored in **visual** arts.
- 그녀는 **시각** 예술을 전공했다.

0775
inquire [inkwáiər]
- 동 조사하다, 묻다
- The police **inquired** into the cause of the accident.
- 경찰은 그 사고의 원인을 **조사했다**.
- 파생어 inquiry 명 문의, 조사
- 유의어 ask
- 반의어 대답하다 respond, answer

0776
search [səːrtʃ]
- 동 찾다, 샅샅이 뒤지다 명 찾기, 수색
- Bats **search** for food at night.
- 박쥐는 밤에 먹이를 **찾는다**.

0777
skeptical [sképtikəl]
2012 국가직 7급
- 형 회의적인
- He is highly **skeptical** of the result of our research.
- 그는 우리 연구의 결과에 대해 매우 **회의적이다**.
- 유의어 doubtful, suspicious, incredulous

0778
resist [rizíst]
2012 서울시 9급
- 동 견뎌 내다, 저항하다
- She **resisted** the temptation to buy more clothes.
- 그녀는 더 많은 옷을 사고 싶은 유혹을 **견뎌 냈다**.
- 파생어 resistance 명 저항, 반항
- 유의어 withstand

0779
marvel [máːrvəl]
- 동 감탄하다, 경이로워하다 명 경이로운 일, 불가사의함
- Scientists **marvelled** at this good news.
- 과학자들은 이 좋은 소식에 **감탄했다**.
- 파생어 marvelous 형 놀라운

0780
qualify [kwáləfài]
- 동 자격을 주다(얻다)
- Your membership card **qualifies** you for a discount.
- 당신의 회원권은 당신에게 할인 받을 **자격을 준다**.
- 파생어 qualification 명 자격, 조건
- 유의어 entitle
- Tip qualified 자격이 있는   disqualified 자격을 잃은

0781 ** moderate
[mɑ́dərət]
2013 서울시 7급

- 형 적당한, 보통의 동 완화하다, 조절하다
- The weather today is **moderate**, not too hot or too cold.
- 오늘 날씨는 너무 덥지도 춥지도 않고 적당하다.
- 유의어 보통의 ordinary, mediocre
- Tip moderate talent 평범한 재능

0782 ** vain
[vein]

- 형 허영심이 많은, 헛된
- That woman is more proud than **vain**.
- 저 여자는 허영심이 많다기보다는 자부심이 강하다.
- 유의어 헛된 futile, insignificant
- Tip in vain 허사가 되어, 헛되이

0783 ** empirical
[empírikəl]

- 형 실증적인, 경험에 의거한
- One way to learn is to have some **empirical** experiences.
- 배우는 한 가지 방법은 약간의 실증적인 경험을 갖는 것이다.
- 반의어 이론적인 theoretical
- Tip empirical knowledge 경험 지식

0784 ** vision
[víʒən]

- 명 비전, 통찰력, 시력
- The leader has to have a clear **vision**.
- 그 지도자는 명확한 비전을 가지고 있어야 한다.
- 파생어 visionary 형 공상적인, 환상적인

0785 ** exorbitant
[igzɔ́ːrbətənt]
2013 서울시 7급
2008 국회사무처 8급

- 형 과도한, 터무니없는
- Rent in major cities is so **exorbitant**.
- 주요 도시들의 임대료는 너무 과도하다.
- 유의어 excessive, inordinate, immoderate, extravagant, enormous
- Tip ex(밖으로) + obita(궤도) → 궤도를 벗어난

0786 ** household
[háushòuld]

- 명 가정
- Some **households** complained about their income.
- 몇몇 가정은 그들의 수입에 대해 불평했다.

0787 ** expire
[ikspáiər]

- 동 만료되다, 무효가 되다
- We have to hurry because the coupons **expire** tomorrow.
- 그 쿠폰들은 내일 만료되니 우리는 서둘러야 한다.
- 파생어 expiration 명 만료, 만기
- Tip expiration date (식품 등의) 유효 기간(날짜)

0788 equal [íːkwəl] ★★
- 형 동일한, 동등한
- Several forms of verbal therapy have **equal** effects.
  몇 가지 형태의 언어 치료는 동일한 효과를 가진다.
- 파생어 **equality** 명 동등, 평등
- 유의어 same, uniform, identical, equivalent

기본 어휘

0789 deserve [dizə́ːrv] ★
- 동 받을 자격이 있다
- Our customers **deserve** friendly service.
  우리 고객들은 친절한 서비스를 받을 자격이 있다.
- Tip **You deserve it**. 넌 그럴 자격이 있어.

0790 mend [mend] ★
- 동 수리하다, 고치다
- The city needs to **mend** the old bridge.
  시는 그 낡은 다리를 수리해야 한다.
- 유의어 fix, repair

0791 quote [kwout] ★
- 동 인용하다 명 견적액, 시세, 인용 부호
- The priest is always **quoting** from the Bible.
  그 성직자는 항상 성경을 인용한다.
- 파생어 **quotation** 명 견적, 시세, 인용(구)
- 유의어 인용하다 cite

0792 phase [feiz] ★
- 명 단계, 시기
- Each case goes through many **phases**.
  각각의 사건은 많은 단계를 거친다.
- 유의어 단계 stage, step
  시기 time, period

0793 paragraph [pǽrəgræf] ★
- 명 단락, 문단
- The children read the short **paragraph** about Donald.
  아이들은 Donald에 관한 짧은 단락의 글을 읽었다.

0794 discord [dískɔːrd] ★
- 명 불화, 불일치, 불협화음
- Political **discord** often divides nations.
  정치적 불화는 종종 국가를 분열시킨다.
- 파생어 **discordant** 형 일치하지 않는
- 유의어 disagreement, conflict, strife, friction, disharmony
- 반의어 화합, 일치 concord
- Tip **dis**(반대) + **cor**(마음)

0795
stare [stɛər]

동 빤히 쳐다보다, 응시하다 명 응시

A strange man **stared** at me and laughed.
한 낯선 남자가 나를 빤히 쳐다보며 웃었다.

유의어 gaze

Tip) stare at ~을 응시하다

0796
disdain [disdéin]

명 경멸(감) 동 경멸하다

There was clear **disdain** in his voice.
그의 목소리에는 분명한 경멸감이 묻어 있었다.

유의어 경멸 scorn, contempt

Tip) treat ~ with disdain ~을 업신여기다(무시하다)

0797
surveillance [sərvéiləns]

명 감시, 망보기

Electronic **surveillance** can violate people's privacy.
전자 감시는 사람들의 프라이버시를 침해할 수 있다.

유의어 감시 supervision

Tip) sur(건너) + veill(보다) + ance(명사형 어미)

0798
propitious [prəpíʃəs]

형 형편 좋은, 상서로운

The rich man invested in real estate at the **propitious** time.
그 부자는 형편이 좋은 시기에 부동산에 투자했다.

유의어 favorable, auspicious

0799
innocuous [iná:kjuəs]

형 무해한

Most herbs are **innocuous**, but not all are completely safe.
대부분의 약초는 무해하지만, 모든 것이 완전히 안전한 것은 아니다.

유의어 harmless, innoxious

반의어 해로운 harmful, nocuous, noxious, detrimental, deleterious, inimical

Tip) in(부정) + nocuous(유해한, 유독한)

다의어

0800
pack [pæk]

❶ 동 (짐을) 싸다

I told him to **pack** his bags immediately.
나는 그에게 즉시 가방을 싸라고 말했다.

❷ 동 가득 채우다

Over 50,000 fans **packed** into the stadium.
5만 명이 넘는 팬들이 경기장을 가득 채웠다.

❸ 명 무리, 떼

The oldest lion is the leader of the **pack**.
가장 나이 많은 사자가 그 무리의 우두머리이다.

TEST

A 다음 영단어의 뜻을 찾아 연결하시오. [01~10]

01 desperate 형 • • 적당한, 보통의
02 linguistic 형 • • 과도한, 터무니없는
03 superficial 형 • • 피상적인, 표면의
04 skeptical 형 • • 언어의
05 moderate 형 • • 감시, 망보기
06 exorbitant 형 • • 무해한
07 mend 동 • • 회의적인
08 discord 명 • • 수리하다, 고치다
09 surveillance 명 • • 절망적인, 필사적인
10 innocuous 형 • • 불화, 불일치, 불협화음

B 다음 영단어의 뜻을 우리말로 쓰시오. [11~20]

11 solitary 형
12 fright 명
13 meticulous 형
14 marvel 동
15 empirical 형
16 expire 동
17 deserve 동
18 paragraph 명
19 disdain 명
20 propitious 형

Answer

A 01 절망적인, 필사적인 02 언어의
03 피상적인, 표면의 04 회의적인 05 적당한, 보통의
06 과도한, 터무니없는 07 수리하다, 고치다
08 불화, 불일치, 불협화음 09 감시, 망보기 10 무해한

B 11 혼자 지내는, 혼자만의, 혼자 하는 12 두려움, 공포
13 세심한, 매우 신중한 14 감탄하다, 경이로워하다
15 실증적인, 경험에 의거한 16 만료되다, 무효가 되다
17 받을 자격이 있다 18 단락, 문단 19 경멸(감)
20 형편 좋은, 상서로운

Day 21

암기 전 미리보기 & 암기 후 확인하기

학습 전에 아는 단어에 체크해 보세요.
학습 후에 암기한 단어에 체크해 보세요.
체크가 안 된 약점 어휘만 보면서 복습용으로 활용해 보세요.

✓ Self Check

맞힌 개수   / 40개   1회독 ☐   2회독 ☐   3회독 ☐

영단어 암기 테스트

☐ absolute	절대적인, 완전한	☐ mental	정신의, 마음의
☐ possess	가지고 있다, 소유하다	☐ trust	신뢰하다, 위탁하다; 신뢰, 위탁
☐ estimate	추정하다; 추정치, 견적서, 평가	☐ persuasive	설득력 있는
☐ conclude	결론을 내리다, 끝내다	☐ constructive	건설적인
☐ ambiguous	모호한, 애매한	☐ occupy	차지하다, 점령하다
☐ significant	중요한, 상당한, 의미 있는	☐ ongoing	진행 중인
☐ impact	영향, 충격, 충돌; 영향을 주다, 충돌하다	☐ elder	손윗사람인, 나이가 더 많은; 연장자, 원로, 장로
☐ transparent	투명한, 명백한, 솔직한	☐ latter	(기간의) 후반의, 후자의; 후자, 마지막
☐ struggle	애쓰다, 다투다; 투쟁, 노력	☐ furnish	제공(공급)하다, 가구를 비치하다
☐ migrate	이동하다, 이주하다	☐ chop	다지다, (장작 같은 것을) 패다; 토막, 내리치기
☐ gratitude	감사	☐ novice	초보자, 풋내기
☐ gist	요점, 요지	☐ infinite	무한한, 끝없는
☐ persecute	박해하다, 괴롭히다	☐ preliminary	예비의; 예비 단계, 예선
☐ crash	충돌하다, 박살 내다, 추락하다; (자동차 충돌, 비행기 추락) 사고, 굉음, 폭락	☐ fortitude	불굴의 용기, 꿋꿋함
☐ amaze	(대단히) 놀라게 하다	☐ pristine	원래 그대로의, 새것처럼 깨끗한
☐ crawl	기어가다, 굽실거리다	☐ partial	부분적인, 불완전한
☐ privacy	사생활, 사적인 자유	☐ stubborn	고집 센, 완고한
☐ formula	공식, 제조법	☐ fraction	(전체의 작은) 부분, 소량, 분수(수학)
☐ hurt	다치게 하다, 아프게 하다; 다친, 아픈, 기분이 상한	☐ synopsis	개요
☐ deny	부인하다, 거부하다	☐ fix	1. 고정하다 2. 수리하다 3. 해결책

X 모름
△ 애매함
○ 알고 있음

최빈출 어휘

0801 absolute [ǽbsəlùːt] ★★★
- 형 절대적인, 완전한
- No **absolute** formula was developed.
- 어떠한 절대적인 공식도 개발되지 않았다.
- 파생어 **absolutely** 부 절대적으로

0802 possess [pəzés] ★★★
2024 지방직 9급
- 동 가지고 있다, 소유하다
- They **possess** a sense of pride in their job.
- 그들은 자신의 일에 자긍심을 가지고 있다.
- 파생어 **possession** 명 소유(물)
- 유의어 own, have
- Tip pos(능력이 있는) + sess(앉다) → 능력을 가지고 앉다

0803 estimate [éstəmeit] ★★★
- 동 추정하다 명 [éstəmit] 추정치, 견적서, 평가
- The aim is to **estimate** the effects of the policy.
- 목표는 그 정책의 효과를 추정하는 것이다.
- 유의어 gauge
- Tip at a rough estimate 대충 어림잡아

0804 conclude [kənklúːd] ★★★
- 동 결론을 내리다, 끝내다
- Scientists **conclude** that a connection exists.
- 과학자들은 연관성이 존재한다고 결론을 내린다.
- 파생어 **conclusion** 명 결론
- 유의어 끝내다 end
- Tip con(완전히) + clude(끝내다)

0805 ambiguous [æmbígjuəs] ★★★
2014 서울시 7급
- 형 모호한, 애매한
- The law is **ambiguous** and can be interpreted in different ways.
- 그 법은 모호해서, 여러 가지 방식으로 해석될 수 있다.
- 파생어 **ambiguity** 명 모호함, 애매함
- 유의어 indistinct, nebulous, obscure, vague, uncertain
- 반의어 명백한 apparent, obvious

0806 significant [signífikənt] ★★★
- 형 중요한, 상당한, 의미 있는
- This discovery is **significant** for medical research.
- 이 발견은 의학 연구에 중요하다.
- 파생어 **significance** 명 중요성
- 유의어 중요한 crucial, critical, vital, cardinal
- 반의어 중요하지 않은, 무의미한 insignificant

0807
impact [ímpækt] ★★★

명 영향, 충격, 충돌 동 [impǽkt] 영향을 주다, 충돌하다

The new law had a huge **impact** on businesses.
그 새로운 법은 기업들에 큰 영향을 미쳤다.

유의어 영향 effect, influence

0808
transparent [trænspέ(:)ərənt] ★★★

형 투명한, 명백한, 솔직한

The glass is completely **transparent**.
그 유리는 완전히 투명하다.

파생어 transparency 명 투명도
유의어 clear
Tip trans(관통하여) + par(보이다) + ent(상태)

0809
struggle [strʌ́gl] ★★★

동 애쓰다, 다투다 명 투쟁, 노력

We **struggled** to be free.
우리는 자유로워지고자 애썼다.

중요 어휘

0810
migrate [máigreit] ★★

동 이동하다, 이주하다

Why do birds **migrate** from season to season?
왜 새들은 계절마다 이동하는가?

파생어 migration 명 이주
Tip migrate는 동물과 사람에게 모두 사용하지만, emigrate와 immigrate는 사람에게만 사용한다.

0811
gratitude [grǽtətjùːd] ★★

명 감사

She gave me this doll in token of her **gratitude**.
그녀는 감사의 표시로 내게 이 인형을 주었다.

유의어 appreciation, thankfulness, gratefulness

0812
gist [dʒist] ★★

명 요점, 요지

We are in a hurry, so just give us the **gist** of the story.
우리가 급하니까 이야기의 요점만 말해 줘.

Tip get a gist of ~의 요점을 파악하다

0813
persecute [pə́ːrsikjùːt] ★★
2016 기상직 9급

동 박해하다, 괴롭히다

The country **persecuted** the group for religious beliefs.
그 나라는 종교적 신념 때문에 그 단체를 박해했다.

파생어 persecution 명 박해
유의어 억압하다 oppress
Tip per(완전히) + secute(쫓다)

0814
crash [kræʃ]
- 동 충돌하다, 박살 내다, 추락하다
- 명 (자동차 충돌, 비행기 추락) 사고, 굉음, 폭락

The car **crashed** into a tree after losing control.
그 차는 통제를 잃고 나무와 **충돌했다**.

0815
amaze [əméiz]
- 동 (대단히) 놀라게 하다

The magician **amazed** the audience with his tricks.
마술사는 그의 마술로 관객을 **놀라게 했다**.

파생어 **amazed** 형 (대단히) 놀란 **amazing** 형 (대단히) 놀라운
유의어 **astonish, astound**

0816
crawl [krɔːl]
- 동 기어가다, 굽실거리다

The baby **crawled** on his hands and knees.
그 아기는 손과 무릎으로 **기어갔다**.

0817
privacy [práivəsi]
- 명 사생활, 사적인 자유

The computer is a big threat to **privacy**.
컴퓨터는 **사생활**에 큰 위협이다.

Tip **invasion of privacy** 사생활 침해

0818
formula [fɔ́ːrmjələ]
- 명 공식, 제조법

A poem is not a mathematical **formula**.
시는 수학적 **공식**이 아니다.

0819
hurt [həːrt]
- 동 다치게 하다, 아프게 하다 형 다친, 아픈, 기분이 상한

He **hurt** his leg while running.
그는 달리다가 다리를 **다쳤다**.

유의어 **injure, wound**

0820
deny [dinái]
- 동 부인하다, 거부하다

Both firms **deny** responsibility.
두 회사 모두 책임을 **부인한다**.

파생어 **denial** 명 부인, 거부
유의어 부인하다 **negate**
     거부하다 **refuse, turn down, reject, decline, dismiss**
반의어 인정하다 **admit**

0821 ** mental
[méntəl]

형 정신의, 마음의

Violence can lead to **mental** problems.
폭력은 정신적인 문제들로 이어질 수 있다.

파생어 mentality **명** 사고방식
반의어 육체적인 physical

0822 ** trust
[trʌst]

동 신뢰하다, 위탁하다 **명** 신뢰, 위탁

You can **trust** this information.
당신은 이 정보를 신뢰할 수 있다.

파생어 trustworthy **형** 신뢰할 수 있는

0823 ** persuasive
[pərswéisiv]

형 설득력 있는

The salesman had a very **persuasive** way of talking.
그 판매원은 매우 설득력 있는 대화술을 가지고 있었다.

파생어 persuade **동** 설득하다

0824 ** constructive
[kənstrʌ́ktiv]

형 건설적인

Build a **constructive** plan in order to achieve your goals.
당신의 목표들을 달성하기 위해서 건설적인 계획을 세워라.

파생어 construct **동** 건설하다
유의어 productive

0825 ** occupy
[ákjəpài]

동 차지하다, 점령하다

The invaders **occupied** the leading positions.
침략군들은 지도적인 위치를 차지했다.

파생어 occupied **형** 사용 중인, 바쁜
유의어 차지하다 take up, account for
Tip be occupied with ~하느라 바쁘다

0826 ** ongoing
[ángòuiŋ]

형 진행 중인

The project is still **ongoing**.
그 프로젝트는 아직 진행 중이다.

유의어 underway
Tip ongoing problem 진행 중인 문제

0827 ** elder
[éldər]

형 손윗사람인, 나이가 더 많은 **명** 연장자, 원로, 장로

My **elder** brother was nine when our father died.
나의 손위 형은 우리 아버지가 사망했을 때 아홉 살이었다.

기본 어휘

0828
latter [lǽtər]
형 (기간의) 후반의, 후자의   명 후자, 마지막
The latter part of the movie was much more interesting.
그 영화의 후반부는 훨씬 더 흥미로웠다.
Tip latter-day (과거 것의) 현대판의

0829
furnish [fə́ːrniʃ]
동 제공(공급)하다, 가구를 비치하다
Can you furnish me with a description of a topic?
저에게 그 주제에 대한 설명을 제공해 줄래요?
유의어 공급(제공)하다 provide, supply, offer
Tip furnish A with B A에게 B를 제공하다

0830
chop [tʃɑp]
동 다지다, (장작 같은 것을) 패다   명 토막, 내리치기
Chop garlic and put it into the sauce.
마늘을 다져 소스 안에 넣으시오.

0831
novice [nάvis]
2008 국회사무처 8급
명 초보자, 풋내기
He is a novice at cooking.
그는 요리에 초보자이다.
유의어 beginner

0832
infinite [ínfinət]
형 무한한, 끝없는
There are an infinite number of stars in the universe.
우주에는 무한한 많은 별들이 있다.
파생어 infinity 명 무한대
유의어 unlimited, limitless, perpetual, eternal, everlasting
반의어 한정된, 분명한 definite

0833
preliminary [prilímənèri]
형 예비의   명 예비 단계, 예선
This is just a preliminary report.
이것은 단지 예비 보고서이다.
유의어 introductory, preparatory
Tip pre(전에) + limin(문턱) + ary → 문턱 앞의 → 예비의

0834
fortitude [fɔ́ːrtətjùːd]
명 불굴의 용기, 꿋꿋함
She showed fortitude during the crisis.
그녀는 위기 속에서도 불굴의 용기를 보여 주었다.
유의어 courage
Tip forti(강한) + tude(성질, 상태)

(0835)

pristine
[prístiːn]

형 원래 그대로의, 새것처럼 깨끗한

The beach had **pristine** white sand.
그 해변은 원래 그대로의 하얀 모래로 덮여 있었다.

유의어 원시적인 primitive

(0836)

partial
[páːrʃəl]

형 부분적인, 불완전한

We only have **partial** information about the accident.
우리는 그 사고에 대한 부분적인 정보만 가지고 있다.

반의어 공정한, 편파적이지 않은 impartial

Tip partial knowledge 어설픈 지식

(0837)

stubborn
[stʌ́bərn]

2011 국가직 7급

형 고집 센, 완고한

He is very **stubborn** and never listens to advice.
그는 너무 고집이 세서 조언을 전혀 듣지 않는다.

유의어 obstinate, persistent, headstrong, tenacious, inflexible, intractable, unadaptable

---

(0838)

fraction
[frǽkʃən]

명 (전체의 작은) 부분, 소량, 분수(수학)

He did only a **fraction** of his homework.
그는 자신의 숙제의 일부분만을 했다.

Tip in a fraction of the time 순식간에

(0839)

synopsis
[sinápsis]

명 개요

He gave me brief **synopses** of the novels.
그는 그 소설들의 간단한 개요들을 내게 주었다.

유의어 summary, precis, abstract, outline

다의어

(0840)

fix
[fiks]

① 동 고정하다

I will **fix** the shelf to the wall.
나는 그 선반을 벽에 고정할 것이다.

② 동 수리하다

The engineer **fixed** the TV set.
그 기술자가 TV를 수리했다.

③ 명 해결책

There is no quick **fix** for the clothing industry.
의류 산업을 위한 빠른 해결책은 없다.

TEST

A 다음 영단어의 뜻을 찾아 연결하시오. [01~10]

01 possess 동	•	• 진행 중인
02 ambiguous 형	•	• 감사
03 transparent 형	•	• 예비의
04 gratitude 명	•	• 충돌하다, 박살 내다, 추락하다
05 crash 동	•	• 공식, 제조법
06 formula 명	•	• 가지고 있다, 소유하다
07 persuasive 형	•	• 모호한, 애매한
08 ongoing 형	•	• 투명한, 명백한, 솔직한
09 furnish 동	•	• 제공(공급)하다, 가구를 비치하다
10 preliminary 형	•	• 설득력 있는

B 다음 영단어의 뜻을 우리말로 쓰시오. [11~20]

11 estimate 동
12 migrate 동
13 persecute 동
14 occupy 동
15 novice 명
16 fortitude 명
17 pristine 형
18 stubborn 형
19 fraction 명
20 synopsis 명

Answer

A 01 가지고 있다, 소유하다 02 모호한, 애매한
03 투명한, 명백한, 솔직한 04 감사
05 충돌하다, 박살 내다, 추락하다 06 공식, 제조법
07 설득력 있는 08 진행 중인
09 제공(공급)하다, 가구를 비치하다 10 예비의
B 11 추정하다 12 이동하다, 이주하다
13 박해하다, 괴롭히다 14 차지하다, 점령하다
15 초보자, 풋내기 16 불굴의 용기, 꿋꿋함
17 원래 그대로의, 새것처럼 깨끗한 18 고집 센, 완고한
19 (전체의 작은) 부분, 소량, 분수(수학) 20 개요

Day 22

암기 전 미리보기 & 암기 후 확인하기

학습 전에 아는 단어에 체크해 보세요.
학습 후에 암기한 단어에 체크해 보세요.
체크가 안 된 약점 어휘만 보면서 복습용으로 활용해 보세요.

✓ Self Check

맞힌 개수 ___ / 40개 1회독 ☐ 2회독 ☐ 3회독 ☐

영단어 암기 테스트

☐ chaos	혼란, 혼돈	☐ profound	엄청난, 깊은, 심오한
☐ solve	(문제를) 해결하다, 풀다	☐ rival	경쟁자, 라이벌; 경쟁하는, 대항하는; 경쟁하다, 서로 겨루다
☐ flexible	융통성 있는, 유연한, 유동적인	☐ motive	동기, 이유, 모티브(예술)
☐ derive	끌어내다, 유래를 찾다	☐ optimal	최적의, 최상의
☐ sensitive	예민한, 세심한	☐ prominent	눈에 띄는, 돌출한
☐ perceive	인식하다, 이해하다, 감지하다	☐ target	대상으로 삼다, 목표로 삼다; 목표, 과녁
☐ definite	명확한, 뚜렷한	☐ dread	두려워하다; 두려움
☐ relationship	관계, 관련	☐ sophisticated	정교한, 세련된
☐ demand	요구하다; 요구, 수요	☐ circumspect	신중한
☐ medium	수단, 매체; 중간의	☐ nominal	명목상의, 유명무실한
☐ resilient	회복력이 있는, 탄력 있는, 유연한	☐ roast	(콩 등을) 볶다, (고기를) 굽다; 구운 요리[고기]
☐ absent	결석한, 부재인, 없는	☐ stripe	줄무늬, 줄
☐ factor	요인, 요소, 인자	☐ plain	명백한, 검소한, 평범한, 솔직한; 평야
☐ hinder	저해하다, 방해하다	☐ shelf	선반
☐ detrimental	해로운, 유해한	☐ launch	출시하다, 시작하다, 발사하다; 출시, 시작, 발사
☐ verbal	구두의, 말의, 동사의(문법)	☐ horror	공포, 경악
☐ multiple	다수의, 다양한	☐ grace	우아함, 품위, 은혜, 유예기간
☐ inflate	부풀리다, 팽창하다, (가격을) 올리다	☐ bunch	무리, 다발, 송이
☐ gorgeous	아주 멋진, 화려한	☐ frown	얼굴을 찌푸리다; 찡그림
☐ stuff	물건, 것; 채우다	☐ term	1. 용어 2. 학기 3. 임기, 기간 4. 조건 5. 명명하다

X 모름
△ 애매함
○ 알고 있음

최빈출 어휘

0841
chaos
[kéiɑs]

명 혼란, 혼돈
Because of the riot, the country is in **chaos**.
폭동 때문에, 나라는 혼란 상태에 있다.

- 파생어: chaotic 형 혼란 상태인
- 유의어: turmoil, mess, confusion
- Tip: social chaos 사회적 혼란

0842
solve
[sɑlv]

동 (문제를) 해결하다, 풀다
We must **solve** our own problems.
우리는 우리 자신의 문제들을 해결해야 한다.

- 파생어: solution 명 해결(책)
- 유의어: resolve, answer, unravel, work out

0843
flexible
[fléksəbl]

형 융통성 있는, 유연한, 유동적인
You need to be **flexible** when working in a team.
팀에서 일할 때는 융통성이 있는 것이 필요하다.

- 파생어: flexibility 명 유연성
- 유의어: 유연한 pliable, resilient, adjustable
- 반의어: 융통성 없는, 완강한 inflexible
- Tip: flex(구부리다) + ible(할 수 있는)

0844
derive
[diráiv]

동 끌어내다, 유래를 찾다
Scientists **derive** valuable data from experiments.
과학자들은 실험에서 귀중한 데이터를 끌어낸다.

- 유의어: extract, elicit, draw
- Tip: be derived from ~에서 비롯되다 ≒ originate

0845
sensitive
[sénsətiv]

형 예민한, 세심한
Animals are more **sensitive** to natural phenomena than humans.
동물은 인간보다 자연 현상에 더 예민하다.

- 유의어: delicate, fragile, touchy
- Tip: sensible 분별 있는   sensory 감각의

0846
perceive
[pərsíːv]

동 인식하다, 이해하다, 감지하다
Children often **perceive** the world differently from adults.
아이들은 종종 세상을 어른들과 다르게 인식한다.

- 파생어: perception 명 인식, 지각
- 유의어: 인식하다 recognize   이해하다 comprehend, grasp

0847
definite [défənit] ★★★

형 명확한, 뚜렷한

There are very **definite** life patterns that almost all people share.
거의 모든 사람들이 공유하는 매우 **명확한** 인생 패턴들이 있다.

유의어 explicit, plain, obvious, distinct, apparent, evident, manifest
반의어 명확하지 않은 indefinite
Tip de(완전히) + finite(경계를 짓다)

0848
relationship [riléiʃənʃip] ★★★

명 관계, 관련

A good manager develops close **relationships** with employees.
좋은 관리자는 직원들과 친밀한 **관계**를 형성한다.

Tip have a relationship to(with) ~와 관계가 있다

0849
demand [dimǽnd] ★★★

동 요구하다   명 요구, 수요

The client **demanded** a refund.
그 고객은 환불을 **요구했다**.

유의어 request, ask, require
Tip on demand 요구가 있으면, 요청 시

중요 어휘

0850
medium [míːdiəm] ★★

명 수단, 매체   형 중간의

Gestures are the **medium** for the expression.
제스처는 표현을 위한 **수단**이다.

Tip 대중매체일 때 복수형은 media, 표현 수단일 때 복수형은 mediums로 나타낸다.

0851
resilient [ríziliənt] ★★
2015 서울시 7급

형 회복력이 있는, 탄력 있는, 유연한

A **resilient** person never gives up, no matter what happens.
회복력이 있는 사람은 무슨 일이 있어도 절대 포기하지 않는다.

파생어 resilience 명 탄성, 복원력
유의어 탄력 있는 elastic, supple
       유연한 flexible, pliable, adjustable
Tip 사람과 쓰이면 부정적인 상황으로부터 잘 회복한다는 의미이고, 물체와 쓰이면 탄성이 있다는 의미이다.

0852
absent [ǽbsənt] ★★

형 결석한, 부재인, 없는

She has been **absent** from school more than a week.
그녀는 일주일 이상을 학교에 **결석했다**.

파생어 absence 명 결석, 없음
반의어 참석한 present

0853
factor ★★
[fǽktər]

명 요인, 요소, 인자

Several **factors** for longevity are set at birth.
장수를 위한 몇 가지 요인들은 태어날 때 결정된다.

유의어 element

Tip wow factor 사람들을 깜짝 놀라게 하는 요소

0854
hinder ★★
[híndər]

2008 지방직(하반기) 7급

동 저해하다, 방해하다

The new policy could **hinder** the economic growth.
새로운 정책은 경제 성장을 저해할 수 있다.

파생어 hindrance 명 방해 (요인)
유의어 impede, hamper, deter, thwart, block, obstruct

0855
detrimental ★★
[dètrəméntl]

형 해로운, 유해한

Smoking is **detrimental** to your health.
흡연은 건강에 해롭다.

파생어 detriment 명 손상
유의어 deleterious, harmful, noxious, nocuous, pernicious, damaging

0856
verbal ★★
[vɚ́ːrbəl]

형 구두의, 말의, 동사의(문법)

She gave me **verbal** instructions over the phone.
그녀는 내게 전화로 구두 지시를 내렸다.

유의어 oral, spoken

0857
multiple ★★
[mʌ́ltəpl]

형 다수의, 다양한

These novels have **multiple** characters.
이 소설들은 다수의 등장인물을 가지고 있다.

유의어 diverse, various, many

Tip multiple choice test 선다형(객관식) 시험

0858
inflate ★★
[infléit]

동 부풀리다, 팽창하다, (가격) 올리다

The figures were greatly **inflated**.
수치가 매우 부풀려졌다.

파생어 inflation 명 인플레이션, 부풀리기, 팽창
유의어 (가격을) 올리다 increase, boost, raise

0859
gorgeous ★★
[gɔ́ːrdʒəs]

형 아주 멋진, 화려한

The hotel was set on the beach with the **gorgeous** sunset.
그 호텔은 아주 멋진 일몰이 있는 해변 위에 세워져 있었다.

0860
stuff ★★
[stʌf]

명 물건, 것 동 채우다

Do we really need all this **stuff**?
우리는 정말로 이 모든 물건이 필요한가?

Tip I'm stuffed. 나 배불러.

0861
profound [prəfáund]
형 엄청난, 깊은, 심오한
The incident effected a **profound** change in her.
그 사건은 그녀에게 엄청난 변화를 야기했다.
유의어 deep

0862
rival [ráivəl]
명 경쟁자, 라이벌 형 경쟁하는, 대항하는
동 경쟁하다, 서로 겨루다
The two teams have been longtime **rivals**.
그 두 팀은 오랜 경쟁자이다.

0863
motive [móutiv]
명 동기, 이유, 모티브(예술)
Money is not always the main **motive** for working hard.
돈이 항상 열심히 일하는 주된 동기는 아니다.
Tip a motive for(behind) ~의 동기

0864
optimal [áptəməl]
형 최적의, 최상의
It is not an **optimal** solution.
그것은 최적의 해결책이 아니다.
Tip sub-optimal 차선의

0865
prominent [prámənənt]
형 눈에 띄는, 돌출한
Soon the athlete became **prominent** in track and field events.
곧 그 선수는 육상 경기에서 눈에 띄게 되었다.
유의어 눈에 띄는 conspicuous, noticeable, outstanding, eminent, salient, renowned, famous, illustrious
돌출한 projecting, protruding

0866
target [tá:rgit]
동 대상으로 삼다, 목표로 삼다 명 목표, 과녁
Their products **target** senior citizens.
그들의 제품들은 노인들을 대상으로 삼는다.
파생어 targeted 형 목표가 된

0867
dread [dred]
동 두려워하다 명 두려움
I **dread** going to the dentist.
나는 치과에 가는 것을 두려워한다.
파생어 dreadful 형 끔찍한, 무시무시한

0868
sophisticated [səfístəkèitid]
2014 기상직 9급
형 정교한, 세련된
Avatar is one of the most technically **sophisticated** films.
<아바타>는 기술적으로 가장 정교한 영화 중 하나다.
유의어 정교한 advanced, refined

기본 어휘

0869

circumspect
[sə́ːrkəmspèkt]

형 신중한

We are very **circumspect** about what we should say.
우리는 우리가 무슨 말을 해야 할지에 대해 매우 신중하다.

유의어 cautious, careful, watchful, heedful, wary, alert, vigilant, prudent, discreet

반의어 reckless, careless

0870

nominal
[nάmənl]

형 명목상의, 유명무실한

He resigned from being the **nominal** president of the company.
그는 그 회사의 명목상의 사장 자리를 사임했다.

파생어 nominally 부 명목상으로

유의어 titular, in name only

Tip a nominal fee 명목상의 수수료(아주 적은 요금)

0871

roast
[roust]

동 (콩 등을) 볶다, (고기를) 굽다   명 구운 요리(고기)

The beans are **roasted** to bring out the coffee flavor.
커피 향을 끌어내기 위해 원두들이 볶아진다.

유의어 굽다 bake

0872

stripe
[straip]

명 줄무늬, 줄

The zebra has **stripes**.
얼룩말에는 줄무늬가 있다.

0873

plain
[plein]

형 명백한, 검소한, 평범한, 솔직한   명 평야

Her instructions were **plain** and easy to follow.
그녀의 지시는 명백하고 따르기 쉬웠다.

유의어 명백한 clear, simple, obvious, distinct
검소한 frugal, thrifty

Tip in plain language 쉬운 말로

0874

shelf
[ʃelf]

명 선반

Put the goods back on the **shelf**.
물건을 다시 선반에 올려 놓으세요.

0875

launch
[lɔːntʃ]

동 출시하다, 시작하다, 발사하다   명 출시, 시작, 발사

The company will **launch** a new smartphone next month.
그 회사는 다음 달에 새로운 스마트폰을 출시할 예정이다.

유의어 start, begin, initiate

Tip 신제품을 '론칭'한다고 할 때 **launching**이라고 한다.

0876
horror [hɔ́(ː)rər]
명 공포, 경악

Horror is universal in the human mind.
공포는 인간의 마음속에 보편적이다.

파생어 horrible 형 소름 끼치는, 무시무시한
유의어 terror, fear, fright, panic

0877
grace [greis]
명 우아함, 품위, 은혜, 유예 기간

He danced with grace.
그는 우아하게 춤을 추었다.

Tip grace period 유예 기간

0878
bunch [bʌntʃ]
명 무리, 다발, 송이

A bunch of men hit each other for no apparent reason.
한 무리의 남성들이 명백한 이유 없이 서로를 쳤다.

유의어 bundle, cluster

0879
frown [fraun]
동 얼굴을 찌푸리다 명 찡그림

Matt frowned in disapproval.
Matt은 못마땅해서 얼굴을 찌푸렸다.

다의어

0880
term [təːrm]

❶ 명 용어

Scientific terms are often difficult to understand.
과학 용어는 이해하기 종종 어렵다.

❷ 명 학기

How many credits are you applying for this term?
이번 학기에 몇 학점을 신청할 거니?

❸ 명 임기, 기간

The new mayor's term is until February 2030.
새 시장의 임기는 2030년 2월까지이다.

❹ 명 조건

We should discuss the terms of the peace agreement.
우리는 평화 조약의 조건에 대해 논의해야만 한다.

❺ 동 명명하다

The following can be termed 'dynamic living things'.
다음 것들은 '역동적인 생명체'라고 명명될 수 있다.

TEST

A 다음 영단어의 뜻을 찾아 연결하시오. [01~10]

- 01 flexible 형 • • 동기, 이유, 모티브(예술)
- 02 perceive 동 • • 인식하다, 이해하다, 감지하다
- 03 medium 명 • • 수단, 매체
- 04 detrimental 형 • • 융통성 있는, 유연한, 유동적인
- 05 motive 명 • • 해로운, 유해한
- 06 dread 동 • • 명백한, 검소한, 평범한, 솔직한
- 07 circumspect 형 • • 신중한
- 08 plain 형 • • 두려워하다
- 09 grace 명 • • 얼굴을 찌푸리다
- 10 frown 동 • • 우아함, 품위, 은혜, 유예 기간

B 다음 영단어의 뜻을 우리말로 쓰시오. [11~20]

- 11 derive 동
- 12 resilient 형
- 13 hinder 동
- 14 gorgeous 형
- 15 prominent 형
- 16 sophisticated 형
- 17 nominal 형
- 18 launch 동
- 19 bunch 명
- 20 term 명

Answer

A 01 융통성 있는, 유연한, 유동적인
02 인식하다, 이해하다, 감지하다   03 수단, 매체
04 해로운, 유해한   05 동기, 이유, 모티브(예술)
06 두려워하다   07 신중한
08 명백한, 검소한, 평범한, 솔직한
09 우아함, 품위, 은혜, 유예 기간   10 얼굴을 찌푸리다

B 11 끌어내다, 유래를 찾다
12 회복력이 있는, 탄력 있는, 유연한   13 저해하다, 방해하다
14 아주 멋진, 화려한   15 눈에 띄는, 돌출한
16 정교한, 세련된   17 명목상의, 유명무실한
18 출시하다, 시작하다, 발사하다   19 무리, 다발, 송이
20 용어, 학기, 임기, 기간, 조건

Day 23

암기 전 미리보기 & 암기 후 확인하기

학습 전에 아는 단어에 체크해 보세요.
학습 후에 암기한 단어에 체크해 보세요.
체크가 안 된 약점 어휘만 보면서 복습용으로 활용해 보세요.

✓ Self Check

맞힌 개수 ____ / 40개   1회독 ☐   2회독 ☐   3회독 ☐

영단어 암기 테스트

☐ progress	진전, 발전, 진척; 나아가다, 진행하다	☐ burst	터지다, 갑자기 ~하다; 폭발, 파열
☐ rational	이성적인, 합리적인	☐ contempt	경멸, 모욕, 무시, 법정모독죄
☐ conversation	대화, 회화	☐ devour	게걸스럽게 먹다, 삼켜 버리다
☐ attempt	시도하다; 시도, (범죄의) 미수	☐ sole	유일한, 하나의; (신발의) 바닥, 밑창
☐ concern	걱정거리, 우려, 관심사; ~에 관계하다, 걱정시키다	☐ proliferate	급증하다, 증식하다
☐ accomplish	완수하다, 성취하다	☐ instill	심어 주다, 불어넣다, 주입하다
☐ accelerate	가속화하다, 가속하다	☐ failure	실패, 실패작, 고장, 불이행
☐ imply	암시하다, 내포하다	☐ toxic	유독성의, 해로운
☐ allocate	할당하다, 배정하다	☐ sacred	성스러운, 신성한
☐ indifferent	무관심한, 냉담한	☐ sanguine	낙관적인, 쾌활한, 혈색이 좋은
☐ especially	특히, 특별히	☐ synonymous	같은 의미인, 동의어의
☐ likely	~할 가능성이 있는, ~할 것 같은; 아마도, 가능성 높게	☐ nullify	무효로 하다
☐ surpass	능가하다	☐ catchy	귀에 쏙 들어오는, 사람의 마음을 끄는
☐ resolve	해결하다, 결심하다; 결심, 결의	☐ dent	움푹 들어가게 하다, 훼손하다; 움푹 들어간 곳, 찌그러진 자국
☐ shrink	줄어들다, 움츠리다, 위축되다	☐ lately	최근에
☐ chore	(일상적으로 하는) 집안일, 허드렛일	☐ chronological	시간순의, 연대순의
☐ ridiculous	터무니없는, 우스꽝스러운	☐ rather	오히려, 차라리, 약간
☐ frankly	솔직히	☐ fragmentary	단편적인, 파편의
☐ erase	지우다, 없애다, 삭제하다	☐ disinterest	사심이 없음, 공평함, 무관심
☐ anchor	단단히 묶어 두다, 고정시키다, 뉴스를 진행하다; 닻	☐ virtually	1. 사실상, 실질적으로 2. 가상으로

X 모름
△ 애매함
○ 알고 있음

최빈출 어휘

0881
progress ★★★
[prágres]

명 진전, 발전, 진척   동 [prəgrés] 나아가다, 진행하다

She was making good **progress**.
그녀는 좋은 진전을 보이고 있었다.

유의어 진전, 발전 advancement, improvement
Tip in progress 진행 중인

0882
rational ★★★
[rǽʃənəl]

형 이성적인, 합리적인

Humans are **rational** beings.
인간은 이성적인 존재이다.

파생어 rationalize 동 합리화하다   rationally 부 합리적으로
유의어 합리적인 reasonable
반의어 비이성적인 irrational

0883
conversation ★★★
[kànvərséiʃən]

명 대화, 회화

Conversation is usually spontaneous.
대화는 주로 즉흥적이다.

0884
attempt ★★★
[ətémpt]

동 시도하다   명 시도, (범죄의) 미수

The thief **attempted** to escape but was caught by the police.
그 도둑은 도망치려고 시도했지만 경찰에게 붙잡혔다.

0885
concern ★★★
[kənsə́:rn]

명 걱정거리, 우려, 관심사   동 ~에 관계하다, 걱정시키다

Illegal downloads are a serious **concern**.
불법 다운로드는 심각한 걱정거리이다.

유의어 우려 anxiety, worry
Tip be concerned about ~에 대해 걱정하다
    be concerned with ~에 관계가 있다, ~에 관심이 있다

0886
accomplish ★★★
[əkámpliʃ]

동 완수하다, 성취하다

It took years to **accomplish** this research.
이 연구를 완수하는 데 몇 년이 걸렸다.

파생어 accomplishment 명 성취, 업적
유의어 complete
Tip ac(완전히) + complish(만족시키다)

0887
accelerate ★★★
[əksélərèit]

동 가속화하다, 가속하다

The productivity has **accelerated** economic growth.
생산성은 경제 성장을 가속화했다.

유의어 speed up, precipitate, hasten

Tip ac(~으로) + celer(빠르게 하다) + ate(~시키다)

0888
imply ★★★
[implái]

동 암시하다, 내포하다

Her tone **implied** that she was annoyed.
그녀의 말투는 그녀가 짜증이 났음을 암시했다.

파생어 implicit 형 암시된
유의어 suggest, indicate

Tip im(안으로) + ply(접다, 감싸다) → 포함하다 → 뜻을 포함하고 암시하다

0889
allocate ★★★
[ǽləkèit]

2013 지방직 7급

동 할당하다, 배정하다

The government **allocated** funds for education.
정부는 교육을 위해 자금을 할당했다.

파생어 allocation 명 할당
유의어 assign, designate, allot

Tip allocate A to(for) B B에게 A를 할당하다

0890
indifferent ★★★
[indífərənt]

형 무관심한, 냉담한

Many young people are **indifferent** to politics.
많은 젊은이들이 정치에 무관심하다.

파생어 indifference 명 무관심
유의어 uninterested, callous, apathetic, aloof, nonchalant

Tip disinterested 사심 없는, 공정한 (긍정적 의미)

0891
especially ★★★
[ispéʃəli]

부 특히, 특별히

He became a talented actor **especially** in comedy roles.
그는 특히 코미디 역할에 재능이 있는 배우가 되었다.

유의어 particularly

중요 어휘

0892
likely ★★
[láikli]

형 ~할 가능성이 있는, ~할 것 같은 부 아마도, 가능성 높게

The project is **likely** to be completed on time.
그 프로젝트는 제시간에 완료될 가능성이 있다.

반의어 ~할 것 같지 않은 unlikely

Tip be likely to ~할 것 같다, ~할 가능성이 있다

0893
surpass ★★
[sərpǽs]
2016 지방직 9급

동 능가하다

She **surpassed** her two sisters in mathematics.
그녀는 수학에 있어 두 언니들을 **능가했다**.

유의어 exceed, excel, outdo, transcend

0894
resolve ★★
[rizálv]
2015 사회복지직 9급
2012 지방직(하반기)
(사회복지직·인천시) 9급

동 해결하다, 결심하다   명 결심, 결의

It is hard to **resolve** age-old issues.
해묵은 사안들을 **해결하는** 것은 어렵다.

파생어 resolute 형 단호한, 확고한
유의어 해결하다 settle, solve, unravel, iron out, hammer out
Tip display resolve 결의를 보이다

0895
shrink ★★
[ʃriŋk]

동 줄어들다, 움츠리다, 위축되다

Washing wool in hot water will make it **shrink**.
뜨거운 물에 모직물을 세탁하면 **줄어들** 것이다.

유의어 contract, diminish

0896
chore ★★
[tʃɔːr]

명 (일상적으로 하는) 집안일, 허드렛일

Washing the dishes is my least favorite **chore**.
설거지는 내가 가장 싫어하는 **집안일**이다.

0897
ridiculous ★★
[ridíkjələs]

형 터무니없는, 우스꽝스러운

The idea of traveling to Mars sounds **ridiculous**.
화성으로 여행한다는 생각은 **터무니없다**.

파생어 ridiculously 부 우스꽝스럽게, 터무니없이
유의어 silly, stupid, foolish

0898
frankly ★★
[frǽŋkli]

부 솔직히

She talks very **frankly** about herself.
그녀는 그녀 자신에 대해 굉장히 **솔직하게** 말한다.

파생어 frank 형 솔직한
Tip frankly speaking 솔직히 말해서

0899
erase ★★
[iréis]

동 지우다, 없애다, 삭제하다

She **erased** the notes from the whiteboard.
그녀는 화이트보드에서 필기를 **지웠다**.

유의어 delete, efface, obliterate
Tip eraser 지우개

0900
anchor ★★
[ǽŋkər]

동 단단히 묶어 두다, 고정시키다, 뉴스를 진행하다   명 닻

The captain usually **anchors** the ship offshore.
그 선장은 주로 그 배를 앞바다에 **단단히 묶어 둔다**.

파생어 anchorage 명 정박지

0901
burst [bəːrst]
동 터지다, 갑자기 ~하다　명 폭발, 파열

A pipe **burst** and flooded the kitchen.
파이프가 터져서 부엌이 물에 잠겼다.

0902
contempt [kəntémpt]
명 경멸, 모욕, 무시, 법정모독죄

His rude behavior shows his **contempt** for others.
그의 무례한 행동은 다른 사람들에 대한 경멸을 보여준다.

유의어　scorn, insult, humiliation, indignity, disdain

0903
devour [diváuər]
동 게걸스럽게 먹다, 삼켜 버리다

The dog **devoured** all the food on the plate.
그 개는 접시에 있는 먹이를 모두 게걸스럽게 먹었다.

Tip　be devoured by　(강한 감정에) 사로잡히다

0904
sole [soul]
형 유일한, 하나의　명 (신발의) 바닥, 밑창

She is the **sole** survivor of the accident.
그녀는 그 사고의 유일한 생존자이다.

유의어　only, one and only, lone, solitary, single

Tip　라틴어 solus(오직, 혼자)에서 유래하여, 흔히 solo라고 하면 '혼자, 단독'의 의미가 있다.

0905
proliferate [prəlífərèit]
2017 기상직 9급
동 급증하다, 증식하다

Fake news tends to **proliferate** online.
가짜 뉴스는 온라인에서 급증하는 경향이 있다.

파생어　proliferation　명 확산, 증식
유의어　grow, increase, boost, surge, soar, augment

0906
instill [instíl]
동 심어 주다, 불어넣다, 주입하다

The teacher **instilled** confidence in her students.
그 선생님은 학생들에게 자신감을 심어 주었다.

파생어　instillation　명 주입, 가르침
유의어　infuse

Tip　instill ideas into one's mind　~의 머릿속에 사상을 주입하다

0907
failure [féiljər]
명 실패, 실패작, 고장, 불이행

His attempt to start a business was a **failure**.
그의 창업 시도는 실패였다.

파생어　fail　동 실패하다
유의어　실패　defeat, setback, fiasco
반의어　성공　success

0908

toxic
[táksik]

형 유독성의, 해로운
Lead is a **toxic** metal.
납은 유독성 금속이다.
유의어 harmful, noxious, nocuous

기본 어휘

0909

sacred
[séikrid]

형 성스러운, 신성한
The **sacred** text at the center of Christianity is the Bible.
기독교의 중심에 있는 성스러운 글은 성경이다.
유의어 holy, divine, religious

0910

sanguine
[sǽŋgwin]

형 낙관적인, 쾌활한, 혈색이 좋은
She is **sanguine** about her team's goal.
그녀는 자기 팀의 목표에 대해 낙관적이다.
유의어 optimistic, cheerful
Tip a sanguine complexion 혈색이 좋은 안색

0911

synonymous
[sinά:niməs]

2009 서울시(세무·기술직) 9급

형 같은 의미인, 동의어의
The words "happy" and "joyful" are nearly **synonymous**.
단어 "happy"와 "joyful"은 거의 같은 의미이다.
파생어 synonym 명 동의어
반의어 반의어의 antonymous
Tip syn(~와 같은) + onym(이름) + ous(형용사형 어미)

0912

nullify
[nʌ́ləfài]

동 무효로 하다
The contract was **nullified** because of missing signatures.
서명 누락으로 계약이 무효가 되었다.
유의어 annul, repeal, revoke, invalidate, negate
Tip null(= zero) + ify(~로 만들다)

0913

catchy
[kǽtʃi]

형 귀에 쏙 들어오는, 사람의 마음을 끄는
The melody of the new song is **catchy** and easy to remember.
그 새 노래의 멜로디는 귀에 쏙 들어오고 기억하기 쉽다.
Tip catch가 '붙잡다'는 의미이므로 catchy는 붙잡기 쉬운, 즉 '기억하기 쉬운'의 의미이다.

0914

dent
[dent]

동 움푹 들어가게 하다, 훼손하다   명 움푹 들어간 곳, 찌그러진 자국
The hammer **dented** the metal surface.
망치가 금속 표면을 움푹 들어가게 했다.

0915
lately [léitli]

튄 최근에

AI has been getting more attention **lately**.
인공지능은 **최근에** 더 많은 관심을 받아 왔다.

> **Tip** late와 구분하여 알아두자.
> late은 형용사로 '늦은'이고 부사로 쓰이면 '늦게'이다.

0916
chronological [krànəládʒikl]

형 시간순의, 연대순의

The events are mentioned by **chronological** order.
그 사건들은 **시간 순서대로** 언급된다.

0917
rather [rǽðər]

튄 오히려, 차라리, 약간

I like tea **rather** than coffee.
나는 커피보다는 **오히려** 차를 좋아한다.

> **Tip** I'm rather busy. 나는 약간 바쁘다.

0918
fragmentary [frǽgməntèri]

2009 국회사무처 8급

형 단편적인, 파편의

His memories of childhood are **fragmentary** and unclear.
그의 어린 시절 기억은 **단편적**이고 불분명하다.

파생어 **fragment** 명 파편, 조각

0919
disinterest [disíntrəst]

2013 서울시 7급

명 사심이 없음, 공평함, 무관심

A good journalist approaches a story with **disinterest**, not bias.
훌륭한 기자는 기사에 편견이 아니라 **사심 없이** 접근한다.

파생어 **disinterested** 형 사심 없는, 공평한

다의어

0920
virtually [vɜ́ːrtʃuəli]

❶ 튄 사실상, 실질적으로

The author is **virtually** unknown outside Japan.
그 저자는 일본 밖에서 **사실상** 무명이다.

유의어 practically

❷ 튄 가상으로

We met **virtually** through a video call.
우리는 영상 통화를 통해 **가상으로** 만났다.

TEST

A 다음 영단어의 뜻을 찾아 연결하시오. [01~10]

- 01 rational 〔형〕 • • 이성적인, 합리적인
- 02 accelerate 〔동〕 • • 단편적인, 파편의
- 03 likely 〔형〕 • • 사실상, 실질적으로, 가상으로
- 04 shrink 〔동〕 • • 가속화하다, 가속하다
- 05 burst 〔동〕 • • ~할 가능성이 있는, ~할 것 같은
- 06 instill 〔동〕 • • 심어 주다, 불어넣다, 주입하다
- 07 nullify 〔동〕 • • 시간순의, 연대순의
- 08 chronological 〔형〕 • • 줄어들다, 움츠리다, 위축되다
- 09 fragmentary 〔형〕 • • 터지다, 갑자기 ~하다
- 10 virtually 〔부〕 • • 무효로 하다

B 다음 영단어의 뜻을 우리말로 쓰시오. [11~20]

- 11 imply 〔동〕
- 12 allocate 〔동〕
- 13 surpass 〔동〕
- 14 contempt 〔명〕
- 15 proliferate 〔동〕
- 16 sacred 〔형〕
- 17 catchy 〔형〕
- 18 dent 〔동〕
- 19 rather 〔부〕
- 20 disinterest 〔명〕

Answer

A 01 이성적인, 합리적인 02 가속화하다, 가속하다
03 ~할 가능성이 있는, ~할 것 같은
04 줄어들다, 움츠리다, 위축되다
05 터지다, 갑자기 ~하다
06 심어 주다, 불어넣다, 주입하다 07 무효로 하다
08 시간순의, 연대순의 09 단편적인, 파편의
10 사실상, 실질적으로, 가상으로

B 11 암시하다, 내포하다 12 할당하다, 배정하다
13 능가하다 14 경멸, 모욕, 무시, 법정모독죄
15 급증하다, 증식하다 16 성스러운, 신성한
17 귀에 쏙 들어오는, 사람의 마음을 끄는
18 움푹 들어가게 하다, 훼손하다
19 오히려, 차라리, 약간 20 사심이 없음, 공평함, 무관심

IDIOM Day 24

암기 전 미리보기 & 암기 후 확인하기

학습 전에 아는 이디엄에 체크해 보세요.
학습 후에 암기한 이디엄에 체크해 보세요.
체크가 안 된 약점 이디엄만 보면서 복습용으로 활용해 보세요.

✓ Self Check   맞힌 개수   / 40개 1회독 ☐ 2회독 ☐ 3회독 ☐

이디엄 암기 테스트

☐ in order to	~하기 위하여	☐ once in a while	가끔씩
☐ at odds (with)	(~와) 의견이 다른, 불화하여, 사이가 좋지 못한	☐ abstain from	~을 삼가다
☐ refer to	~을 가리키다	☐ lay out	배치하다, 배열하다, 설명하다
☐ strive for	~을 위해 노력하다	☐ leave out	~을 생략하다
☐ be apt to	~하는 경향이 있다, ~하기 쉽다	☐ keep in mind	~을 명심하다
☐ cope with	~을 극복하다, ~에 대처하다	☐ drop out	중퇴하다, 그만두다, 도중하차하다
☐ hit upon(on)	(우연히) ~을 생각해 내다	☐ come up with	~을 생각해 내다, ~을 제안하다
☐ call for	~을 촉구하다, ~을 요구하다	☐ set back	방해하다, 지연시키다
☐ steer clear of	~을 피하다	☐ at best	기껏해야
☐ break up	해산시키다, 헤어지다	☐ out of question	틀림없는, 의심할 여지없는
☐ come true	실현되다	☐ hammer out	타결하다, 해결하다
☐ be willing to	기꺼이 ~하다	☐ be up to	~에게 달려 있다
☐ set aside	~을 저축하다, ~을 제쳐 놓다	☐ bump into	~와 우연히 만나다, ~에 부딪치다
☐ be good at	~에 능숙하다, ~을 잘하다	☐ feel like -ing	~하고 싶다
☐ know better than to	~할 만큼 어리석지 않다	☐ have words with	~와 말다툼하다
☐ sum up	요약하다	☐ correspond to	~와 일치하다, ~에 해당하다, ~에 상응하다
☐ work out	해결하다, 운동하다	☐ in concert with	~와 협력하여
☐ wait on	~을 시중들다	☐ all but	거의
☐ fall short of	~에 못 미치다, 미흡하다	☐ fill in	~을 대신하다, ~을 채우다
☐ in a row	연속하여	☐ catch on	인기를 얻다, 유행하다

X 모름
△ 애매함
○ 알고 있음

최빈출 어휘

0921 ★★★ in order to — ~하기 위하여
People take out a loan **in order to** purchase a house.
사람들은 집을 구입**하기 위해** 대출을 받는다.
> Tip: to부정사의 to로 뒤에는 동사원형이 온다.

중요 어휘

0922 ★★ at odds (with) — (~와) 의견이 다른, 불화하여, 사이가 좋지 못한
A minority opinion can be **at odds with** the majority one.
소수의 의견은 다수의 의견**과 의견이 다를** 수 있다.
> 유의어: disagree (with), be discordant (with)

0923 ★★ refer to — ~을 가리키다
The figures in parentheses **refer to** page numbers.
괄호 안에 있는 숫자들은 쪽 번호**를 가리킨다**.
> Tip: refer to A as B A를 B라고 지칭하다

0924 ★★ strive for — ~을 위해 노력하다
The company **strives for** customer satisfaction.
그 회사는 고객 만족**을 위해 노력한다**.

0925 ★★ be apt to — ~하는 경향이 있다, ~하기 쉽다
We **are apt to** overlook the underlying factor.
우리는 근본적인 요소를 간과**하는 경향이 있다**.
> 유의어: be liable to, be inclined to
> Tip: apt 적절한, 경향이 있는

0926 ★★ cope with — ~을 극복하다, ~에 대처하다
People have difficulties **coping with** stress.
사람들은 스트레스**를 극복하는** 데 어려움을 겪는다.
> 유의어: deal with, handle, manage

0927 ★★ hit upon(on) — (우연히) ~을 생각해 내다
I **hit upon** the perfect title for my upcoming book.
나는 곧 출간될 내 책에 완벽한 제목**을 생각해 냈다**.
2015 국가직 9급
> 유의어: come up with, stumble upon, discover
> Tip: think up (무언가를 작성하고) 생각해 내다

0928
call for
2021 지방직 9급
2008 지방직(하반기) 7급

~을 촉구하다, ~을 요구하다

The President **called for** national unity after the crisis.
대통령은 위기 이후 국가적 단합**을 촉구했다**.

유의어 demand, urge

Tip call down ~을 꾸짖다

0929
steer clear of
2014 지방직 7급

~을 피하다

Most snakes move at night and **steer clear of** urban areas.
대부분의 뱀들은 밤에 이동하고 도시 지역**을 피한다**.

유의어 avoid, head off, get around

Tip steer(조종하다) + clear of(~가 없도록) → 방해물이 없도록 선박을 조정해서 피하는 데에서 유래했다.

0930
break up

해산시키다, 헤어지다

The police **broke up** the people taking part in a demonstration.
경찰은 시위에 참가한 사람들을 **해산시켰다**.

유의어 dismiss, disperse

Tip break up with ~와 헤어지다

기본 어휘

0931
come true

실현되다

My dream **came true** when I became a doctor.
의사가 되었을 때 내 꿈은 **실현됐다**.

Tip 동사 come은 '~가 되다'라는 의미의 불완전 자동사이다.

0932
be willing to

기꺼이 ~하다

My neighbor **is** always **willing to** help me.
내 이웃은 항상 **기꺼이** 나를 도와준다.

반의어 ~하는 것을 꺼리다 be unwilling to, be reluctant to

0933
set aside

~을 저축하다, ~을 제쳐 놓다

They can **set** some money **aside**.
그들은 약간의 돈을 **저축할** 수 있다.

유의어 lay aside, put aside, save

0934
be good at

~에 능숙하다, ~을 잘하다

Some animals **are good at** using tools.
어떤 동물들은 도구를 다루는 **데 능숙하다**.

Tip be poor at ~에 서툴다

0935
know better than to

~할 만큼 어리석지 않다

I **know better than to** repeat the same mistake.
나는 같은 실수를 반복**할 만큼 어리석지 않다**.

0936
sum up

요약하다

The researchers **summed up** the problem clearly.
그 연구자들은 그 문제를 분명하게 요약했다.

유의어 summarize

Tip to sum up 요약하자면

0937
work out
2018 기상직 9급

해결하다, 운동하다

You should **work out** the problems step by step.
너는 문제들을 단계별로 해결해야 한다.

유의어 해결하다 solve, resolve
　　　운동하다 exercise

0938
wait on

~을 시중들다

Because my grandmother was ill, I **waited on** her.
할머니께서 편찮으셔서 내가 시중을 들었다.

유의어 serve, assist

0939
fall short of

~에 못 미치다, 미흡하다

The outcome **falls short of** my expectation.
결과는 내 기대에 못 미친다.

유의어 fail to meet, fail to live up to

Tip run short of ~이 부족하다, 떨어지다

0940
in a row

연속하여

He has been late for the class three days **in a row**.
그는 수업에 3일 연속하여 지각했다.

유의어 successively, consecutively

0941
once in a while

가끔씩

He drops by our office **once in a while**.
그는 가끔씩 우리 사무실에 들른다.

Tip once(한 번씩) + in a while(어느 정도의 시간 동안) → 가끔씩

0942
abstain from
~을 삼가다
He decided to **abstain from** alcohol.
그는 술을 삼가기로 결심했다.

유의어 refrain from

Tip ab(멀리에서) + tenere(유지하다)

0943
lay out
배치하다, 배열하다, 설명하다
They **laid out** the furniture to create more space.
그들은 공간을 더 확보하기 위해 가구를 배치했다.

유의어 arrange

0944
leave out
~을 생략하다
I **leave out** many things that matter.
나는 중요한 많은 것들을 생략한다.

유의어 omit

0945
keep in mind
~을 명심하다
Keep in mind that the deadline is next Friday.
마감일이 다음 주 금요일이라는 것을 명심하세요.

유의어 remember, bear in mind

0946
drop out
중퇴하다, 그만두다, 도중하차하다
He wants to **drop out** and travel around the world.
그는 중퇴하고 세계일주를 하고 싶어 한다.

Tip dropout 중퇴자

0947
come up with
2016 지방직 7급
2009 국가직 7급

~을 생각해 내다, ~을 제안하다
She **came up with** a brilliant idea for the project.
그녀는 그 프로젝트를 위한 기막힌 아이디어를 생각해 냈다.

유의어 ~을 생각해 내다 think of
　　　~을 제안하다 suggest

Tip come down with (질병)에 걸리다

0948
set back — 방해하다, 지연시키다

A lack of money has **set back** the software development project.
자금 부족이 소프트웨어 개발 사업을 **방해했다**.

유의어 impede, hinder, hamper, deter, thwart

0949
at best — 기껏해야

At best, aid has produced only mixed results.
기껏해야, 원조는 혼재된 결과만을 낳았다.

Tip 결과나 상태가 좋지는 않지만 가장 최선의 경우에 사용한다.
at least 적어도
at most 많아야

0950
out of question — 틀림없는, 의심할 여지 없는

Her honesty is **out of question**.
그녀의 정직함은 **틀림없다**.

Tip out of the question = impossible 불가능한

0951
hammer out — 타결하다, 해결하다

The two sides are trying to **hammer out** a trade agreement.
양측은 무역 협정을 **타결하려고** 노력하고 있다.

유의어 iron out, work out, solve, resolve

Tip hammer out an agreement 합의에 도달하다

0952
be up to — ~에게 달려 있다

It **is up to** you to build mental strength.
정신적인 힘을 구축하는 것은 당신**에게 달려 있다**.

유의어 depend on, rely on, lean on, rest on, count on, hinge on, fall back on, resort to

Tip be up for (후보에) 오르다, 지명되다

0953
bump into — ~와 우연히 만나다, ~에 부딪치다

He expected to **bump into** famous actors.
그는 유명 배우**와 우연히 만나**기를 기대했다.

유의어 run into, meet by chance, encounter

0954
feel like -ing
~하고 싶다
She **felt like** vomit**ing** right after one sip of beer.
그녀는 맥주 한 모금하자마자 토하고 싶었다.
> Tip | I **feel like** going out. 나 밖에 나가고 싶어.

0955
have words with
~와 말다툼하다
She **had words with** her husband.
그녀는 남편과 말다툼을 했다.

0956
correspond to
~와 일치하다, ~에 해당하다, ~에 상응하다
The numbers **correspond to** the items on the list.
그 숫자들은 목록의 항목들과 일치한다.
> 유의어 | be equivalent to, harmonize with, match up with
> Tip | **correspond with** ~와 연락하다, ~와 일치하다

0957
in concert with
~와 협력하여
The UN acted **in concert with** local governments.
유엔은 지역 정부와 협력하여 행동했다.

0958
all but
2018 법원행정처 9급
거의
When I came back, the food was **all but** cold.
내가 돌아왔을 때 음식은 거의 차가웠다.
> 유의어 | almost
> Tip | **nothing but** 단지   **anything but** 결코 ~ 아닌

0959
fill in
~을 대신하다, ~을 채우다
Can you **fill in** for me while I'm on vacation?
내가 휴가 가 있는 동안 나를 대신해 줄 수 있니?
> Tip | **fill in** + 목적어: ~을 채우다
>   **fill in the blanks** 빈칸을 채우다
>   **fill in for** + 사람: ~을 대신하다
>   **fill out** ~을 작성하다

0960
catch on
인기를 얻다, 유행하다
The new smartphone will **catch on** with young people.
그 새로운 스마트폰은 젊은이들의 인기를 얻을 것이다.

TEST

A 다음 영숙어의 뜻을 찾아 연결하시오. [01~10]

01	at odds (with)	•	•	~을 피하다
02	be apt to	•	•	~하는 경향이 있다, ~하기 쉽다
03	steer clear of	•	•	인기를 얻다, 유행하다
04	fall short of	•	•	(~와) 의견이 다른, 불화하여, 사이가 좋지 못한
05	set back	•	•	방해하다, 지연시키다
06	hammer out	•	•	거의
07	feel like -ing	•	•	타결하다, 해결하다
08	correspond to	•	•	~하고 싶다
09	all but	•	•	~와 일치하다, ~에 해당하다, ~에 상응하다
10	catch on	•	•	~에 못 미치다, 미흡하다

B 다음 영숙어의 뜻을 우리말로 쓰시오. [11~20]

11 strive for
12 cope with
13 set aside
14 work out
15 lay out
16 leave out
17 at best
18 bump into
19 have words with
20 in concert with

Answer

A 01 (~와) 의견이 다른, 불화하여, 사이가 좋지 못한
02 ~하는 경향이 있다, ~하기 쉽다 03 ~을 피하다
04 ~에 못 미치다, 미흡하다 05 방해하다, 지연시키다
06 타결하다, 해결하다 07 ~하고 싶다
08 ~와 일치하다, ~에 해당하다, ~에 상응하다 09 거의
10 인기를 얻다, 유행하다

B 11 ~을 위해 노력하다 12 ~을 극복하다, ~에 대처하다
13 ~을 저축하다, ~을 제쳐 놓다 14 해결하다, 운동하다
15 배치하다, 배열하다, 설명하다 16 ~을 생략하다
17 기껏해야 18 ~와 우연히 만나다, ~에 부딪치다
19 ~와 말다툼하다 20 ~와 협력하여

Day 25

암기 전 미리보기 & 암기 후 확인하기

학습 전에 아는 단어에 체크해 보세요.
학습 후에 암기한 단어에 체크해 보세요.
체크가 안 된 약점 어휘만 보면서 복습용으로 활용해 보세요.

✓ Self Check

맞힌 개수   / 40개   1회독 ☐   2회독 ☐   3회독 ☐

영단어
암기 테스트

☐ regulate	규제하다, 조절하다	☐ hospitable	호의적인, 붙임성 있는
☐ subtle	미묘한, 엷은	☐ dignity	존엄성, 위엄
☐ ingredient	재료, 구성 요소	☐ fascinate	매료시키다
☐ optimist	낙관주의자, 낙관론자	☐ intent	의도, 목적; 집중하는, 열중하는
☐ advantage	장점, 이익	☐ humble	겸손한, 천한
☐ undergo	겪다, 경험하다	☐ pious	독실한, 신앙심이 깊은
☐ boost	강화하다, 신장시키다, 밀어 올리다	☐ disperse	흩어지게 하다, 퍼뜨리다
☐ appease	진정시키다, 달래다	☐ accuse	비난하다, 고발하다
☐ temporary	임시의, 덧없는	☐ adventitious	우연한, 우발적인
☐ counteract	대응하다, 반대로 행동하다	☐ recruit	모집하다, 징집하다; 신입 사원[회원], 신병
☐ devise	생각해 내다, 고안하다	☐ psyche	정신, 영혼
☐ spectacular	장관을 이루는, 구경거리의	☐ skim	대충 훑어보다, (기름, 거품을) 걷어내다, 스치듯 지나가다
☐ cheerful	쾌활한, 기분 좋은	☐ halt	중단되다, 멈추다, 중단시키다; 정지
☐ moral	도덕적인; 교훈	☐ threshold	문턱, 한계점, 출발점
☐ sympathetic	동정하는, 호의적인, 교감 신경의	☐ coherence	일관성
☐ reconcile	조화시키다, 양립시키다, 화해시키다	☐ punctual	시간을 잘 지키는
☐ interrupt	방해하다, 끼어들다	☐ commencement	개시, 시작, 졸업식
☐ extract	추출하다, 뽑아내다; 발췌, 추출물	☐ entrust	맡기다
☐ respect	존중하다, 존경하다; 존중, 존경	☐ enigmatic	불가사의한, 수수께끼 같은, 신비한
☐ precise	정확한, 정밀한	☐ abstract	1. 추상적인 2. 개요, 초록

✕ 모름
△ 애매함
○ 알고 있음

최빈출 어휘

0961
regulate ★★★
[régjəlèit]

동 규제하다, 조절하다

The government **regulated** the use of chemicals in food.
정부는 식품에 대한 화학 약품 사용을 규제했다.

파생어 regulation 명 규제, 규정
유의어 control
Tip self-regulating 자동 조절의

0962
subtle ★★★
[sʌ́tl]

형 미묘한, 엷은

It is necessary to observe **subtle** differences in pronunciation.
발음에서의 미묘한 차이를 관찰하는 것이 필요하다.

유의어 delicate

0963
ingredient ★★★
[ingríːdiənt]

명 재료, 구성 요소

Chili paste is the basic **ingredient** of all food.
고추장은 모든 음식의 기본 재료이다.

0964
optimist ★★★
[ɑ́ptəmist]

명 낙관주의자, 낙관론자

An **optimist** believes that everything will turn out fine.
낙관주의자는 모든 것이 잘될 거라고 믿는다.

파생어 optimistic 형 낙관적인
반의어 비관론자 pessimist

0965
advantage ★★★
[ədvǽntidʒ]

명 장점, 이익

The **advantages** of bilingualism are obvious.
이중 언어 구사의 장점들은 분명하다.

Tip take advantage of ~을 이용하다

0966
undergo ★★★
[ʌ̀ndərgóu]

동 겪다, 경험하다

They are likely to **undergo** the necessary changes.
그들은 필요한 변화를 겪을 가능성이 있다.

유의어 experience
Tip under(받다) + go(있다) → ~을 받고 있다

0967
boost ★★★
[buːst]

동 강화하다, 신장시키다, 밀어 올리다

Meditation helps **boost** the immune system.
명상은 면역 체계를 강화하는 데 도움이 된다.

유의어 강화하다 enhance, promote
　　　 밀어 올리다 elevate, lift, raise

0968
appease [əpíːz]

2024 국가직 9급
2015 서울시 9급

동 진정시키다, 달래다

The government took steps to **appease** the public.
정부는 대중을 진정시키기 위한 조치를 취했다.

유의어 alleviate, assuage, allay, palliate, pacify, placate, ease, soothe, mitigate, mollify, relieve, relax

Tip a(~쪽으로) + pease(= peace) → 평화 쪽으로 가다 → 진정시키다

0969
temporary [témpərèri]

형 임시의, 덧없는

Temporary jobs can lead to permanent employment.
임시직은 정규직으로 이어질 수도 있다.

유의어 momentary, short-lived, transitory, transient, fleeting, evanescent, provisional

중요 어휘

0970
counteract [kàuntərǽkt]

동 대응하다, 반대로 행동하다

The government was preparing to **counteract** inflation.
정부는 인플레이션에 대응할 준비를 하고 있었다.

Tip counter(반대의) + act(행동하다) → 반대로 행동하다

0971
devise [diváiz]

동 생각해 내다, 고안하다

The expert **devised** simple but effective solutions.
그 전문가는 간단하지만 효과적인 해결책들을 생각해 냈다.

유의어 contrive, create, invent

Tip device 장치

0972
spectacular [spektǽkjulər]

형 장관을 이루는, 구경거리의

Death Valley is a place of **spectacular** scenic beauty.
데스밸리는 장관을 이루는 자연 경관이 아름다운 곳이다.

파생어 spectacle 명 구경거리, 장관

유의어 장관을 이루는 splendid, grand, magnificent

0973
cheerful [tʃíərfəl]

2009 국회사무처 8급

형 쾌활한, 기분 좋은

When the children go away, I will miss their **cheerful** faces.
아이들이 집을 떠나면 난 그들의 쾌활한 얼굴들이 그리울 것이다.

파생어 cheer 동 환호하다 cheerfully 부 쾌활하게

유의어 lively, gay, blithe

0974
moral
[mɔ́(ː)rəl]

형 도덕적인 명 교훈

Stealing is not a **moral** action.
도둑질은 도덕적인 행동이 아니다.

- 반의어 비도덕적인 immoral
- Tip moral sense 도덕 관념

0975
sympathetic
[sìmpəθétik]

형 동정하는, 호의적인, 교감 신경의

We are **sympathetic** toward people in disaster areas.
우리는 재난 지역 사람들을 동정한다.

- 파생어 sympathy 명 동정, 공감
- 유의어 pitiful
- Tip sym(함께) + pathy(감정) → 함께 감정을 이해하고 나누는 것

0976
reconcile
[rékənsàil]

2013 서울시 7급

동 조화시키다, 양립시키다, 화해시키다

These two facts are difficult to **reconcile**.
이 두 가지 사실을 조화시키는 것이 어렵다.

- 파생어 reconciliation 명 화해
- 유의어 화해시키다 arbitrate, conciliate, mediate

0977
interrupt
[ìntərʌ́pt]

동 방해하다, 끼어들다

Don't **interrupt** me while I'm speaking.
내가 말하는 동안 방해하지 마.

- 파생어 interruption 명 방해
- 유의어 impede, hinder, hamper, deter, thwart, disturb, prevent, obstruct
- Tip inter(사이에) + rupt(깨다, 어기다)

0978
extract
[ikstrǽkt]

동 추출하다, 뽑아내다 명 발췌, 추출물

The machine **extracts** juice from the oranges.
그 기계는 오렌지에서 주스를 추출한다.

- 파생어 extraction 명 추출
- 유의어 추출하다 abstract
- Tip ex(바깥으로) + tract(잡아당기다)

0979
respect
[rispékt]

2011 사회복지직 9급
2009 국회사무처 8급
2009 국가직 7급

동 존중하다, 존경하다 명 존중, 존경

You should **respect** the opinions and decisions of others.
다른 사람들의 의견과 결정을 존중해야 한다.

- 파생어 respectable 형 훌륭한
- 유의어 존경하다 admire, esteem, honor, look up to, revere

0980 precise
[prisáis]

형 정확한, 정밀한

Her instructions were clear and **precise**.
그녀의 지시는 명확하고 정확했다.

파생어 precision 명 정밀, 정확   precisely 부 정확히, 정밀하게
유의어 정확한 exact, accurate

0981 hospitable
[háspitəbl]

2009 서울시(세무·기술직) 9급

형 호의적인, 붙임성 있는

I received a **hospitable** welcome when I visited his home.
그의 집을 방문했을 때 나는 호의적인 환영을 받았다.

유의어 welcoming, friendly, amiable, amicable, affable, agreeable, cordial
반의어 적대적인 hostile, war-like
Tip hospitable to ~을 환대하는

0982 dignity
[dígnəti]

명 존엄성, 위엄

The social welfare system preserves human **dignity**.
사회 복지 시스템이 인간의 존엄성을 보호한다.

Tip with great dignity 대단히 위엄 있게

0983 fascinate
[fǽsənèit]

동 매료시키다

Space exploration **fascinates** humans of all ages.
우주 탐사는 모든 연령대의 인간을 매료시킨다.

파생어 fascinating 형 대단히 흥미로운, 매력적인
유의어 captivate, charm, attract, enchant

0984 intent
[intént]

명 의도, 목적   형 집중하는, 열중하는

The teacher's **intent** was to guide students, not to control them.
그 교사의 의도는 학생들을 통제하는 것이 아니라 안내하는 것이었다.

유의어 의도, 목적 aim, purpose, intention

0985 humble
[hʌ́mbl]

형 겸손한, 천한

He is very **humble** toward his superiors.
그는 윗사람들에게 매우 겸손하다.

유의어 겸손한 modest
Tip a humble gentleman 겸손한 신사
    a humble background 보잘것없는 배경

0986 pious
[páiəs]

2010 국회사무처 8급

형 독실한, 신앙심이 깊은

The **pious** woman prayed every morning and night.
그 독실한 여성은 아침과 밤마다 기도했다.

유의어 독실한 faithful, religious, holy, devout
Tip a pious fraud 선의의 속임수

⓪⁹⁸⁷
disperse ★★
[dispə́ːrs]

동 흩어지게 하다, 퍼뜨리다
The wind **dispersed** the smoke quickly.
바람이 연기를 빠르게 흩어지게 했다.

유의어 흩어지게 하다 dissipate, disseminate, scatter, spread, diffuse

⓪⁹⁸⁸
accuse ★★
[əkjúːz]

2025 국가직 9급

동 비난하다, 고발하다
Teachers **accused** the student of cheating on the exam.
교사들은 그 학생이 시험에서 부정행위를 했다고 비난했다.

파생어 accusation 명 비난, 기소   the accused 명 피고
Tip accuse A of B A를 B로 비난(고발)하다

기본 어휘

⓪⁹⁸⁹
adventitious ★
[ædventíʃəs]

형 우연한, 우발적인
The discovery of the new drug was purely **adventitious**.
그 신약의 발견은 순전히 우연이었다.

유의어 accidental, incidental, fortuitous, inadvertent, contingent

⓪⁹⁹⁰
recruit ★
[rikrúːt]

동 모집하다, 징집하다   명 신입 사원(회원), 신병
The organization **recruited** the most able individuals.
그 조직은 가장 유능한 개인들을 모집했다.

⓪⁹⁹¹
psyche ★
[sáiki]

명 정신, 영혼
The power that music can have on the **psyche** is amazing.
음악이 정신에 미칠 수 있는 힘은 놀랍다.

유의어 soul, spirit

⓪⁹⁹²
skim ★
[skim]

동 대충 훑어보다, (기름, 거품을) 걷어내다, 스치듯 지나가다
I **skimmed** the article to get the main idea.
나는 기사의 주요 내용을 파악하기 위해 대충 훑어보았다.

유의어 scan

⓪⁹⁹³
halt ★
[hɔːlt]

동 중단되다, 멈추다, 중단시키다   명 정지
The conversation **halted** upon his arrival.
그가 도착하자 대화가 중단되었다.

유의어 stop, cease
Tip halt sign 일시 정지 표지판

⓪⁹⁹⁴
threshold ★
[θréʃhould]

명 문턱, 한계점, 출발점
We are at the **threshold** of a technological revolution.
우리는 기술 혁명의 문턱에 서 있다.

유의어 outset, inception

0995
coherence
[kouhíərəns]
2011 서울시 9급

명 일관성
The essay lacks **coherence** and is difficult to understand.
그 에세이는 일관성이 부족해서 이해하기 어렵다.
파생어 **coherent** 형 일관된
유의어 **consistency**

0996
punctual
[pʌ́ŋktʃuəl]

형 시간을 잘 지키는
A person who is always on time is **punctual**.
항상 제시간에 오는 사람은 시간을 잘 지킨다.
파생어 **punctually** 부 시간을 잘 지켜 **punctuality** 명 시간 엄수
유의어 **prompt**
Tip 라틴어 **punctus**(찌름, 찔린 상처, 점) → 송곳으로 작은 구멍을 내듯 정확함

0997
commencement
[kəménsmənt]
2008 지방직(상반기) 7급

명 개시, 시작, 졸업식
The **commencement** of negotiations is expected next week.
협상의 개시는 다음 주로 예상된다.
파생어 **commence** 동 시작하다
유의어 **initiation, beginning, outset**

0998
entrust
[intrʌ́st]
2016 교육행정직 9급

동 맡기다
She **entrusted** all her work to the junior staff and idled away.
그녀는 자신의 모든 일을 부하 직원에게 맡기고 빈둥거렸다.
유의어 **assign, endow, charge**
Tip **en**(~으로 하다) + **trust**(신뢰)

0999
enigmatic
[ènigmǽtik]
2009 서울시 9급

형 불가사의한, 수수께끼 같은, 신비한
The ancient symbols on the walls remain **enigmatic**.
벽에 새겨진 고대 문양들은 여전히 불가사의하다.
파생어 **enigma** 명 수수께끼
유의어 **mysterious, inscrutable**

다의어

1000
abstract
[ǽbstrækt]

① 형 추상적인
We need to stop having **abstract** discussions.
우리는 추상적인 토론을 그만해야 한다.

② 명 개요, 초록
Click here to read the **abstract** of the report.
그 보고서의 개요를 보려면 이곳을 클릭하세요.

TEST

A. 다음 영단어의 뜻을 찾아 연결하시오. [01~10]

- 01 subtle 형 • • 미묘한, 엷은
- 02 undergo 동 • • 흩어지게 하다, 퍼뜨리다
- 03 devise 동 • • 동정하는, 호의적인, 교감 신경의
- 04 sympathetic 형 • • 문턱, 한계점, 출발점
- 05 precise 형 • • 개시, 시작, 졸업식
- 06 dignity 명 • • 겪다, 경험하다
- 07 humble 형 • • 존엄성, 위엄
- 08 disperse 동 • • 겸손한, 천한
- 09 threshold 명 • • 생각해 내다, 고안하다
- 10 commencement 명 • • 정확한, 정밀한

B. 다음 영단어의 뜻을 우리말로 쓰시오. [11~20]

- 11 boost 동
- 12 counteract 동
- 13 reconcile 동
- 14 hospitable 형
- 15 intent 명
- 16 recruit 동
- 17 skim 동
- 18 coherence 명
- 19 entrust 동
- 20 enigmatic 형

Answer

A 01 미묘한, 엷은 02 겪다, 경험하다
03 생각해 내다, 고안하다
04 동정하는, 호의적인, 교감 신경의
05 정확한, 정밀한 06 존엄성, 위엄
07 겸손한, 천한 08 흩어지게 하다, 퍼뜨리다
09 문턱, 한계점, 출발점 10 개시, 시작, 졸업식

B 11 강화하다, 신장시키다, 밀어 올리다 12 대응하다, 반대로 행동하다
13 조화시키다, 양립시키다, 화해시키다 14 호의적인, 붙임성 있는
15 의도, 목적 16 모집하다, 징집하다
17 대충 훑어보다, (기름, 거품을) 걷어내다, 스치듯 지나가다
18 일관성 19 맡기다
20 불가사의한, 수수께끼 같은, 신비한

Day 26

암기 전 미리보기 & 암기 후 확인하기

학습 전에 아는 단어에 체크해 보세요.
학습 후에 암기한 단어에 체크해 보세요.
체크가 안 된 약점 어휘만 보면서 복습용으로 활용해 보세요.

Self Check

맞힌 개수 　　/ 40개　1회독 ☐　2회독 ☐　3회독 ☐

영단어 암기 테스트

☐ transfer	옮기다, 이동하다	☐ perplex	당혹하게 하다, 난처하게 하다
☐ embrace	포옹하다, 포함하다, (제의 등을) 받아들이다	☐ scare	겁주다, 겁먹다; 공포, 두려움
☐ persist	지속되다, 끝까지 해내다	☐ overlap	겹치다, 포개지다
☐ inspiration	영감, 기발한 생각	☐ register	등록하다
☐ subjective	주관적인, 주관의	☐ entertain	즐겁게 하다
☐ disgust	혐오감; 역겹게 만들다	☐ tap	(가볍게) 두드리다; 꼭지
☐ visible	(눈에) 보이는, 볼 수 있는	☐ frustrate	좌절하게 하다, 방해하다
☐ reasonable	합리적인, 합당한	☐ pose	제기하다, 자세를 취하다, ~인 척하다; 자세, 포즈
☐ interfere	방해하다, 간섭하다	☐ intertwine	얽히게 하다, 뒤얽히다
☐ manufacture	제조하다; 제조	☐ render	~이 되게 하다, 돌려주다
☐ apology	사과, 사죄	☐ simulate	흉내 내다, 모의 실험하다
☐ applaud	박수치다, 칭찬하다	☐ onset	시작, 개시
☐ acquiesce	마지못해 따르다, 묵인하다	☐ thrift	절약, 검소, 검약
☐ cede	양도하다, 이양하다	☐ rapid	빠른, 신속한
☐ prospect	전망, 유망한 사람; 탐사하다, 발굴하다	☐ commuter	통근자, 통학생; 통근하는
☐ courteous	예의 바른, 친절한	☐ vital	매우 중요한, 생명 유지에 필요한
☐ vague	희미한, 모호한	☐ concord	조화, 화합, 일치
☐ national	국립의, 국가의	☐ screen	선별하다, 심사하다, 차단하다; 칸막이
☐ nimble	민첩한, 영리한	☐ gallant	용감한
☐ compulsory	의무적인, 필수의	☐ resort	1. 의존하다, 호소하다 2. 휴양지 3. 수단, 의존

X 모름
△ 애매함
○ 알고 있음

최빈출 어휘

1001
transfer
[trænsfə́:r]

동 옮기다, 이동하다

She arranged for me to be **transferred** to another hospital.
그녀는 내가 다른 병원으로 옮겨지도록 주선했다.

유의어 옮기다 carry, convey, transport

Tip trans(건너서) + fer(가져오다) → 옮기다

1002
embrace
[imbréis]
2016 서울시 7급

동 포옹하다, 포함하다, (제의 등을) 받아들이다

As soon as I got home, I **embraced** and kissed my mom.
나는 집에 도착하자마자 엄마를 포옹하고 뽀뽀했다.

유의어 (제의 등을) 받아들이다 accept

Tip em(안으로) + brace(팔) → 양팔로 껴안다

1003
persist
[pərsíst]

동 지속되다, 끝까지 해내다

If the pain **persists**, see a doctor.
통증이 지속된다면, 병원에 가봐라.

파생어 persistent 형 끈질긴, 끊임없이 지속되는

Tip persist in ~을 계속하다

1004
inspiration
[ìnspəréiʃən]
2017 서울시 9급
2012 지방직(하반기)
(사회복지직·인천시) 9급
2008 서울시 9급

명 영감, 기발한 생각

She cannot compose any songs without **inspiration**.
그녀는 영감 없이는 노래를 작곡할 수 없다.

파생어 inspire 동 영감을 주다

1005
subjective
[səbdʒéktiv]

형 주관적인, 주관의

Choosing a career is a very **subjective** decision.
직업을 선택하는 것은 매우 주관적인 결정이다.

반의어 객관적인 objective

Tip neutral 중립적인

1006
disgust
[disgʌ́st]

명 혐오감 동 역겹게 만들다

Cannibalism inspires the greatest **disgust**.
식인 행위는 최대의 혐오감을 불러일으킨다.

파생어 disgusting 형 역겨운, 혐오스러운

1007
visible
[vízəbl]

형 (눈에) 보이는, 볼 수 있는

Because of the dust, stars were not **visible** at night.
먼지 때문에, 밤에 별들이 보이지 않았다.

파생어 visibility 명 가시성, 시계

반의어 보이지 않는 invisible

Tip vis(보이다) + ible(할 수 있는) → 볼 수 있는

1008
reasonable
[ríːzənəbl]

형 **합리적인, 합당한**

They sell products at **reasonable** prices.
그들은 합리적인 가격에 제품을 판매한다.

유의어 합리적인 rational

Tip at reasonable cost 상당한 대가로

1009
interfere
[ìntərfíər]

2010 국가직 7급

동 **방해하다, 간섭하다**

When my brother tries to **interfere**, I kick him out of my room.
동생이 방해하려고 할 때면 나는 그를 내 방 밖으로 쫓아낸다.

파생어 interference 명 방해

유의어 intervene, meddle, tamper, step in

Tip inter(사이에서) + fere(치다)

중요 어휘

1010
manufacture
[mæ̀njəfǽktʃər]

동 **제조하다** 명 **제조**

Where are your products **manufactured**?
당신의 상품은 어디에서 제조되나요?

유의어 produce

1011
apology
[əpálədʒi]

명 **사과, 사죄**

I owe her an **apology**.
나는 그녀에게 사과를 빚지고 있다(사과해야 한다).

파생어 apologize 동 사과하다

1012
applaud
[əplɔ́ːd]

동 **박수치다, 칭찬하다**

The audience **applauded** loudly after the performance.
공연이 끝난 후 관객들은 크게 박수를 쳤다.

파생어 applause 명 갈채, 박수

유의어 clap, cheer, acclaim

1013
acquiesce
[æ̀kwiés]

2009 지방직(하반기) 7급

동 **마지못해 따르다, 묵인하다**

She disagreed, but **acquiesced** to her boss's decision.
그녀는 반대했지만, 마지못해 상사의 결정에 따랐다.

유의어 consent, accept, overlook, condone

Tip acquiesce in a person's opinion ~의 의견에 순순히 따르다

1014
cede
[siːd]

동 **양도하다, 이양하다**

The king refused to **cede** power to the rebels.
왕은 반군에게 권력을 넘겨주기를 거부했다.

유의어 surrender, hand over

Tip cede A to B = cede B A A를 B에게 양도하다

1015
prospect ★★
[práspekt]

명 전망, 유망한 사람   동 탐사하다, 발굴하다

The job **prospect** for engineers is excellent.
엔지니어들의 취업 전망은 매우 좋다.

파생어 prospective 형 장래의, 다가오는
유의어 전망 outlook
Tip be in prospect 가망이 있다

1016
courteous ★★
[kɔ́ːrtiəs]
2023 지방직 9급

형 예의 바른, 친절한

Being punctual is part of being **courteous**.
시간을 지키는 것은 예의 바른 것의 일부이다.

파생어 courtesy 명 예의
유의어 polite, well-mannered

1017
vague ★★
[veig]

형 희미한, 모호한

Everything looks **vague** in a fog.
안개 속에서는 모든 것이 희미하게 보인다.

유의어 ambiguous, unclear, indistinct, faint, nebulous, obscure

1018
national ★★
[nǽʃənəl]

형 국립의, 국가의

Animals are preserved in the **national** parks.
동물들은 국립 공원에서 보호받고 있다.

파생어 nation 명 국가 nationality 명 국적
유의어 domestic, civil

1019
nimble ★★
[nímbl]
2013 지방직 9급

형 민첩한, 영리한

The cat made a **nimble** jump onto the table.
그 고양이는 민첩하게 테이블 위로 뛰어올랐다.

유의어 빠른 speedy, quick, agile, canny
     영리한 shrewd, astute
Tip nimble-witted 재치 있는, 영리한

1020
compulsory ★★
[kəmpʌ́lsəri]

형 의무적인, 필수의

It is **compulsory** to report abuse.
학대를 신고하는 것은 의무이다.

유의어 mandatory, obligatory
Tip compulsory education 의무 교육

1021
perplex ★★
[pərpléks]

동 당혹하게 하다, 난처하게 하다

Her rudeness **perplexed** him.
그녀의 무례함은 그를 당혹하게 했다.

파생어 perplexed 형 당혹한
유의어 puzzle, bewilder
Tip per(완전히) + plex(얽힌) → 완전히 얽히게 하다, 당혹하게 하다

1022
scare [skɛər] ★★

동 겁주다, 겁먹다 명 공포, 두려움

She tried to **scare** me with a ghost story.
그녀는 귀신 이야기로 나를 겁주려고 했다.

- 파생어 scary 형 겁나는, 무서운 | scared 형 겁먹은, 무서워하는
- 유의어 frighten, alarm, startle

1023
overlap [óuvərlæp] ★★

동 겹치다, 포개지다

Taste cells **overlap** like petals.
미각 세포들은 꽃잎처럼 겹쳐 있다.

- 유의어 겹치다 superimpose
- Tip over(위에) + lap(겹치다)

1024
register [rédʒistər] ★★

동 등록하다

Internet users have to **register** with the police station.
인터넷 사용자들은 경찰청에 등록해야 한다.

- 파생어 registration 명 등록
- 유의어 enroll, sign up

1025
entertain [èntərtéin] ★★

동 즐겁게 하다

Street performers from the world **entertain** the crowd.
전 세계에서 온 길거리 공연자들은 군중을 즐겁게 한다.

- 파생어 entertaining 형 재미있는, 즐거움을 주는
- 유의어 amuse

1026
tap [tæp] ★★

동 (가볍게) 두드리다 명 꼭지

A stranger **tapped** the door three times.
한 낯선 사람이 문을 세 번 두드렸다.

- Tip tap water 수돗물

1027
frustrate [frʌ́streit] ★★

동 좌절하게 하다, 방해하다

The rescue attempt was **frustrated** by bad weather.
구조 시도가 나쁜 날씨 때문에 좌절되었다.

- 파생어 frustrating 형 좌절감을 주는
- 유의어 discourage, thwart, deter

1028
pose [pouz] ★★

동 제기하다, 자세를 취하다, ~인 척하다 명 자세, 포즈

A soft ball **poses** the same risk of eye injury.
소프트볼도 동일한 눈 부상의 위험을 제기한다.

- 유의어 제기하다 raise

기본 어휘

1029
intertwine [ìntərtwáin]
통 얽히게 하다, 뒤얽히다

A deep shadow formed as the tree branches **intertwined**.
나뭇가지들이 얽히면서 짙은 그늘이 만들어졌다.

유의어 interweave
Tip inter(사이에) + twine(꼬다)

1030
render [réndər]
2025 국가직 9급

통 ~이 되게 하다, 돌려주다

His actions **rendered** the agreement meaningless.
그의 행동은 그 합의를 무의미하게 했다.

1031
simulate [símjulèit]

통 흉내 내다, 모의 실험하다

Inexpensive furniture is made of plastic that **simulates** wood.
비싸지 않은 가구는 나무를 흉내 낸 플라스틱으로 만들어진다.

파생어 simulation 명 모의 실험
유의어 흉내 내다 imitate, copy, mimic, emulate
Tip 우리말로 시뮬레이션한다고도 표현한다.

1032
onset [á:nset]

명 시작, 개시

Memory training might delay the **onset** of dementia.
기억력 훈련은 치매의 시작을 지연시킬 수 있다.

유의어 beginning, commencement
Tip onset (질병, 불행, 재난 같은 부정적인 것의) 시작
beginning (일반적인 의미의) 시작

1033
thrift [θrift]

명 절약, 검소, 검약

The couple bought their own house through **thrift** and saving.
절약과 저축을 통해 그 부부는 자신들의 집을 샀다.

파생어 thrifty 형 절약하는
유의어 frugality

1034
rapid [ræpid]

형 빠른, 신속한

We faced myriad challenges during periods of **rapid** growth.
우리는 빠른 성장 기간 동안에 수많은 도전에 직면했다.

파생어 rapidly 부 빠르게
유의어 swift, prompt, hasty

1035
commuter [kəmjú:tər]

명 통근자, 통학생   형 통근하는

Many **commuters** take the train to work every day.
많은 통근자들이 매일 기차를 타고 출근한다.

파생어 commute 동 통근하다

1036
vital [váitəl]
- 형 매우 중요한, 생명 유지에 필요한

Regular exercise is **vital** for good health.
규칙적인 운동은 건강에 매우 중요하다.

유의어 crucial, essential, invaluable

Tip vita(생명의) + al(~에 관한) 우리에게 중요한 vitamin(비타민)과 연관지어 생각해 보자.

1037
concord [kάŋkɔːrd]
- 명 조화, 화합, 일치

The management is striving to work in **concord** with the labor union.
경영진은 노동조합과 조화를 이루기 위해 노력하고 있다.

유의어 harmony, agreement, accord
반의어 불화 discord

Tip con(함께) + cor(심장, 마음)

1038
screen [skri:n]
- 동 선별하다, 심사하다, 차단하다   명 칸막이

Job candidates were **screened** by the HR department.
입사 지원자들은 인사부에 의해 선별되었다.

Tip sun screen 자외선 차단제

1039
gallant [gǽlənt]
- 형 용감한

The **gallant** knight fought to protect the kingdom.
그 용감한 기사는 왕국을 지키기 위해 싸웠다.

유의어 brave, courageous, daring, audacious, plucky, intrepid, valiant

다의어

1040
resort [rizɔ́:rt]

❶ 동 의존하다, 호소하다

The country **resorted** to war to solve problems.
그 나라는 문제를 해결하기 위해 전쟁에 의존했다.

❷ 명 휴양지

The **resort** is designed for children.
그 휴양지는 아이들을 위해 설계되었다.

❸ 명 수단, 의존

They used threats as a last **resort** to win.
그들은 이기기 위한 최후의 수단으로 협박을 사용했다.

TEST

A 다음 영단어의 뜻을 찾아 연결하시오. [01~10]

01 embrace 동 • • 포옹하다, 포함하다, (제의 등을) 받아들이다
02 subjective 형 • • 주관적인, 주관의
03 interfere 동 • • 방해하다, 간섭하다
04 applaud 동 • • (가볍게) 두드리다
05 courteous 형 • • 박수치다, 칭찬하다
06 nimble 형 • • 절약, 검소, 검약
07 tap 동 • • 예의 바른, 친절한
08 render 동 • • 민첩한, 영리한
09 thrift 명 • • ~이 되게 하다, 돌려주다
10 concord 명 • • 조화, 화합, 일치

B 다음 영단어의 뜻을 우리말로 쓰시오. [11~20]

11 persist 동
12 cede 동
13 compulsory 형
14 perplex 동
15 pose 동
16 intertwine 동
17 onset 명
18 commuter 명
19 vital 형
20 screen 동

Answer

A 01 포옹하다, 포함하다, (제의 등을) 받아들이다
02 주관적인, 주관의 03 방해하다, 간섭하다
04 박수치다, 칭찬하다 05 예의 바른, 친절한
06 민첩한, 영리한 07 (가볍게) 두드리다
08 ~이 되게 하다, 돌려주다 09 절약, 검소, 검약
10 조화, 화합, 일치

B 11 지속되다, 끝까지 해내다 12 양도하다, 이양하다
13 의무적인, 필수의 14 당혹하게 하다, 난처하게 하다
15 제기하다, 자세를 취하다, ~인 척하다
16 얽히게 하다, 뒤얽히다 17 시작, 개시
18 통근자, 통학생 19 매우 중요한, 생명 유지에 필요한
20 선별하다, 심사하다, 차단하다

Day 27

암기 전 미리보기 & 암기 후 확인하기

학습 전에 아는 단어에 체크해 보세요.
학습 후에 암기한 단어에 체크해 보세요.
체크가 안 된 약점 어휘만 보면서 복습용으로 활용해 보세요.

✓ Self Check

맞힌 개수 / 40개 1회독 ☐ 2회독 ☐ 3회독 ☐

영단어 암기 테스트

☐ delay	지연, 미룸; 미루다, 지연시키다	☐ plausible	그럴듯한
☐ share	공유하다, 함께 쓰다; (할당) 몫, 주식	☐ robust	튼튼한, 강건한
☐ maintain	유지하다, 주장하다	☐ insulate	보호하다, 분리하다, 절연하다
☐ trait	특성, 특징	☐ spontaneous	즉흥적인, 자발적인
☐ sufficient	충분한	☐ mechanism	기계 장치, 메커니즘, 기제
☐ modify	수정하다, 조절하다	☐ immaculate	티 하나 없이 깔끔한, 무결점의, 완벽한
☐ prompt	촉진하다, 자극하다; 신속한; 대사 힌트, 프롬프트	☐ yardstick	척도, 표준
☐ enhance	높이다, 향상시키다	☐ thwart	좌절시키다, 방해하다
☐ conscious	의식이 있는, 의식하는	☐ meditative	명상에 잠긴
☐ stabilize	안정시키다	☐ ornament	장식, 장식품; 장식하다
☐ disadvantage	약점, 불리한 점	☐ grown-up	어른, 성인; 성인의, 다 큰
☐ arrogant	오만한, 거만한	☐ diversion	우회, 기분 전환, 유용
☐ amateur	아마추어의; 비전문가, 아마추어	☐ sinister	불길한, 섬뜩한
☐ feasible	실현 가능한	☐ composure	평정, 침착
☐ faulty	잘못된, 결함이 많은, 과실 있는	☐ innocent	결백한, 무고한, 순진한
☐ monitor	감시하다, 감독하다; 화면, 모니터	☐ accountant	회계사
☐ precipitate	촉발시키다, 재촉하다	☐ frugal	검소한
☐ correspond	일치하다, 상응하다, 서신을 주고받다	☐ utilize	이용하다, 활용하다
☐ wave	손을 흔들다, 흔들리다; 파도, 물결, 곱슬머리	☐ adduce	제시하다
☐ tolerate	견디다, 참다, 용인하다	☐ bet	1. 장담하다, 단언하다 2. (내기에) 돈을 걸다; 내기

X 모름
△ 애매함
○ 알고 있음

최빈출 어휘

1041
delay
[diléi]

명 지연, 미룸 동 미루다, 지연시키다
There was a **delay** in the delivery of the package.
소포 배달의 **지연**이 있었다.
유의어 defer, postpone, suspend

1042
share
[ʃɛər]

동 공유하다, 함께 쓰다 명 (할당) 몫, 주식
Everyone can **share** their experiences.
누구나 자신들의 경험을 **공유할** 수 있다.

1043
maintain
[meintéin]
2015 서울시 9급

동 유지하다, 주장하다
The police are responsible for **maintaining** law and order.
경찰은 법과 질서를 **유지할** 책임을 지고 있다.
유의어 유지하다 retain

1044
trait
[treit]

명 특성, 특징
People with hope have some **traits** in common.
희망을 가진 사람들은 몇 가지 **특성들**을 공통으로 가지고 있다.
유의어 feature, characteristic, attribute

1045
sufficient
[səfíʃənt]

형 충분한
We have no **sufficient** time to solve it.
우리는 그것을 해결할 **충분한** 시간이 없다.
유의어 enough
반의어 불충분한 insufficient
Tip su(넘치게) + fic(만들다) + end(형용사형 어미) → 넘치게 만드는

1046
modify
[mάdəfài]
2017 국가직 9급

동 수정하다, 조절하다
The software was **modified** to improve its performance.
소프트웨어는 성능을 향상시키기 위해 **수정되었다**.
파생어 modification 명 수정
유의어 수정하다 alter, revise, rectify, correct
      조절하다 adjust
Tip mode(척도) + ify(~으로 하다) → 척도에 맞추다

1047
prompt
[pramρt]
2008 국회사무처 8급

동 촉진하다, 자극하다 형 신속한 명 대사 힌트, 프롬프트
The teacher's question **prompted** a lively discussion.
선생님의 질문이 활발한 토론을 **촉진했다**.
유의어 촉진하다 stimulate, stir up, motivate, induce, provoke, spark
      신속한 swift, rapid
Tip a prompt action 신속한 행동

1048
enhance
[inhǽns]

2018 서울시(1회) 9급
2016 지방직 9급

동 높이다, 향상시키다

The county took steps to **enhance** water quality.
그 자치주는 수질을 높이기 위한 조치를 취했다.

파생어 enhancement 명 상승, 향상, 강화
유의어 heighten, elevate, boost, improve, upgrade

1049
conscious
[kánʃəs]

형 의식이 있는, 의식하는

A hypnotized person is not **conscious**.
최면에 걸린 사람은 의식이 있지 않다.

반의어 무의식인 unconscious
Tip be conscious of ~을 의식하고 있다

중요 어휘

1050
stabilize
[stéibəlàiz]

동 안정시키다

Religion has **stabilized** society by its values.
종교는 종교적 가치관들로 사회를 안정시켜 왔다.

파생어 stable 형 안정적인
유의어 settle, calm

1051
disadvantage
[dìsədvǽntidʒ]

명 약점, 불리한 점

Lack of experience can be a **disadvantage** in job interviews.
경험 부족은 면접에서 약점이 될 수 있다.

반의어 장점 advantage
Tip dis(반대) + advantage(유리한 입장)

1052
arrogant
[ǽrəgənt]

2016 기상직 9급
2010 서울시 9급
2009 국회사무처 8급

형 오만한, 거만한

Her **arrogant** manner didn't win her any friends or respect.
그녀의 오만한 태도는 어떤 친구나 존경도 얻지 못했다.

파생어 arrogance 명 오만, 거만
유의어 haughty, pompous, stuck-up
반의어 겸손한 humble

1053
amateur
[ǽmətʃùər]

형 아마추어의 명 비전문가, 아마추어

Many of the famous discoveries were made by **amateur** inventors.
유명한 발견들 가운데 많은 것들이 아마추어 발명가들에 의해 이루어졌다.

반의어 전문가(의) professional

1054 feasible
[fí:zəbl]
2017 서울시 7급
2010 지방직(상반기) 9급

형 실현 가능한

Your plan is not **feasible**, given the time frame.
주어진 기간을 고려할 때, 당신의 계획은 실현 가능하지 않다.

파생어 feasibility **명** 실현 가능성
유의어 viable, plausible, practicable, practical, possible, workable
Tip feas(= do) + ible → 실현 가능한

1055 faulty
[fɔ́:lti]

형 잘못된, 결함이 많은, 과실 있는

The **faulty** address will be removed from the list.
잘못된 주소는 목록에서 삭제될 것이다.

파생어 fault **명** 잘못

1056 monitor
[mάnitər]

동 감시하다, 감독하다 **명** 화면, 모니터

The central server **monitors** the misuse of the Internet.
중앙 서버는 인터넷 오용을 감시한다.

1057 precipitate
[prisípitèit]
2011 국회사무처 8급

동 촉발시키다, 재촉하다

Smoking and drinking may **precipitate** various diseases.
흡연과 음주는 다양한 질병들을 촉발시킬 수 있다.

파생어 precipitation **명** 재촉, 강수(량), 침전(물)
유의어 trigger, accelerate, speed up

1058 correspond
[kɔ̀(:)rəspάnd]

동 일치하다, 상응하다, 서신을 주고받다

His words **correspond** with his actions.
그의 말들은 그의 행동과 일치한다.

파생어 correspondence **명** 일치, 연락
유의어 일치하다 agree, match, accord, conform, concur, coincide
Tip correspond to(with) ~와 일치하다, 부합하다

1059 wave
[weiv]

동 손을 흔들다, 흔들리다 **명** 파도, 물결, 곱슬머리

She **waved** to her friend across the street.
그녀는 길 건너편에 있는 친구에게 손을 흔들었다.

1060 tolerate
[tάlərèit]
2017 국가직 9급

동 견디다, 참다, 용인하다

Some plants can **tolerate** extreme temperatures.
일부 식물은 극한 온도를 견딜 수 있다.

파생어 tolerance **명** 관용, 아량   tolerable **형** 견딜 만한
유의어 endure, bear, put up with

1061
plausible ★★
[plɔ́:zəbl]

형 그럴듯한

Her explanation seemed **plausible** to me, but I could be wrong.
그녀의 설명은 내게 그럴듯해 보였으나, 내가 틀렸을 수도 있다.

유의어 credible, probable, persuasive
반의어 그럴듯하지 않은 implausible

1062
robust ★★
[roubʌ́st]

형 튼튼한, 강건한

He looks weak, but is in fact very **robust**.
그는 약해 보이지만, 사실 매우 튼튼하다.

유의어 strong, sturdy, healthy

1063
insulate ★★
[ínsəlèit]

2020 지방직 9급

동 보호하다, 분리하다, 절연하다

The iron poles should be **insulated** from the humidity.
철 기둥들은 습기로부터 보호되어야 한다.

파생어 insulation 명 절연체, 분리, 격리
유의어 보호하다 shield, protect 분리하다 separate

1064
spontaneous ★★
[spɑntéiniəs]

형 즉흥적인, 자발적인

Poets express **spontaneous** emotion in their poems.
시인들은 자신의 시에서 즉흥적인 감정을 표현한다.

파생어 spontaneously 부 자발적으로
유의어 자발적인 voluntary, impromptu

1065
mechanism ★★
[mékənìzəm]

명 기계 장치, 메커니즘, 기제

The clock's **mechanism** is very complex.
시계의 기계 장치는 매우 복잡하다.

1066
immaculate ★★
[imǽkjulət]

2018 서울시(1회) 7급
2015 서울시 7급

형 티 하나 없이 깔끔한, 무결점의, 완벽한

Several cleaners work to keep the house **immaculate**.
청소부 몇 명이 그 집을 티 하나 없이 깔끔하게 유지하기 위해 일한다.

유의어 impeccable, unblemished, flawless, faultless, perfect
Tip im(반대) + maculate(얼룩이 있는)

1067
yardstick ★★
[jɑ́:rdstik]

명 척도, 표준

Making a fortune is not the only **yardstick** of happiness in life.
많은 돈을 버는 것이 인생에서 행복의 유일한 척도는 아니다.

유의어 criterion, standard
Tip 1야드 길이를 표시하는 자, 즉 판단의 '기준, 척도'를 의미한다.

1068
thwart [θwɔːrt]

동 좌절시키다, 방해하다

We all made desperate efforts to **thwart** his plans.
우리 모두는 그의 계획을 좌절시키기 위해 필사의 노력을 기울였다.

유의어 impede, hinder, hamper, interrupt, deter, obstruct

Tip be thwarted in one's ambitions 야망이 꺾이다

기본 어휘

1069
meditative [méditèitiv]

2013 국가직 9급

형 명상에 잠긴

I was in a **meditative** mood and didn't notice his coming.
나는 명상에 잠긴 상태여서, 그가 오는 것을 눈치채지 못했다.

파생어 meditate 동 명상하다   meditation 명 명상

Tip meditari(명상하다) + ive(형용사형 어미)

1070
ornament [ɔ́ːrnəmənt]

명 장식, 장식품   동 장식하다

The Christmas tree was covered with colorful **ornaments**.
크리스마스 트리는 형형색색의 장식들로 덮여 있었다.

파생어 ornate 형 화려하게 장식된
유의어 장식 decoration

1071
grown-up [ɡróunʌ̀p]

명 어른, 성인   형 성인의, 다 큰

As a child, I always wanted to be a **grown-up**.
어릴 때, 나는 항상 어른이 되고 싶었다.

유의어 어른 adult

Tip grow up 성장하다

1072
diversion [daivə́ːrʒən]

명 우회, 기분 전환, 유용

The road was closed, so we had to take a **diversion**.
도로가 폐쇄되어 우리는 우회해야 했다.

파생어 divert 동 주의를 딴 데로 돌리게 하다

1073
sinister [sínistər]

형 불길한, 섬뜩한

There was something **sinister** about the abandoned house.
그 버려진 집에는 뭔가 불길한 것이 있었다.

유의어 ominous
반의어 길조의 auspicious, propitious

1074
composure [kəmpóuʒər]

명 평정, 침착

She maintained her **composure** despite the stressful situation.
그녀는 스트레스가 심한 상황에서도 평정을 유지했다.

유의어 calmness

1075
innocent
[ínəsənt]

형 결백한, 무고한, 순진한

His duty is to protect the **innocent** people.
그의 임무는 결백한 사람들을 보호하는 것이다.

- 파생어 innocence 명 결백
- 유의어 무고한, 결백한 guiltless, naive
- Tip in(~이 아닌) + nocent(해를 끼치다) → 무해한

1076
accountant
[əkáuntənt]

명 회계사

The manager began advertising for a new **accountant**.
매니저는 새 회계사 채용 공고를 시작했다.

1077
frugal
[frú:gəl]

2008 서울시 9급

형 검소한

Adopting a **frugal** lifestyle can be positive.
검소한 생활 방식을 채택하는 것은 긍정적일 수 있다.

- 파생어 frugality 명 검소, 절약
- 유의어 thrifty, economical
- 반의어 낭비하는 wasteful, prodigal, lavish, extravagant
- Tip frux(과일)에서 파생된 단어로 생으로 먹는 과일처럼 소스 없이 먹는 검약한 음식에 비유한 데서 유래했다.

1078
utilize
[jú:təlàiz]

동 이용하다, 활용하다

We can **utilize** the sun as an energy source.
우리는 태양을 에너지원으로 이용할 수 있다.

- 파생어 utility 명 유용, 실용
- 유의어 use, exploit, capitalize
- Tip utile(실용적인) + ize(~으로 하다)

1079
adduce
[ədjú:s]

동 제시하다

Not all the examples **adduced** explain the phenomenon.
제시된 모든 사례가 그 현상을 설명하는 것은 아니다.

- 파생어 adduction 명 제시
- 유의어 present, cite

다의어

1080
bet
[bet]

❶ 동 장담하다, 단언하다

I **bet** that our deadline won't change, whatever happens.
무슨 일이 있어도 마감일은 바뀌지 않을 거라고 장담한다.

❷ 동 (내기에) 돈을 걸다 명 내기

You have to be over 20 to **bet**.
돈을 걸려면 20세 이상이어야 한다.

TEST

A 다음 영단어의 뜻을 찾아 연결하시오. [01~10]

01 maintain 통	•	• 약점, 불리한 점
02 prompt 통	•	• 결백한, 무고한, 순진한
03 disadvantage 명	•	• 실현 가능한
04 feasible 형	•	• 검소한
05 tolerate 통	•	• 견디다, 참다, 용인하다
06 spontaneous 형	•	• 즉흥적인, 자발적인
07 thwart 통	•	• 유지하다, 주장하다
08 diversion 명	•	• 우회, 기분 전환, 유용
09 innocent 형	•	• 촉진하다, 자극하다
10 frugal 형	•	• 좌절시키다, 방해하다

B 다음 영단어의 뜻을 우리말로 쓰시오. [11~20]

11 modify 통

12 conscious 형

13 faulty 형

14 precipitate 통

15 robust 형

16 immaculate 형

17 ornament 명

18 composure 명

19 accountant 명

20 utilize 통

Answer

A 01 유지하다, 주장하다 02 촉진하다, 자극하다
03 약점, 불리한 점 04 실현 가능한
05 견디다, 참다, 용인하다 06 즉흥적인, 자발적인
07 좌절시키다, 방해하다 08 우회, 기분 전환, 유용
09 결백한, 무고한, 순진한 10 검소한

B 11 수정하다, 조절하다 12 의식이 있는, 의식하는
13 잘못된, 결함이 많은, 과실 있는
14 촉발시키다, 재촉하다 15 튼튼한, 강건한
16 티 하나 없이 깔끔한, 무결점의, 완벽한
17 장식, 장식품 18 평정, 침착 19 회계사
20 이용하다, 활용하다

Day 28

✤ 암기 전 미리보기 & 암기 후 확인하기

학습 전에 아는 단어에 체크해 보세요.
학습 후에 암기한 단어에 체크해 보세요.
체크가 안 된 약점 어휘만 보면서 복습용으로 활용해 보세요.

✓ Self Check

맞힌 개수 _____ / 40개   1회독 ☐ 2회독 ☐ 3회독 ☐

영단어
암기 테스트

☐ preserve	보존하다, 보호하다	☐ potable	마실 수 있는
☐ substance	물질, 본질, 중요성	☐ compassionate	동정심이 많은, 인정 많은, 자비로운
☐ enthusiasm	열정	☐ impair	손상시키다, 해치다
☐ privilege	특권, 특전	☐ overall	전반적인, 종합적인, 전체적인
☐ ethical	윤리적인, 도덕적인	☐ obsessed	집착하는, 사로잡힌
☐ appreciate	감사하다, 높이 평가하다	☐ splendid	멋진, 훌륭한
☐ appropriate	적절한; 전용하다, 도용하다	☐ steady	꾸준한, 안정된
☐ attribute	속성, 특질; ~의 탓으로 하다	☐ suspend	(일시) 중지하다, 연기하다, 매달다
☐ pressure	압박, 압력	☐ endanger	위험에 빠뜨리다
☐ masculine	남성적인, 남자다운	☐ tilt	기울기, 경사; 기울이다, 기울다
☐ random	무작위의, 멋대로의	☐ enervate	기력을 떨어뜨리다, 약화시키다
☐ extension	연장	☐ concurrent	동시에 열리는, 공존하는
☐ bitter	맛이 쓴, 쓰라린	☐ amplify	증폭하다, 확대하다
☐ vociferous	시끄러운, 격렬한, 고함치는	☐ curve	구부리다; 곡선
☐ disappoint	실망시키다	☐ nuisance	성가심, 귀찮은 행위 [사람/것]
☐ hardship	어려움, 곤란	☐ ironic	아이러니한, 모순적인
☐ approve	승인하다, 찬성하다	☐ garrulous	말 많은, 수다스러운
☐ quarter	4분의 1; 4등분하다	☐ relentless	무자비한, 가차 없는
☐ complement	보충하다; 보완물	☐ eject	튀어나오다, 쫓아내다
☐ comparable	견줄 만한, 필적하는	☐ grasp	1. 꽉 잡다; 꽉 쥐기 2. 이해하다, 파악하다

✗ 모름
△ 애매함
○ 알고 있음

최빈출 어휘

1081 preserve [prizə́ːrv]
동 보존하다, 보호하다
We need to **preserve** what we have for future generations to come.
우리는 다가올 미래 세대를 위해 우리가 가진 것을 보존할 필요가 있다.
파생어 preservation 명 보존, 보호   preservative 명 보존료, 방부제
유의어 conserve, maintain, protect, sustain, shield, safeguard

1082 substance [sʌ́bstəns]
명 물질, 본질, 중요성
Water is a very important **substance**.
물은 매우 중요한 물질이다.
Tip a man of substance 자산가

1083 enthusiasm [inθjúːziæzəm]
명 열정
A few expressed **enthusiasm** about the current leaders.
현재의 지도자들에 관해 몇몇 사람들이 열정을 표현했다.
파생어 enthusiastic 형 열정적인, 열심인
유의어 passion, zeal

1084 privilege [prívəlidʒ]
명 특권, 특전
In this small village he enjoys special **privilege**.
이 작은 마을에서 그는 특권을 누리고 있다.
유의어 prerogative
Tip privi(개인의) + lege(법률)

1085 ethical [éθikəl]
형 윤리적인, 도덕적인
The **ethical** problems doctors and vets are facing differ.
의사들과 수의사들이 직면하고 있는 윤리적인 문제는 다르다.
유의어 moral
Tip ethical standards 윤리 규범

1086 appreciate [əpríːʃièit]
2015 서울시 7급
2014 서울시 9급
2013 국가직 9급
2008 서울시 9급
동 감사하다, 높이 평가하다
We **appreciate** your interest in our company.
저희 회사에 관심을 가져 주셔서 감사합니다.
파생어 appreciative 형 고마워하는
반의어 평가 절하하다 depreciate

1087 appropriate [əpróupriət]
형 적절한   동 [əpróuprièit] 전용하다, 도용하다
Please use **appropriate** language in formal settings.
공식적인 자리에서는 적절한 언어를 사용해 주세요.
유의어 적절한 suitable, relevant, germane, pertinent, proper, fitting
Tip a(~쪽으로) + propriate(= proper) → 적절한 쪽으로

1088 ★★★
attribute
[ǽtribjuːt]

명 속성, 특징　동 [ətríbjuːt] ~의 탓으로 하다

The clone has the identical **attributes** to the original.
복제품은 원본과 동일한 **속성**들을 가지고 있다.

유의어　특질 feature, quality, characteristic, trait

Tip　attribute A to B　A를 B의 탓(덕분)으로 돌리다

1089 ★★★
pressure
[préʃər]

명 압박, 압력

Some people work faster and more efficiently under **pressure**.
어떤 사람은 **압박** 받는 상태에서 더 빨리, 그리고 더 효율적으로 일한다.

유의어　압박 constraint, obligation
　　　　압력 force, compressing

중요 어휘

1090 ★★
masculine
[mǽskjəlin]

형 남성적인, 남자다운

Bold men are seen as more **masculine**.
대담한 남자들이 더 **남성적인** 것처럼 보여진다.

파생어　masculinity　명 남성성
반의어　여성스러운 feminine

1091 ★★
random
[rǽndəm]

형 무작위의, 멋대로의

Events and conditions are not **random**; they have cause and effect.
사건, 사고들은 **무작위로** 일어나는 것이 아니다; 그것들은 인과관계를 가지고 있다.

유의어　arbitrary, haphazard

1092 ★★
extension
[iksténʃən]

2015 기상직 9급
2013 지방직 9급

명 연장

The **extension** of the contract was approved.
계약 **연장**이 승인되었다.

파생어　extend　동 연장하다　　extensive　형 광범위한

1093 ★★
bitter
[bítər]

형 맛이 쓴, 쓰라린

Coffee, like other caffeinated teas, has a **bitter** taste.
커피는 카페인이 든 다른 차들처럼 **맛이 쓰다**.

파생어　bitterly　부 몹시, 비통하게

1094 ★★
vociferous
[vousífərəs]

2014 서울시 7급

형 시끄러운, 격렬한, 고함치는

The debate became increasingly **vociferous**.
그 토론은 점점 더 **시끄러워졌다**.

유의어　시끄러운 boisterous, loud

Tip　voci(목소리) + ferre(가져오다) + ous(형용사형 어미)

1095 disappoint
[dìsəpɔ́int]

2012 지방직(하반기)
(사회복지직·인천시) 9급

동 실망시키다

She was **disappointed** to find that she could not cross the lake.
그녀는 호수를 건널 수 없음을 알고는 **실망했다**.

유의어 let down, discourage, dismay, deject

1096 hardship
[háːrdʃip]

명 어려움, 곤란

There will be financial **hardship** in the future.
장차 경제적 **어려움**이 있을 것이다.

Tip go through hardship 곤란을 겪다

1097 approve
[əprúːv]

동 승인하다, 찬성하다

The proposal was unanimously **approved**.
그 제안은 만장일치로 **승인되었다**.

파생어 approval 명 승인, 찬성
Tip approve of ~을 찬성하다

1098 quarter
[kwɔ́ːrtər]

명 4분의 1 동 4등분하다

In 1932 a **quarter** of all insured workers were out of work.
1932년에는 전체 보험 가입 노동자들의 **4분의 1**이 실직했다.

1099 complement
[kámpləmənt]

동 보완하다 명 보완물

The new software **complements** the existing system.
그 새로운 소프트웨어는 기존 시스템을 **보완해 준다**.

파생어 complementary 형 상호보완적인
Tip compliment 칭찬, 찬사

1100 comparable
[kámpərəbl]

형 견줄 만한, 필적하는

Her cooking skill is **comparable** to that of chefs on TV.
그녀의 요리 솜씨는 텔레비전에 나오는 요리사들에 **견줄 만하다**.

파생어 compare 동 비교하다   comparability 명 비교 가능성
반의어 비할 데가 없는 incomparable

1101 potable
[póutəbl]

형 마실 수 있는

We have **potable** water in the well.
우물에 **마실 수 있는** 물이 있다.

유의어 drinkable
Tip palatable 맛있는
    portable 휴대용의

1102
compassionate
[kəmpǽʃənət]

2013 서울시 7급
2012 국가직 7급

형 동정심이 많은, 인정 많은, 자비로운

She is a **compassionate** doctor who cares deeply for her patients.
그녀는 환자들을 깊이 배려하는 동정심 많은 의사이다.

파생어 compassion 명 동정심
유의어 sympathetic, pitiful

1103
impair
[impέər]

동 손상시키다, 해치다

Drinking too much alcohol can **impair** your judgment.
과도한 음주는 판단력을 손상시킬 수 있다.

파생어 impaired 형 손상된
유의어 damage, harm, undermine

1104
overall
[òuvərɔ́:l]

형 전반적인, 종합적인, 전체적인

Laughing can change your mood and improve your **overall** health.
웃음은 기분을 전환해주고 전반적인 건강에도 도움이 된다.

유의어 comprehensive, universal, general, total
Tip 먼지 등이 묻지 않게 옷 위에 헐렁하게 걸치는 작업복도 overall이라 한다.

1105
obsessed
[əbsést]

형 집착하는, 사로잡힌

Our culture is **obsessed** with perfection and with hiding problems.
우리 문화는 완벽과 문제를 감추는 것에 집착한다.

파생어 obsess 동 사로잡다, 강박감을 갖다
유의어 captivated, preoccupied
Tip be obsessed with(by) ~에 사로잡히다, ~에 집착하다

1106
splendid
[spléndid]

형 멋진, 훌륭한

The royal palace was a very **splendid** sight.
그 왕궁은 매우 멋진 광경이었다.

유의어 magnificent, spectacular
Tip a splendid idea 훌륭한 생각

1107
steady
[stédi]

2008 중앙선거관리위원회·소방직 9급

형 꾸준한, 안정된

This was all the result of his **steady** efforts.
이 모든 것은 그의 꾸준한 노력의 결과였다.

파생어 steadily 부 꾸준히, 착실하게
유의어 stable, firm
Tip steady state 안정된 상태

1108 suspend
[səspénd]

2023 국가직 9급
2009 서울시(세무·기술직) 9급

동 (일시) 중지하다, 연기하다, 매달다

The delivery service has been **suspended** due to bad weather.
날씨가 좋지 않아서 배송 서비스가 **중지되었다**.

파생어 suspension 명 정학, 정지
유의어 연기하다 postpone, delay, defer, hold off, hold over, put off
Tip suspend a banner 현수막을 매달다

기본 어휘

1109 endanger
[indéindʒər]

동 위험에 빠뜨리다

Climate change can **endanger** all forms of life on the planet.
기후 변화는 행성에 있는 모든 형태의 생명을 **위험에 빠뜨릴** 수 있다.

유의어 jeopardize, imperil
Tip endanger one's life ~의 생명을 위태롭게 하다

1110 tilt
[tilt]

명 기울기, 경사   동 기울이다, 기울다

The shelf is at a slight **tilt** to the left.
그 선반은 왼쪽으로 약간 **기울어져** 있다.

유의어 slant

1111 enervate
[énərvèit]

동 기력을 떨어뜨리다, 약화시키다

The patients seem to be **enervated** by the rainy weather.
환자들은 비 오는 날씨로 인해 **기력이 떨어진** 것처럼 보인다.

유의어 weaken, debilitate, undermine, abate, attenuate
반의어 강화시키다 strengthen

1112 concurrent
[kənkə́:rənt]

2008 국가직 9급

형 동시에 열리는, 공존하는

The two events were **concurrent**, so I had to choose one.
두 행사가 **동시에 열려서** 나는 하나를 선택해야 했다.

유의어 simultaneous
Tip con(동시에, 함께) + cur(일어나다, 달리다)

1113 amplify
[ǽmpləfài]

동 증폭하다, 확대하다

Speakers are used to **amplify** sound in large venues.
스피커는 넓은 장소에서 소리를 **증폭하는** 데 사용된다.

파생어 ample 형 충분한, 풍부한
유의어 expand
Tip ample(큰) + ify(만들다) → 크게 만들다 → 확대하다

1114
curve
[kəːrv]

동 구부리다 명 곡선

The gnu's horns are **curved** upward.
누의 뿔은 위쪽으로 **구부러져 있다**.

1115
nuisance
[njúːsəns]

명 성가심, 귀찮은 행위[사람/것]

The dog is just a **nuisance**, messing up people's gardens.
그 개는 **성가신 존재**일 뿐으로 사람들의 정원을 망쳐 놓는다.

유의어 annoyance, trouble

Tip make a nuisance of oneself 남에게 폐를 끼치다

1116
ironic
[airánik]

형 아이러니한, 모순적인

It's **ironic** that he became a surgeon despite his fear of blood.
피를 무서워함에도 불구하고 그가 외과 의사가 되었다는 것은 **아이러니하다**.

파생어 irony 명 아이러니

유의어 satirical

1117
garrulous
[gǽrələs]

2009 국회사무처 8급

형 말 많은, 수다스러운

Some people become **garrulous** when they lie.
어떤 사람들은 거짓말을 할 때 **말이 많아진다**.

유의어 talkative, verbose, loquacious, wordy, chatty

반의어 과묵한 reserved, reticent

1118
relentless
[riléntlis]

형 무자비한, 가차 없는

She appears to be under **relentless** pressure at school.
그녀는 학교에서 **무자비한** 압박감을 받는 것처럼 보인다.

유의어 merciless, ruthless, cruel, pitiless

Tip relent(누그러지다) + less(~ 않는)

1119
eject
[idʒékt]

동 튀어나오다, 쫓아내다

The error caused the disk to **eject** from the computer.
오류로 인해 디스크가 컴퓨터에서 **튀어나왔다**.

유의어 쫓아내다 expel, evict

다의어

1120
grasp
[græsp]

① 동 꽉 잡다 명 꽉 쥐기

The instructor asked me to **grasp** the handle.
그 강사는 내게 손잡이를 **꽉 잡으라고** 요청했다.

② 동 이해하다, 파악하다

She couldn't **grasp** what the instructor was saying.
그녀는 그 강사가 말하는 것을 **이해하지** 못했다.

TEST

A 다음 영단어의 뜻을 찾아 연결하시오. [01~10]

01 substance 명	•	• 위험에 빠뜨리다
02 appropriate 형	•	• 동시에 열리는, 공존하는
03 random 형	•	• 무작위의, 멋대로의
04 hardship 명	•	• 어려움, 곤란
05 complement 동	•	• 물질, 본질, 중요성
06 impair 동	•	• 적절한
07 splendid 형	•	• 무자비한, 가차 없는
08 endanger 동	•	• 멋진, 훌륭한
09 concurrent 형	•	• 보완하다
10 relentless 형	•	• 손상시키다, 해치다

B 다음 영단어의 뜻을 우리말로 쓰시오. [11~20]

11 privilege 명

12 attribute 명

13 extension 명

14 approve 동

15 comparable 형

16 obsessed 형

17 suspend 동

18 tilt 명

19 amplify 동

20 nuisance 명

Answer

A 01 물질, 본질, 중요성 02 적절한
03 무작위의, 멋대로의 04 어려움, 곤란 05 보완하다
06 손상시키다, 해치다 07 멋진, 훌륭한
08 위험에 빠뜨리다 09 동시에 열리는, 공존하는
10 무자비한, 가차 없는

B 11 특권, 특전 12 속성, 특성 13 연장
14 승인하다, 찬성하다 15 견줄 만한, 필적하는
16 집착하는, 사로잡힌
17 (일시) 중지하다, 연기하다, 매달다 18 기울기, 경사
19 증폭하다, 확대하다 20 성가심, 귀찮은 행위(사람/것)

Day 29

암기 전 미리보기 & 암기 후 확인하기

학습 전에 아는 단어에 체크해 보세요.
학습 후에 암기한 단어에 체크해 보세요.
체크가 안 된 약점 어휘만 보면서 복습용으로 활용해 보세요.

✓ Self Check

맞힌 개수 ___ / 40개   1회독 ☐ 2회독 ☐ 3회독 ☐

영단어 암기 테스트

☐ inform	알리다, 통지하다	☐ intimate	친밀한; 암시하다
☐ associate	관련지어 생각하다, 연합시키다	☐ recall	기억해 내다, 소환하다; 회수, 리콜
☐ attach	붙이다, 첨부하다	☐ spell	철자를 쓰다(말하다); 초래하다; 한동안, 마법, 주문
☐ elaborate	정교한, 정밀한; 상세히 설명하다	☐ accommodate	적응시키다, 숙박시키다
☐ approximate	근사치인, 대략의; ~에 가까워지다	☐ nadir	최악의 순간, 밑바닥
☐ manifest	명백히 밝히다; 명백한	☐ straightforward	솔직한, 간단한
☐ consistent	일정한, 일치하는, 일관된	☐ engage	(주의·관심을) 끌다, 종사시키다, 관여하다
☐ specific	구체적인, 특정한, 명확한; 구체적인 사항	☐ discourage	막다, 방해하다, 단념시키다
☐ intellectual	지적인; 지식인	☐ stack	쌓다, 쌓아 올리다; 더미, 쌓아 올린 무더기
☐ immortal	불멸의, 죽지 않는	☐ oblivious	의식하지 못하는, 잘 잊어버리는
☐ intrinsic	본질적인, 고유의	☐ scrutinize	자세히 조사하다
☐ secular	세속의, 비종교적인	☐ lifespan	수명
☐ disguise	위장하다, 숨기다; 변장, 속임	☐ maternal	어머니의
☐ anonymous	익명의	☐ transitory	일시적인, 순간적인, 덧없는
☐ impertinent	무례한, 건방진, 적절하지 않은	☐ scrap	폐기하다, 버리다; 조각, 부스러기, 폐기물
☐ resume	다시 시작하다, 재개하다; 이력서	☐ enclose	동봉하다, 에워싸다
☐ reward	보상, 보답; 보상하다, 보답하다	☐ outline	개요를 말하다, 윤곽을 보여주다(그리다); 개요, 윤곽
☐ convey	전달하다, 나르다	☐ offhand	즉석에서, 미리 준비 없이 바로; 즉흥적인, 미리 준비하지 않은
☐ miserable	비참한, 끔찍한	☐ dual	이중의, 둘의
☐ discern	분별하다, 알아보다	☐ appeal	1. 항소, 상고; 항소하다 2. 매력

X 모름
△ 애매함
○ 알고 있음

최빈출 어휘

1121
inform
[infɔ́ːrm]
2025 국가직 9급

동 알리다, 통지하다
Please **inform** me of the details of the new project.
새로운 프로젝트의 세부 사항을 저에게 알려 주세요.
파생어 information 명 정보
Tip **inform A of B** A에게 B를 알려 주다

1122
associate
[əsóuʃièit]

동 관련지어 생각하다, 연합시키다
People **associate** child abuse with poverty.
사람들은 아동 학대를 빈곤과 관련지어 생각한다.
파생어 association 명 협회, 연합, 연상
유의어 관련시키다 relate, unite
Tip **be associated with** ~와 관련되다

1123
attach
[ətǽtʃ]

동 붙이다, 첨부하다
Magnets are **attached** to the fridge.
자석이 냉장고에 붙어 있다.
파생어 attachment 명 애착, 부착, 첨부
유의어 stick, paste, glue

1124
elaborate
[ilǽbərət]

형 정교한, 정밀한 동 [ilǽbərèit] 상세히 설명하다
His **elaborate** costume caught the public eye.
그의 정교한 의상은 사람들의 이목을 끌었다.
파생어 elaboration 명 정밀함, 정교

1125
approximate
[əpráksəmət]

형 근사치인, 대략의 동 [əpráksəmèit] ~에 가까워지다
The **approximate** answer is not good enough.
근사치의 답변은 만족스럽지 않다.
파생어 approximately 부 거의, 가까이
유의어 대략의 rough
Tip **a**(~에) + **prox**(가까이) + **ate**(~의) → 대략의

1126
manifest
[mǽnifèst]
2016 서울시 7급

동 명백히 밝히다 형 명백한
The government **manifested** its entry into the war in Iraq.
정부는 이라크 전쟁에의 참전을 명백히 밝혔다.
유의어 명백한 clear, distinct, obvious, apparent, evident, lucid
Tip **a manifest error** 명백한 잘못

1127
consistent
[kənsístənt]

형 일정한, 일치하는, 일관된
This brand is known for its **consistent** quality.
이 브랜드는 일정한 품질로 유명하다.
파생어 consist 동 일치하다

1128
specific
[spisífik]

형 구체적인, 특정한, 명확한   명 구체적인 사항

The contract includes **specific** terms and conditions.
그 계약에는 **구체적인** 조건과 조항이 포함되어 있다.

- 파생어 specify 동 구체화하다
- 유의어 특정한 particular, certain, special   명확한 well-defined
  구체적인 concrete

1129
intellectual
[intəléktʃuəl]

형 지적인   명 지식인

Chess is an **intellectual** game that requires strategic thinking.
체스는 전략적 사고를 요구하는 **지적인** 게임이다.

- 파생어 intellect 명 지적 능력
- 유의어 지적인 educated, scholarly

중요 어휘

1130
immortal
[imɔ́ːrtl]

형 불멸의, 죽지 않는

Literature is full of dealmakers with **immortal** longings.
문학은 **불멸**의 열망을 거래하는 사람들로 가득하다.

- 유의어 imperishable
- 반의어 죽음의 mortal
- Tip im(= not) + mortal(죽음의)

1131
intrinsic
[intrínsik]

형 본질적인, 고유의

The ability to communicate is **intrinsic** to human nature.
의사소통 능력은 인간의 **본질적인** 특성이다.

- 유의어 inherent, innate, native
- 반의어 비본질적인, 외적인 extrinsic
- Tip have intrinsic value 진가가 있다

1132
secular
[sékjulər]

형 세속의, 비종교적인

Both religious schools and **secular** ones provide quality education.
종교 학교와 **세속** 학교 모두 양질의 교육을 제공한다.

- 파생어 secularize 동 세속화하다
- 유의어 세속의 worldly, earthly, mundane
- Tip secular affairs 속세의 일

1133
disguise
[disgáiz]

동 위장하다, 숨기다   명 변장, 속임

The spy **disguised** her identity with a fake passport.
그 스파이는 가짜 여권으로 신분을 **위장했다**.

- 유의어 camouflage

1134 ★★ anonymous
[ənánəməs]
2011 지방직 9급

형 익명의

A man sent the shop an **anonymous** letter of apology.
한 남자가 그 가게에 익명의 사과 편지를 보냈다.

파생어 anonymity 명 익명(성), 무명
유의어 nameless, obscure
Tip anonymous call 익명의 전화

1135 ★★ impertinent
[impə́ːrtənənt]
2014 기상직 9급

형 무례한, 건방진, 적절하지 않은

The politician's **impertinent** remark aroused criticism.
그 정치인의 무례한 말이 물의를 일으켰다.

유의어 건방진 rude, impolite, impudent, insolent
적절하지 않은, 관련 없는 extraneous, irrelevant
Tip im(부정) + pertinent(적절한) → 적절하지 않은

1136 ★★ resume
[rizúːm]
2017 지방직(하반기) 9급
2015 사회복지직 9급

동 다시 시작하다, 재개하다 명 [résumé] 이력서

He **resumed** his studies after a year-long break.
그는 1년간의 휴식 후에 학업을 다시 시작했다.

유의어 restart, pick up, start over

1137 ★★ reward
[riwɔ́ːrd]

명 보상, 보답 동 보상하다, 보답하다

His pride would not allow him to accept any **reward**.
그는 자존심이 강해서 어떠한 보상도 받으려 하지 않을 것이다.

유의어 보상 compensation, payback, remuneration
보상하다 compensate
Tip re(뒤를) + ward(주의해서 보다) → 지나간 것을 살펴 보답하다

1138 ★★ convey
[kənvéi]

동 전달하다, 나르다

The artist **conveyed** deep emotions through the painting.
그 예술가는 그림을 통해 깊은 감정을 전달했다.

1139 ★★ miserable
[mízərəbl]

형 비참한, 끔찍한

She felt **miserable** after losing her job.
그녀는 직장을 잃고 나서 매우 비참한 기분을 느꼈다.

1140 ★★ discern
[disə́ːrn]
2024 국가직 9급
2019 국가직 9급

동 분별하다, 알아보다

We need to **discern** right and wrong.
우리는 옳고 그른 것을 분별할 필요가 있다.

파생어 indiscernibly 부 분간할 수 없게
유의어 분별하다 distinguish, discriminate, differentiate

1141 intimate
[íntimət]
2023 국가직 9급

형 친밀한 동 [íntimèit] 암시하다

The couple maintained an **intimate** relationship for years.
그 커플은 오랫동안 **친밀한** 관계를 유지했다.

파생어 intimacy 명 친밀함
유의어 친밀한 close

1142 recall
[rikɔ́ːl]

동 기억해 내다, 소환하다 명 [ríːkɔl] 회수, 리콜

He **recalled** the accident vividly.
그는 그 사고를 생생하게 **기억해 냈다**.

유의어 상기하다 recollect, retrieve
Tip beyond recall 돌이킬 수 없는

1143 spell
[spel]

동 철자를 쓰다(말하다), 초래하다 명 한동안, 마법, 주문

I always forget how to **spell** "necessary".
나는 항상 "necessary"의 **철자 쓰는** 법을 잊어버린다.

1144 accommodate
[əkámədèit]

동 적응시키다, 숙박시키다

I had to try hard to **accommodate** myself to new surroundings.
나는 새로운 환경에 **적응하기** 위해 열심히 노력해야 했다.

파생어 accommodation 명 숙박, 숙소
유의어 적응시키다 adapt, adjust   숙박시키다 lodge

1145 nadir
[néidər]
2014 지방직 7급
2013 국회사무처 8급

명 최악의 순간, 밑바닥

The Senator is at the **nadir** of his political career.
그 상원 의원은 자신의 정치 경력에 있어 **최악의 순간**에 처했다.

유의어 rock-bottom
반의어 절정 zenith, acme, apex, summit, climax, pinnacle, peak
Tip at the nadir of ~의 최악의 순간에, ~의 구렁텅이에

1146 straightforward
[strèitfɔ́ːrwərd]

형 솔직한, 간단한

He gave a **straightforward** answer in a job interview.
그는 취업 면접에서 **솔직한** 대답을 했다.

유의어 솔직한 candid, frank
　　　 간단한 simple, easy, brief
Tip straight(똑바로) + forward(앞으로)

1147
engage
[ingéidʒ]

동 (주의·관심을) 끌다, 종사시키다, 관여하다

The film failed to **engage** my interest.
그 영화는 나의 관심을 끄는 데 실패했다.

Tip be engaged in ~으로 바쁘다, ~에 종사하다

1148
discourage
[diskə́:ridʒ]

동 막다, 방해하다, 단념시키다

Nothing can **discourage** me from achieving my goals.
아무것도 내가 목표를 이루는 것을 막을 수 없다.

유의어 단념시키다 deter
반의어 encourage

Tip discourage A from -ing A가 ~하는 것을 막다

기본 어휘

1149
stack
[stæk]

동 쌓다, 쌓아 올리다   명 더미, 쌓아 올린 무더기

Some boxes are **stacked** up against the wall.
상자 몇 개가 벽에 기대어 쌓여 있다.

Tip stack up 계속 쌓이다

1150
oblivious
[əblíviəs]

형 의식하지 못하는, 잘 잊어버리는

The driver was **oblivious** to the red light.
그 운전자는 빨간불을 의식하지 못했다.

유의어 unaware, unconscious

1151
scrutinize
[skrú:tənàiz]

동 자세히 조사하다

Scientists have **scrutinized** those chemicals in recent decades.
과학자들이 최근 수십 년 동안 이 화학 물질들을 자세히 조사해 왔다.

파생어 scrutiny 명 면밀한 조사
유의어 inspect, investigate, examine, overhaul, look into, probe into, delve into

1152
lifespan
[láifspæ̀n]

명 수명

The natural **lifespan** of a cat is 15 years.
고양이의 자연 수명이 15년이다.

Tip life(생명) + span(기간) → 생명의 기간 → 수명

1153
maternal
[mətə́:rnl]

형 어머니의

She took on a **maternal** role for her younger siblings.
그녀는 어린 형제자매들을 위해 어머니의 역할을 했다.

1154
transitory
[trǽnsətɔ̀:ri]

형 일시적인, 순간적인, 덧없는

The pain was **transitory**, lasting only a few seconds.
그 고통은 일시적이었고, 단 몇 초만 지속되었다.

유의어 momentary, temporary, transient, evanescent, ephemeral

1155
scrap
[skræp]

동 폐기하다, 버리다   명 조각, 부스러기, 폐기물

The old ship was **scrapped** last year.
그 오래된 배는 작년에 폐기되었다.

Tip '스크랩하다'에서 scrap은 콩글리쉬이고, clipping이 올바른 영어이다.

1156
enclose
[inklóuz]

동 동봉하다, 에워싸다

I **enclosed** a copy of the job description.
나는 직무 해설서의 사본을 동봉했다.

1157
outline
[áutlàin]

동 개요를 말하다, 윤곽을 보여주다(그리다)   명 개요, 윤곽

Could you **outline** your thoughts on this issue?
이 문제에 대한 당신 생각의 개요를 말해 주실 수 있나요?

1158
offhand
[ɔ́:fhæ̀nd]

부 즉석에서, 미리 준비 없이 바로   형 즉흥적인, 미리 준비하지 않은

I can't tell you the exact number **offhand**, but I can check.
즉석에서 정확한 숫자를 말할 수는 없지만, 확인해 볼게요.

유의어 on the spot, improvisatorially, extemporarily, spontaneously

Tip tell offhand 즉석에서 말하다

1159
dual
[djú:əl]

형 이중의, 둘의

Individuals may hold **dual** citizenship in the US and Canada.
미국과 캐나다에서는 개인이 이중 국적을 보유할 수 있다.

Tip du는 '둘'이라는 의미가 있다.
duet(이중창), dubious (의심스러운)도 여기에서 유래했다.

다의어

1160
appeal
[əpí:l]

① 명 항소, 상고   동 항소하다

The defendant made an **appeal** against the judgment.
피고는 판결에 대해 항소했다.

② 명 매력

The actress has a mysterious **appeal**.
그 여배우는 신비한 매력을 가지고 있다.

TEST

A 다음 영단어의 뜻을 찾아 연결하시오. [01~10]

01 associate 동 · · 관련지어 생각하다, 연합시키다
02 approximate 형 · · 기억해 내다, 소환하다
03 immortal 형 · · 익명의
04 anonymous 형 · · 즉석에서, 미리 준비 없이 바로
05 convey 동 · · 전달하다, 나르다
06 recall 동 · · 근사치인, 대략의
07 engage 동 · · 불멸의, 죽지 않는
08 oblivious 형 · · 의식하지 못하는, 잘 잊어버리는
09 transitory 형 · · 일시적인, 순간적인, 덧없는
10 offhand 부 · · (주의·관심을) 끌다, 종사시키다, 관여하다

B 다음 영단어의 뜻을 우리말로 쓰시오. [11~20]

11 elaborate 형
12 consistent 형
13 intrinsic 형
14 disguise 동
15 miserable 형
16 intimate 형
17 accommodate 동
18 maternal 형
19 enclose 동
20 dual 형

Answer

A 01 관련지어 생각하다, 연합시키다 02 근사치인, 대략의
03 불멸의, 죽지 않는 04 익명의 05 전달하다, 나르다
06 기억해 내다, 소환하다
07 (주의·관심을) 끌다, 종사시키다, 관여하다
08 의식하지 못하는, 잘 잊어버리는 09 일시적인, 순간적인, 덧없는
10 즉석에서, 미리 준비 없이 바로

B 11 정교한, 정밀한 12 일정한, 일치하는, 일관된
13 본질적인, 고유의 14 위장하다, 숨기다
15 비참한, 끔찍한 16 친밀한
17 적응시키다, 숙박시키다 18 어머니의
19 동봉하다, 에워싸다 20 이중의, 둘의

Day 30

암기 전 미리보기 & 암기 후 확인하기

학습 전에 아는 단어에 체크해 보세요.
학습 후에 암기한 단어에 체크해 보세요.
체크가 안 된 약점 어휘만 보면서 복습용으로 활용해 보세요.

Self Check

맞힌 개수　　/ 40개　1회독 ☐　2회독 ☐　3회독 ☐

영단어
암기 테스트

☐ prevalent	널리 퍼져 있는, 유행하는	☐ chamber	회의실, 방
☐ proper	알맞은, 적당한	☐ reckless	난폭한, 부주의한, 무모한
☐ ultimate	최종의, 최고의	☐ convince	납득시키다, 확신시키다
☐ occasion	(특정한) 경우, 때, 행사, 이유	☐ outweigh	~보다 더 크다, ~보다 중요하다
☐ inevitable	불가피한	☐ haste	서두름, 급함
☐ apparent	분명한, 외관상의	☐ elastic	융통성 있는, 탄력 있는
☐ empathy	감정 이입, 공감	☐ rebellious	반항하는, 반역하는
☐ recipient	수취인, (어떤 것을) 받는 사람	☐ diffident	내성적인, 소심한
☐ tenant	세입자, 세든 사람	☐ congested	혼잡한
☐ disgrace	불명예, 치욕	☐ erect	꼿꼿한, 똑바로 선; 건립하다, 똑바로 세우다
☐ inherent	내재하는, 타고난	☐ recess	휴식 (시간), 방학
☐ vicious	악의적인, 사악한, 맹렬한	☐ tentative	잠정적인, 머뭇거리는
☐ substitute	대신하다, 대체하다; 대체물, 대용품	☐ gullible	쉽게 속는, 속기 쉬운
☐ versatile	다재다능한, 다용도의	☐ obstinate	완고한
☐ dictate	좌우하다, 지시하다	☐ acid	산(酸), 신맛이 나는 것; 산성의, 신맛이 나는
☐ collaborate	협력하다, 공동으로 하다	☐ adjacent	가까운, 근접한
☐ decade	십 년, 10년	☐ gloat (over)	(남의 실패를) 고소해하다, 우쭐대다
☐ voluntary	자발적인, 자원봉사로 하는	☐ tranquil	평온한, 고요한
☐ stiff	뻣뻣한, 경직된, 딱딱한; 돈을 떼먹가, 무시하다	☐ pedestrian	보행자; 보행자의, 진부한
☐ mediate	중재하다, 조정하다	☐ balance	1. 균형; 균형을 유지하다 2. 잔고

X 모름
△ 애매함
○ 알고 있음

최빈출 어휘

1161
prevalent
[prévələnt]

2018 기상직 9급
2013 지방직 9급

형 **널리 퍼져 있는, 유행하는**

Online shopping is much more **prevalent** these days.
요즘에는 온라인 쇼핑이 훨씬 더 널리 퍼져 있다.

파생어 prevail 동 만연하다
유의어 널리 퍼져 있는 widespread, prevailing, pervasive, rampant, rife, ubiquitous

1162
proper
[prápər]

형 **알맞은, 적당한**

Some people don't know a **proper** way to communicate.
일부 사람들은 알맞은 의사소통 방식을 모른다.

유의어 appropriate, pertinent, relevant, germane
Tip good and proper 완전히, 철저히

1163
ultimate
[ʌ́ltəmit]

형 **최종의, 최고의**

Our **ultimate** destination was London.
우리의 최종 목적지는 런던이었다.

유의어 final, eventual, definitive
Tip ultimate fighting 종합 격투기

1164
occasion
[əkéiʒən]

명 **(특정한) 경우, 때, 행사, 이유**

She dresses up only for special **occasions**.
그녀는 특별한 경우에만 옷을 갖춰 입는다.

파생어 occasional 형 가끔의
Tip on occasion(s) 가끔

1165
inevitable
[inévitəbl]

형 **불가피한**

Some believe that large markets are **inevitable**.
어떤 사람들은 거대 시장이 불가피하다고 믿는다.

파생어 inevitability 명 불가피함, 필연성
유의어 unavoidable

1166
apparent
[əpǽrənt]

형 **분명한, 외관상의**

It's **apparent** that there's not much to worry about.
걱정할 것이 많지 않다는 것은 분명하다.

파생어 apparently 부 분명히, 명백히
유의어 분명한 clear, distinct, obvious, manifest, evident, lucid
외관상의 seeming

1167 ★★★
empathy
[émpəθi]
2009 국회사무처 8급

명 감정 이입, 공감

Writers have **empathy** for different situations in their imagination.
작가들은 상상 속에서 다양한 상황들에 감정 이입을 한다.

> Tip sympathy 동정, 연민

1168 ★★★
recipient
[risípiənt]

명 수취인, (어떤 것을) 받는 사람

I don't know the **recipient**'s ZIP code.
나는 수취인의 우편 번호를 모른다.

중요 어휘

1169 ★★
tenant
[ténənt]

명 세입자, 세든 사람

The **tenant** must pay rent on time.
세입자는 제때 임대료를 내야 한다.

1170 ★★
disgrace
[disgréis]

명 불명예, 치욕

His behaviors to the public brought **disgrace** to his father.
대중을 향한 그의 행동들은 그의 아버지에게 불명예를 가져다주었다.

> 파생어 disgraceful 형 치욕스러운
> 유의어 불명예 shame, dishonor
>   치욕(모욕) insult
> Tip dis(반대) + grace(명예, 면목)

1171 ★★
inherent
[inhí(:)ərənt]

형 내재하는, 타고난

Our need for interaction is **inherent**.
상호 작용에 대한 우리의 욕구는 내재되어 있다.

> 파생어 inherence 명 고유, 타고남
> 유의어 intrinsic, natural, innate, inborn
> Tip inherent right 본래 가지고 있는 권리, 생득권

1172 ★★
vicious
[víʃəs]

형 악의적인, 사악한, 맹렬한

The politician spread **vicious** rumors about his colleague.
그 정치인은 동료에 대한 악의적인 소문들을 퍼뜨렸다.

> 파생어 vice 명 악
> 유의어 evil, malicious, malignant, malevolent, malign, cruel, wicked
> Tip vicious circle 악순환

1173 substitute [sʌ́bstitʃùːt] ★★

동 대신하다, 대체하다 **명** 대체물, 대용품

You can **substitute** oil for butter.
버터를 기름으로 **대신할** 수 있다.

유의어 대신하다 replace, supplant, supersede

Tip substitute A for B B를 A로 대신하다

1174 versatile [vɜ́ːrsətl] ★★

형 다재다능한, 다용도의

A **versatile** employee can handle multiple tasks efficiently.
다재다능한 직원은 여러 업무를 효율적으로 처리할 수 있다.

유의어 all-round, all-purpose, adaptable, flexible

1175 dictate [diktéit] ★★

동 좌우하다, 지시하다

Weather **dictates** our travel and activities.
날씨가 우리의 이동과 활동을 **좌우한다**.

파생어 dictation **명** 받아쓰기, 지시

Tip dict(말하다) + ate(~하도록 하다) → 받아쓰게 하다

1176 collaborate [kəlǽbərèit] ★★

동 협력하다, 공동으로 하다

Scientists around the world **collaborate** to find cures for diseases.
전 세계 과학자들이 질병 치료법을 찾기 위해 **협력한다**.

파생어 collaboration **명** 공동 작업, 협력

유의어 cooperate, team up

Tip com(함께) + labor(일하다)

1177 decade [dékeid] ★★

명 십 년, 10년

Sales have increased rapidly in recent **decades**.
최근 **몇 십 년**간 매출이 급속도로 증가해 왔다.

Tip century 100년
millennium 1000년

1178 voluntary [vάləntèri] ★★

형 자발적인, 자원봉사로 하는

Participation in the program is completely **voluntary**.
이 프로그램 참여는 전적으로 **자발적이다**.

유의어 spontaneous

Tip volunteer 자원봉사자

1179 stiff [stif] ★★

형 뻣뻣한, 경직된, 딱딱한 **동** 돈을 떼먹다, 무시하다

The machine is a little **stiff** owing to the lack of oil.
윤활유가 부족해서 기계가 좀 **뻣뻣하다**.

Tip stiff necked attitude 완강한 태도

1180 mediate
[míːdieit]

동 중재하다, 조정하다

The committee **mediated** the disputes.
그 위원회는 분쟁을 중재했다.

파생어 mediation 명 중재, 조정

1181 chamber
[tʃéimbər]

명 회의실, 방

The celebration is held in the **chamber**.
그 기념행사는 회의실에서 개최된다.

1182 reckless
[réklis]

2015 서울시 7급

형 난폭한, 부주의한, 무모한

It seems to me that there're still many **reckless** drivers.
내가 보기에는 아직도 난폭 운전자들이 많은 것 같다.

유의어 careless, heedless

1183 convince
[kənvíns]

동 납득시키다, 확신시키다

We should **convince** kids of the dangers of smoking.
우리는 아이들에게 흡연의 위험성들을 납득시켜야 한다.

파생어 conviction 명 확신, 신념

1184 outweigh
[àutwéi]

동 ~보다 더 크다, ~보다 중요하다

The potential benefits may far **outweigh** the risks.
잠재적 이점들이 위험보다 훨씬 더 클 수 있다.

1185 haste
[heist]

명 서두름, 급함

Haste causes mistakes or accidents.
서두름은 실수나 사고를 야기한다.

파생어 hasty 형 서두른, 성급한
유의어 rush, hurry
Tip more haste, less speed 급할수록 돌아가라

1186 elastic
[ilǽstik]

형 융통성 있는, 탄력 있는

Elastic thinking was key to the evolution of the human species.
융통성 있는 사고는 인류의 진화의 열쇠였다.

파생어 elasticity 명 탄력성, 탄성
유의어 resilient, flexible, pliable, supple, plastic, adjustable

1187 rebellious
[ribéljəs]

형 반항하는, 반역하는

She felt that no one loved her, which made her **rebellious**.
그녀는 아무도 자기를 사랑하지 않는다고 느꼈고, 그것이 그녀를 반항적이게 만들었다.

유의어 반항적인 defiant, resistant, opposing
Tip rebellious subjects 역적   rebellious acts 반역 행위

1188 diffident
[dífidənt]
2013 서울시 9급

형 내성적인, 소심한

As opposed to my **diffident** nature, my sister is more outgoing.
내성적인 내 천성과는 반대로, 내 언니는 좀 더 외향적이다.

유의어 소심한 shy, timid, trepid, cowardly
반의어 용감한 brave, courageous, plucky

기본 어휘

1189 congested
[kəndʒéstid]

형 혼잡한

Although it wasn't the rush hour, the road was **congested**.
출퇴근 시간대도 아니었지만 그 도로는 혼잡했다.

파생어 congestion 명 혼잡, 정체   congest 동 혼잡하게 하다
유의어 overcrowded, jammed

1190 erect
[irékt]

형 꼿꼿한, 똑바로 선   동 건립하다, 똑바로 세우다

The soldier stood **erect** with his arms by his sides.
그 군인은 팔을 몸 양옆에 두고 꼿꼿한 상태로 서 있었다.

1191 recess
[ríːses]

명 휴식 (시간), 방학

We played dodgeball at **recess**.
우리는 휴식 시간에 피구를 했다.

유의어 interval, vacation, break, recession
Tip take(go into) a recess 쉬다, 휴회하다

1192 tentative
[téntətiv]

형 잠정적인, 머뭇거리는

He drew up a **tentative** plan to complete the task.
그는 그 일을 끝내기 위한 잠정적 계획을 하나 작성했다.

유의어 잠정적인 provisional, temporary
반의어 확고부동한 confirmed

1193 gullible
[gʌ́ləbl]

형 쉽게 속는, 속기 쉬운

Don't be so **gullible**; not everything on the internet is true.
너무 쉽게 속지 마. 인터넷에 있는 모든 것이 사실은 아니야.

유의어 easily deceived, credulous

1194 obstinate
[ábstənət]

형 완고한

An **obstinate** person will not admit he or she is wrong.
완고한 사람은 자신이 틀렸다는 것을 인정하려 하지 않는다.

파생어 obstinacy 명 고집, 완고
유의어 stubborn, tenacious, persistent, headstrong, inflexible, intractable

1195
acid [ǽsid]
명 산(酸), 신맛이 나는 것 형 산성의, 신맛이 나는
Acids help the absorption of vitamins.
산은 비타민의 흡수를 돕는다.

1196
adjacent [ədʒéisnt]
형 가까운, 근접한
There is a small park **adjacent** to the school.
학교에서 가까운 작은 공원이 있다.
파생어 adjacency 명 인접, 이웃
유의어 nearby, adjoining, neighbouring
Tip ad(~으로) + jacere(던지다) → 던지면 닿을 거리의 → 가까운

1197
gloat (over) [glout]
동 (남의 실패를) 고소해하다, 우쭐대다
The company **gloated** as their rival went bankrupt.
그 회사는 경쟁자가 파산하자 고소해했다.
Tip with a gloating smile 흡족한 미소로

1198
tranquil [trǽŋkwil]
형 평온한, 고요한
Filled with trees, a city park is a **tranquil** spot.
나무로 가득 찬 도시 공원들은 평온한 장소이다.
파생어 tranquility 명 평온, 침착
유의어 peaceful, calm, placid, serene

1199
pedestrian [pədéstriən]
명 보행자 형 보행자의, 진부한
Pedestrians should use crosswalks for safety.
보행자는 안전을 위해 횡단보도를 이용해야 한다.

다의어

1200
balance [bǽləns]
① 명 균형 동 균형을 유지하다
At that moment the player lost his **balance** and fell.
그 순간에 그 선수는 균형을 잃고 넘어졌다.

② 명 잔고
You can check your bank **balance** online.
너는 온라인으로 너의 은행 잔고를 확인할 수 있다.

TEST

A 다음 영단어의 뜻을 찾아 연결하시오. [01~10]

01 prevalent 형 • • 널리 퍼져 있는, 유행하는
02 inevitable 형 • • 불가피한
03 recipient 명 • • 평온한, 고요한
04 substitute 동 • • 보행자
05 voluntary 형 • • ~보다 더 크다, ~보다 중요하다
06 outweigh 동 • • 휴식 (시간), 방학
07 recess 명 • • 자발적인, 자원봉사로 하는
08 adjacent 형 • • 가까운, 근접한
09 tranquil 형 • • 수취인, (어떤 것을) 받는 사람
10 pedestrian 명 • • 대신하다, 대체하다

B 다음 영단어의 뜻을 우리말로 쓰시오. [11~20]

11 empathy 명
12 disgrace 명
13 versatile 형
14 mediate 동
15 reckless 형
16 rebellious 형
17 congested 형
18 tentative 형
19 gullible 형
20 obstinate 형

Answer

A 01 널리 퍼져 있는, 유행하는 02 불가피한
03 수취인, (어떤 것을) 받는 사람 04 대신하다, 대체하다
05 자발적인, 자원봉사로 하는
06 ~보다 더 크다, ~보다 중요하다 07 휴식 (시간), 방학
08 가까운, 근접한 09 평온한, 고요한 10 보행자

B 11 감정 이입, 공감 12 불명예, 치욕
13 다재다능한, 다용도의 14 중재하다, 조정하다
15 난폭한, 부주의한, 무모한 16 반항하는, 반역하는
17 혼잡한 18 잠정적인, 머뭇거리는
19 쉽게 속는, 속기 쉬운 20 완고한

Day 31

암기 전 미리보기 & 암기 후 확인하기

학습 전에 아는 단어에 체크해 보세요.
학습 후에 암기한 단어에 체크해 보세요.
체크가 안 된 약점 어휘만 보면서 복습용으로 활용해 보세요.

✓ Self Check   맞힌 개수 ____ / 40개   1회독 ☐ 2회독 ☐ 3회독 ☐

영단어 암기 테스트

☐ priority	우선순위, 우선권	☐ tease	놀리다, 괴롭히다
☐ brilliant	훌륭한, 빛나는	☐ declare	선언하다, 세관에 신고하다
☐ drain	고갈시키다, 다 써 버리다; 고갈, 소모	☐ impeccable	흠잡을 데 없는, 죄가 없는
☐ determine	결정하다, 결심하다, 알아내다, 밝히다	☐ paradox	역설
☐ effort	노력, 수고	☐ leftover	남은 음식, 찌꺼기; 남은
☐ surge	밀려들다, 급등하다, 끓어오르다; 밀려듦, 급등	☐ extrovert	외향적인 사람
☐ effective	효과적인, 유효한	☐ insult	모욕하다; 모욕
☐ trigger	유발하다, 일으키다, 방아쇠를 당기다; (총포의) 방아쇠	☐ obscure	모호한, 무명의; 모호하게 하다
☐ digress	(주제를) 벗어나다, (길을) 벗어나다	☐ pale	창백한, (색깔이) 연한
☐ advocate	지지하다, 옹호하다; 대변인, 지지자, 변호사	☐ sneer	비웃다, 조롱하다; 냉소
☐ informal	격식을 차리지 않은, 비공식의	☐ segregate	분리하다, 차별 대우하다
☐ overwhelming	엄청난, 압도적인	☐ punctuate	강조하다, 중단시키다
☐ typical	전형적인, 상징적인	☐ kidnap	납치하다, 유괴하다
☐ curb	억제하다, 제한하다	☐ docile	온순한, 다루기 쉬운
☐ contrast	대조; 대비시키다	☐ synthetic	합성의, 인조의
☐ vertical	세로의, 수직의	☐ parallel	평행한, 병행하는
☐ intrigue	흥미를 불러일으키다, 음모를 꾸미다; 계략	☐ loaf	덩어리; 빈둥거리다
☐ comprise	구성되다	☐ outnumber	~보다 수가 (더) 많다
☐ sporadic	산발적인	☐ hail	환호하여 맞이하다, 빗발치듯 오다; 우박
☐ grateful	감사하는, 고마워하는	☐ manner	1. 태도 2. 방식, 방법 3. (pl.) 예의, 풍습

X 모름
△ 애매함
○ 알고 있음

최빈출 어휘

1201 priority [praiɔ́:rəti]
명 우선순위, 우선권
The doctor made patient safety the top **priority**.
의사는 환자의 안전을 최우선으로 삼았다.
유의어 precedence, preference

1202 brilliant [bríljənt]
형 훌륭한, 빛나는
The scientist proposed a **brilliant** solution to the problem.
과학자는 그 문제에 대한 훌륭한 해결책을 제시했다.
유의어 영리한 smart, brainy

1203 drain [drein]
2013 지방직 7급
동 고갈시키다, 다 써 버리다 명 고갈, 소모
The long war gradually **drained** the country's resources.
긴 전쟁이 점차 국가의 자원을 고갈시켰다.
유의어 deplete, exhaust, wear out, use up
Tip down the drain 허비된, 수포로 돌아간

1204 determine [ditə́:rmin]
2018 서울시(1회) 7급
2016 기상직 9급
2013 국회사무처 8급
동 결정하다, 결심하다, 알아내다, 밝히다
Market demand **determines** the price of the product.
시장 수요가 제품의 가격을 결정한다.
파생어 determined 형 단단히 결심한
Tip determine a fact 사실을 밝히다

1205 effort [éfərt]
명 노력, 수고
Learning a new language requires constant **effort**.
새로운 언어를 배우는 것은 지속적인 노력을 필요로 한다.
유의어 endeavor, attempt

1206 surge [sə:rdʒ]
동 밀려들다, 급등하다, 끓어오르다 명 밀려듦, 급등
Tourists **surged** into the city during the festival.
축제 기간 동안 관광객들이 도시로 밀려들었다.
유의어 escalate, soar, skyrocket

1207 effective [iféktiv]
형 효과적인, 유효한
Effective teaching methods enhance learning.
효과적인 교수법이 학습을 향상시킨다.
파생어 effectiveness 명 효과적임, 유효(성)
Tip effective date (약정, 계약의) 유효기일

1208
trigger ★★★
[trígər]
2015 교육행정직 9급

동 유발하다, 일으키다, 방아쇠를 당기다   명 (총포의) 방아쇠

Emotional stress can **trigger** headaches and fatigue.
정서적 스트레스는 두통과 피로를 유발할 수 있다.

유의어 arouse, provoke, prompt, spur, stimulate

Tip pull the trigger of ~의 방아쇠를 당기다

중요 어휘

1209
digress ★★
[daigrés]
2016 서울시 7급

동 (주제를) 벗어나다, (길을) 벗어나다

Politicians often **digress** when asked difficult questions.
정치인들은 어려운 질문들을 받으면 주제를 종종 벗어난다.

유의어 deviate, diverge, stray

Tip di(벗어난 = away) + gress(가다 = go) → 벗어나서 가다

1210
advocate ★★
[ǽdvəkèit]

동 지지하다, 옹호하다   명 [ǽdvəkət] 대변인, 지지자, 변호사

Environmentalists **advocate** for stricter pollution regulations.
환경 운동가들은 더 엄격한 오염 규제를 지지한다.

유의어 지지하다 support, endorse, uphold, buttress

Tip advocate peace 평화를 주장하다

1211
informal ★★
[infɔ́:rməl]

형 격식을 차리지 않은, 비공식의

His **informal** speech made the audience feel comfortable.
그의 격식을 차리지 않은 연설은 청중을 편안하게 만들었다.

유의어 비공식의 unofficial

반의어 격식을 차린, 공식적인 formal

Tip in(비(非)) + formal(공식의)

1212
overwhelming ★★
[òuvərhwélmiŋ]
2008 중앙선거관리위원회 · 소방직 9급

형 엄청난, 압도적인

Overwhelming pressure forced him to resign.
엄청난 압박이 그를 사임하게 만들었다.

파생어 overwhelm 동 압도하다, 제압하다

유의어 intense, irresistible, overpowering

Tip over(과도하게) + whelm(뒤집다)

1213
typical ★★
[típikəl]

형 전형적인, 상징적인

The restaurant serves **typical** Italian dishes.
그 레스토랑은 전형적인 이탈리아 요리를 제공한다.

유의어 quintessential, exemplary

Tip be typical of ~을 대표하다

1214
curb ★★
[kə:rb]

2013 서울시 9급

동 억제하다, 제한하다

Regular exercise helps **curb** excessive weight gain.
규칙적인 운동은 과도한 체중 증가를 억제하는 데 도움을 준다.

유의어 limit, check, restrict

1215
contrast ★★
[kántræst]

명 대조 동 [kəntrǽst] 대비시키다

The artist used light and shadow to create strong **contrast**.
그 예술가는 강한 대조를 만들기 위해서 빛과 그림자를 사용했다.

1216
vertical ★★
[və́:rtikəl]

형 세로의, 수직의

The **vertical** axis goes up and down on the graph.
세로축은 그래프에서 위아래로 움직인다.

파생어 vertically 부 수직으로
반의어 수평의, 가로의 horizontal

1217
intrigue ★★
[intríːg]

2017 국회사무처 9급
2009 서울시(세무·기술직) 9급

동 흥미를 불러일으키다, 음모를 꾸미다 명 계략

The hidden message in the painting **intrigued** art critics.
그림 속에 숨겨진 메시지는 미술 평론가들의 흥미를 불러일으켰다.

유의어 음모를 꾸미다 conspire, scheme, plot

1218
comprise ★★
[kəmpráiz]

동 구성되다

The book **comprises** ten informative chapters.
그 책은 유익한 10개의 장으로 구성되어 있다.

유의어 consist of

Tip) comprise는 타동사로 뒤에 전치사 없이 목적어를 취한다. consist of와 혼동하지 않도록 주의하자.

1219
sporadic ★★
[spərǽdik]

2016 서울시 9급

형 산발적인

There was **sporadic** gunfire all over the city after the riot.
폭동 후 도시 전체에서 산발적인 총격 사태가 있었다.

유의어 intermittent, scattered, irregular, occasional

Tip) 그리스어 spora(씨를 뿌리다)가 어원으로 씨가 산발적으로 여기저기 뿌려져 있는 데서 유래했다.

1220
grateful ★★
[gréitfəl]

형 감사하는, 고마워하는

The student was **grateful** for the teacher's support.
그 학생은 선생님의 지원에 감사했다.

유의어 thankful

1221
tease ★★
[tiːz]

동 놀리다, 괴롭히다

The comedian **teased** the audience with a hilarious joke.
코미디언은 재미있는 농담으로 관객들을 놀렸다.

유의어 놀리다 make fun of

1222
declare
[dikléər]
2010 서울시 9급

⑧ 선언하다, 세관에 신고하다

The airline **declared** bankruptcy due to financial struggles.
그 항공사는 재정적 어려움으로 인해 파산을 선언했다.

- 파생어 declaration ⑲ 선언
- 유의어 announce, proclaim, promulgate, profess
- Tip a customs declaration 세관 신고

1223
impeccable
[impékəbl]

⑱ 흠잡을 데 없는, 죄가 없는

The lawyer's **impeccable** argument convinced the jury.
변호사의 흠잡을 데 없는 주장은 배심원을 설득했다.

- 유의어 immaculate, unblemished, perfect, flawless, faultless
- Tip im(반대) + peccable(죄를 짓기 쉬운) → 죄 없는, 결점 없는

1224
paradox
[pǽrədàks]

⑲ 역설

It is a **paradox** that technology connects yet isolates people.
기술이 사람들을 연결하면서도 고립시키는 것은 역설이다.

- 파생어 paradoxical ⑱ 역설적인

1225
leftover
[léftòuvər]

⑲ 남은 음식, 찌꺼기   ⑱ 남은

After Thanksgiving, the family enjoyed **leftovers** for days.
추수감사절 이후, 그 가족은 며칠 동안 남은 음식을 즐겼다.

- Tip 접시 위에(over) 음식을 남겨두었다(left)는 의미이다.

1226
extrovert
[ékstrəvə̀ːrt]
2015 교육행정직 9급

⑲ 외향적인 사람

Extroverts enjoy making new friends at parties.
외향적인 사람들은 파티에서 새 친구들을 사귀는 것을 즐긴다.

- 반의어 내향적인 사람 introvert
- Tip extro(밖으로) + vertere(돌다) → 밖으로 도는 사람 → 외향적인 사람

1227
insult
[insʌ́lt]

⑧ 모욕하다   ⑲ [ínsʌlt] 모욕

The athlete **insulted** his opponent during the interview.
그 운동 선수는 인터뷰 도중 상대를 모욕했다.

- 파생어 insulting ⑱ 모욕적인

1228
obscure
[əbskjúər]
2011 국회사무처 8급

⑱ 모호한, 무명의   ⑧ 모호하게 하다

Obscure rules in the contract confused the employees.
계약서의 모호한 규정들이 직원들을 혼란스럽게 했다.

- 유의어 모호한 ambiguous, nebulous, indistinct, vague, uncertain
- 반의어 명백한 apparent, obvious, manifest

기본 어휘

1229

pale
[peil]

형 창백한, (색깔이) 연한

The worker looked **pale** after staying up all night.
그 직원은 밤을 새운 후 창백해 보였다.

유의어 pallid

1230

sneer
[sniər]

동 비웃다, 조롱하다 명 냉소

The interviewer **sneered** at his unimpressive resume.
면접관은 그의 인상적이지 않은 이력을 비웃었다.

유의어 scorn, contempt, ridicule, mock, deride

Tip have a sneer at ~을 비웃다, 냉소하다

1231

segregate
[ségrigèit]

2009 서울시(세무·기술직) 9급

동 분리하다, 차별 대우하다

In the past, public buses **segregated** seats based on races.
과거에는 공공 버스가 인종을 기준으로 좌석을 분리했다.

파생어 segregation 명 차별, 분리
유의어 separate, discriminate, single out

Tip segregated school 인종 차별 학교

1232

punctuate
[pʌ́ŋktʃuèit]

동 강조하다, 중단시키다

His remarks were **punctuated** by a variety of gestures.
그의 말은 다양한 몸짓으로 강조되었다.

파생어 punctuation 명 구두점
유의어 강조하다 accentuate, emphasize, point up
     중단시키다 suspend, halt, interrupt

Tip 라틴어 punctus(찌름, 찔린 상처, 점) → 구두점을 찍어 강조하거나 쉬다

1233

kidnap
[kídnæp]

동 납치하다, 유괴하다

The criminals **kidnapped** the businessman for ransom.
그 범죄자들은 몸값을 위해 사업가를 납치했다.

유의어 abduct

Tip kid(아이) + nap(잡다, 채가다)

1234

docile
[dásəl]

2015 국회사무처 8급

형 온순한, 다루기 쉬운

The **docile** puppy followed its owner everywhere.
온순한 강아지는 주인을 어디든 따라다녔다.

파생어 docility 명 다루기 쉬움, 온순함
유의어 compliant, obedient, observant, mild, meek, tractable

Tip the docile masses 다루기 쉬운 대중

1235
synthetic
[sinθétik]

형 합성의, 인조의

Patients should avoid processed food with **synthetic** additives.
환자들은 합성 첨가물이 든 가공 식품을 피해야 한다.

파생어 synthesis 명 합성, 종합
유의어 인조의 artificial

1236
parallel
[pǽrəlèl]

형 평행한, 병행하는

The teacher drew two perfectly **parallel** lines on the board.
선생님은 칠판에 완벽하게 평행한 두 개의 선을 그렸다.

1237
loaf
[louf]

명 덩어리   동 빈둥거리다

The mother bought a fresh **loaf** of bread from the bakery.
엄마는 빵집에서 신선한 빵 한 덩이를 샀다.

유의어 빈둥거리다 idle, laze
Tip a loaf of bread 빵 한 덩어리

1238
outnumber
[àutnʌ́mbər]

동 ~보다 수가 (더) 많다

Robots will soon **outnumber** human workers in factories.
로봇은 곧 공장에서 인간 노동자보다 수가 더 많아질 것이다.

1239
hail
[heil]

동 환호하여 맞이하다, 빗발치듯 오다   명 우박

The crowd **hailed** the boxing champion as a hero.
군중은 그 권투 챔피언을 영웅으로 환호하여 맞이했다.

유의어 acclaim

다의어

1240
manner
[mǽnər]

❶ 명 태도

His arrogant **manner** annoyed his colleagues.
그의 거만한 태도는 동료들을 짜증 나게 했다.

❷ 명 방식, 방법

Different cultures have their own **manner** of greeting.
각 문화는 고유한 인사 방식이 있다.

❸ 명 (pl.) 예의, 풍습

Children should learn good **manners** from an early age.
어린이들은 어릴 때부터 좋은 예의를 배워야 한다.

TEST

A 다음 영단어의 뜻을 찾아 연결하시오. [01~10]

- 01 effort 명 • • 모호한, 무명의
- 02 extrovert 명 • • 노력, 수고
- 03 overwhelming 형 • • 흥미를 불러일으키다, 음모를 꾸미다
- 04 priority 명 • • 억제하다, 제한하다
- 05 obscure 형 • • 강조하다, 중단시키다
- 06 punctuate 동 • • 역설
- 07 intrigue 동 • • 세로의, 수직의
- 08 vertical 형 • • 우선순위, 우선권
- 09 paradox 명 • • 외향적인 사람
- 10 curb 동 • • 엄청난, 압도적인

B 다음 영단어의 뜻을 우리말로 쓰시오. [11~20]

- 11 loaf 명 ____
- 12 impeccable 형 ____
- 13 informal 형 ____
- 14 determine 동 ____
- 15 segregate 동 ____
- 16 parallel 형 ____
- 17 docile 형 ____
- 18 sneer 동 ____
- 19 synthetic 형 ____
- 20 contrast 명 ____

Answer

A 01 노력, 수고 02 외향적인 사람 03 엄청난, 압도적인
04 우선순위, 우선권 05 모호한, 무명의
06 강조하다, 중단시키다
07 흥미를 불러일으키다, 음모를 꾸미다
08 세로의, 수직의 09 역설 10 억제하다, 제한하다
B 11 덩어리 12 흠잡을 데 없는, 죄가 없는
13 격식을 차리지 않은, 비공식의
14 결정하다, 결심하다, 알아내다, 밝히다
15 분리하다, 차별 대우하다 16 평행한, 병행하는
17 온순한, 다루기 쉬운 18 비웃다, 조롱하다
19 합성의, 인조의 20 대조

IDIOM Day 32

암기 전 미리보기 & 암기 후 확인하기

학습 전에 아는 이디엄에 체크해 보세요.
학습 후에 암기한 이디엄에 체크해 보세요.
체크가 안 된 약점 이디엄만 보면서 복습용으로 활용해 보세요.

✓ Self Check

맞힌 개수 ___ / 40개 1회독 ☐ 2회독 ☐ 3회독 ☐

이디엄 암기 테스트

☐	look forward to	~을 몹시 기다리다, ~을 기대하다	☐	cut back on	~을 절감하다, ~을 줄이다
☐	according to	~에 따르면, ~에 따라	☐	drop in (on)	~에(게) 잠깐 들르다
☐	let ~ down	~을 실망시키다	☐	speak ill of	~을 나쁘게 말하다
☐	carry out	~을 수행하다, ~을 완수하다	☐	be absorbed in	~에 열중하다
☐	due to	~ 때문에	☐	free from	~이 없는, ~에서 벗어난
☐	in place of	~을 대신하여	☐	pass away	사망하다
☐	bring about	~을 야기하다, ~을 발생시키다, ~을 유발시키다	☐	off the record	비공식적으로, 비공식의
☐	inside out	완전히, 속속들이	☐	in person	직접, 본인이
☐	long for	~을 갈망하다	☐	with regard to	~에 관하여
☐	fall behind	뒤처지다	☐	let ~ go	~을 풀어 주다, 해고하다
☐	do one's best	최선을 다하다	☐	so far	지금까지
☐	do harm	~에 해를 가하다	☐	root out	~을 근절하다
☐	at the expense (cost) of	~을 희생하여	☐	have yet to	아직 ~하지 못하다
☐	break out	발생하다, 발발하다	☐	burst into	갑자기 시작하다
☐	more often than not	대개, 흔히	☐	cannot help -ing	~하지 않을 수 없다
☐	by and large	대체로, 일반적으로	☐	hand down	~을 전하다, ~을 대물림하다
☐	be likely to	~할 것 같다, ~하기 쉽다	☐	think little of	~을 대수롭지 않게 생각하다, ~을 경시하다
☐	break down	고장 나다, 파괴하다, 실패하다	☐	live on	~을 먹고 살다
☐	keep in touch with	~와 연락을 유지하다, ~와 접촉하다	☐	in the face of	~에도 불구하고
☐	on the spot	현장에서, 즉각	☐	second to none	누구에게도 뒤지지 않는

X 모름
△ 애매함
○ 알고 있음

최빈출 어휘

1241 ★★★ look forward to
~을 몹시 기다리다, ~을 기대하다

Students **look forward to** summer vacation every year.
학생들은 매년 여름 방학을 몹시 기다린다.

유의어 anticipate

Tip to는 전치사이므로 뒤에 전치사의 목적어인 명사(동명사)가 온다.

중요 어휘

1242 ★★ according to
~에 따르면, ~에 따라

According to the weather forecast, rain will continue.
일기 예보에 따르면, 비는 계속될 것이다.

유의어 in accordance with

1243 ★★ let ~ down
~을 실망시키다

The unexpected delay **let down** many people at the station.
예상치 못한 지연은 역의 많은 사람들을 실망시켰다.

유의어 disappoint, cast down

Tip let up 누그러지다

1244 ★★ carry out
2017 지방직(하반기) 9급

~을 수행하다, ~을 완수하다

Authorities will **carry out** safety checks for three weeks.
당국은 3주 동안 안전 점검을 수행할 것이다.

유의어 achieve, accomplish, succeed, fulfill, perform

Tip carry out measures 조치를 취하다

1245 ★★ due to
~ 때문에

The road was closed **due to** ongoing construction work.
도로는 진행 중인 공사 작업 때문에 폐쇄되었다.

유의어 because of, as a result of, owing to, on account of

1246 ★★ in place of
~을 대신하여

People use delivery services **in place of** going to stores.
사람들은 가게에 직접 가는 것을 대신하여 배달 서비스를 이용한다.

Tip '~의 자리에'라는 의미로 '~을 대신하여'를 유추할 수 있다.

1247
bring about

~을 야기하다, ~을 발생시키다, ~을 유발시키다

The conflict **brought about** political instability.
그 갈등이 정치적 불안을 야기했다.

유의어 cause to happen, give rise to, prompt, stimulate, cause

Tip bring about a change 변화를 야기하다(가져오다)

1248
inside out

완전히, 속속들이

The accountant analyzed the contract **inside out**.
회계사가 계약서를 완전히 분석했다.

유의어 thoroughly

Tip turn ~ inside out ~을 완전히 바꾸다

기본 어휘

1249
long for

~을 갈망하다

The refugees **longed for** safety and a stable home.
난민들은 안전과 안정된 집을 갈망했다.

유의어 yearn for

Tip long 긴, 오랜

1250
fall behind

뒤처지다

The business **fell behind** after failing to adapt quickly.
그 기업은 빠르게 적응하는 데 실패하여 뒤처졌다.

유의어 lag behind

Tip fall behind schedule 예정보다 늦다

1251
do one's best

최선을 다하다

The officer **does his best** to maintain public order.
경찰관은 공공 질서를 유지하기 위해 최선을 다한다.

유의어 do one's utmost

1252
do harm

~에 해를 가하다

Harsh criticism can **do harm** to a person's confidence.
가혹한 비판은 사람의 자신감에 해를 가할 수 있다.

반의어 ~에게 도움이 되다 do good

Tip harm 해, 피해; 해치다, 손상시키다

1253
at the expense (cost) of

2012 국가직 9급

~을 희생하여

The company profited **at the expense of** workers' wages.
그 회사는 근로자들의 임금을 **희생하여** 이익을 얻었다.

1254
break out

발생하다, 발발하다

A deadly virus **broke out** in the village.
마을에 치명적인 바이러스가 **발생했다**.

> **Tip** break in(to) ~에 침입하다

1255
more often than not

대개, 흔히

More often than not, I stay home instead of going out.
대개, 나는 외출하는 대신에 집에 머문다.

> **Tip** as often as not 종종, 대체로, 자주

1256
by and large

대체로, 일반적으로

By and large, the new policy received positive feedback.
대체로 새 정책은 긍정적인 반응을 받았다.

> 유의어 generally, in general, as a rule, on the whole

1257
be likely to

~할 것 같다, ~하기 쉽다

Coral reefs **are likely to** vanish completely.
산호초가 완전히 사라**질 것 같다**.

> 유의어 be liable(disposed/inclined/prone/apt) to

1258
break down

고장 나다, 파괴하다, 실패하다

My car **broke down** suddenly on the way to work.
내 차가 출근 길에 갑자기 **고장 났어**.

1259
keep in touch with

~와 연락을 유지하다, ~와 접촉하다

The astronaut **keeps in touch with** mission control center.
그 우주비행사는 임무 통제 센터**와 연락을 유지한다**.

> **Tip** keep in touch with the world 속세와 계속 접촉을 하다, 세상에 뒤지지 않다

1260
on the spot

현장에서, 즉각

The reporter interviewed witnesses **on the spot**.
기자가 **현장에서** 목격자들을 인터뷰했다.

> **Tip** spot 지점, 현장

1261
cut back on

2010 지방직(상반기) 9급

~을 절감하다, ~을 줄이다
The factory **cut back on** energy use to reduce costs.
공장은 비용을 줄이기 위해 에너지 사용**을 절감했다**.

유의어 reduce, decrease, curtail

1262
drop in (on)

~에(게) 잠깐 들르다
The student **dropped in** at the library to return a book.
그 학생은 책을 반납하기 위해 도서관**에 잠깐 들렀다**.

유의어 drop by, stop by

Tip drop-in 예약이 필요 없는
drop off 내려주다, 갖다 놓다

1263
speak ill of

~을 나쁘게 말하다
A person who **speaks ill of** friends is hard to trust.
친구**를 나쁘게 말하는** 사람은 신뢰하기 어렵다.

반의어 ~을 칭찬하다 speak highly of

1264
be absorbed in

~에 열중하다
The writer **was absorbed in** writing a new novel all day.
작가는 하루 종일 새 소설을 쓰는 것**에 열중했다**.

유의어 be preoccupied with, be engrossed in

Tip absorb 흡수하다, 받아들이다

1265
free from

~이 없는, ~에서 벗어난
This cosmetic product is **free from** harmful substances.
이 화장품은 유해 물질**이 없다**.

유의어 ~없는 without

Tip free from slavery 노예 신분에서 벗어난

1266
pass away

사망하다
The former president **passed away** suddenly last week.
전직 대통령은 지난주 갑자기 **사망했다**.

유의어 die, perish, decease

1267
off the record

비공식적으로, 비공식의
The CEO mentioned the restructuring plan **off the record**.
CEO는 구조 조정 계획을 **비공식적으로** 언급했다.

유의어 비공식의 unofficial

Tip '기록하지 않고'라는 의미이므로 '비공식적으로'를 유추할 수 있다.

1268
in person
직접, 본인이
Participants have to submit application forms **in person**.
참가자들은 신청서를 직접 제출해야 한다.
유의어 directly, personally

1269
with regard to
2011 국가직 9급

~에 관하여
With regard to the budget, we are currently reviewing it.
우리는 예산에 관하여 현재 검토 중이다.
유의어 in terms of, when it comes to, as for, with respect to

1270
let ~ go
~을 풀어 주다, 해고하다
The police **let** the suspect **go** due to lack of evidence.
경찰은 증거 부족으로 용의자를 풀어 주었다.
유의어 해방하다 release, liberate, set free
Tip let go of ~을 놓다, 버리다

1271
so far
지금까지
The temperature has been above average **so far** this year.
지금까지 올해 기온은 평균보다 높았다.
Tip until now와 같은 뜻으로 주로 현재완료 시제와 호응하여 사용된다.

1272
root out
~을 근절하다
The organization aims to **root out** racism.
그 단체는 인종 차별을 근절하는 것을 목표로 한다.
유의어 get rid of, eradicate, exterminate, eliminate, remove, wipe out
Tip root(뿌리를 내리다) + out(뽑다) → 뿌리를 뽑다

1273
have yet to
아직 ~하지 못하다
Scientists **have yet to** discover evidence of alien life.
과학자들은 아직 외계 생명체의 증거를 발견하지 못했다.

1274
burst into
갑자기 시작하다
A famous singer **burst into** song in the middle of the street.
어느 유명한 가수가 거리 한복판에서 갑자기 노래를 시작했다.
유의어 begin suddenly

1275
cannot help -ing

~하지 않을 수 없다

The students **cannot help** feeling anxious before exams.
학생들은 시험 전에는 불안해**하지 않을 수 없다**.

> **Tip** cannot (help) but + 동사원형 = have no choice but to부정사
> ~하지 않을 수 없다

1276
hand down

~을 전하다, ~을 대물림하다

Father **handed down** the family's traditions to his children.
아버지는 가족의 전통**을** 자녀들에게 **전했다**.

유의어 pass down

1277
think little of

~을 대수롭지 않게 생각하다, ~을 경시하다

The politician **thought little of** public opinion.
그 정치인은 여론**을 대수롭지 않게 생각했다**.

> **Tip** little이 '거의 없는'의 의미가 있으므로 '~을 거의 생각하지 않는다'의 의미에서 '경시하다, 대수롭지 않게 생각하다'가 되었다.

1278
live on

~을 먹고 살다

Turtles **lived on** seaweed and small fish in the ocean.
거북이는 바다에서 해초와 작은 물고기**를 먹고 산다**.

1279
in the face of

~에도 불구하고

In the face of personal struggles, he never lost hope.
개인적인 고난**에도 불구하고** 그는 결코 희망을 잃지 않았다.

> **Tip** on the face of it 표면상으로는

1280
second to none

2008 지방직(하반기) 7급

누구에게도 뒤지지 않는

The taste of the restaurant's steak is **second to none** in the area.
그 식당의 스테이크 맛은 지역에서 **누구에게도 뒤지지 않는다**.

TEST

A 다음 영숙어의 뜻을 찾아 연결하시오. [01~10]

01 more often than not	•	• ~이 없는, ~에서 벗어난
02 burst into	•	• ~을 몹시 기다리다, ~을 기대하다
03 in the face of	•	• 비공식적으로, 비공식의
04 free from	•	• ~할 것 같다, ~하기 쉽다
05 break out	•	• 갑자기 시작하다
06 look forward to	•	• 아직 ~하지 못하다
07 do one's best	•	• 대개, 흔히
08 off the record	•	• 최선을 다하다
09 be likely to	•	• ~에도 불구하고
10 have yet to	•	• 발생하다, 발발하다

B 다음 영숙어의 뜻을 우리말로 쓰시오. [11~20]

11 drop in (on)

12 second to none

13 with regard to

14 be absorbed in

15 by and large

16 bring about

17 let ~ down

18 in place of

19 root out

20 on the spot

Answer

A 01 대개, 흔히 02 갑자기 시작하다 03 ~에도 불구하고
04 ~이 없는, ~에서 벗어난 05 발생하다, 발발하다
06 ~을 몹시 기다리다, ~을 기대하다
07 최선을 다하다 08 비공식적으로, 비공식의
09 ~할 것 같다, ~하기 쉽다 10 아직 ~하지 못하다
B 11 ~에(게) 잠깐 들르다 12 누구에게도 뒤지지 않는
13 ~에 관하여 14 ~에 열중하다 15 대체로, 일반적으로
16 ~을 야기하다, ~을 발생시키다, ~을 유발시키다
17 ~을 실망시키다 18 ~을 대신하여
19 ~을 근절하다 20 현장에서, 즉각

Day 33

암기 전 미리보기 & 암기 후 확인하기

학습 전에 아는 단어에 체크해 보세요.
학습 후에 암기한 단어에 체크해 보세요.
체크가 안 된 약점 어휘만 보면서 복습용으로 활용해 보세요.

✓ Self Check

맞힌 개수　　　/ 40개　1회독 ☐　2회독 ☐　3회독 ☐

영단어 암기 테스트

	단어	뜻		단어	뜻
☐	regard	여기다, 간주하다, 고려하다	☐	priceless	값을 매길 수 없는, 대단히 귀중한
☐	exploit	이용하다, 개발하다	☐	subsequent	뒤이은, 다음의
☐	exaggerate	과장하다	☐	immense	어마어마한, 엄청난
☐	crucial	중대한, 결정적인, 필수적인	☐	endow	기부하다, 부여하다, 주다
☐	restrict	제한하다, 한정하다	☐	flatter	아첨하다, 우쭐하게 하다
☐	extremely	극도로, 매우	☐	perish	멸망하다, 죽다
☐	evoke	떠올리게 하다, 환기시키다	☐	jeopardize	위태롭게 하다
☐	intervene	개입하다, 끼어들다	☐	offend	불쾌하게 하다, (감정을) 상하게 하다
☐	obvious	명백한	☐	hideous	끔찍한, 소름 끼치는, 무시무시한
☐	observation	관찰, 주목	☐	wane	약해지다, 작아지다; 감소, 약화
☐	detach	분리하다, 떼어 내다, 떼다, 떨어지게 하다	☐	humiliated	굴욕감을 느끼는
☐	invoke	(법, 규칙을) 발동하다, 기원하다, 불러일으키다	☐	extraneous	관련 없는
☐	hollow	(속이) 빈, 쑥 들어간	☐	congruous	일치하는, 어울리는
☐	oblige	의무로 ~하게 하다	☐	volatile	변덕스러운, 불안한
☐	designate	임명하다, 지정하다	☐	conspicuous	눈에 띄는
☐	prevail	만연하다, 우세하다	☐	veto	거부하다; 거부권
☐	seemingly	겉으로 보기에는	☐	spoil	망치다
☐	relevant	관련된, 적절한	☐	viable	실행 가능한
☐	innate	타고난, 선천적인	☐	naive	순진한, 순진해 빠진
☐	perpetual	끊임없는, 영구적인	☐	represent	1. 대표하다, 대신하다 2. 보여 주다, 제시하다

X 모름
△ 애매함
○ 알고 있음

최빈출 어휘

1281
regard
[rigáːrd]

동 여기다, 간주하다, 고려하다

Some historians **regard** the war as inevitable.
일부 역사가들은 그 전쟁을 불가피한 것으로 여긴다.

유의어 consider, see, perceive, deem

Tip regard A as B A를 B로 간주하다

1282
exploit
[ikspl5it]

동 이용하다, 개발하다

Many corporations **exploit** cheap labor overseas.
많은 기업들이 해외에서 값싼 노동력을 이용한다.

유의어 이용하다 take advantage of, trade on, capitalize on, cash in on, utilize, avail oneself of, harness

1283
exaggerate
[igzǽdʒərèit]

2024 지방직 9급

동 과장하다

The witness **exaggerated** the scale of the accident.
목격자는 사고의 규모를 과장했다.

파생어 exaggeration 명 과장
유의어 overstate

1284
crucial
[krúːʃəl]

2018 서울시(2회) 9급
2008 중앙선거관리위원회·소방직 9급

형 중대한, 결정적인, 필수적인

First impressions play a **crucial** role in interviews.
첫인상은 면접에서 중대한 역할을 한다.

유의어 momentous, critical, essential, important, grave, significant, pivotal, requisite, indispensable

1285
restrict
[ristríkt]

동 제한하다, 한정하다

The school **restricted** phone use for students.
학교는 학생들의 휴대전화 사용을 제한했다.

파생어 restriction 명 제한, 한정
유의어 limit, restrain
Tip restrict one's freedom 자유를 제한하다

1286
extremely
[ikstríːmli]

부 극도로, 매우

The mountain road is **extremely** dangerous in winter.
그 산길은 겨울철에 극도로 위험하다.

파생어 extreme 형 극단적인

1287
evoke
[ivóuk]

2017 서울시 9급
2009 국회사무처 8급

동 떠올리게 하다, 환기시키다

The movie **evoked** memories of my childhood.
그 영화는 내 어린 시절의 기억들을 떠올리게 했다.

유의어 arouse
Tip invoke 발동하다   revoke 취소하다, 철회하다
    provoke 도발하다, 유발하다

1288 intervene
[íntərví:n]

동 개입하다, 끼어들다

Teachers **intervene** in classroom disruptions.
교사들은 교실 내 소란에 개입한다.

파생어 intervention 명 개입
유의어 interrupt, meddle, tamper

1289 obvious
[ábviəs]

2018 법원행정처 9급
2017 국가직 9급

형 명백한

His lie was an **obvious** attempt to avoid blame.
그의 거짓말은 책임을 피하려는 명백한 시도였다.

파생어 obviously 부 명백하게
유의어 apparent, distinct, clear, evident, manifest

1290 observation
[àbzərvéiʃən]

명 관찰, 주목

The doctor's **observation** detected early symptoms.
의사의 관찰이 초기 증상을 감지했다.

파생어 observe 동 관찰하다

중요 어휘

1291 detach
[ditǽtʃ]

동 분리하다, 떼어 내다, 떼다, 떨어지게 하다

The worker **detached** the cable from the machine.
작업자가 기계에서 케이블을 분리했다.

파생어 detachment 명 분리
유의어 disconnect, release, sever
반의어 부착하다 attach

1292 invoke
[invóuk]

동 (법, 규칙을) 발동하다, 기원하다, 불러일으키다

The court **invoked** the law to settle the dispute.
법원은 분쟁을 해결하기 위해 그 법을 발동했다.

1293 hollow
[hálou]

형 (속이) 빈, 쑥 들어간

The bamboo stalks are naturally strong and **hollow**.
대나무 줄기는 자연적으로 튼튼하고 속이 비어 있다.

1294 oblige
[əbláidʒ]

동 의무로 ~하게 하다

Parents are **obliged** to take care of their children.
부모들은 자녀들을 돌볼 의무가 있다.

파생어 obligatory 형 의무적인   obligation 명 의무
Tip be obliged to ~해야만 한다

1295
designate ★★
[dézignèit]

동 임명하다, 지정하다

The president **designated** a new ambassador to France.
대통령이 프랑스 주재 신임 대사를 **임명했**다.

파생어 designation 명 임명, 지정
유의어 appoint, nominate

1296
prevail ★★
[privéil]

2013 서울시 9급
2009 서울시(세무·기술직) 9급

동 만연하다, 우세하다

Misinformation **prevails** on social media platforms.
허위 정보가 소셜 미디어 플랫폼에 **만연해 있다**.

파생어 prevalence 명 보급, 유행
유의어 predominate

1297
seemingly ★★
[síːmiŋli]

부 겉으로 보기에는

Seemingly, the plan was perfect, yet it failed in the end.
겉으로 보기에는 그 계획이 완벽했지만, 결국 실패했다.

유의어 apparently, externally, outwardly
Tip seeming(외견상의, 겉보기의) + ly

1298
relevant ★★
[réləvənt]

형 관련된, 적절한

Applicants should have **relevant** work experience.
지원자들은 **관련된** 업무 경험을 가지고 있어야 한다.

유의어 관련된 related, concerned, germane
　　　 적절한 pertinent, appropriate, proper
반의어 관련 없는 extraneous

1299
innate ★★
[inéit]

2014 서울시 7급

형 타고난, 선천적인

Innate creativity helped the artist develop unique styles.
타고난 창의성은 그 예술가가 독특한 스타일을 개발하는 데 도움이 되었다.

유의어 inherent, native, intrinsic, inborn
Tip in(~ 안에) + nate(태어나다, 생기다)

1300
perpetual ★★
[pərpétʃuəl]

형 끊임없는, 영구적인

The region is in a state of **perpetual** war.
그 지역은 **끊임없는** 전쟁 상태에 있다.

파생어 perpetuate 동 영속시키다
유의어 constant, endless, everlasting, eternal, permanent, perennial, incessant

1301
priceless [préislis]

형 값을 매길 수 없는, 대단히 귀중한

She inherited a **priceless** painting from her grandfather.
그녀는 할아버지에게서 값을 매길 수 없는 그림을 물려받았다.

> Tip price(가격) + less(~이 없는) → '가격 자체가 없다'는 데에서 '너무나 귀중하다'는 뜻이 유래되었다.

1302
subsequent [sʌ́bsikwənt]
2023 지방직 9급

형 뒤이은, 다음의

The storm led to **subsequent** flooding in the city.
그 폭풍은 도시 내의 뒤이은 홍수로 이어졌다.

파생어 subsequently 부 그 후, 계속해서
유의어 following, ensuing

1303
immense [iméns]

형 어마어마한, 엄청난

The **immense** size of the mountain surprised everyone.
그 산의 어마어마한 크기는 모두를 놀라게 했다.

유의어 huge, enormous, tremendous, vast, gigantic
> Tip im(부정의 접두어) + mense(재다, 측량하다) → 측량할 수 없는 → 엄청난

1304
endow [indáu]

동 기부하다, 부여하다, 주다

She **endowed** a scholarship for poor students.
그녀는 가난한 학생들을 위해 장학금을 기부했다.

유의어 give, bestow, grant
> Tip endow A with B A에게 B를 부여하다

1305
flatter [flǽtər]
2017 국회사무처 9급
2009 지방직(하반기) 7급

동 아첨하다, 우쭐하게 하다

The salesman **flattered** the customer by praising their taste.
판매원은 고객의 취향을 칭찬하며 아첨했다.

유의어 make up to, play up to, butter up, praise
> Tip I'm flattered. 과찬이세요.

1306
perish [périʃ]
2014 서울시 7급

동 멸망하다, 죽다

The Aztec Empire **perished** due to Spanish conquest.
아즈텍 제국은 스페인의 정복으로 멸망했다.

파생어 perishable 형 소멸하기 쉬운, 썩기 쉬운
유의어 demise, decease, collapse, vanish, expire

1307
jeopardize [dʒépərdàiz]

동 위태롭게 하다

A lack of preparation **jeopardizes** the event's success.
준비 부족은 행사의 성공을 위태롭게 한다.

파생어 jeopardy 명 위험
유의어 threaten, endanger, imperil

1308
offend [əfénd]

동 불쾌하게 하다, (감정을) 상하게 하다

His comments **offended** many people at the meeting.
그의 말은 회의에서 많은 사람들을 불쾌하게 했다.

파생어 offense 명 무례, 모욕
유의어 hurt, displease

기본 어휘

1309
hideous [hídiəs]
2009 서울시 9급

형 끔찍한, 소름 끼치는, 무시무시한

The warehouse was full of **hideous** stuff and furniture.
창고는 끔찍한 물건들과 가구들로 가득했다.

유의어 horrible, dreadful, appalling, fearful
Tip hide는 '숨다'를 의미한다. hide + ous로 분리하여 '너무 끔찍하고 무서워' 숨는다고 암기하면 어떨까?

1310
wane [wein]

동 약해지다, 작아지다 명 감소, 약화

The storm's intensity started to **wane** by the evening.
폭풍의 강도가 저녁이 되면서 약해지기 시작했다.

유의어 decrease, decline, diminish, dwindle, weaken
Tip on the wane 줄어드는, 약해지는

1311
humiliated [hju:mílièitid]

형 굴욕감을 느끼는

She was **humiliated** by the public criticism.
그녀는 공개적인 비판에 굴욕감을 느꼈다.

파생어 humiliate 동 굴욕감을 주다, 창피를 주다
유의어 ashamed, embarrassed

1312
extraneous [ikstréiniəs]

형 관련 없는

Please remove any **extraneous** files from the computer.
컴퓨터에서 관련 없는 파일들을 제거해 주세요.

유의어 irrelevant, impertinent, improper, beside the point, wide of the mark
Tip 라틴어 extra(밖에, 이외에)에서 유래했다.

1313
congruous [káŋgruəs]
2016 지방직 7급

형 일치하는, 어울리는

Her actions were **congruous** with her words.
그녀의 행동은 말과 일치했다.

유의어 harmonious, congruent, compatible
반의어 어울리지 않는 incongruous

1314
volatile
[vάlətl]

형 변덕스러운, 불안한

His **volatile** temper made it difficult to work with him.
그의 변덕스러운 성격은 그와 함께 일하기 어렵게 만들었다.

유의어 변덕스러운 changeable, whimsical, mutable, variable, capricious
불안한 unstable, unsettled

1315
conspicuous
[kənspíkjuəs]

2020 국가직 9급

형 눈에 띄는

The bright sign made the store **conspicuous**.
밝은 간판은 그 상점을 눈에 띄게 만들었다.

유의어 noticeable, remarkable, distinguished, outstanding, striking, salient, markedly

1316
veto
[ví:tou]

동 거부하다 명 거부권

The board has the power to **veto** any major decisions.
이사회는 주요 결정을 거부할 권한이 있다.

유의어 거부하다 reject, repudiate

Tip exercise one's veto 거부권을 행사하다

1317
spoil
[spɔil]

동 망치다

His arrogance will **spoil** his chances of getting the job.
그의 오만함은 그가 그 직업을 얻을 기회를 망칠 것이다.

유의어 ruin, mess up, destroy

Tip 영화의 내용을 미리 알려줘서 흥미를 망치는 것을 **spoiler**(스포일러)라고 한다.

1318
viable
[váiəbl]

형 실행 가능한

We need to develop a **viable** strategy for reducing waste.
우리는 폐기물 감소를 위한 실행 가능한 전략을 개발해야 한다.

유의어 workable, feasible, plausible, practicable

1319
naive
[nɑːíːv]

형 순진한, 순진해 빠진

His **naive** trust in others led to disappointment.
다른 사람들에 대한 그의 순진한 신뢰는 실망으로 이어졌다.

유의어 ingenuous

Tip a naive question 순진한 질문

다의어

1320
represent
[rèprizént]

① 동 대표하다, 대신하다

The artists **represent** mainstream British culture.
그 예술가들은 영국 문화의 주류를 대표한다.

② 동 보여 주다, 제시하다

The pictures **represent** the spirit and dynamics of sports.
그 그림들은 스포츠의 정신과 역동성을 보여 준다.

TEST

A 다음 영단어의 뜻을 찾아 연결하시오. [01~10]

01 restrict 동	•	• 분리하다, 떼어 내다, 떼다, 떨어지게 하다
02 innate 형	•	• 타고난, 선천적인
03 detach 동	•	• 어마어마한, 엄청난
04 oblige 동	•	• 위태롭게 하다
05 exploit 동	•	• 아첨하다, 우쭐하게 하다
06 immense 형	•	• 멸망하다, 죽다
07 jeopardize 동	•	• 제한하다, 한정하다
08 veto 동	•	• 이용하다, 개발하다
09 flatter 동	•	• 거부하다
10 perish 동	•	• 의무로 ~하게 하다

B 다음 영단어의 뜻을 우리말로 쓰시오. [11~20]

11 intervene 동 _____

12 crucial 형 _____

13 prevail 동 _____

14 hideous 형 _____

15 endow 동 _____

16 spoil 동 _____

17 wane 동 _____

18 perpetual 형 _____

19 designate 동 _____

20 subsequent 형 _____

Answer

A 01 제한하다, 한정하다 02 타고난, 선천적인
03 분리하다, 떼어 내다, 떼다, 떨어지게 하다
04 의무로 ~하게 하다 05 이용하다, 개발하다
06 어마어마한, 엄청난 07 위태롭게 하다
08 거부하다 09 아첨하다, 우쭐하게 하다
10 멸망하다, 죽다

B 11 개입하다, 끼어들다 12 중대한, 결정적인, 필수적인
13 만연하다, 우세하다
14 끔찍한, 소름 끼치는, 무시무시한
15 기부하다, 부여하다, 주다 16 망치다
17 약해지다, 작아지다 18 끊임없는, 영구적인
19 임명하다, 지정하다 20 뒤이은, 다음의

Day 34

암기 전 미리보기 & 암기 후 확인하기

학습 전에 아는 단어에 체크해 보세요.
학습 후에 암기한 단어에 체크해 보세요.
체크가 안 된 약점 어휘만 보면서 복습용으로 활용해 보세요.

✓ Self Check

맞힌 개수   / 40개   1회독 ☐   2회독 ☐   3회독 ☐

☐	accumulate	축적하다, 축적되다, 쌓이다	permanent	영구적인, 영원한
☐	confidence	자신감, 확신, 신용	submit	제출하다, 굴복하다
☐	integrity	진실성, 완전함	desolate	황폐한, 쓸쓸한; 돌보지 않다
☐	sensible	현명한, 분별 있는	sequence	순서, 연속
☐	reluctant	꺼리는, 주저하는	kindle	불을 붙이다, 태우다
☐	finance	자금을 대다, 조달하다; 자금, 재정	depreciate	가치가 떨어지다, 평가 절하하다
☐	ubiquitous	도처에 있는	indulgent	관대한, 멋대로 하게 하는
☐	relapse	(병의) 재발, 퇴보, 타락; (나쁜 상태로) 되돌아가다	serene	평화로운, 고요한
☐	variation	변이, 변화, 변동	doom	운명 짓다; 운명, 죽음, 최후
☐	participate	참가하다	treachery	배반, 반역
☐	unprecedented	전례가 없는	hoarse	목 쉰, 귀에 거슬리는
☐	proceed	진행하다, 나아가다	respective	각각의
☐	condone	용납하다, 눈감아 주다	replete	가득한, 포만한
☐	reiterate	거듭 강조하다, 반복하다	fluent	유창한
☐	awkward	어색한, 서투른	stagnant	침체된[정체된], 불경기의
☐	derogatory	경멸적인	cynical	냉소적인
☐	sedentary	앉아 있는, 활발하지 않은	foremost	가장 중요한, 선두의
☐	distract	산만하게 하다	apparel	의류
☐	stumble	걸려 휘청하다, 비틀거리다	conscience	양심
☐	undertake	착수하다, (일 등을) 떠맡다	rate	1. 비율 2. 속도 3. 요금 4. 평가하다, 여기다

영단어 암기 테스트

X 모름
△ 애매함
○ 알고 있음

최빈출 어휘

1321
accumulate
[əkjúːmjulèit]

2022 서울시(1회) 9급
2018 법원행정처 9급
2015 지방직 9급
2009 국회사무처 8급

동 축적하다, 축적되다, 쌓이다

He **accumulated** a fortune through smart investments.
그는 현명한 투자로 재산을 축적했다.

파생어 **accumulation** 명 축적
유의어 **gather**, **collect**, **amass**, **assemble**

1322
confidence
[kánfidəns]

2014 지방직 9급

명 자신감, 확신, 신용

His **confidence** in his abilities helped him succeed.
그의 능력에 대한 자신감은 그가 성공하는 데 도움이 되었다.

파생어 **confident** 형 확신하는

1323
integrity
[intégrəti]

명 진실성, 완전함

Integrity in relationships builds trust and respect.
관계에서의 진실성은 신뢰와 존경을 쌓는다.

파생어 **integral** 형 필수적인
Tip **territorial integrity** 영토 보전

1324
sensible
[sénsəbl]

2013 서울시 9급

형 현명한, 분별 있는

It's **sensible** to prioritize your health over work.
일보다 건강을 우선시하는 것이 현명하다.

유의어 분별 있는 **rational**, **reasonable**, **prudent**, **judicious**, **wise**, **sagacious**
Tip **sensitive** 민감한 **sensual** 선정적인 **sensory** 감각의

1325
reluctant
[rilʌ́ktənt]

2015 서울시 7급
2013 서울시 9급

형 꺼리는, 주저하는

She was **reluctant** to leave her hometown for a new job.
그녀는 새로운 직장을 위해 고향을 떠나는 것을 꺼렸다.

파생어 **reluctance** 명 꺼림, 내키지 않음
유의어 **unwilling**, **hesitant**

1326
finance
[fáinæns]

동 자금을 대다, 조달하다 명 자금, 재정

The foundation **finances** programs for children with disabilities.
그 재단은 장애가 있는 아이들을 위한 프로그램에 자금을 댄다.

파생어 **financial** 형 금융의, 재정적인

1327
ubiquitous
[juːbíkwətəs]

형 도처에 있는

Smartphones are **ubiquitous** in modern society.
스마트폰은 현대 사회에 도처에 있다.

유의어 **widespread**, **pervasive**, **prevalent**, **rampant**, **rife**, **universal**, **omnipresent**

1328
relapse
[ríːlæps]

- 명 (병의) 재발, 퇴보, 타락 동 [rilǽps] (나쁜 상태로) 되돌아가다
- More than 50 percent of patients experience a **relapse**.
  50퍼센트 이상의 환자들이 재발을 경험한다.
  - 유의어 재발 recurrence
    - 퇴보 regression, setback
  - Tip a relapse into poverty 가난으로의 퇴보

1329
variation
[vèəriéiʃən]

- 명 변이, 변화, 변동
- Genetic **variation** plays a key role in evolution.
  유전적 변이는 진화에서 중요한 역할을 한다.
  - 유의어 change

1330
participate
[pɑːrtísəpèit]

- 동 참가하다
- Many students **participate** in the annual science fair.
  많은 학생들이 매년 열리는 과학 박람회에 참가한다.
  - 파생어 participation 명 참가
  - 유의어 take part, join
  - Tip participate in: 자동사 participate는 '~에 참가하다'라는 의미로 반드시 in과 함께 쓰인다.

중요 어휘

1331
unprecedented
[ʌnprésidèntid]

2016 지방직 9급
2011 국회사무처(속기·사서직) 9급

- 형 전례가 없는
- This year's sales numbers show **unprecedented** growth.
  올해의 매출 수치는 전례가 없는 성장을 보인다.
  - 유의어 unparalleled, unsurpassed

1332
proceed
[prousíːd]

- 동 진행하다, 나아가다
- The court will **proceed** with the trial as scheduled.
  법원은 예정대로 재판을 진행할 것이다.
  - 파생어 procedure 명 절차, 순서
  - 유의어 advance, go ahead, make progress

1333
condone
[kəndóun]

- 동 용납하다, 눈감아 주다
- We cannot **condone** reckless driving on the streets.
  우리는 도로에서의 무모한 운전을 용납할 수 없다.
  - 유의어 turn a blind eye to

1334
reiterate
[riːítərèit]

- 동 거듭 강조하다, 반복하다
- The court **reiterated** the need for judicial independence.
  법원은 사법 독립의 필요성을 거듭 강조했다.
  - 유의어 repeat, restate, iterate

1335 ★★ awkward
[ɔ́ːkwərd]

형 어색한, 서투른

He felt **awkward** at the party because he didn't know anyone.
그는 파티에서 아무도 몰라서 어색하게 느꼈다.

유의어 서투른 unskilled, clumsy, inept

Tip awk(이상한) + ward(향하다) → 이상하게 가는 → 서투른, 어색한

1336 ★★ derogatory
[dirάgətɔ̀ːri]

형 경멸적인

Using **derogatory** language can offend people.
경멸적인 언어를 사용하는 것은 사람들의 기분을 상하게 할 수 있다.

파생어 derogate 동 폄하하다
유의어 pejorative

1337 ★★ sedentary
[sédənteri]

형 앉아 있는, 활발하지 않은

The doctor warned about **sedentary** habits.
의사는 앉아 있는 습관에 대해 경고했다.

유의어 활발하지 않은 inactive, inert, torpid, static

1338 ★★ distract
[distrǽkt]

동 산만하게 하다

Don't let your phone **distract** you while driving.
운전 중에는 휴대전화가 당신을 산만하게 하지 않도록 하세요.

파생어 distracted 형 산만해진 distraction 명 산만

1339 ★★ stumble
[stʌ́mbl]

동 걸려 휘청하다, 비틀거리다

While jogging this morning, he **stumbled** over a stone.
오늘 아침 조깅하는 동안 그는 돌에 걸려 휘청했다.

1340 ★★ undertake
[ʌ̀ndərtéik]

동 착수하다, (일 등을) 떠맡다

The education board **undertook** curriculum reforms.
교육 위원회는 교육 과정 개혁을 착수했다.

유의어 착수하다 initiate, commence, launch

Tip under(밑에) + take(떠맡다)

1341 ★★ permanent
[pə́ːrmənənt]

2011 지방직 9급

형 영구적인, 영원한

The injury left him with a **permanent** scar on his leg.
그 부상은 그의 다리에 영구적인 흉터를 남겼다.

파생어 permanently 부 영구적으로
유의어 eternal, perennial, perpetual, incessant, lasting, constant, persistent

Tip per(완전히) + mane(남다) + ent(상태)

1342
submit
[səbmít]

2024 지방직 9급

동 제출하다, 굴복하다

All documents must be **submitted** before the deadline.
모든 문서는 마감일 전에 제출되어야 한다.

유의어 제출하다 hand in, turn in

Tip submit to authority 권위에 굴복하다

1343
desolate
[désələt]

형 황폐한, 쓸쓸한 동 [désəlèit] 돌보지 않다

The **desolate** battlefield was left in ruins after the war.
전쟁 후 그 황폐한 전장은 폐허로 남았다.

유의어 황폐한 barren, bleak

1344
sequence
[síːkwəns]

명 순서, 연속

Astronomers observed the **sequence** of a solar eclipse.
천문학자들은 일식의 순서를 관측했다.

1345
kindle
[kíndl]

동 불을 붙이다, 태우다

The artist's work **kindled** debates about modern art.
그 예술가의 작품은 현대 미술에 대한 논쟁에 불을 붙였다.

1346
depreciate
[dipríːʃieit]

동 가치가 떨어지다, 평가 절하하다

Inflation caused the national currency to **depreciate** rapidly.
물가 상승은 국가 통화 가치가 빠르게 떨어지게 했다.

유의어 devalue

Tip depreciate one's abilities 자신의 능력을 평가 절하하다

1347
indulgent
[indʌ́ldʒənt]

2014 기상직 9급

형 관대한, 멋대로 하게 하는

Grandparents tend to be more **indulgent** than parents.
조부모는 부모보다 더 관대한 경향이 있다.

파생어 indulge 동 마음껏 하다   indulgence 명 관용

유의어 generous, lenient, permissive

1348
serene
[siríːn]

형 평화로운, 고요한

The desert looked **serene** under the moonlight.
그 사막은 달빛 아래서 평화로워 보였다.

파생어 serenity 명 평화, 고요함

유의어 calm, placid, peaceful

기본 어휘

1349

doom [du:m]
- 동 운명 짓다 명 운명, 죽음, 최후
- The unstable reactor was **doomed** to explode eventually.
- 그 불안정한 원자로는 결국 폭발할 운명이었다.
- Tip: meet one's doom 죽다

1350

treachery [trétʃəri]
- 명 배반, 반역
- The spy's **treachery** endangered national security.
- 그 스파이의 배반은 국가 안보를 위태롭게 했다.
- 파생어: treacherous 형 기만적인, 신뢰할 수 없는
- 유의어: betrayal

1351

hoarse [hɔːrs]
- 형 목 쉰, 귀에 거슬리는
- After hours of cheering, her voice became **hoarse**.
- 몇 시간 동안 응원한 후 그녀의 목소리는 쉬었다.
- 유의어: husky
- Tip: husky voice는 개성으로 볼 수 있는 매력적인 목소리를 말한다. 반면 hoarse voice는 과도하게 목을 써서 쉰 소리가 나는 것을 말한다.

1352

respective [rispéktiv]
2011 사회복지직 9급
- 형 각각의
- The athletes walked to their **respective** starting positions.
- 운동선수들은 각각의 출발 지점으로 걸어갔다.
- 유의어: individual
- Tip: respectful 공손한   respectable 존경할 만한

1353

replete [riplí:t]
- 형 가득한, 포만한
- The British Museum was **replete** with ancient artifacts.
- 대영 박물관은 고대 유물들로 가득했다.
- 유의어: filled, full
- Tip: replete with ~로 가득 찬

1354

fluent [flúːənt]
2011 국회사무처(속기·사서직) 9급
- 형 유창한
- He became **fluent** in Chinese after years of practice.
- 그는 여러 해의 연습 끝에 중국어에 유창해졌다.
- 파생어: fluency 명 유창성   fluently 부 유창하게
- 유의어: eloquent

1355

stagnant [stǽgnənt]
2008 지방직(상반기) 7급
- 형 침체된(정체된), 불경기의
- The company's **stagnant** growth worried investors.
- 그 회사의 침체된 성장이 투자자들을 걱정시켰다.
- 파생어: stagnation 명 침체
- 유의어: static, sluggish, inactive

1356
cynical [sínikəl]

형 냉소적인

His approach to human nature was deeply **cynical**.
그의 인간 본성에 대한 접근 방식은 매우 냉소적이었다.

파생어 cynicism 명 냉소주의

1357
foremost [fɔ́ːrmòust]

형 가장 중요한, 선두의

Honesty is the **foremost** value in leadership.
정직은 리더십에서 가장 중요한 가치이다.

유의어 가장 중요한 paramount, chief
선두의 leading

Tip 고대영어 forma(= first)의 최상급

1358
apparel [əpǽrəl]

명 의류

Traditional **apparel** varies by culture and region.
전통 의류는 문화와 지역에 따라 다르다.

유의어 clothes, clothing

1359
conscience [kánʃəns]

명 양심

You shouldn't do anything that goes against your **conscience**.
자신의 양심에 반하는 것은 어떤 것도 하지 말아야 한다.

파생어 conscientious 형 양심적인, 성실한
유의어 morality

Tip con(함께) + science(알고 있는 것)

다의어

1360
rate [reit]

❶ 명 비율

The birth **rate** has declined over the past decade.
출생률은 지난 10년 동안 감소해 왔다.

❷ 명 속도

The glacier is melting at an unprecedented **rate**.
그 빙하는 전례 없는 속도로 녹고 있다.

❸ 명 요금

Many hotels offer lower **rates** during off-season.
많은 호텔들이 비수기에는 더 낮은 요금을 제공한다.

❹ 동 평가하다, 여기다

Critics **rated** the movie as one of the best this year.
비평가들은 그 영화를 올해 최고의 작품 중 하나로 평가했다.

TEST

A 다음 영단어의 뜻을 찾아 연결하시오. [01~10]

- 01 treachery 명 • • 꺼리는, 주저하는
- 02 proceed 동 • • 불을 붙이다, 태우다
- 03 unprecedented 형 • • 걸려 휘청하다, 비틀거리다
- 04 accumulate 동 • • 진행하다, 나아가다
- 05 reluctant 형 • • 축적하다, 축적되다, 쌓이다
- 06 kindle 동 • • 용납하다, 눈감아 주다
- 07 hoarse 형 • • 전례가 없는
- 08 stumble 동 • • 경멸적인
- 09 condone 동 • • 목 쉰, 귀에 거슬리는
- 10 derogatory 형 • • 배반, 반역

B 다음 영단어의 뜻을 우리말로 쓰시오. [11~20]

- 11 variation 명
- 12 desolate 형
- 13 reiterate 동
- 14 indulgent 형
- 15 finance 동
- 16 sequence 명
- 17 cynical 형
- 18 serene 형
- 19 doom 동
- 20 conscience 명

Answer

A 01 배반, 반역 02 진행하다, 나아가다 03 전례가 없는
04 축적하다, 축적되다, 쌓이다 05 꺼리는, 주저하는
06 불을 붙이다, 태우다 07 목 쉰, 귀에 거슬리는
08 걸려 휘청하다, 비틀거리다 09 용납하다, 눈감아 주다
10 경멸적인

B 11 변이, 변화, 변동 12 황폐한, 쓸쓸한
13 거듭 강조하다, 반복하다 14 관대한, 멋대로 하게 하는
15 자금을 대다, 조달하다 16 순서, 연속 17 냉소적인
18 평화로운, 고요한 19 운명 짓다
20 양심

Day 35

암기 전 미리보기 & 암기 후 확인하기

학습 전에 아는 단어에 체크해 보세요.
학습 후에 암기한 단어에 체크해 보세요.
체크가 안 된 약점 어휘만 보면서 복습용으로 활용해 보세요.

✓ Self Check

맞힌 개수 　　/ 40개　1회독 ☐　2회독 ☐　3회독 ☐

영단어
암기 테스트

☐	contradict	부정하다, 반박하다, 모순되다	☐ illustrate	설명하다, 예시하다
☐	ensure	보장하다	☐ lenient	관대한
☐	replace	대체하다, 대신하다	☐ benevolent	자애로운, 친절한
☐	attract	끌어들이다, 끌다	☐ substantial	상당한, 실질적인
☐	intense	치열한, 극심한	☐ entice	유혹하다, 부추기다
☐	dependent	의존하는, 의지하는	☐ scatter	분산시키다, 흩어지다, 흩뿌리다; 분산, 흩뜨림
☐	undermine	약화시키다, 손상시키다	☐ unique	유일무이한, 독특한
☐	neglect	방치하다, 무시하다	☐ eligible	자격이 있는, 적합한
☐	opposite	정반대의, 마주보고 있는	☐ precaution	예방책, 경계
☐	overlook	눈감아 주다, 간과하다, 감시하다	☐ harvest	수확하다; 수확
☐	paucity	부족, 소량	☐ cherish	소중히 여기다, 아끼다
☐	precede	~에 앞서다	☐ periphery	주변부, 주위
☐	irritate	짜증 나게 하다, 자극하다	☐ hostage	인질
☐	nasty	불쾌한, (맛·냄새 등이) 역겨운, 심술궂은	☐ forge	구축하다, 위조하다
☐	summit	정상, 꼭대기	☐ crowd	가득 메우다, 붐비다, 밀어닥치다; 사람들, 무리
☐	imperial	제국의, 황제의	☐ fasten	고정시키다, 매다
☐	bestow	수여하다, 부여하다	☐ blunder	큰 실수
☐	premature	조기의, 시기상조의, 조숙한	☐ portable	휴대용의
☐	terminate	종료하다, 끝나다	☐ demise	종말, 사망
☐	previous	이전의, 앞의	☐ cast	1. 던지다 2. (영화 등의) 역을 배정하다; 출연자들 3. 깁스, 주형

X 모름
△ 애매함
○ 알고 있음

최빈출 어휘

1361
contradict
[kɑ̀ntrədíkt]

동 부정하다, 반박하다, 모순되다

He **contradicted** the rumors about his resignation.
그는 자신의 사임에 대한 소문을 부정했다.

파생어 contradiction 명 모순, 반박   contradictory 형 모순되는
유의어 부정하다 deny
　　　 반박하다 counter, refute

1362
ensure
[inʃúər]

동 보장하다

Seat belts **ensure** passenger safety during travel.
안전벨트는 여행 중 승객의 안전을 보장한다.

유의어 guarantee
Tip en(~으로 하다) + sure(확실한)

1363
replace
[ripléis]

동 대체하다, 대신하다

Online shopping has **replaced** traditional retail stores.
온라인 쇼핑이 전통적인 소매점을 대체했다.

파생어 replacement 명 교체, 대체
유의어 supersede, substitute, supplant

1364
attract
[ətrǽkt]

동 끌어들이다, 끌다

The scholarship program **attracted** top students.
장학 프로그램이 우수한 학생들을 끌어들였다.

파생어 attractive 형 매력적인   attraction 명 명소, 매력

1365
intense
[inténs]

형 치열한, 극심한

The **intense** debate shaped new policies.
치열한 토론이 새로운 정책들을 형성했다.

파생어 intensive 형 집중적인, 강도 높은
Tip intense pain 극심한 고통

1366
dependent
[dipéndənt]

형 의존하는, 의지하는

Babies are completely **dependent** on their parents.
아기들은 부모에게 완전히 의존한다.

파생어 depend 동 의존하다

1367
undermine
[ʌ̀ndərmáin]

동 약화시키다, 손상시키다

Our team's recent defeats **undermined** our confidence.
우리 팀의 최근 패배들은 우리의 자신감을 약화시켰다.

유의어 weaken, impair, abate, attenuate, debilitate, enervate
반의어 강화하다 strengthen, fortify, reinforce, consolidate

1368
neglect
[niglékt]

⑧ 방치하다, 무시하다

The landlord **neglected** building safety inspections.
그 집주인은 건물 안전 점검을 방치했다.

파생어 negligence ⑨ 부주의, 태만
유의어 무시하다 overlook, disregard, ignore

1369
opposite
[ápəzit]

⑧ 정반대의, 마주보고 있는

Shadows move in the **opposite** direction of the sun.
그림자는 태양의 정반대 방향으로 움직인다.

파생어 oppose ⑧ 반대하다
유의어 정반대의 contrary, adverse

1370
overlook
[òuvərlúk]

⑧ 눈감아 주다, 간과하다, 감시하다

The teacher **overlooked** the student's minor mistake.
그 교사는 학생의 사소한 실수를 눈감아 주었다.

유의어 눈감아 주다 forgive, condone

중요 어휘

1371
paucity
[pɔ́:səti]
2016 서울시 9급

⑨ 부족, 소량

A **paucity** of rainfall in California led to a severe drought.
캘리포니아의 강수량 부족이 심각한 가뭄을 초래했다.

유의어 lack, shortage, dearth, scarcity, deficiency

1372
precede
[prisí:d]

⑧ ~에 앞서다

Frequent small tremors **preceded** the volcanic eruption.
빈번한 작은 진동들이 화산 폭발에 앞섰다.

Tip pre(앞에) + cede(가다)

1373
irritate
[írətèit]

⑧ 짜증 나게 하다, 자극하다

His negative attitude constantly **irritates** his coworkers.
그의 부정적인 태도는 그의 동료들을 계속 짜증 나게 한다.

파생어 irritated ⑧ 짜증이 난   irritation ⑨ 짜증
유의어 짜증나게 하다 annoy, vex, anger

1374
nasty
[næsti]

⑧ 불쾌한, (맛·냄새 등이) 역겨운, 심술궂은

She received a **nasty** email from an angry customer.
그녀는 화난 고객에게서 불쾌한 이메일을 받았다.

유의어 unpleasant, disgusting

1375
summit
[sʌ́mit]

명 정상, 꼭대기

Heavy snow made it impossible to reach the **summit**.
폭설은 정상에 도달하는 것을 불가능하게 했다.

유의어 peak, climax, zenith

1376
imperial
[impí(ː)əriəl]

형 제국의, 황제의

The **imperial** capital flourished as a center of culture.
제국의 수도는 문화의 중심지로 번영했다.

파생어 empire 명 제국 emperor 명 황제

1377
bestow
[bistóu]

2013 서울시 9급

동 수여하다, 부여하다

The king **bestowed** a noble title upon his most loyal knight.
왕은 자신의 가장 충성스러운 기사에게 귀족 작위를 수여했다.

Tip bestow A on(upon) B B에게 A를 수여하다

1378
premature
[prìːmətʃúər]

형 조기의, 시기상조의, 조숙한

The **premature** mortality rate among smokers is significantly high.
흡연자들의 조기 사망률은 상당히 높다.

파생어 prematurely 부 이르게
유의어 조숙한 precocious
Tip mature 성숙한 immature 미성숙한

1379
terminate
[tə́ːrmənèit]

동 종료하다, 끝나다

An error in the system will automatically **terminate** the software.
시스템 오류는 자동으로 소프트웨어를 종료할 것이다.

파생어 termination 명 종료

1380
previous
[príːviəs]

형 이전의, 앞의

The athlete broke his **previous** record in the race.
그 운동선수는 경기에서 이전의 기록을 깼다.

유의어 earlier, prior, former, preceding
Tip pre(앞에) + vi(길 = via) + ous → 이전의

1381
illustrate
[íləstrèit]

동 설명하다, 예시하다

Charts and graphs help **illustrate** complex scientific concepts.
차트와 그래프는 복잡한 과학 개념을 설명하는 데 도움이 된다.

Tip il(~에) + lustrare(비추다) + ate(~하다)

1382
lenient [líːniənt]
2013 국가직 9급

형 관대한

Immigration rules have become more **lenient** in recent years.
최근 몇 년 동안 이민 규정이 더 **관대해**졌다.

파생어 **leniently** 부 관대하게
유의어 generous, merciful, indulgent

1383
benevolent [bənévələnt]

형 자애로운, 친절한

A **benevolent** donor contributed millions to the orphanage.
어느 **자애로운** 기부자가 고아원에 수백만 달러를 기부했다.

유의어 benign, beneficent, humane, compassionate
반의어 악의적인 malevolent, venomous, malicious

1384
substantial [səbstǽnʃəl]

형 상당한, 실질적인

Last night's fire caused **substantial** damage to the dormitory.
지난 밤의 화재는 기숙사에 **상당한** 피해를 입혔다.

유의어 상당한 considerable
실질적인 substantive

Tip substantial agreement 실질적인 합의

1385
entice [intáis]

동 유혹하다, 부추기다

The advertisement **enticed** viewers with a free trial.
그 광고는 무료 체험으로 시청자들을 **유혹했다**.

유의어 lure, tempt, attract, fascinate, allure, induce, seduce

1386
scatter [skǽtər]

동 분산시키다, 흩어지다, 흩뿌리다 명 분산, 흩뜨림

Strong winds **scattered** dust over the city.
강풍이 먼지를 도시 전역으로 **분산시켰다**.

유의어 disperse

1387
unique [juːníːk]

형 유일무이한, 독특한

The constitution grants **unique** rights to citizens.
헌법은 시민들에게 **유일무이한** 권리를 부여한다.

유의어 독특한 peculiar

1388
eligible [élidʒəbl]

형 자격이 있는, 적합한

Citizens over the age of 18 are **eligible** to vote in elections.
18세 이상의 시민들은 선거에서 투표할 **자격이 있다**.

유의어 suitable, qualified
반의어 부적격의 ineligible

Tip be eligible for + 명사: ~에 적합하다
be eligible to + 동사원형: ~할 자격이 있다

기본 어휘

1389

precaution
[prikɔ́:ʃən]

명 예방책, 경계

Drivers should take every **precaution** when driving in heavy rain.
운전자들은 폭우 속에서 운전할 때 모든 예방책을 취해야 한다.

> Tip take precautions against ~에 조심하다

1390

harvest
[há:rvist]

동 수확하다   명 수확

She **harvested** organic vegetables from her garden.
그녀는 자신의 정원에서 유기농 채소를 수확했다.

유의어 수확하다 pick

1391

cherish
[tʃériʃ]

동 소중히 여기다, 아끼다

Parents **cherish** the moments they spend with their children.
부모들은 자녀들과 함께하는 순간을 소중히 여긴다.

1392

periphery
[pərífəri]

명 주변부, 주위

The **periphery** of the capital faces housing shortages.
수도 주변부는 주택 부족 문제를 겪고 있다.

파생어 peripheral 형 주변적인
유의어 fringe, boundary, edge, circumference

> Tip be on the periphery of ~의 주변부에 있다

1393

hostage
[hástidʒ]

명 인질

The police negotiated for the safe release of the **hostages**.
경찰은 인질들의 안전한 석방을 위해 협상했다.

1394

forge
[fɔ:rdʒ]

동 구축하다, 위조하다

The nation **forged** strong diplomatic ties with its neighbors.
그 나라는 주변국들과 강한 외교 관계를 구축했다.

파생어 forged 형 가짜의, 위조된
유의어 위조하다 counterfeit, fabricate, falsify

1395

crowd
[kraud]

동 가득 메우다, 붐비다, 밀어닥치다   명 사람들, 무리

Thousands of people **crowded** the square in Seoul City Hall.
수천 명의 사람들이 서울 시청 광장을 가득 메웠다.

> Tip be crowded with ~로 붐비다, 혼잡하다

1396
fasten [fǽsən]
동 고정시키다, 매다
The climber **fastened** the rope to the rock.
등반가가 밧줄을 바위에 고정시켰다.
유의어 pin

1397
blunder [blʌ́ndər]
명 큰 실수
The politician made a serious **blunder** during the live debate.
그 정치인은 생방송 토론 중에 심각한 큰 실수를 저질렀다.
유의어 error, mistake, fault, gaffe
Tip blind(눈먼)에서 유래되어 눈이 멀어 일을 제대로 하지 못함을 의미한다.

1398
portable [pɔ́:rtəbl]
형 휴대용의
Workers carried a **portable** generator to the site.
노동자들은 현장으로 휴대용 발전기를 가져갔다.
유의어 handy, movable
Tip potable 마실 수 있는 palatable 맛있는

1399
demise [dimáiz]
2009 서울시 9급
명 종말, 사망
The digital era caused the **demise** of print media.
디지털 시대가 인쇄 매체의 종말을 가져왔다.
유의어 death

1400
cast [kæst]

❶ 동 던지다
The fisherman **cast** his net into the river to catch fish.
그 어부는 물고기를 잡기 위해 강에 그물을 던졌다.

❷ 동 (영화 등의) 역을 배정하다   명 출연자들
The film producers **cast** an unknown actress for the main character.
그 영화 프로듀서들은 무명 여배우에게 주인공 역을 배정했다.

❸ 명 깁스, 주형
After the surgery, his leg was placed in a **cast** for stability.
수술 후 그의 다리는 안정성을 위해 깁스를 하게 되었다.

TEST

A 다음 영단어의 뜻을 찾아 연결하시오. [01~10]

01 eligible 형 • • 예방책, 경계
02 precaution 명 • • 구축하다, 위조하다
03 intense 형 • • 설명하다, 예시하다
04 precede 동 • • 치열한, 극심한
05 opposite 형 • • 부정하다, 반박하다, 모순되다
06 contradict 동 • • 불쾌한, (맛·냄새 등이) 역겨운, 심술궂은
07 illustrate 동 • • ~에 앞서다
08 summit 명 • • 정상, 꼭대기
09 forge 동 • • 정반대의, 마주보고 있는
10 nasty 형 • • 자격이 있는, 적합한

B 다음 영단어의 뜻을 우리말로 쓰시오. [11~20]

11 attract 동
12 previous 형
13 demise 명
14 substantial 형
15 undermine 동
16 harvest 동
17 benevolent 형
18 bestow 동
19 premature 형
20 periphery 명

Answer

A 01 자격이 있는, 적합한 02 예방책, 경계
03 치열한, 극심한 04 ~에 앞서다
05 정반대의, 마주보고 있는
06 부정하다, 반박하다, 모순되다 07 설명하다, 예시하다
08 정상, 꼭대기 09 구축하다, 위조하다
10 불쾌한, (맛·냄새 등이) 역겨운, 심술궂은

B 11 끌어들이다, 끌다 12 이전의, 앞의 13 종말, 사망
14 상당한, 실질적인 15 약화시키다, 손상시키다
16 수확하다 17 자애로운, 친절한
18 수여하다, 부여하다 19 조기의, 시기상조의, 조숙한
20 주변부, 주위

Day 36

❖ 암기 전 미리보기 & 암기 후 확인하기

학습 전에 아는 단어에 체크해 보세요.
학습 후에 암기한 단어에 체크해 보세요.
체크가 안 된 약점 어휘만 보면서 복습용으로 활용해 보세요.

✓ Self Check

맞힌 개수   / 40개   1회독 ☐ 2회독 ☐ 3회독 ☐

영단어 암기 테스트

☐ satisfy	만족시키다	☐ prestigious	명성 있는
☐ practical	실용적인, 실질적인	☐ frivolous	경솔한, 하찮은
☐ concentrate	집중하다	☐ sublime	장엄한, 숭고한
☐ exclude	배제하다	☐ furious	몹시 화가 난, 맹렬한
☐ variety	다양성, 여러 가지	☐ deceive	속이다
☐ component	구성 요소	☐ replicate	복제하다, 모사하다
☐ exception	예외, 이의 신청	☐ portray	묘사하다, 초상을 그리다
☐ justify	정당화하다	☐ aspire	열망하다, 갈망하다
☐ distinguish	구별하다	☐ reserved	과묵한, 보류된, 예약된
☐ nervous	긴장한, 신경의	☐ damp	습한, 축축한
☐ lament	슬퍼하다, 애도하다	☐ hectic	정신없이 바쁜, 몹시 바쁜, 매우 흥분한
☐ decent	제대로 된, 품위 있는	☐ mount	증가하다, 올라타다, 시작하다; 산
☐ announce	발표하다, 알리다	☐ solemn	엄숙한, 장엄한
☐ enlighten	이해시키다, 알리다	☐ paramount	가장 중요한, 최고의
☐ defect	결함	☐ restive	(지루해서) 가만히 있지 못하는
☐ extraordinary	비범한, 기이한	☐ penchant	경향, 기호
☐ assign	배치하다, 맡기다	☐ nagging	잔소리하는, 없어지지 않는
☐ usher	안내하다; 좌석 안내원	☐ hybrid	잡종; 혼혈의
☐ infer	추론하다	☐ millennium	천 년
☐ remark	말하다, 언급하다; 발언, 비평	☐ content	1. 내용물, 콘텐츠 2. (pl.) 목차 3. 만족한

X 모름
△ 애매함
○ 알고 있음

최빈출 어휘

1401 ★★★
satisfy
[sǽtisfài]

동 만족시키다

The restaurant's special menu **satisfied** the customers' expectations.
그 식당의 특별 메뉴는 고객들의 기대를 **만족시켰다**.

파생어 satisfaction 명 만족　　satisfactory 형 만족스러운
유의어 gratify, suffice, fulfill
반의어 dissatisfy 불만을 느끼게 하다

1402 ★★★
practical
[prǽktikəl]

형 실용적인, 실질적인

We received **practical** training in computer programming.
우리는 컴퓨터 프로그래밍에 대한 **실용적인** 교육을 받았다.

파생어 practice 명 실행, 실천　　practicality 명 실용성
유의어 pragmatic
Tip for practical purposes 실제로는

1403 ★★★
concentrate
[kánsəntrèit]

동 집중하다

He couldn't **concentrate** because of the loud conversation nearby.
그는 근처의 시끄러운 대화 때문에 **집중할** 수 없었다.

파생어 concentration 명 집중
유의어 focus
Tip concentrate on + (동)명사: ~에 집중하다

1404 ★★★
exclude
[iksklú:d]

2024 지방직 9급

동 배제하다

The club **excluded** members who repeatedly violated the rules.
그 동아리는 규칙을 반복적으로 위반한 회원들을 **배제했다**.

파생어 exclusive 형 배타적인, 독점적인
유의어 rule out, leave out

1405 ★★★
variety
[vəráiəti]

명 다양성, 여러 가지

The city is known for its cultural **variety**.
그 도시는 문화적 **다양성**으로 유명하다.

유의어 diversity
Tip a variety of 다양한

1406 ★★★
component
[kəmpóunənt]

명 구성 요소

The battery is a crucial **component** of modern smartphones.
배터리는 현대 스마트폰의 중요한 **구성 요소**이다.

Tip com(함께) + pon(놓아두다) + ent(명사형 어미)

1407 exception
[iksépʃən]

명 예외, 이의 신청

Everyone followed the dress code without **exception**.
모두가 예외 없이 복장 규정을 따랐다.

파생어 except 전 ~을 제외하고는   exceptional 형 예외적인
exceptionally 부 예외적으로

1408 justify
[dʒʌ́stəfài]

동 정당화하다

The lawyer tried to **justify** his client's actions in court.
그 변호사는 법정에서 자신의 의뢰인의 행동을 정당화하려 했다.

파생어 justification 명 정당화
Tip just(적절한) + ify(하게 하다)

1409 distinguish
[distíŋgwiʃ]

동 구별하다

Skilled designers can **distinguish** subtle differences.
유능한 디자이너들은 미묘한 차이점들을 구별할 수 있다.

유의어 tell, differentiate, discern, discriminate
Tip distinguish A from B   B로부터 A를 구분하다

1410 nervous
[nə́ːrvəs]

형 긴장한, 신경의

She appeared **nervous** during the meeting.
그녀는 회의 중에 긴장한 듯 보였다.

파생어 nerve 명 신경
유의어 긴장한 anxious, apprehensive, worried

중요 어휘

1411 lament
[ləmént]
2011 법원행정처 9급

동 슬퍼하다, 애도하다

The poet **lamented** the loss of his homeland in his writings.
그 시인은 자신의 글에서 조국의 상실을 슬퍼했다.

1412 decent
[díːsənt]

형 제대로 된, 품위 있는

The isolated island lacks a **decent** hospital for emergency care.
그 외딴 섬은 응급 치료를 위한 제대로 된 병원이 부족하다.

파생어 decency 명 품위

1413 announce
[ənáuns]

동 발표하다, 알리다

The mayor **announced** plans to build a new public library.
시장은 새로운 공공 도서관 건설 계획을 발표했다.

파생어 announcement 명 발표   announcer 명 아나운서

1414 ★★ enlighten
[inláitn]
2024 국가직 9급
2014 서울시 9급

동 이해시키다, 알리다

The lawyer **enlightened** the client about legal rights.
변호사는 의뢰인에게 법적 권리를 **이해시켰다**.

파생어 enlightenment 명 깨우침, 계몽주의 시대
유의어 inform, cultivate, educate
Tip en(~을 주다) + light(빛) + en(~으로 하다) → ~에 빛을 쬐다

1415 ★★ defect
[difékt]

명 결함

A mechanical **defect** in the airplane caused a flight delay.
항공기의 기계적 **결함**이 비행 지연을 초래했다.

유의어 flaw

1416 ★★ extraordinary
[ikstrɔ́ːrdənèri]

형 비범한, 기이한

She showed **extraordinary** leadership during the crisis.
그녀는 위기 속에서 **비범한** 리더십을 발휘했다.

반의어 보통의, 평범한 ordinary
Tip extra(~을 넘어선) + ordinary(평범한)

1417 ★★ assign
[əsáin]

동 배치하다, 맡기다

The university **assigned** mentors to the freshmen.
대학교는 신입생들에게 멘토들을 **배치했다**.

파생어 assignment 명 과제, 배치
유의어 allocate, allot

1418 ★★ usher
[ʌ́ʃər]

동 안내하다   명 좌석 안내원

A manager **ushered** reporters into the press conference room.
한 매니저가 기자들을 기자 회견장으로 **안내했다**.

Tip theater usher 극장 안내원

1419 ★★ infer
[infə́ːr]

동 추론하다

Readers can **infer** the character's emotions from the dialogue.
독자들은 대사를 통해 등장인물의 감정을 **추론할** 수 있다.

파생어 inference 명 추론
유의어 deduce, derive

1420 ★★ remark
[rimáːrk]

동 말하다, 언급하다   명 발언, 비평

The basketball coach **remarked** that the players had done well.
그 농구 코치는 선수들이 잘했다고 **말했다**.

파생어 remarkable 형 놀랄 만한, 주목할 만한
유의어 비평 critique

1421 prestigious
[prestídʒəs]
2015 지방직 7급

형 명성 있는

Yale is one of the most **prestigious** universities in the U.S.
예일대학은 미국에서 가장 명성 있는 대학들 중 하나이다.

파생어 prestige 명 명성
유의어 eminent, prominent, celebrated, renowned

1422 frivolous
[frívələs]

형 경솔한, 하찮은

The judge warned the defendant not to make **frivolous** remarks.
재판관은 피고인에게 경솔한 언급을 하지 말라고 경고했다.

유의어 경솔한 flippant
하찮은 insignificant, negligible, petty, trivial, trifling, unimportant

1423 sublime
[səbláim]

형 장엄한, 숭고한

Mt. Halla has **sublime** scenery especially in winter.
한라산은 특히 겨울에 장엄한 경치를 지닌다.

유의어 magestic

1424 furious
[fjúəriəs]

형 몹시 화가 난, 맹렬한

The players were **furious** over the unfair referee's decision.
그 선수들은 불공정한 심판 판정에 몹시 화가 났다.

유의어 몹시 화가 난 angry, indignant, irritated, infuriated, enraged

1425 deceive
[disíːv]

동 속이다

The magician **deceived** the audience with an illusion.
마술사는 착시로 관객을 속였다.

파생어 deceit 명 속임수, 사기   deceptive 형 기만적인
유의어 cheat, fool, trick, mislead
Tip de(나쁜) + ceive((물건을) 가져가다) → 나쁘게 물건을 가져가다 → 속이다

1426 replicate
[répləkèit]
2015 교육행정직 9급
2011 국회사무처 8급

동 복제하다, 모사하다

Biologists successfully **replicated** the DNA structure in the lab.
생물학자들은 실험실에서 DNA 구조를 성공적으로 복제했다.

파생어 replica 명 복제, 복제품
유의어 duplicate, copy, mimic
Tip 레플리카(replica)는 '복제품'의 의미로 우리말에서도 쓰인다.

1427 portray
[pɔːrtréi]

동 묘사하다, 초상을 그리다

The film director **portrayed** the historical event with great accuracy.
그 영화 감독은 역사적 사건을 매우 정확하게 묘사했다.

파생어 portrait 명 초상화, 묘사
유의어 describe, depict

1428 aspire [əspáiər] ★★

동 열망하다, 갈망하다

Many researchers **aspire** to develop sustainable energy solutions.
많은 연구자들은 지속 가능한 에너지 해결책들을 개발하기를 열망한다.

파생어 aspiration 명 열망, 갈망
유의어 desire, long, crave, yearn

기본 어휘

1429 reserved [rizə́ːrvd] ★
2014 지방직 9급
2010 국가직 9급

형 과묵한, 보류된, 예약된

A **reserved** man seldom expresses his feelings.
과묵한 남자는 자신의 감정을 잘 표현하지 않는다.

파생어 reserve 동 예약하다, 따로 두다
유의어 과묵한 reticent, silent, uncommunicative
Tip re(뒤에서) + serve(비축하다) → (생각을) 뒤에 비축하다
'예약된' 역시 자리를 뒤에 비축해 두는 것을 의미한다.

1430 damp [dæmp] ★

형 습한, 축축한

The morning air was **damp** and smelled of wet grass.
그 아침 공기는 습했고 젖은 풀 냄새가 났다.

유의어 moist, wet
Tip damp down ~의 기세를 꺾다

1431 hectic [héktik] ★

형 정신없이 바쁜, 몹시 바쁜, 매우 흥분한

The newsroom became **hectic** after the big announcement.
중요한 발표 후 뉴스룸이 정신없이 바빠졌다.

유의어 frantic, bustling

1432 mount [maunt] ★

동 증가하다, 올라타다, 시작하다 명 산

Tension **mounted** between the two nations.
두 나라 사이의 긴장이 증가했다.

Tip Mount Everest 에베레스트 산

1433 solemn [sáləm] ★

형 엄숙한, 장엄한

The priest spoke in a **solemn** tone during the prayer.
그 신부는 기도하는 동안 엄숙한 어조로 말했다.

파생어 solemnity 명 엄숙, 장엄
유의어 장엄한 majestic, magnificent

1434 paramount [pǽrəmàunt] ★
2018 지방직 9급

형 가장 중요한, 최고의

A healthy diet is **paramount** for good health.
건강한 식단이 좋은 건강을 위해 가장 중요하다.

유의어 chief, supreme, prime, foremost, principal, major

1435
restive [réstiv]

형 (지루해서) 가만히 있지 못하는

The crowd became **restive** as security checks took too long.
보안 검색이 너무 오래 걸리자 군중은 가만히 있지 못하게 되었다.

유의어 restless

1436
penchant [péntʃənt]

명 경향, 기호

Many politicians have a **penchant** for avoiding direct answers.
많은 정치인들은 직접적인 답변을 피하는 경향이 있다.

유의어 bent, disposition, propensity, preference, tendency, inclination, fondness

Tip have a penchant for ~을 매우 좋아하다

1437
nagging [nǽgiŋ]

형 잔소리하는, 없어지지 않는

A **nagging** boss can lower employees' motivation.
잔소리하는 상사는 직원들의 동기 부여를 저하시킬 수 있다.

파생어 nag 동 잔소리를 하다

1438
hybrid [háibrid]

명 잡종 형 혼혈의

A liger is a **hybrid** of a male lion and a female tiger.
라이거는 수사자와 암호랑이의 잡종이다.

1439
millennium [miléniəm]

명 천 년

The temple has stood here for more than a **millennium**.
그 사원은 천 년 이상 이곳에 서 있었다.

Tip millennia 수천 년(millennium의 복수형)

다의어

1440
content [kántent]

❶ 명 내용물, 콘텐츠

The **content** of the bottle smelled strange.
병의 내용물에서 이상한 냄새가 났다.

❷ 명 (pl.) 목차

Check the table of **contents** to find the chapter you need.
필요한 장을 찾으려면 목차를 확인하세요.

❸ 형 [kəntént] 만족한

She was perfectly **content** with her simple lifestyle.
그녀는 자신의 단순한 생활 방식에 완전히 만족했다.

파생어 contented 형 만족해하는    contentious 형 논쟁을 좋아하는

TEST

A 다음 영단어의 뜻을 찾아 연결하시오. [01~10]

01 concentrate 동 · · 구성 요소
02 deceive 동 · · 가장 중요한, 최고의
03 component 명 · · 집중하다
04 satisfy 동 · · 만족시키다
05 decent 형 · · 몹시 화가 난, 맹렬한
06 paramount 형 · · 속이다
07 replicate 동 · · 결함
08 hectic 형 · · 복제하다, 모사하다
09 defect 명 · · 제대로 된, 품위 있는
10 furious 형 · · 정신없이 바쁜, 몹시 바쁜, 매우 흥분한

B 다음 영단어의 뜻을 우리말로 쓰시오. [11~20]

11 assign 동 ____
12 variety 명 ____
13 damp 형 ____
14 penchant 명 ____
15 hybrid 명 ____
16 distinguish 동 ____
17 exclude 동 ____
18 usher 동 ____
19 frivolous 형 ____
20 sublime 형 ____

Answer

A 01 집중하다 02 속이다 03 구성 요소
04 만족시키다 05 제대로 된, 품위 있는
06 가장 중요한, 최고의 07 복제하다, 모사하다
08 정신없이 바쁜, 몹시 바쁜, 매우 흥분한
09 결함 10 몹시 화가 난, 맹렬한

B 11 배치하다, 맡기다 12 다양성, 여러 가지
13 습한, 축축한 14 경향, 기호 15 잡종
16 구별하다 17 배제하다 18 안내하다
19 경솔한, 하찮은 20 엄숙한, 장엄한

Day 37

암기 전 미리보기 & 암기 후 확인하기

학습 전에 아는 단어에 체크해 보세요.
학습 후에 암기한 단어에 체크해 보세요.
체크가 안 된 약점 어휘만 보면서 복습용으로 활용해 보세요.

Self Check

맞힌 개수 / 40개 1회독 ☐ 2회독 ☐ 3회독 ☐

영단어 암기 테스트

☐	exhibit	전시하다, (감정을) 드러내다	☐	shift	변화, 교대 근무; 옮기다
☐	expose	드러내다, 노출시키다	☐	liability	(법적) 책임, 부채
☐	complex	복잡한	☐	dedicate	전념하다, 바치다
☐	trivial	사소한, 하찮은	☐	proficient	능숙한
☐	assume	추정하다, 가정하다, (책임을) 맡다	☐	generosity	관대함, 아량
☐	authentic	진품인, 진짜의	☐	fatal	치명적인, 돌이킬 수 없는, 운명의
☐	absorb	흡수하다	☐	superb	최고의, 최상의
☐	acute	예리한, 극심한, 급성의	☐	statue	동상, 상
☐	delicate	섬세한, 연약한	☐	upright	곧은, 직립한
☐	implicate	연루시키다, 함축하다	☐	inert	기력이 없는, 비활성의
☐	drawback	단점, 결점, 문제점	☐	boisterous	떠들썩한, 시끄러운, 활기찬
☐	augment	늘리다, 증대시키다	☐	monumental	기념비적인, 엄청난
☐	evident	분명한, 눈에 띄는	☐	momentous	중대한, 중요한
☐	fragile	깨지기 쉬운, 약한	☐	presume	추정하다, 가정하다
☐	pretend	~인 체하다, 가장하다	☐	auditory	청각의, 귀의
☐	sensation	감각, 느낌, 물의(센세이션)	☐	minute	미세한, 사소한; 분
☐	considerate	사려 깊은, 이해심이 있는	☐	cough	기침을 하다; 기침
☐	eternal	영원한	☐	precarious	불안정한, 불확실한
☐	demean	품위를 손상시키다, 비하하다	☐	forage	(먹이를) 찾다, 마구 뒤적여 찾다
☐	articulate	분명히 말하다	☐	yield	1. 생산하다, 산출하다; 수확량 2. 양보하다, 양도하다 3. 굴복하다, 항복하다

X 모름
△ 애매함
○ 알고 있음

최빈출 어휘

1441
exhibit
[igzíbit]

동 전시하다, (감정을) 드러내다

His drawings have been **exhibited** in galleries worldwide.
그의 그림은 전 세계 화랑에서 전시되어 왔다.

파생어 **exhibition** 명 전시회
유의어 **display**

1442
expose
[ikspóuz]

동 드러내다, 노출시키다

The court trial **exposed** years of illegal business practices.
그 재판은 수년에 걸친 불법 사업 관행을 드러냈다.

파생어 **exposure** 명 폭로, 노출
Tip **be exposed to** ~에 노출되다

1443
complex
[kəmpléks]

형 복잡한

She designed the **complex** security system of the airport.
그녀는 공항의 복잡한 보안 시스템을 설계했다.

파생어 **complexity** 명 복잡성
유의어 **intricate, complicated**
Tip **com**(함께) + **plex**(엮는, 엉키게 하는) → 복잡한

1444
trivial
[tríviəl]

형 사소한, 하찮은

The argument started over a **trivial** misunderstanding.
그 다툼은 사소한 오해에서 시작되었다.

유의어 **insignificant, negligible, petty, frivolous, trifling, unimportant**

1445
assume
[əsjúːm]

동 추정하다, 가정하다, (책임을) 맡다

Scientists **assume** that the universe is constantly expanding.
과학자들은 우주가 계속 확장하고 있다고 추정한다.

파생어 **assumption** 명 추정, 인수
유의어 가정하다 **presume, suppose, deem**
Tip **assume responsibility** 책임을 맡다

1446
authentic
[ɔːθéntik]

형 진품인, 진짜의

Experts confirmed that the painting was **authentic**.
전문가들은 그 그림이 진품이라는 것을 확인했다.

파생어 **authenticity** 명 확실성, 진짜임
유의어 **real, genuine**
Tip 그리스어 **autos**(자기 자신) + **hentes**(되다)

1447
absorb
[əbsɔ́ːrb]

동 흡수하다

Plants **absorb** carbon dioxide during photosynthesis.
식물은 광합성 동안 이산화탄소를 **흡수한다**.

유의어 soak up

Tip be absorbed in ~에 완전히 흡수되다 → ~에 열중하다, 몰두하다

1448
acute
[əkjúːt]

형 예리한, 극심한, 급성의

Wild animals rely on their **acute** hearing to detect predators.
야생 동물들은 포식자를 감지하기 위해 **예리한** 청각에 의존한다.

유의어 예리한 keen
반의어 만성적인 chronic

1449
delicate
[déləkət]

형 섬세한, 연약한

A butterfly's wings are extremely **delicate** and tear easily.
나비의 날개는 매우 **섬세하고** 쉽게 찢어진다.

파생어 delicacy 명 섬세함, 연약함

중요 어휘

1450
implicate
[ímpləkèit]

동 연루시키다, 함축하다

Witness statements **implicated** the businessman in fraud.
목격자 진술들이 그 사업가를 사기 사건과 **연루시켰다**.

파생어 implication 명 연루, 함축
유의어 involve

Tip be implicated in ~에 연루되다

1451
drawback
[drɔ́ːbæ̀k]

명 단점, 결점, 문제점

A serious **drawback** of the system is frequent errors.
그 시스템의 심각한 **단점**은 잦은 오류이다.

유의어 disadvantage

Tip draw back (불안해서) 하지 않기로 하다

1452
augment
[ɔːgmént]

동 늘리다, 증대시키다

Daily reading can **augment** vocabulary and language skills.
매일 독서하는 것은 어휘와 언어 능력을 **늘릴** 수 있다.

파생어 augmentation 명 증가, 증대
유의어 increase

1453
evident
[évidənt]

형 분명한, 눈에 띄는

The economic crisis was **evident** in rising unemployment.
경제 위기는 증가하는 실업률에서 **분명했다**.

유의어 obvious, apparent, clear, distinct

1454 fragile
[frǽdʒəl]

형 깨지기 쉬운, 약한

Fragile dishes must be packed with bubble wrap.
깨지기 쉬운 접시는 뽁뽁이로 포장해야 한다.

유의어 weak, delicate, breakable, brittle, frail, feeble

Tip fragile 깨지거나 부러지기 쉬운   delicate 손상되기 쉬운

1455 pretend
[priténd]

동 ~인 체하다, 가장하다

She **pretended** to be confident before giving the speech.
그녀는 연설을 하기 전에 자신 있는 척했다.

파생어 pretension 명 허세, 가식
유의어 feign, make believe

1456 sensation
[senséiʃən]

명 감각, 느낌, 물의(센세이션)

After the surgery, he lost **sensation** in his left leg.
수술 후 그는 왼쪽 다리의 감각을 잃었다.

파생어 sensational 형 세상을 놀라게 하는, 선풍적인
Tip a sensation of fear 공포감

1457 considerate
[kənsídərət]

형 사려 깊은, 이해심이 있는

A **considerate** driver slows down for pedestrians.
사려 깊은 운전자는 보행자를 위해 속도를 줄인다.

유의어 thoughtful
Tip 비슷한 형태의 considerable은 '상당한, 중요한'의 의미이므로 구분하여 알아두자.

1458 eternal
[itə́ːrnəl]

형 영원한

The legend of the lost city remains an **eternal** mystery.
잃어버린 도시의 전설은 영원한 미스터리로 남아 있다.

파생어 eternally 부 영원히
유의어 constant, everlasting, permanent, perpetual, persistent, ceaseless, incessant

1459 demean
[dimíːn]

2018 기상직 9급

동 품위를 손상시키다, 비하하다

Constantly criticizing others **demeans** one's own character.
끊임없이 다른 사람을 비판하는 것은 자신의 품위를 손상시킨다.

유의어 degrade, debase, belittle, disparage, devalue
Tip demeanor 품행

1460 articulate
[ɑːrtíkjulèit]

동 분명히 말하다

It's important to **articulate** your opinions in social life.
사회생활에서 당신의 의견을 분명히 말하는 것은 중요하다.

유의어 enunciate

1461
shift [ʃift]

명 변화, 교대 근무 동 옮기다

A sudden **shift** in weather patterns can cause natural disasters.
날씨 패턴의 갑작스러운 **변화**는 자연재해를 일으킬 수 있다.

유의어 변화 change, conversion, transformation

1462
liability [làiəbíləti]

명 (법적) 책임, 부채

Manufacturers must take **liability** for defective products.
제조업체들은 결함이 있는 제품들에 대한 **책임**을 져야 한다.

유의어 책임 responsibility

Tip liable(책임이 있는) + ity

1463
dedicate [dédikèit]

동 전념하다, 바치다

Young athletes **dedicate** long hours to intense training.
젊은 운동 선수들은 강도 높은 훈련에 오랜 시간 **전념한다**.

파생어 dedication 명 전념, 헌신
유의어 devote

Tip dedicate oneself to ~에 헌신(전념)하다

1464
proficient [prəfíʃənt]

2012 지방직 9급

형 능숙한

Experienced pilots are **proficient** in handling emergencies.
숙련된 조종사들은 비상 상황을 처리하는 데 **능숙하다**.

파생어 proficiency 명 능숙, 숙달
유의어 good, skilled, skillful, adept, adroit

1465
generosity [dʒènərásəti]

2018 서울시(1회) 7급
2009 지방직·소방직 9급

명 관대함, 아량

His **generosity** toward those in need inspired many people.
도움이 필요한 사람들을 향한 그의 **관대함**은 많은 사람들에게 감동을 주었다.

파생어 generous 형 관대한

Tip show(demonstrate/display) generosity 관대함을 보이다

1466
fatal [féitəl]

형 치명적인, 돌이킬 수 없는, 운명의

A single mistake in surgery can have **fatal** consequences.
수술에서 한 번의 실수가 **치명적인** 결과를 초래할 수 있다.

파생어 fatality 명 사망자, 치사율
유의어 치명적인 lethal, deadly, pernicious

Tip fate(운명) + al(형용사형 어미)

1467
superb [su(:)pə́:rb]

형 최고의, 최상의

The restaurant is known for its **superb** seafood dishes.
그 레스토랑은 **최고의** 해산물 요리로 유명하다.

유의어 supreme

Tip super(위에, 너머로) + b(되다) → 최고가 된, 최상이 된

기본 어휘

1468
statue [stǽtʃuː]
명 동상, 상
A giant **statue** of Buddha attracts many tourists to the temple.
거대한 불**상**은 많은 관광객들을 사찰로 끌어들인다.

1469
upright [ʌ́pràit]
형 곧은, 직립한
An **upright** position is essential for good spinal health.
곧은 자세는 척추 건강에 필수적이다.
유의어 erect

1470
inert [inə́ːrt]
2018 국회직 9급
2008 국가직 7급
형 기력이 없는, 비활성의
Without proper nutrition, the body becomes **inert** and weak.
적절한 영양 섭취가 없으면, 몸은 **기력이 없고** 약해진다.
파생어 inertia 명 무력증, 타성
유의어 inactive, torpid, lethargic, dormant, static, stagnant, sedentary

1471
boisterous [bɔ́istərəs]
형 떠들썩한, 시끄러운, 활기찬
The **boisterous** party continued late into the night.
떠들썩한 파티가 밤늦게까지 계속되었다.
유의어 noisy, lively

1472
monumental [mɑ̀njuméntl]
형 기념비적인, 엄청난
Neil Armstrong took a **monumental** step on the Moon.
닐 암스트롱은 달에서 **기념비적인** 발걸음을 내디뎠다.
파생어 monument 명 기념물, 기념비적인 것
유의어 엄청난 huge, immense, tremendous, prodigious

1473
momentous [mouméntəs]
형 중대한, 중요한
The civil rights movement led to **momentous** change.
시민권 운동이 **중대한** 변화를 이끌었다.
유의어 important, crucial, significant, vital, pivotal

1474
presume [prizúːm]
2014 지방직 9급
동 추정하다, 가정하다
Scientists **presume** that water once existed on Mars.
과학자들은 물이 화성에 한때 존재했다고 **추정한다**.
파생어 presumably 부 아마
유의어 suppose, assume
Tip pre(앞에) + sume(취하다) → 사실 확인 이전에 취하다

1475
auditory
[ɔ́ːditɔ̀ːri]

형 청각의, 귀의

Frequent earphone use can cause **auditory** problems.
잦은 이어폰 사용은 **청각** 문제들을 야기할 수 있다.

1476
minute
[mainjúːt]

형 미세한, 사소한　명 [mínit] 분

Minute differences in DNA can determine genetic traits.
DNA의 **미세한** 차이가 유전적 특성을 결정할 수 있다.

유의어　미세한　tiny

Tip　minute hand (시계의) 분침　　hour hand 시침

1477
cough
[kɔːf]

동 기침을 하다　명 기침

The chairman **coughed** loudly to get everyone's attention.
의장은 모두의 주의를 끌기 위해 크게 **기침을 했다**.

1478
precarious
[prikɛ́əriəs]

2009 서울시(세무·기술직) 9급

형 불안정한, 불확실한

The country faced a **precarious** economic crisis.
그 나라는 **불안정한** 경제 위기에 직면했다.

유의어　불안정한　unstable, insecure, uncertain

Tip　a precarious assumption　불확실한(근거 없는) 추측

1479
forage
[fɔ́ːridʒ]

동 (먹이를) 찾다, 마구 뒤적여 찾다

Early humans **foraged** for roots and fruits to survive.
초기 인류는 생존을 위해 뿌리와 과일을 **찾았다**.

유의어　뒤지다　rummage

다의어

1480
yield
[jiːld]

❶ 동 생산하다, 산출하다　명 수확량

The apple farm **yields** high-quality crops every season.
그 사과 농장은 매 시즌 고품질의 작물을 **생산한다**.

❷ 동 양보하다, 양도하다

Drivers must **yield** to pedestrians at crosswalks.
운전자는 횡단보도에서 보행자에게 **양보해야** 한다.

❸ 동 굴복하다, 항복하다

The dictator refused to **yield**, even in the face of defeat.
그 독재자는 패배 앞에서조차 **굴복하기를** 거부했다.

TEST

A 다음 영단어의 뜻을 찾아 연결하시오. [01~10]

01	monumental 형 •	•	품위를 손상시키다, 비하하다
02	generosity 명 •	•	기념비적인, 엄청난
03	considerate 형 •	•	드러내다, 노출시키다
04	assume 동 •	•	사려 깊은, 이해심이 있는
05	authentic 형 •	•	불안정한, 불확실한
06	demean 동 •	•	추정하다, 가정하다, (책임을) 맡다
07	drawback 명 •	•	관대함, 아량
08	expose 동 •	•	단점, 결점, 문제점
09	liability 명 •	•	(법적) 책임, 부채
10	precarious 형 •	•	진품인, 진짜의

B 다음 영단어의 뜻을 우리말로 쓰시오. [11~20]

11 fatal 형 _____
12 statue 명 _____
13 complex 형 _____
14 fragile 형 _____
15 forage 동 _____
16 delicate 형 _____
17 boisterous 형 _____
18 implicate 동 _____
19 momentous 형 _____
20 proficient 형 _____

Answer

A 01 기념비적인, 엄청난 02 관대함, 아량
03 사려 깊은, 이해심이 있는
04 추정하다, 가정하다, (책임을) 맡다
05 진품인, 진짜의 06 품위를 손상시키다, 비하하다
07 단점, 결점, 문제점 08 드러내다, 노출시키다
09 (법적) 책임, 부채 10 불안정한, 불확실한

B 11 치명적인, 돌이킬 수 없는, 운명의 12 동상, 상
13 복잡한 14 깨지기 쉬운, 약한
15 (먹이를) 찾다, 마구 뒤져 찾다 16 섬세한, 연약한
17 떠들썩한, 시끄러운, 활기찬 18 연루시키다, 함축하다
19 중대한, 중요한 20 능숙한

Day 38

암기 전 미리보기 & 암기 후 확인하기

학습 전에 아는 단어에 체크해 보세요.
학습 후에 암기한 단어에 체크해 보세요.
체크가 안 된 약점 어휘만 보면서 복습용으로 활용해 보세요.

✓ Self Check

맞힌 개수　　　/ 40개　1회독 ☐　2회독 ☐　3회독 ☐

영단어
암기 테스트

☐	distinct	뚜렷한, 확실한	☐	stigma	오명, 불명예
☐	define	정의하다	☐	scramble	재빨리 움직이다, 허둥지둥 해내다; 쟁탈, 서로 다투기
☐	reinforce	강화하다, 보강하다	☐	redundant	장황한, 여분의
☐	afford	여유가 있다, 제공하다, 주다	☐	exceed	넘다, 초과하다
☐	sustain	유지하다, 지탱하다	☐	literally	글자 그대로
☐	vanish	사라지다	☐	improvise	(연주·연설 등을) 즉흥적으로 하다, 임기응변으로 넘어가다
☐	considerable	상당한, 중요한	☐	interval	간격, 틈
☐	mutual	상호 간의, 서로의	☐	by-product	부산물
☐	vary	변화하다, 다르다	☐	repent	회개하다, 뉘우치다
☐	displace	쫓아내다, 옮겨놓다	☐	preach	설교하다
☐	identical	똑같은, 동일한	☐	ancillary	부수적인, 보조적인
☐	confront	직면하다, 대면하다	☐	static	정적인, 정지 상태의
☐	incessant	끊임없는, 지속적인	☐	ephemeral	수명이 짧은, 덧없는
☐	rescue	구조하다, 보호하다; 구조	☐	curse	저주, 욕설
☐	betray	배신하다, 배반하다	☐	porter	짐꾼
☐	manipulate	교묘하게 다루다, 조종하다	☐	automation	자동화
☐	passive	소극적인, 수동적인	☐	stain	얼룩; 더럽히다
☐	settle	해결하다, 안정시키다	☐	crack	금이 가다, 갈라지다; 금
☐	conciliatory	회유하는, 달래는	☐	spot	발견하다; 점, 장소
☐	transport	운송하다, 수송하다; 운송, 수송	☐	passage	1. 통로 2. 구절 3. 통행, 통과, 허가

✕ 모름
△ 애매함
○ 알고 있음

최빈출 어휘

1481 distinct [distíŋkt]
2024 국가직 9급
형 뚜렷한, 확실한
There is a **distinct** difference between sharks and whales.
상어와 고래 사이에는 뚜렷한 차이가 있다.
유의어 뚜렷한 definite, clear, evident, obvious

1482 define [difáin]
동 정의하다
The dictionary **defines** success as achieving one's goals.
그 사전은 성공을 자신의 목표를 달성하는 것이라고 정의한다.
파생어 definition 명 정의
Tip de(완전하게) + fine(경계를 짓다, 끝내다) → 한정하다, 정의하다

1483 reinforce [rì:infɔ́:rs]
동 강화하다, 보강하다
Exercise **reinforces** muscle strength and endurance.
운동은 근력과 지구력을 강화한다.
파생어 reinforcement 명 강화
유의어 strengthen, fortify, consolidate, bolster
Tip re(다시) + inforce(강화하다)

1484 afford [əfɔ́:rd]
동 여유가 있다, 제공하다, 주다
The school can **afford** to install air purifiers.
그 학교는 공기 청정기를 설치할 여유가 있다.
파생어 affordable 형 알맞은, 입수 가능한
Tip can afford to ~할 여유가 있다

1485 sustain [səstéin]
동 유지하다, 지탱하다
Clear rules can **sustain** order in large classrooms.
명확한 규칙들은 큰 교실에서 질서를 유지할 수 있다.
파생어 sustainable 형 지속 가능한   sustainability 명 지속 가능성
유의어 maintain, keep
Tip sustain one's life 목숨을 부지하다

1486 vanish [vǽniʃ]
동 사라지다
The morning fog quickly **vanished** as the sun rose.
해가 뜨자 아침 안개가 빠르게 사라졌다.
유의어 disappear, evaporate

1487 considerable [kənsídərəbl]
형 상당한, 중요한
Rising temperatures pose **considerable** threats to food supply.
기온 상승은 식량 공급에 상당한 위협을 제기한다.
파생어 consider 동 고려하다
유의어 significant
Tip considerate 형 사려 깊은

1488
mutual ★★★
[mjúːtʃuəl]

형 상호 간의, 서로의

Mutual trust strengthens business relationships.
상호 간의 신뢰가 비즈니스 관계를 강화한다.

유의어 bilateral, reciprocal

1489
vary ★★★
[véəri]

2022 지방직 9급

동 변화하다, 다르다

Hotel prices **vary** depending on seasonal demand.
호텔 가격은 계절별 수요에 따라 변화한다.

파생어 various 형 다양한
유의어 change, differ

중요 어휘

1490
displace ★★
[displéis]

동 쫓아내다, 옮겨놓다

Deforestation **displaces** wildlife from natural habitats.
삼림 파괴가 야생 동물을 자연 서식지에서 쫓아낸다.

Tip displace는 원래 있던 자리에서 옮기는 것을 의미하고, misplace는 제 자리가 아닌 다른 곳에 잘못 두는 것을 의미한다.

1491
identical ★★
[aidéntikəl]

형 똑같은, 동일한

The twins have almost **identical** facial features.
그 쌍둥이는 거의 똑같은 얼굴 특징을 가지고 있다.

파생어 identity 명 신원, 유사성
유의어 equal, same, uniform

1492
confront ★★
[kənfrʌ́nt]

2002 국가직 7급

동 직면하다, 대면하다

The nation **confronted** a severe energy shortage.
국가가 심각한 에너지 부족에 직면했다.

파생어 confrontation 명 직면, 대면
유의어 face

1493
incessant ★★
[insésənt]

2023 국가직 9급
2010 국가직 7급

형 끊임없는, 지속적인

Incessant traffic noise made it hard to concentrate.
끊임없는 교통 소음이 집중하는 것을 어렵게 했다.

파생어 incessantly 부 끊임없이
유의어 permanent, perpetual, persistent, perennial, constant, continual, ceaseless, eternal, unceasing

Tip in(부정) + cease(그치다)

1494
rescue
[réskju:]

동 구조하다, 보호하다 명 구조

Lifeguards **rescued** the child from drowning.
구조 요원들이 물에 빠진 아이를 **구조했다**.

유의어 구조하다 save, deliver, salvage
       구조 salvation

1495
betray
[bitréi]

동 배신하다, 배반하다

The spy **betrayed** his country to protect himself.
그 스파이는 자신을 보호하기 위해 조국을 **배신했다**.

파생어 betrayal 명 배신   betrayer 명 배신자
Tip be(전부) + tray(넘겨주다)

1496
manipulate
[mənípjulèit]

2017 교육행정직 9급

동 교묘하게 다루다, 조종하다

Scammers **manipulate** people through fake websites.
사기꾼들은 가짜 웹사이트를 통해 사람들을 **교묘하게 다룬다**.

파생어 manipulative 형 조종하는, 조작의   manipulation 명 조작, 속임수
Tip manipulate public opinion 여론을 조작하다

1497
passive
[pǽsiv]

2016 서울시 9급

형 소극적인, 수동적인

A **passive** approach will not solve the problem.
소극적인 접근 방식은 문제를 해결할 수 없을 것이다.

유의어 inactive
반의어 능동적인, 활동적인 active

1498
settle
[sétl]

2015 사회복지직 9급
2013 서울시 7급

동 해결하다, 안정시키다

Workers **settled** their strike after long discussions.
노동자들은 긴 논의 끝에 파업을 **해결했다**.

파생어 settlement 명 해결, 정착
유의어 해결하다 resolve, reconcile, work out, iron out, hammer out

1499
conciliatory
[kənsíliətɔ̀:ri]

2012 국가직 7급

형 회유하는, 달래는

They chose a **conciliatory** response to avoid conflict.
그들은 갈등을 피하려고 **회유적인** 대응을 선택했다.

Tip conciliat(묶다, 합치다) + or(형용사형 어미) → 하나로 묶는 → 화해시키는, 달래는

1500
transport
[trænspɔ́:rt]

2008 서울시 9급

동 운송하다, 수송하다   명 [trǽnspɔ:rt] 운송, 수송

Helicopters **transport** injured hikers from the mountains.
헬리콥터들이 부상당한 등산객들을 산에서 **운송한다**.

파생어 transportation 명 운송, 수송
유의어 수송하다 carry, transfer, convey
Tip trans(맞은편으로) + port(운반하다)

1501 stigma
[stígmə]

명 오명, 불명예

The **stigma** against ex-prisoners limits job opportunities.
전과자에 대한 오명은 취업 기회를 제한한다.

유의어 indignity, dishonor

Tip 고대에 **stigma**는 노예나 범죄자에게 소유권이나 죄를 표시하는 낙인을 의미했고, 현대에는 부정적인 의미로 사용된다.

1502 scramble
[skrǽmbl]

동 재빨리 움직이다, 허둥지둥 해내다   명 쟁탈, 서로 다투기

Tourists **scrambled** to catch the departing train.
관광객들은 출발하는 기차를 잡기 위해 재빨리 움직였다.

Tip **scrambled egg** 버터, 우유를 섞어 만든 달걀 요리

1503 redundant
[ridʌ́ndənt]

2011 서울시 9급

형 장황한, 여분의

His speech contained many **redundant** phrases.
그의 연설에는 장황한 구절들이 많이 포함되었다.

유의어 여분의 extra, surplus

Tip 너무 많아서 필요 없는 것을 의미한다. 그래서 **redundant employees**는 '정리해고 당한 직원들'의 의미이다.

1504 exceed
[iksíːd]

동 넘다, 초과하다

Sales this year **exceeded** the company's expectations.
올해 매출은 회사의 기대치를 넘었다.

파생어 excessive 형 과도한, 지나친   excess 명 지나침, 초과량

유의어 surpass, outdo, transcend

Tip **ex**(바깥으로) + **ceed**(가다) → 초월하다

1505 literally
[lítərəli]

부 글자 그대로

The meeting was **literally** a complete waste of time.
그 회의는 글자 그대로 완전한 시간 낭비였다.

파생어 literal 형 글자 그대로의

1506 improvise
[ímprəvàiz]

동 (연주·연설 등을) 즉흥적으로 하다, 임기응변으로 넘어가다

The singer forgot the lyrics but continued to **improvise**.
그 가수는 가사를 잊었지만, 계속해서 즉흥적으로 했다.

유의어 extemporize, play by ear, ad-lib

Tip **im**(~이 아닌) + **pro**(앞에) + **videre**(보다) → 미리 보지 않고, 예기치 않은

1507 interval
[íntərvəl]

명 간격, 틈

Buses arrive at thirty-minute **intervals** in the morning.
아침에는 버스가 30분 간격으로 도착한다.

Tip **inter**(사이) + **val**(성벽) → 성벽 사이의 공간

기본 어휘

1508
by-product [báiprɑ́dəkt]

명 부산물

Pollution is an unavoidable **by-product** of industry.
오염은 산업 활동에서 피할 수 없는 부산물이다.

> Tip by(부수적인) + product (산물)

1509
repent [ripént]

동 회개하다, 뉘우치다

He **repented** sincerely and asked for forgiveness.
그는 진심으로 회개하고 용서를 구했다.

파생어 repentant 형 회개하는, 뉘우치는   repentance 명 회개, 뉘우침
유의어 regret, deplore

1510
preach [priːtʃ]

동 설교하다

The minister **preached** we should love each other.
그 목사는 우리가 서로 사랑해야 한다고 설교했다.

파생어 preaching 명 설교

1511
ancillary [ǽnsəlèri]

2009 국회사무처 8급

형 부수적인, 보조적인

Ancillary revenues come from advertisements and fees.
부수적인 수익은 광고와 수수료에서 나온다.

유의어 additional, auxiliary, supplementary, secondary, subsidiary

1512
static [stǽtik]

형 정적인, 정지 상태의

A **static** society often resists progressive change.
정적인 사회는 종종 진보적인 변화를 거부한다.

유의어 fixed, immovable, stationary

1513
ephemeral [ifémərəl]

형 수명이 짧은, 덧없는

The actor's career was **ephemeral** despite his great talent.
그 배우의 경력은 뛰어난 재능에도 불구하고 수명이 짧았다.

유의어 momentary, temporary, short-lived, transitory, transient,
　　　 evanescent, fleeting
반의어 영구적인, 끊임없는 permanent, perpetual, persistent, eternal,
　　　　　　　　　　　　　ceaseless, incessant

> Tip epi(= on) + hemera(= day) → 그날 하루 → 하루살이처럼

1514
curse [kəːrs]

명 저주, 욕설

The old man always mutters a **curse** to the neighbors.
그 노인은 항상 이웃 사람들에게 저주의 말을 중얼거린다.

1515
porter [pɔ́ːrtər]

명 짐꾼

Porters at the resort greeted new guests with warm smiles.
리조트의 짐꾼들은 따뜻한 미소로 새 손님들을 맞이했다.

1516
automation [ɔ̀ːtəméiʃən]

명 자동화

Automation improved efficiency in the car factory.
자동화는 자동차 공장의 효율성을 향상시켰다.

파생어 automatic 형 자동의

Tip automatic(자동의) + operation(조작)

1517
stain [stein]

명 얼룩 동 더럽히다

The coffee left a dark **stain** on the white shirt.
커피가 흰 셔츠에 짙은 얼룩을 남겼다.

유의어 blemish, tarnish, taint, spot

Tip stainless 스테인리스는 '얼룩지지 않는, 녹슬지 않는'의 뜻으로 흔히 스테인리스 식기류를 의미한다.

1518
crack [kræk]
2012 지방직 7급

동 금이 가다, 갈라지다 명 금

The phone screen **cracked** when it hit the floor.
바닥에 부딪혔을 때 휴대폰 화면이 금이 갔다.

파생어 cracked 형 갈라진

Tip crack down (on) (~을) 단속하다

1519
spot [spɑt]

동 발견하다 명 점, 장소

They **spotted** a suspicious man near the bank entrance.
그들은 은행 입구 근처에서 수상한 남성을 발견했다.

유의어 discover, detect

다의어

1520
passage [pǽsidʒ]

❶ 명 통로

The soldier found a hidden **passage** of the enemy.
그 병사는 적의 숨은 통로를 발견했다.

❷ 명 구절

Can you translate this **passage** into French?
이 구절을 프랑스어로 번역할 수 있나요?

❸ 명 통행, 통과, 허가

Snow blocked the **passage** of cars on the highway.
눈이 고속도로에서 차량의 통행을 막았다.

TEST

A 다음 영단어의 뜻을 찾아 연결하시오. [01~10]

01 afford (동) • • 여유가 있다, 제공하다, 주다
02 passive (형) • • 수명이 짧은, 덧없는
03 stain (명) • • 배신하다, 배반하다
04 ephemeral (형) • • 얼룩
05 betray (동) • • 직면하다, 대면하다
06 redundant (형) • • 소극적인, 수동적인
07 confront (동) • • 부산물
08 mutual (형) • • 상호 간의, 서로의
09 by-product (명) • • 회개하다, 뉘우치다
10 repent (동) • • 장황한, 여분의

B 다음 영단어의 뜻을 우리말로 쓰시오. [11~20]

11 literally (부)

12 conciliatory (형)

13 incessant (형)

14 vanish (동)

15 distinct (형)

16 improvise (동)

17 static (형)

18 interval (명)

19 stigma (명)

20 ancillary (형)

Answer

A 01 여유가 있다, 제공하다, 주다
02 소극적인, 수동적인 03 얼룩
04 수명이 짧은, 덧없는 05 배신하다, 배반하다
06 장황한, 여분의 07 직면하다, 대면하다
08 상호 간의, 서로의 09 부산물
10 회개하다, 뉘우치다

B 11 글자 그대로 12 회유하는, 달래는
13 끊임없는, 지속적인 14 사라지다 15 뚜렷한, 확실한
16 (연주·연설 등을) 즉흥적으로 하다, 임기응변으로 넘어가다
17 정적인, 정지 상태의 18 간격, 틈 19 오명, 불명예
20 부수적인, 보조적인

Day 39

암기 전 미리보기 & 암기 후 확인하기

학습 전에 아는 단어에 체크해 보세요.
학습 후에 암기한 단어에 체크해 보세요.
체크가 안 된 약점 어휘만 보면서 복습용으로 활용해 보세요.

✓ Self Check   맞힌 개수   / 40개   1회독 ☐ 2회독 ☐ 3회독 ☐

영단어
암기 테스트

☐ recognize	인식하다, 알아보다	☐ refurbish	재단장하다, 새로 꾸미다
☐ behave	행동하다, 예의 바르게 행동하다	☐ polish	다듬다, (윤이 나도록) 닦다
☐ adequate	충분한, 적절한	☐ noticeable	눈에 띄는, 주목할 만한
☐ reliable	신뢰할 수 있는, 믿을 수 있는	☐ patience	인내
☐ available	이용할 수 있는, 유효한	☐ trespass	무단 침입하다, 폐를 끼치다; 무단 침입
☐ disturb	방해하다, 불안하게 하다	☐ awesome	아주 멋진, 어마어마한
☐ facilitate	가능하게 하다, 촉진하다, 조성하다	☐ conceal	숨기다
☐ adapt	적응하다, 순응하다	☐ futile	쓸데없는, 무익한
☐ accessible	접근 가능한, 얻기 쉬운	☐ erudite	박식한
☐ forward	보내다, 촉진하다; 앞으로	☐ mock	조롱하다; 가짜의
☐ succinct	간략한, 간결한	☐ parsimony	인색함
☐ assimilate	완전히 이해하다, 흡수하다, 적응시키다	☐ controversial	논란의 여지가 있는, 물의를 일으키는
☐ replenish	다시 채우다, 계속 공급하다	☐ broker	중개하다, 조종하다; 중개인
☐ surrender	항복하다, 굴복하다; 항복, 굴복	☐ sheer	순전한, 얇은
☐ tackle	(문제를) 다루다, (힘든 문제 상황과) 씨름하다	☐ tame	길들이다; 길들여진, 길든
☐ sentient	지각력이 있는	☐ miserly	인색한, 욕심 많은
☐ entail	수반하다, ~을 필요로 하다	☐ incorrigible	교정할 수 없는, 고질적인
☐ consecutive	연속적인	☐ villain	악인, 악한
☐ translation	번역	☐ retrieve	되찾다, 회복하다
☐ impetus	자극, 기동력	☐ flat	1. 평평한, 납작한 2. 바람이 빠진, 펑크 난 3. 파산한, 무일푼의 4. (영국의) 아파트

X 모름
△ 애매함
○ 알고 있음

최빈출 어휘

1521
recognize
[rékəɡnàiz]
2011 사회복지직 9급

동 인식하다, 알아보다

Local officials **recognized** the need for immediate action.
지역 공무원들은 즉각적인 조치의 필요성을 인식했다.

파생어 recognition 명 인식 recognizable 형 인식 가능한
유의어 acknowledge, identify, perceive, be aware of, make out

1522
behave
[bihéiv]

동 행동하다, 예의 바르게 행동하다

Guests **behaved** politely at the formal dinner party.
손님들은 공식 만찬에서 정중하게 행동했다.

파생어 behavior(behaviour) 명 행동
유의어 행동하다 act, conduct
Tip Behave (yourself)! 얌전하게 굴어라!

1523
adequate
[ǽdikwət]

형 충분한, 적절한

This laptop has **adequate** storage for most users.
이 노트북은 대부분의 사용자가 쓰기에 충분한 저장 공간이 있다.

유의어 충분한 sufficient, enough, ample
반의어 불충분한 inadequate

1524
reliable
[riláiəbl]

형 신뢰할 수 있는, 믿을 수 있는

Renewable energy is more **reliable** than ever.
재생 에너지는 그 어느 때보다 신뢰할 수 있다.

유의어 credible, trustworthy, dependable
Tip rely(믿다, 신뢰하다) + able

1525
available
[əvéiləbl]

형 이용할 수 있는, 유효한

The parking space is **available** for hotel guests only.
그 주차 공간은 호텔 숙박객들만 이용할 수 있다.

유의어 usable
Tip a(~에) + vail(가치 있다) + able(할 수 있는)

1526
disturb
[distə́:rb]

동 방해하다, 불안하게 하다

Unnecessary calls **disturb** employees during work.
불필요한 전화는 근무 중 직원들을 방해한다.

파생어 disturbance 명 방해
Tip dis(완전히) + turbare(어지럽히다)

1527
facilitate
[fəsílətèit]
2024 지방직 9급
2013 국가직 9급

동 가능하게 하다, 촉진하다, 조성하다

This app **facilitates** quick and easy language learning.
이 앱은 빠르고 쉬운 언어 학습을 가능하게 한다.

1528
adapt
[ədǽpt]

동 적응하다, 순응하다

Animals **adapt** to changing environments.
동물들은 변화하는 환경에 적응한다.

파생어 adaptation 명 적응 adaptable 형 적응할 수 있는
유의어 adjust, orient
Tip adopt 채택하다, 입양하다   adept 숙련된

1529
accessible
[əksésəbl]

형 접근 가능한, 얻기 쉬운

The library's resources are **accessible** 24/7 online.
도서관의 자료는 온라인으로 24시간 접근 가능하다.

파생어 accessibility 명 접근   access 동 접근하다

중요 어휘

1530
forward
[fɔ́ːrwərd]

동 보내다, 촉진하다   부 앞으로

They **forwarded** the complaint to customer service.
그들은 고객 서비스 팀에게 불만을 보냈다.

유의어 보내다 send
반의어 뒤로 backward
Tip fore(앞) + ward(~쪽으로)

1531
succinct
[səksíŋkt]

형 간략한, 간결한

The article provided a **succinct** overview of the topic.
그 기사는 주제에 대한 간략한 개요를 제공했다.

유의어 brief, concise, compact, terse, laconic

1532
assimilate
[əsíməlèit]

2024 국가직 9급
2013 서울시 9급

동 완전히 이해하다, 흡수하다, 적응시키다

Children can **assimilate** languages more easily than adults.
아이들은 성인보다 더 쉽게 언어를 완전히 이해할 수 있다.

반의어 다르게 하다 dissimilate
Tip as(방향) + similate(가장하다) → 같은 방향으로 닮게 하다

1533
replenish
[riplénish]

2013 지방직 7급

동 다시 채우다, 계속 공급하다

The store will **replenish** its stock tomorrow.
상점은 내일 재고를 다시 채울 것이다.

유의어 refill
Tip re(다시) + plenish(~을 가득 채우다)

1534
surrender [səréndər]
- 동 항복하다, 굴복하다   명 항복, 굴복
- The rebels **surrendered** after a long battle.
- 반란군은 오랜 전투 후 **항복했다**.
- 유의어 capitulate, succumb

1535
tackle [tǽkl]
- 동 (문제를) 다루다, (힘든 문제 상황과) 씨름하다
- We need to **tackle** the issue of climate change.
- 우리는 기후 변화 문제를 **다루어야** 한다.

1536
sentient [sénʃənt]
- 형 지각력이 있는
- Scientists question if **sentient** AI is possible.
- 과학자들은 **지각력이 있는** AI가 가능한지 의문을 제기한다.
- 유의어 conscious, perceptible
- Tip senti(느끼다 = feel) + ent → 느낌이 있는 → 지각력이 있는

1537
entail [intéil]
- 동 수반하다, ~을 필요로 하다
- Owning a pet **entails** daily care and responsibility.
- 반려동물을 소유하는 것은 매일의 돌봄과 책임을 **수반한다**.
- 유의어 require, involve

1538
consecutive [kənsékjutiv]
- 형 연속적인
- **Consecutive** contract violations ended the agreement.
- **연속적인** 계약 위반은 계약을 종료시켰다.
- 유의어 successive, succeeding, sequential, straight

1539
translation [trænsléiʃən]
- 명 번역
- There was an error in the **translation** of the document.
- 문서의 **번역**에 오류가 있었다.
- 파생어 translate 동 번역하다

1540
impetus [ímpətəs]
- 명 자극, 기동력
- New technology became an **impetus** for progress.
- 신기술은 발전의 **자극**이 되었다.
- 유의어 incentive, motivation, stimulus, stimulant

1541
refurbish [ri:fə́ːrbiʃ]
- 동 재단장하다, 새로 꾸미다
- We spent a lot of money **refurbishing** our home.
- 우리는 집을 **재단장하는** 데 많은 돈을 썼다.
- 유의어 restore, repair, rebuild
- Tip re(다시) + furbish(닦다, 윤내다)

1542
polish [páliʃ]

동 다듬다, (윤이 나도록) 닦다

The editor **polished** the article before publication.
편집자는 출간 전에 기사를 **다듬었다**.

1543
noticeable [nóutisəbl]

형 눈에 띄는, 주목할 만한

Her absence was **noticeable** at the meeting.
회의에서 그녀의 부재가 **눈에 띄었다**.

유의어 remarkable, outstanding, conspicuous, salient

1544
patience [péiʃəns]

명 인내

Patience is key when learning a new skill.
새로운 기술을 배울 때 **인내**가 중요하다.

유의어 endurance, perseverance, tolerance

Tip impatience 짜증

1545
trespass [tréspəs]

동 무단 침입하다, 폐를 끼치다   명 무단 침입

The teens **trespass** into the abandoned factory.
십 대들이 버려진 공장에 **무단 침입한다**.

유의어 intrude, encroach, infringe

Tip tres(건너서) + pass(통과하다)

1546
awesome [ɔ́ːsəm]

형 아주 멋진, 어마어마한

The lights of Seoul at night are truly **awesome**.
밤에 서울의 불빛은 정말 **아주 멋지다**.

Tip awe는 놀라움을 뜻하는데 awesome이 멋지고, 훌륭한 것에 쓰인다면 awful은 반대로 끔찍하고 지독한 부정적인 상황에서 쓰인다.

1547
conceal [kənsíːl]

2024 국가직 9급
2015 기상직 9급
2011 국회사무처 8급

동 숨기다

He **concealed** his true intentions from his colleagues.
그는 동료들에게 자신의 진정한 의도를 **숨겼다**.

유의어 hide, veil

반의어 드러내다 reveal, disclose, divulge, unveil

Tip con(완전히) + ceal(숨기다)

1548
futile [fjúːtl]

2016 지방직 9급
2011 서울시 9급

형 쓸데없는, 무익한

The medical team's efforts to cure cancer were **futile**.
암을 치료하려는 의료 팀의 노력은 **쓸데없었다**.

유의어 useless, vain, fruitless, sterile, barren, desolate

반의어 결실 있는, 보람 있는 fruitful, fertile, productive

Tip futile attempt 헛수고

기본 어휘

1549

erudite
[érjudàit]

2009 국회사무처 8급
2008 국회사무처 8급

형 박식한

The journal published only the most **erudite** articles.
그 학술지는 가장 **박식한** 논문들만 출판했다.

파생어 erudition 명 학식, 박식
유의어 scholarly, knowledgeable, well-informed, well-read

1550

mock
[mɑk]

동 조롱하다 형 가짜의

The kids **mocked** their friend's new haircut.
아이들은 친구의 새로운 헤어스타일을 **조롱했다**.

유의어 조롱하다 ridicule, despise, make fun of
Tip mock modesty 가짜 겸손

1551

parsimony
[pάːrsəmòuni]

명 인색함

Her **parsimony** showed in refusing charity donations.
그녀의 **인색함**은 자선 기부를 거부하는 데서 나타났다.

파생어 parsimonious 형 인색한
Tip the law of parsimony 절약의 법칙(같은 효과를 얻는다면 보다 간단한 방법이 더 좋은 방법이라는 원칙)

1552

controversial
[kɑ̀ntrəvə́ːrʃəl]

2011 국가직 9급
2009 서울시(세무·기술직) 9급

형 논란의 여지가 있는, 물의를 일으키는

The **controversial** law faced strong opposition.
논란의 여지가 있는 법안은 강한 반대에 부딪혔다.

파생어 controversy 명 논란
유의어 debatable

1553

broker
[bróukər]

동 중개하다, 조종하다 명 중개인

The diplomat **brokered** a ceasefire agreement.
외교관이 휴전 협정을 **중개했다**.

1554

sheer
[ʃiər]

2019 지방직 9급

형 순전한, 얇은

It was **sheer** luck that we found the keys.
우리가 열쇠를 찾은 것은 **순전한** 행운이었다.

유의어 순전한 total, absolute, utter
       얇은 fine, thin
Tip sheer nylon 얇아서 비치는 나일론

1555
tame [teim]

동 길들이다 형 길들여진, 길든

The trainer showed how to **tame** wild horses.
훈련사는 야생마를 길들이는 방법을 보여 주었다.

1556
miserly [máizərli]

형 인색한, 욕심 많은

The **miserly** landlord refused to fix the heating.
인색한 집주인은 난방 수리를 거부했다.

유의어 인색한 stingy, mean, parsimonious, penny-pinching
반의어 사치하는 wasteful, prodigal, lavish, luxurious

1557
incorrigible [inkɔ́:ridʒəbl]

형 교정할 수 없는, 고질적인

His **incorrigible** spending habits led to financial trouble.
그의 교정할 수 없는 소비 습관은 재정적 문제로 이어졌다.

유의어 inveterate, confirmed, deep-rooted
Tip in(부정) + corrig(고치다) + able(할 수 있는)

1558
villain [vílən]

명 악인, 악한

The **villain**'s actions caused chaos in the city.
악인의 행위들이 도시에 혼란을 초래했다.

유의어 criminal, malefactor

1559
retrieve [ritríːv]
2015 사회복지직 9급

동 되찾다, 회복하다

The investigation team **retrieved** the stolen documents.
수사 팀이 도난 당한 문서들을 되찾았다.

유의어 회복하다 recover, restore, get back
Tip retrieve one's honor 명예를 회복하다

다의어

1560
flat [flæt]

① 형 평평한, 납작한

The road ahead was **flat** and smooth.
앞의 도로는 평평하고 매끄러웠다.

② 형 바람이 빠진, 펑크 난

The mechanic fixed my **flat** tire in less than 30 minutes.
정비사가 30분도 안 되어 내 바람이 빠진 타이어를 고쳤다.

③ 형 파산한, 무일푼의

The gambler went **flat** at the casino.
그 도박꾼은 카지노에서 파산했다.

④ 명 (영국의) 아파트

We're looking for a two-bedroom **flat**.
우리는 방이 두 개인 아파트를 찾고 있다.

TEST

A 다음 영단어의 뜻을 찾아 연결하시오. [01~10]

01 succinct 혱 • • 완전히 이해하다, 흡수하다, 적응시키다
02 facilitate 통 • • 가능하게 하다, 촉진하다, 조성하다
03 futile 혱 • • 인색한, 욕심 많은
04 impetus 명 • • 자극, 기동력
05 assimilate 통 • • 간략한, 간결한
06 refurbish 통 • • 악인, 악한
07 patience 명 • • 재단장하다, 새로 꾸미다
08 miserly 혱 • • 쓸데없는, 무익한
09 sheer 혱 • • 순전한, 얇은
10 villain 명 • • 인내

B 다음 영단어의 뜻을 우리말로 쓰시오. [11~20]

11 sentient 혱
12 replenish 통
13 adequate 혱
14 forward 통
15 awesome 혱
16 parsimony 명
17 erudite 혱
18 polish 통
19 entail 통
20 trespass 통

Answer

A 01 간략한, 간결한 02 가능하게 하다, 촉진하다, 조성하다
03 쓸데없는, 무익한 04 자극, 기동력
05 완전히 이해하다, 흡수하다, 적응시키다
06 재단장하다, 새로 꾸미다 07 인내
08 인색한, 욕심 많은 09 순전한, 얇은 10 악인, 악한

B 11 지각력이 있는 12 다시 채우다, 계속 공급하다
13 충분한, 적절한 14 보내다, 촉진하다
15 아주 멋진, 어마어마한 16 인색함 17 박식한
18 다듬다, (윤이 나도록) 닦다
19 수반하다, ~을 필요로 하다
20 무단 침입하다, 폐를 끼치다

IDIOM Day 40

암기 전 미리보기 & 암기 후 확인하기

학습 전에 아는 이디엄에 체크해 보세요.
학습 후에 암기한 이디엄에 체크해 보세요.
체크가 안 된 약점 이디엄만 보면서 복습용으로 활용해 보세요.

✓ Self Check

맞힌 개수 ___ / 40개   1회독 ☐   2회독 ☐   3회독 ☐

이디엄 암기 테스트

☐	turn into	~이 되다, ~으로 변하다	☐	try on	~을 입어[신어] 보다, (시험 삼아) 해 보다
☐	pull over	차를 세우다	☐	wear out	~을 닳게 하다, ~을 지치게 하다
☐	be involved in	~에 관여하다, ~에 연루되다	☐	let alone	~은 말할 것도 없이, ~은 물론이고
☐	above all	무엇보다도	☐	in no way	(결코) ~없다[아니다]
☐	lay off	해고하다	☐	hang out with	~와 시간을 보내다, ~와 어울려 다니다
☐	deal with	~을 다루다	☐	lay aside	~을 저축하다
☐	bring up	기르다, (화제를) 꺼내다, 불러일으키다	☐	pay attention to	~에 주목하다, ~에 유의하다
☐	do away with	~을 없애다	☐	hold on	기다리다, 붙잡다
☐	stand up for	~을 옹호하다, ~을 지지하다	☐	from now on	지금부터
☐	hold good(true)	유효하다	☐	in the long run	결국 (에는)
☐	show off	~을 과시하다, ~을 자랑하다	☐	keep up with	~을 따라가다, ~에 뒤지지 않다
☐	look upon A as B	A를 B로 간주하다	☐	on behalf of	~을 대신하여, ~을 위해
☐	on leave	휴가 중인	☐	at a loss	당황하여
☐	be supposed to	~할 예정이다, ~해야 한다	☐	look for	~을 찾다
☐	cut in on	~에 끼어들다	☐	before long	머지않아
☐	watch out	조심하다, 주의하다	☐	give birth (to)	(새끼를) 낳다
☐	search for	~을 찾다	☐	gain ground	더 강력해지다, 성공하다
☐	out of order	고장 난	☐	set forth	발표하다, 제시하다, 출발하다
☐	stand for	~을 나타내다, ~을 대표하다	☐	for the sake of	~을 위해서, ~ 때문에
☐	up in the air	(아직) 미정인	☐	single out	~을 선발하다, ~을 뽑아내다

X 모름
△ 애매함
○ 알고 있음

최빈출 어휘

1561 turn into ★★★
2016 지방직 9급

~이 되다, ~으로 변하다
The current crisis could **turn into** opportunity.
현재의 위기는 기회가 될 수 있다.
유의어 become, change into, transform into

중요 어휘

1562 pull over ★★

차를 세우다
The driver **pulled over** to let the ambulance pass.
운전자는 구급차가 지나갈 수 있도록 차를 세웠다.
Tip 직역하면 '당기다'라는 의미로, 말이 이동수단이었던 시기에 말을 멈추기 위해서 고삐를 당기던 데서 유래했다.

1563 be involved in ★★

~에 관여하다, ~에 연루되다
He **is involved in** negotiations with foreign investors.
그는 외국 투자자들과의 협상에 관여하고 있다.

1564 above all ★★

무엇보다도
Above all, honesty is the most important virtue.
무엇보다도 정직이 가장 중요한 덕목이다.
Tip above는 '~ 위에'의 뜻이므로 above all은 '모든 것들 위에' 즉 '무엇보다도'가 된다.

1565 lay off ★★

해고하다
The struggling startup **laid off** half its workforce.
어려움을 겪고 있는 그 스타트업은 직원의 절반을 해고했다.
유의어 fire, dismiss, discharge

1566 deal with ★★

~을 다루다
The charity **deals with** several social problems.
그 자선 단체는 여러 사회 문제들을 다룬다.
Tip **deal with the aftermath** 뒤처리하다, 뒷수습을 하다

1567 bring up ★★

기르다, (화제를) 꺼내다, 불러일으키다
The parents **brought up** their kids to be independent.
그 부모는 자신들의 아이들을 독립적으로 길렀다.
유의어 기르다 raise
말하다 mention

1568
do away with

2023 지방직 9급

~을 없애다

The new system will **do away with** manual data entry.
새 시스템은 수동 데이터 입력을 없앨 것이다.

> 유의어 abolish, cancel, discontinue, remove, get rid of
>
> Tip do away with the taxes 세금을 폐지하다

1569
stand up for

2015 지방직 7급
2010 지방직(상반기) 9급
2009 서울시 9급

~을 옹호하다, ~을 지지하다

The group **stands up for** environmental protection.
그 단체는 환경 보호를 옹호한다.

> 유의어 advocate, defend, support, side with
>
> Tip stand(서다) + up(위로, 가까이) + for(~을 위해, ~에 찬성해서)
> stand for ~을 지지하다, ~을 나타내다

기본 어휘

1570
hold good(true)

유효하다

The rental contract **holds good** until next June.
그 임대 계약은 다음 해 6월까지 유효하다.

> Tip hold(지속하다) + good(유효한) → 유효한 상태를 유지하다 → 유효하다

1571
show off

~을 과시하다, ~을 자랑하다

Olympic athletes **showed off** their medals at the parade.
올림픽 선수들은 퍼레이드에서 메달을 과시했다.

> 유의어 brag, boast

1572
look upon A as B

A를 B로 간주하다

Some cultures **look upon** age **as** a sign of wisdom.
일부 문화권에서는 나이를 지혜의 징표로 간주한다.

> 유의어 regard(consider) A as B
>
> Tip 수동태 문장에서 as가 빠지지 않도록 주의하자.

1573
on leave

휴가 중인

She's currently **on leave** to take care of her sick mother.
그녀는 현재 아픈 어머니를 돌보기 위해 휴가 중이다.

1574
be supposed to
~할 예정이다, ~해야 한다
The train **is supposed to** depart in ten minutes.
기차는 10분 후에 출발할 예정이다.
- Tip | suppose 간주하다

1575
cut in on
~에 끼어들다
He is always **cutting in on** others during meetings.
그는 항상 회의 중에 다른 사람들에 끼어든다.
- 유의어 | interrupt
- Tip | cut in line 줄에 새치기하다

1576
watch out
조심하다, 주의하다
Hikers need to **watch out** for wild animals in the forest.
등산객들은 숲에서 야생 동물들을 조심해야 한다.

1577
search for
~을 찾다
The detective **searched for** clues at the crime scene.
그 탐정은 범죄 현장에서 단서들을 찾고 있었다.
- 유의어 | look for
- Tip | search 탐색하다, 수색하다

1578
out of order
고장 난
The ATM at the mall is temporarily **out of order**.
쇼핑몰의 ATM이 일시적으로 고장 났다.
- 유의어 | broken

1579
stand for
~을 나타내다, ~을 대표하다
The slogan **stands for** freedom and equality.
그 슬로건은 자유와 평등을 나타낸다.
- 유의어 | represent, symbolize
- Tip | stand(서 있다) + for(~을 위해, 대신해서) → 상징하다, 나타내다
  stand in ~을 대신하다   stand by ~을 지지하다, 대기하다

1580
up in the air
(아직) 미정인
2012 국가직 9급
The decision on the merger is still **up in the air**.
합병에 대한 결정은 아직 미정이다.
- 유의어 | uncertain, undecided, on the fence
- Tip | 공중에 붕 뜬 상태를 연상하면 된다.

1581 try on
~을 입어(신어) 보다, (시험 삼아) 해 보다
Customers can **try on** clothes in the fitting room.
고객들은 피팅룸에서 옷을 입어볼 수 있다.
> Tip **try on a new role** 새로운 역할을 해 보다

1582 wear out
~을 닳게 하다, ~을 지치게 하다
Frequent use **wears out** shoes quickly.
잦은 사용은 신발을 빨리 닳게 한다.
유의어 **use up, deplete, exhaust**
> Tip **worn-out** 지친

1583 let alone
~은 말할 것도 없이, ~은 물론이고
It takes up too much time, **let alone** the expenses.
비용은 말할 것도 없고, 시간도 많이 걸린다.
유의어 **not to mention**
> Tip **let alone**은 보통 부정적인 내용이 나온 후, 뒤에도 부정적인 의미를 덧붙일 때 쓴다.

1584 in no way
2011 지방직 9급
(결코) 없다(아니다)
She is **in no way** responsible for the accident.
그녀는 결코 그 사고에 책임이 없다.
> Tip **No way!** 절대로 싫어, 절대로 안 돼! (구어체)

1585 hang out with
~와 시간을 보내다, ~와 어울려 다니다
Teenagers often **hang out with** their friends after school.
십 대들은 종종 방과 후에 친구들과 시간을 보낸다.

1586 lay aside
~을 저축하다
We need to **lay aside** money for retirement.
우리는 은퇴를 위해 돈을 저축해야 한다.
유의어 **save, lay by, put aside, set aside**

1587 pay attention to
~에 주목하다, ~에 유의하다
The investor **pays attention to** market trends.
투자자는 시장 동향에 주목한다.

1588
hold on

기다리다, 붙잡다

Please **hold on**. I'll connect you to the manager.
잠시만 **기다려 주세요**. 매니저에게 연결해 드리겠습니다.

> Tip hold out 버티다, ~을 내밀다

1589
from now on

지금부터

From now on, all employees must wear ID badges.
지금부터 모든 직원들은 신분증을 착용해야만 한다.

> Tip on에는 부사로 '지속적으로, 계속하여'의 의미가 있어서, '지금부터 계속하여'의 의미이다.

1590
in the long run

결국(에는)

Quality education benefits society **in the long run**.
양질의 교육은 **결국** 사회에 이익이 된다.

> 유의어 at last

1591
keep up with

2016 지방직 7급

~을 따라가다, ~에 뒤지지 않다

The library **keeps up with** digital archiving trends.
그 도서관은 디지털 보관 트렌드를 **따라간다**.

> 유의어 keep pace with, keep abreast of

1592
on behalf of

~을 대신하여, ~을 위해

The lawyer spoke **on behalf of** the defendant in court.
변호사는 법정에서 피고를 **대신하여** 말했다.

> 유의어 on one's behalf
> Tip behalf 이익, 원조

1593
at a loss

당황하여

The driver was **at a loss** when the GPS stopped working.
운전자는 GPS가 작동하지 않자 **당황했다**.

> 유의어 bewildered, at one's wits' end
> Tip at a loss for words 당황해서 할 말을 잊은

1594
look for

~을 찾다

Scientists **look for** signs of life on other planets.
과학자들은 다른 행성에서 생명체의 징후를 **찾는다**.

> 유의어 search for

1595
before long — 머지않아

Electric cars will become mainstream **before long**.
전기차가 머지않아 주류가 될 것이다.

> Tip long before 훨씬 이전에

1596
give birth (to) — (새끼를) 낳다

Farmers help cows **give birth to** healthy calves.
농부들은 소가 건강한 송아지를 낳도록 돕는다.

> Tip give(주다) + birth(탄생, 출산)

1597
gain ground — 더 강력해지다, 성공하다

Online education is **gaining ground** in rural areas.
온라인 교육이 농촌 지역에서 더 강력해지고 있다.

유의어 성공하다 get ahead

1598
set forth — 발표하다, 제시하다, 출발하다

The coach **set forth** tactics for the upcoming match.
코치가 다가오는 경기를 위한 전술들을 발표했다.

유의어 set out, present, state, express

1599
for the sake of — ~을 위해서, ~ 때문에

The city planted trees **for the sake of** air quality.
그 도시에서는 대기 질을 위해서 나무를 심었다.

> Tip sake 이익, 목적

1600
single out — ~을 선발하다, ~을 뽑아내다

Scouts **singled out** this player for his versatility.
스카우트들은 다재다능함을 이유로 이 선수를 선발했다.

유의어 select, choose

TEST

A 다음 영숙어의 뜻을 찾아 연결하시오. [01~10]

01	stand up for	• •	~을 닮게 하다, ~을 지치게 하다
02	wear out	• •	당황하여
03	hold on	• •	~을 과시하다, ~을 자랑하다
04	at a loss	• •	기다리다, 붙잡다
05	single out	• •	결국(에는)
06	in the long run	• •	~을 옹호하다, ~을 지지하다
07	show off	• •	고장 난
08	out of order	• •	유효하다
09	hold good(true)	• •	~을 선발하다, ~을 뽑아내다
10	on leave	• •	휴가 중인

B 다음 영숙어의 뜻을 우리말로 쓰시오. [11~20]

11 pull over

12 above all

13 in no way

14 lay aside

15 set forth

16 hang out with

17 up in the air

18 gain ground

19 cut in on

20 look upon A as B

Answer

A 01 ~을 옹호하다, ~을 지지하다
02 ~을 닮게 하다, ~을 지치게 하다   03 기다리다, 붙잡다
04 당황하여   05 ~을 선발하다, ~을 뽑아내다
06 결국(에는)   07 ~을 과시하다, ~을 자랑하다
08 고장 난   09 유효하다   10 휴가 중인

B 11 차를 세우다   12 무엇보다도   13 (결코) ~없다(아니다)
14 ~을 저축하다   15 발표하다, 제시하다, 출발하다
16 ~와 시간을 보내다, ~와 어울려 다니다   17 (아직) 미정인
18 더 강력해지다, 성공하다   19 ~에 끼어들다
20 A를 B로 간주하다

PART 02

제2회 온라인 모의고사
QR코드로 온라인 모의고사 풀기
시험 범위: PART 2
시험 형태: 객관식 4지 선다형

시험 일정과 정답은 "네이버카페: 이동기 영어 카페"를 확인해 주세요.

DAY 41-60

직무·실용 어휘

Day 41

암기 전 미리보기 & 암기 후 확인하기

학습 전에 아는 단어에 체크해 보세요.
학습 후에 암기한 단어에 체크해 보세요.
체크가 안 된 약점 어휘만 보면서 복습용으로 활용해 보세요.

✓ Self Check

맞힌 개수 ____ / 40개 1회독 ☐ 2회독 ☐ 3회독 ☐

영단어 암기 테스트

☐ gradual	점진적인, 단계적인	☐ civil service	공무원 조직(업무)
☐ independent	독립적인	☐ department	부서
☐ local	지역의, 현지의; 주민, 현지인	☐ responsible	책임이 있는, 책임을 져야 할
☐ facility	시설, 설비	☐ urban	도시의
☐ representative	대표자, 대표, 대리인; 대표하는, 전형적인	☐ memorial	기념의, 추모의; 기념관, 기념물
☐ host	주최하다; 주인, 주최 측, 무리, 떼	☐ compromise	타협; 타협하다
☐ overdue	기한이 지난, 연착한	☐ ransack	샅샅이 뒤지다
☐ infrastructure	사회 기반 시설	☐ retirement	은퇴, 퇴직
☐ constitution	헌법, 구조	☐ province	(행정 단위인) 주(州), 지방
☐ license	허가하다, 면허를 주다; 면허, 인가	☐ community	지역 사회, 공동체
☐ commitment	약속, 위임, 실행	☐ agenda	의제, 안건
☐ benefit	혜택; ~에 이익을 주다	☐ duty	의무, 직무
☐ face	직면하다, 직시하다; 얼굴	☐ rural	시골의, 지방의
☐ evacuate	대피시키다, 떠나다, 피난하다	☐ confirmation	승인, 확인, 인준
☐ aid	도움, 원조, 보조 기구; 돕다	☐ initiative	계획, 진취성, 주도권
☐ district	관할 구역, 지구, 지역	☐ applicant	신청자, 지원자
☐ offset	상쇄하다, 벌충하다	☐ federal	연방의, 연방 정부의
☐ census	인구 조사	☐ structure	건축물, 구조
☐ cope	대처하다	☐ capacity	수용력, 수용 인원, 능력
☐ publicity	홍보(공보), 언론의 관심	☐ certificate	증명서, 자격증; ~에게 증명서를 주다

X 모름
△ 애매함
○ 알고 있음

민원·행정

1601 gradual
[ɡrǽdʒuəl]
2011 서울시 9급

형 점진적인, 단계적인

Gradual deregulation boosted economic growth.
점진적인 규제 완화가 경제 성장을 촉진했다.

파생어 **gradually** 부 서서히, 점진적으로

1602 independent
[ìndipéndənt]
2024 국가직 9급

형 독립적인

The **independent** audit reviewed city finances.
독립적인 감사가 시 재정을 검토했다.

파생어 **independence** 명 독립

Tip Independence Movement Day 삼일절

1603 local
[lóukəl]

형 지역의, 현지의 **명** 주민, 현지인

The mayor improved **local** public transport.
시장이 지역 대중 교통을 개선했다.

Tip **locale**은 장소를 의미하는 명사로 혼동하지 않도록 주의하자.

1604 facility
[fəsíləti]

명 시설, 설비

Smoking is prohibited in all museum **facilities**.
박물관 전 시설에서 흡연은 금지된다.

1605 representative
[rèprizéntətiv]

명 대표자, 대표, 대리인 **형** 대표하는, 전형적인

Politicians are **representatives** of the public.
정치인들은 대중의 대표자들이다.

파생어 **represent** 동 대표하다

Tip be representative of ~을 대표하다, ~을 나타내다

1606 host
[houst]

동 주최하다 **명** 주인, 주최 측, 무리, 떼

Community groups **host** charity events to raise funds.
지역 사회 단체들이 자금을 모으기 위한 자선 행사를 주최한다.

1607
overdue
[òuvərdúː]
⟨형⟩ 기한이 지난, 연착한

The travel writer was fined due to his **overdue** visa renewal.
그 여행 작가는 기한이 지난 비자 갱신 때문에 벌금을 부과받았다.

- 유의어 기한이 지난 delinquent, past due
  연착한 late, delayed, behind schedule
- Tip over(지난) + due(만기가 된)

1608
infrastructure
[ínfrəstrὰktʃər]
⟨명⟩ 사회 기반 시설

Poor **infrastructure** leads to traffic congestion.
열악한 사회 기반 시설은 교통 체증을 초래한다.

1609
constitution
[kὰnstitjúːʃən]
⟨명⟩ 헌법, 구조

The **constitution** guarantees the freedom of speech.
헌법이 언론의 자유를 보장한다.

- 파생어 constitutional ⟨형⟩ 헌법의
- 유의어 구조 structure
- Tip Constitution Day 제헌절

1610
license
[láisəns]
⟨동⟩ 허가하다, 면허를 주다 ⟨명⟩ 면허, 인가

Municipal governments **license** recycling facilities.
시 정부가 재활용 시설을 허가한다.

- Tip a driver's license 운전면허증

1611
commitment
[kəmítmənt]
⟨명⟩ 약속, 위임, 실행

The CEO made a **commitment** to raise salaries.
CEO가 급여를 올리겠다는 약속을 했다.

- 파생어 commit ⟨동⟩ 약속하다, 저지르다

1612
benefit
[bénəfit]
⟨명⟩ 혜택 ⟨동⟩ ~에 이익을 주다

The national government provides **benefits** for veterans.
국가 정부가 참전 용사들에게 혜택들을 제공한다.

- 파생어 beneficial ⟨형⟩ 유익한, 이로운
- Tip for the benefit of ~을 위하여

1613
face [feis]

동 직면하다, 직시하다 명 얼굴

Scientists **face** ethical dilemmas in research.
과학자들은 연구에서 윤리적 딜레마에 직면한다.

유의어 직면하다 confront, encounter

1614
evacuate [ivǽkjuèit]

2014 사회복지직 9급

동 대피시키다, 떠나다, 피난하다

Firefighters **evacuated** residents from burning apartments.
소방관들은 불타는 아파트에서 주민들을 대피시켰다.

유의어 떠나다 leave, vacate

Tip e(밖으로) + vacare(비어 있다) → 비우기 위해 밖으로 나가다

1615
aid [eid]

명 도움, 원조, 보조 기구 동 돕다

Local charities provide **aid** to homeless people.
지역 자선 단체들은 노숙자들에게 도움을 제공한다.

유의어 도움 help, assistance

Tip first aid 응급 처치

1616
district [dístrikt]

명 관할 구역, 지구, 지역

The police patrol their assigned **districts**.
경찰이 자신들의 배정된 관할 구역들을 순찰한다.

유의어 지역 area, region, sector

1617
offset [ɔ(ː)fsèt]

동 상쇄하다, 벌충하다

Increased productivity **offset** the losses in sales.
향상된 생산성이 매출 손실을 상쇄했다.

Tip set off 출발하다

1618
census [sénsəs]

명 인구 조사

The government conducts a **census** every decade.
정부는 10년마다 인구 조사를 실시한다.

파생어 censual 형 인구 조사의

1619
cope [koup]

동 대처하다

Independent artists **cope** with creative criticism.
독립적인 예술가들이 창작 비판에 대처한다.

Tip cope with a task 일을 처리하다

1620
publicity
[pʌblísəti]

명 홍보(공보), 언론의 관심
Good **publicity** significantly boosts brand awarenss.
훌륭한 홍보는 브랜드 인지도를 상당히 높인다.

파생어 publicize 동 알리다, 광고하다
Tip publicity campaign 공보 활동

1621
civil service
[sívl sə́ːrvis]

명 공무원 조직(업무)
The **civil service** should be independent of the government.
공무원 조직은 정부로부터 독립적이어야 한다.

Tip civil service exam 공무원 시험

1622
department
[dipáːrtmənt]

명 부서
A new employee joined the research **department** yesterday.
새로운 직원이 어제 연구 부서에 합류했다.

Tip department store 백화점

1623
responsible
[rispánsəbl]

형 책임이 있는, 책임을 져야 할
Parents are **responsible** for their children's education.
부모는 자녀 교육에 책임이 있다.

파생어 responsibility 명 책임
Tip be responsible for ~에 책임이 있다

1624
urban
[ə́ːrbən]

형 도시의
Urban housing costs are rising at an alarming rate.
도시 주택 비용이 심각한 속도로 상승하고 있다.

유의어 municipal
반의어 시골의 rural

1625
memorial
[məmɔ́ːriəl]

형 기념의, 추모의   명 기념관, 기념물
The city hosted a **memorial** event for soldiers.
도시는 군인을 위한 기념 행사를 열었다.

Tip Memorial Day 현충일

1626
compromise
[kámprəmàiz]

명 타협   동 타협하다
Both nations eventually agreed to a diplomatic **compromise**.
양국은 결국 외교적 타협에 동의했다.

Tip com(함께) + promise(약속하다)

1627 ransack
[rǽnsæk]
2014 서울시 7급

동 샅샅이 뒤지다

The thieves **ransacked** the hotel room for valuables.
절도범들은 귀중품을 찾으려고 호텔 방을 샅샅이 뒤졌다.

Tip ransack for ~을 찾느라 샅샅이 뒤지다

1628 retirement
[ritáiərmənt]
2011 사회복지직 9급

명 은퇴, 퇴직

The lawyer prepared legal documents for **retirement**.
변호사는 은퇴를 위한 법적 서류를 준비했다.

파생어 retire 동 은퇴하다

1629 province
[právins]

명 (행정 단위인) 주(州), 지방

Foreign investors visited a northern **province**.
외국 투자자들이 북부 주를 방문했다.

Tip 주로 미국에서는 **state**를, 캐나다에서는 **province**를 사용한다.

1630 community
[kəmjú:nəti]

명 지역 사회, 공동체

Community efforts reduced crime rates in urban areas.
지역 사회 노력은 도시 지역의 범죄율을 낮췄다.

1631 agenda
[ədʒéndə]

명 의제, 안건

The **agenda** addressed concerns about public safety.
그 의제는 공공 안전에 대한 우려를 다루었다.

1632 duty
[djú:ti]

명 의무, 직무

The **duty** of a judge requires impartial decisions.
판사의 의무는 공정한 판결을 요구한다.

Tip on duty 근무 중인   off duty 근무가 아닌, 비번(非番)의

1633 rural
[rú(:)ərəl]

형 시골의, 지방의

Rural roads are often narrow and winding.
시골의 도로는 종종 좁고 구불구불하다.

유의어 시골 특유의 rustic
반의어 도시의 urban

1634
★
confirmation
[kànfərméiʃən]

명 승인, 확인, 인준

The **confirmation** of payment was sent instantly.
결제 승인이 즉시 전송되었다.

파생어 confirm 동 확인하다

Tip confirmation hearing 인준 청문회

1635
★★
initiative
[iníʃiətiv]

명 계획, 진취성, 주도권

The youth employment **initiative** provides job training.
청년 고용 계획은 직업 훈련을 제공한다.

파생어 initiate 동 착수시키다

1636
★★★
applicant
[ǽplikənt]

명 신청자, 지원자

The loan **applicant** should provide financial information.
대출 신청자는 재정 정보를 제공해야 한다.

파생어 application 명 신청, 적용, 응용, 지원(서)

Tip test applicant 응시자, 시험 준비생   application form 신청서

1637
★★
federal
[fédərəl]

형 연방의, 연방 정부의

Each state must comply with **federal** regulations.
각 주는 연방 규정을 준수해야 한다.

Tip the Federal Reserve System 미국 연방 준비 제도

1638
★★★
structure
[strʌ́ktʃər]

명 건축물, 구조

The ancient **structure** still stands in the desert.
그 고대 건축물은 여전히 사막에 서 있다.

Tip the grammatical structure of language 언어의 문법 구조

1639
★★
capacity
[kəpǽsəti]

명 수용력, 수용 인원, 능력

The stadium has a seating **capacity** of 50,000.
그 경기장은 5만 명의 좌석 수용력을 가진다.

유의어 능력 ability, faculty

1640
★
certificate
[sərtífikət]

명 증명서, 자격증   동 [sərtífikèit] ~에게 증명서를 주다

The university issued a graduation **certificate**.
그 대학교는 졸업 증명서를 발급했다.

Tip obtain a certificate 자격증을 취득하다

TEST

A 다음 영단어의 뜻을 찾아 연결하시오. [01~10]

- 01 overdue 형 · · 증명서, 자격증
- 02 gradual 형 · · 기한이 지난, 연착한
- 03 publicity 명 · · 홍보(공보), 언론의 관심
- 04 certificate 명 · · 샅샅이 뒤지다
- 05 ransack 동 · · 기념의, 추모의
- 06 census 명 · · 점진적인, 단계적인
- 07 agenda 명 · · 상쇄하다, 벌충하다
- 08 memorial 형 · · 관할 구역, 지구, 지역
- 09 offset 동 · · 인구 조사
- 10 district 명 · · 의제, 안건

B 다음 영단어의 뜻을 우리말로 쓰시오. [11~20]

- 11 compromise 명
- 12 applicant 명
- 13 structure 명
- 14 commitment 명
- 15 constitution 명
- 16 license 동
- 17 evacuate 동
- 18 responsible 형
- 19 confirmation 명
- 20 face 동

Answer

A 01 기한이 지난, 연착한　02 점진적인, 단계적인
03 홍보(공보), 언론의 관심　04 증명서, 자격증
05 샅샅이 뒤지다　06 인구 조사　07 의제, 안건
08 기념의, 추모의　09 상쇄하다, 벌충하다
10 관할 구역, 지구, 지역

B 11 타협　12 신청자, 지원자　13 건축물, 구조
14 약속, 위임, 실행　15 헌법, 구조
16 허가하다, 면허를 주다　17 대피시키다, 떠나다, 피난하다
18 책임이 있는, 책임을 져야 할　19 승인, 확인, 인준
20 직면하다, 직시하다

Day 42

암기 전 미리보기 & 암기 후 확인하기

학습 전에 아는 단어에 체크해 보세요.
학습 후에 암기한 단어에 체크해 보세요.
체크가 안 된 약점 어휘만 보면서 복습용으로 활용해 보세요.

✓ Self Check

맞힌 개수 ___ / 40개   1회독 ☐   2회독 ☐   3회독 ☐

☐ administer	시행하다, 관리하다	☐ demographic	인구 통계의; (pl.) 인구 통계
☐ patrol	순찰하다; 순찰	☐ enforcement	집행
☐ personnel	(전) 직원, 인사부	☐ anniversary	기념일
☐ appoint	임명하다, (시간·장소 등을) 정하다	☐ mission	(특별) 임무, 사명
☐ civil servant	공무원	☐ consensus	합의, 일치
☐ amenity	생활 편의 시설	☐ capital	중심지, 수도, 자본; 주요한, 자본의
☐ regional	지방의, 지역적인	☐ aim	목표로 하다, 겨냥하다; 목적, 겨냥
☐ public	공공의, 공적인, 대중의; 대중, 사람들	☐ county	주[군]의; (자치)주, 군
☐ dwell	살다, 거주하다	☐ liberation	해방, 광복
☐ evaluate	평가하다	☐ task	과업, 일
☐ identify	확인하다, 식별하다, 동일시하다	☐ ceremony	식, 의식
☐ handle	다루다, 처리하다	☐ population	인구, 주민
☐ panel	위원단, 사각 널판	☐ rally	집회, 대회, 모이다, 집결하다
☐ stability	안정(성), 안정감	☐ bureaucratic	관료적인
☐ protest	항의하다	☐ uphold	지지하다
☐ assure	보장하다, 확실하게 하다	☐ adjust	조정하다, 적응하다
☐ rank	계급, 순위; 정렬시키다, 평가하다	☐ metropolitan	대도시의, 수도권의
☐ inspection	점검, 사찰	☐ organize	조직하다, 준비하다
☐ authority	권위, 권한, (pl.) 당국	☐ shelter	주거지, 피난처, 은신처; 피난처를 제공하다
☐ pension	연금; 연금을 주다	☐ paperwork	서류 작업, 문서 업무

영단어
암기 테스트

X 모름
△ 애매함
○ 알고 있음

민원·행정

1641
administer [ədmínistər]
동 시행하다, 관리하다
The health ministry **administered** the vaccination plan.
보건부는 백신 접종 계획을 시행했다.
파생어 administrative 형 행정의
유의어 enforce
Tip administrative position 행정직

1642
patrol [pətróul]
동 순찰하다 명 순찰
Armed soldiers **patrol** near the embassy.
무장 군인들이 대사관 근처를 순찰한다.

1643
personnel [pə̀ːrsənél]
명 (전) 직원, 인사부
Customs **personnel** inspected imported goods.
세관 직원들이 수입 화물을 검사했다.
Tip fire department personnel 소방 공무원

1644
appoint [əpɔ́int]
동 임명하다, (시간·장소 등을) 정하다
The foreign ministry **appointed** a new ambassador.
외교부가 신임 대사를 임명했다.
파생어 appointment 명 임명, 약속
Tip ap(~쪽으로) + point(가리키다)

1645
civil servant [sívl sə́ːrvənt]
명 공무원
Civil servants must follow strict ethical rules.
공무원들은 엄격한 윤리 규정을 따라야 한다.
유의어 공무원 (public) official

1646
amenity [əménəti]
명 생활 편의 시설
Public parks provide free **amenities** for visitors.
공원은 방문객들에게 무료 생활 편의 시설들을 제공한다.

1647
regional
[ríːdʒənl]

형 지방의, 지역적인

Regional transportation systems need improvement.
그 **지방** 교통 시스템은 개선이 필요하다.

파생어 region 명 지역, 지방
유의어 district, local, provincial

1648
public
[pʌ́blik]

형 공공의, 공적인, 대중의 명 대중, 사람들

The **public** policy aims to improve social welfare.
그 **공공** 정책은 사회 복지를 개선하는 것을 목표로 한다.

Tip public official 공무원   public service 공공 서비스

1649
dwell
[dwel]

동 살다, 거주하다

The hermit **dwells** in a cave far from civilization.
은둔자는 문명에서 멀리 떨어진 동굴에 **산다**.

Tip dwell in one's mind 마음에 남다

1650
evaluate
[ivǽljuèit]

2025 국가직 9급
2017 국가직 9급

동 평가하다

Experts **evaluate** economic policies annually.
전문가들은 해마다 경제 정책을 **평가한다**.

파생어 evaluation 명 평가
유의어 appraise, assess

1651
identify
[aidéntəfài]

동 확인하다, 식별하다, 동일시하다

A handwriting expert **identified** the handwriting in the deceased's will.
필적 감정사가 고인의 유서에 있는 필적을 **확인했다**.

파생어 identification 명 신원 확인, 식별, 신분증   identity 명 신원, 신분
유의어 equate

1652
handle
[hǽndl]

동 다루다, 처리하다

Please **handle** these fragile glassware with care.
이 깨지기 쉬운 유리 제품들을 조심히 **다루세요**.

유의어 deal, treat

1653
panel
[pǽnəl]

몡 위원단, 사각 널판

A **panel** of experts reviewed the construction project.
전문가 **위원단**은 그 건설 프로젝트를 검토했다.

1654
stability
[stəbíləti]

몡 안정(성), 안정감

The **stability** of the ecosystem is vital for biodiversity.
생태계의 **안정성**은 생물 다양성에 필수이다.

파생어 stable 혱 안정된
Tip job stability 고용 안정성

1655
protest
[próutest]

동 항의하다

The labor union **protested** mass layoffs.
노동 조합은 대량 해고에 **항의했다**.

유의어 raise one's voice, lift up one's voice
Tip pro(앞에) + test(주장하다)

1656
assure
[əʃúər]

동 보장하다, 확실하게 하다

The law **assures** equal rights for all citizens.
법은 모든 시민에게 동등한 권리를 **보장한다**.

파생어 assurance 몡 보장, 확신
유의어 보장하다 guarantee, ensure
확실하게 하다 convince

1657
rank
[ræŋk]

몡 계급, 순위 동 정렬시키다, 평가하다

The general holds a high **rank** in the military.
장군은 군대에서 높은 **계급**을 가지고 있다.

Tip rank first 1위이다

1658
inspection
[inspékʃən]

몡 점검, 사찰

Safety **inspection** prevents workplace accidents.
안전 **점검**은 작업장 사고를 방지한다.

파생어 inspect 동 점검하다, 사찰하다
Tip on-site inspection 현장 조사(사찰)

1659
authority
[əθɔ́ːrəti]

몡 권위, 권한, (pl.) 당국

His **authority** in the field of medicine is undeniable.
의학 분야에서 그의 **권위**는 부인할 수 없다.

파생어 authorize 동 권한을 부여하다
Tip on good authority 믿을 만한 소식통으로부터

1660
pension [pénʃn]
명 연금 동 연금을 주다

Retired people start collecting their **pension** at age 65.
은퇴한 사람들은 65세에 연금을 받기 시작한다.

1661
demographic [dèməgrǽfik]
형 인구 통계의 명 (pl.) 인구 통계

Demographic changes affect labor market trends.
인구 통계 변화는 노동 시장의 흐름에 영향을 미친다.

파생어 demographical 형 인구학적인

1662
enforcement [infɔ́ːrsmənt]
명 집행

Strict law **enforcement** reduces crime rates.
엄격한 법 집행은 범죄율을 낮춘다.

파생어 enforce 동 집행(실시, 시행)하다, 강요하다

Tip law enforcement officer 법 집행관

1663
anniversary [æ̀nəvə́ːrsəri]
명 기념일

This event celebrates the city's 500th **anniversary**.
이 행사는 그 도시의 탄생 500주년 기념일을 축하한다.

Tip anni(일 년) + vers(돌다) + ary(~하는 것)

1664
mission [míʃən]
명 (특별) 임무, 사명

Astronomers discovered a new exoplanet during a **mission**.
천문학자들은 임무 중에 새로운 외계 행성을 발견했다.

Tip mission impossible 어렵거나 불가능한 임무

1665
consensus [kənsénsəs]
명 합의, 일치

The decision was delayed due to a lack of **consensus**.
그 결정은 합의 부족으로 인해 지연되었다.

유의어 agreement, consent, accord, unity

Tip con(함께) + sentire(느끼다)

1666
capital [kǽpitəl]
명 중심지, 수도, 자본 형 주요한, 자본의

London serves as the **capital** of global finance.
런던은 세계 금융의 중심지 역할을 한다.

유의어 주요한 chief, cardinal, integral, principal

1667
aim [eim]
- 동 목표로 하다, 겨냥하다   명 목적, 겨냥

The new policy **aims** to reduce carbon emissions.
새로운 정책은 탄소 배출 감소를 목표로 한다.

1668
county [káunti]
- 형 주(군)의   명 (자치)주, 군

The **county** population grew rapidly in the last decade.
그 주의 인구가 지난 10년 동안 급격히 증가했다.

Tip '상류인 체하는'의 의미도 있다.

1669
liberation [lìbəréiʃən]
- 명 해방, 광복

A peace treaty ensured the **liberation** of the war prisoners.
평화 조약이 전쟁 포로들의 해방을 보장했다.

파생어 liberate 동 해방하다
유의어 emancipation, freedom, liberty
Tip National Liberation Day 광복절

1670
task [tæsk]
- 명 과업, 일

Efficient **task** management improves work performance.
효율적인 과업 관리는 업무 성과를 향상시킨다.

Tip perform a task 일을 수행하다

1671
ceremony [sérəmòuni]
- 명 식, 의식

The retirement **ceremony** honored his long years of service.
퇴임식이 그의 오랜 근무를 기렸다.

유의어 의식 ritual

1672
population [pàpjəléiʃən]
- 명 인구, 주민

Population growth affects housing demand.
인구 성장이 주택 수요에 영향을 미친다.

1673
rally [rǽli]
- 명 집회, 대회   동 모이다, 집결하다

A major **rally** was held in the city center.
주요한 집회가 도심에서 열렸다.

Tip a political rally 정치 집회

1674
bureaucratic
[bjùərəkrǽtik]

형 관료적인

Bureaucratic procedures delayed the approval process.
관료적인 절차들이 승인 과정을 지연시켰다.

파생어 bureaucracy 명 관료주의

1675
uphold
[ʌphóuld]

동 지지하다

Every citizen should **uphold** the Constitution.
모든 시민은 헌법을 지지해야 한다.

유의어 support, buttress, champion, endorse, prop up

Tip **uphold** one's dignity 위신을 지키다

1676
adjust
[ədʒʌ́st]

동 조정하다, 적응하다

The government **adjusted** the tax rates to stimulate growth.
정부는 성장을 촉진하기 위해 세율을 조정했다.

파생어 adjustment 명 조정
유의어 gear

1677
metropolitan
[mètrəpálitən]

형 대도시의, 수도권의

The government invests heavily in **metropolitan** infrastructure.
정부는 대도시의 사회 기반 시설에 과도하게 투자한다.

Tip 'meter(mother)'와 'polis(city)'에서 나온 말로 원래 식민 도시를 거느린 큰 도시를 뜻한다.

1678
organize
[ɔ́ːrɡənàiz]

동 조직하다, 준비하다

Volunteers **organized** a community cleanup campaign.
자원봉사자들이 지역 정화 캠페인을 조직했다.

파생어 organization 명 조직, 기관

1679
shelter
[ʃéltər]

명 주거지, 피난처, 은신처 동 피난처를 제공하다

A temporary **shelter** was set up after the earthquake.
지진 후 임시 주거지가 마련되었다.

유의어 피난처 refuge, sanctuary, haven, retreat

1680
paperwork
[péipərwə̀ːrk]

명 서류 작업, 문서 업무

The digital system streamlined the **paperwork** process.
디지털 시스템이 서류 작업 과정을 간소화했다.

TEST

A 다음 영단어의 뜻을 찾아 연결하시오. [01~10]

- 01 consensus 명 • • 위원단, 사각 널판
- 02 metropolitan 형 • • 대도시의, 수도권의
- 03 aim 동 • • 생활 편의 시설
- 04 rally 명 • • 집회, 대회
- 05 panel 명 • • 인구 통계의
- 06 demographic 형 • • (전) 직원, 인사부
- 07 personnel 명 • • 목표로 하다, 겨냥하다
- 08 amenity 명 • • 확인하다, 식별하다, 동일시하다
- 09 identify 동 • • 평가하다
- 10 evaluate 동 • • 합의, 일치

B 다음 영단어의 뜻을 우리말로 쓰시오. [11~20]

- 11 administer 동
- 12 dwell 동
- 13 uphold 동
- 14 shelter 명
- 15 liberation 명
- 16 enforcement 명
- 17 protest 동
- 18 regional 형
- 19 bureaucratic 형
- 20 rank 명

Answer

A 01 합의, 일치 02 대도시의, 수도권의
03 목표로 하다, 겨냥하다 04 집회, 대회
05 위원단, 사각 널판 06 인구 통계의
07 (전) 직원, 인사부 08 생활 편의 시설
09 확인하다, 식별하다, 동일시하다 10 평가하다

B 11 시행하다, 관리하다 12 살다, 거주하다
13 지지하다 14 주거지, 피난처, 은신처
15 해방, 광복 16 집행 17 항의하다
18 지방의, 지역적인 19 관료적인
20 계급, 순위

Day 43

✨ 암기 전 미리보기 & 암기 후 확인하기

학습 전에 아는 단어에 체크해 보세요.
학습 후에 암기한 단어에 체크해 보세요.
체크가 안 된 약점 어휘만 보면서 복습용으로 활용해 보세요.

✓ Self Check

맞힌 개수   / 40개   1회독 ☐   2회독 ☐   3회독 ☐

영단어
암기 테스트

☐ embody	구현하다, 구체화하다	☐ reform	개혁, 개선; 개혁하다, 개선하다
☐ implement	이행하다; 도구	☐ council	지방 의회, 자문 위원회
☐ supervision	감독, 관리	☐ process	처리하다; 과정, 절차
☐ chairman	의장	☐ vote	투표하다; 투표
☐ institute	기관, 협회; (제도, 정책을) 도입하다	☐ unanimous	만장일치의
☐ secretary	장관, 비서, 총무	☐ nominate	지명하다, 임명하다
☐ elect	선출하다, 선택하다	☐ municipal	지방(자치제)의, 시의
☐ contract	계약하다, 수축하다; 계약	☐ branch	지사, 지청, 나뭇가지
☐ state	상태, 국가; 진술하다	☐ parliament	의회, 국회
☐ deadlock	교착 상태, 막다름	☐ committee	위원회
☐ sector	부문, 분야	☐ democratic	민주주의의, 민주적인
☐ tyranny	폭정, 전제 정치	☐ autonomous	자치의, 자율의
☐ issue	문제, 쟁점; 발표하다, 제기하다	☐ agency	(정부) 기관, …청, …국, 대행사
☐ empower	권한을 주다	☐ grant	승인하다, 인정하다
☐ innovation	혁신, 쇄신	☐ delegate	위임하다, (대표로) 세우다; 대리자, 대표인
☐ bribery	뇌물 수수	☐ distribute	배포하다, 분배하다
☐ policy	정책, 방침	☐ mayor	시장(市長)
☐ audit	회계 감사; 회계 감사를 하다	☐ conduct	실시하다, 지휘하다
☐ compile	(책을) 편찬하다, (자료를) 모으다	☐ minister	장관, 공사, 목사
☐ poll	여론 조사, 투표	☐ corrupt	부패한, 타락한

X 모름
△ 애매함
○ 알고 있음

정부 · 정치

1681
embody ★★
[imbádi]

동 구현하다, 구체화하다

The constitution **embodies** fundamental human rights.
헌법이 기본적인 인권을 **구현한다**.

파생어 embodiment 명 전형, 구현

Tip em(만들다) + body(몸) → ~에게 육체(형태)를 부여하다

1682
implement ★
[ímpləmènt]

동 이행하다 명 도구

The court order was **implemented** immediately.
법원 명령이 즉시 **이행되었다**.

유의어 이행하다 execute, carry out, perform, fulfill

Tip useful implements 유용한 도구

1683
supervision ★★
[sù:pərvíʒən]

명 감독, 관리

Financial institutions require strict **supervision**.
금융 기관은 엄격한 **감독**이 필요하다.

파생어 supervise 동 감독하다
유의어 surveillance

1684
chairman ★
[tʃɛ́ərmən]

명 의장

The **chairman** approved the annual budget at the board meeting.
의장이 이사회에서 연간 예산을 승인했다.

1685
institute ★★
[ínstitjù:t]

명 기관, 협회 동 (제도, 정책을) 도입하다

Several **institutes** are working together to address climate change.
여러 **기관들**이 기후 변화에 대응하기 위해 함께 일하고 있다.

유의어 기관 institution

Tip Training Institute 교육원   Institute of Science 과학원

1686
secretary ★★
[sékrətèri]

명 장관, 비서, 총무

The **Secretary** of Defense visited the military base.
국방 **장관**이 군 기지를 방문했다.

1687
elect [ilékt]

동 선출하다, 선택하다
Union members **elected** a spokesperson.
노조원들이 대변인을 선출했다.

파생어 election 명 선거, 선정

Tip **elect Korean citizenship** 한국 국적을 선택하다

1688
contract [kəntrǽkt]

동 계약하다, 수축하다 명 [ká:ntrækt] 계약
The city **contracted** waste management services.
그 도시는 폐기물 관리 서비스를 계약했다.

유의어 수축하다 shrink

Tip **sign a contract** 계약서에 서명하다

1689
state [steit]

명 상태, 국가 동 진술하다
The current **state** of the economy is unstable.
현재 경제 상태는 불안정하다.

Tip **state one's views** 자신의 견해를 말하다

1690
deadlock [dédlɑ:k]

명 교착 상태, 막다름
The meeting ended without breaking the **deadlock**.
회의가 교착 상태를 해소하지 못한 채 끝났다.

유의어 stalemate, stand-off, standstill

Tip **come to a deadlock** 교착 상태에 빠지다

1691
sector [séktər]

명 부문, 분야
The energy **sector** faces environmental challenges.
에너지 부문이 환경적 어려움에 직면해 있다.

Tip **private sector** 민간 부문

1692
tyranny [tírəni]

명 폭정, 전제 정치
Tyranny destroys democratic institutions.
폭정이 민주적 제도를 파괴한다.

유의어 autocracy, despotism

Tip **tyrant** 독재자, 폭군   **dictator** 독재자

1693 issue
[íʃuː]
명 문제, 쟁점 동 발표하다, 제기하다

The documentary deals with racial **issues**.
그 다큐멘터리는 인종 문제들을 다룬다.

Tip raise an issue 문제를 제기하다
discuss an issue 문제를 논의하다

1694 empower
[impáuər]
동 권한을 주다

The law **empowers** citizens to vote at 18.
그 법은 시민들에게 18세부터 투표할 권한을 준다.

유의어 authorize, allow, entitle

Tip em(~하게 만들다) + power(힘, 권력)

1695 innovation
[ìnəvéiʃən]
2013 서울시 7급
명 혁신, 쇄신

Encouraging **innovation** boosts employee engagement.
혁신을 장려하는 것은 직원 참여도를 높인다.

파생어 innovate 동 혁신하다   innovative 형 혁신적인
유의어 revolution, novelty

Tip the age of technical innovation 기술 혁신의 시대

1696 bribery
[bráibəri]
명 뇌물 수수

Bribery scandals damaged the government's reputation.
뇌물 수수 스캔들이 정부의 명성을 훼손했다.

파생어 bribe 명 뇌물 동 뇌물을 주다, 매수하다

1697 policy
[páləsi]
명 정책, 방침

The restaurant adopted a no-smoking **policy**.
그 레스토랑은 금연 정책을 채택했다.

1698 audit
[ɔ́ːdit]
명 회계 감사 동 회계 감사를 하다

An annual financial **audit** ensures transparency.
연간 재무 회계 감사가 투명성을 보장한다.

파생어 auditor 명 회계 감사관

1699 compile
[kəmpáil]
동 (책을) 편찬하다, (자료를) 모으다

Scientists regularly **compile** reports on climate change.
과학자들이 정기적으로 기후 변화에 관한 보고서를 편찬한다.

유의어 모으다 accumulate, amass, gather, collect, garner

Tip compile information 정보를 모으다

1700
poll [poul] ★

명 여론 조사, 투표

The **poll** was used to predict election outcomes.
여론 조사가 선거 결과를 예측하는 데 사용되었다.

1701
reform [rifɔ́:rm] ★★★

명 개혁, 개선　동 개혁하다, 개선하다

Judicial **reform** strengthened legal fairness.
사법 개혁이 법적 공정성을 강화했다.

Tip　re(다시) + form(형성하다)

1702
council [káunsl] ★★

명 지방 의회, 자문 위원회

The **council**'s meeting is held every six months.
지방 의회의 회의는 6개월마다 열린다.

1703
process [práses] ★★★

동 처리하다　명 과정, 절차

The online retailer **processed** the refund quickly.
온라인 소매업체가 환불을 빠르게 처리했다.

유의어　처리하다 work on

Tip　peace process 평화 협상 과정(절차)

1704
vote [vout] ★★

동 투표하다　명 투표

I will definitely **vote** in the upcoming election.
나는 곧 있을 선거에서 반드시 투표할 것이다.

1705
unanimous [ju:nǽnəməs] ★★

형 만장일치의

The decision received **unanimous** approval from the board.
그 결정은 이사회에서 만장일치의 승인을 받았다.

유의어　solid, in full accord (with)

Tip　un(하나의) + animus(마음) → unanimous(일치하는)

1706
nominate [námənèit] ★

동 지명하다, 임명하다

The party officially **nominated** its leader for the presidential candidate.
그 정당이 당의 리더를 공식적으로 대통령 후보로 지명했다.

파생어　nomination 명 지명
유의어　appoint, designate

Tip　nomi(이름) + ate → 이름을 부르다, 지명하다

1707
municipal ★★
[mjuːnísəpəl]

형 지방(자치제)의, 시의

Municipal elections are held every four years.
지방 선거는 4년마다 열린다.

> Tip | municipal office 시청

1708
branch ★★
[bræntʃ]

명 지사, 지청, 나뭇가지

Most companies have multiple **branches** worldwide.
대부분의 회사들은 전 세계에 여러 지사들을 두고 있다.

유의어 지사, 지청 unit, wing, bureau
> Tip | Branch Office 출장소, 지소

1709
parliament ★
[páːrləmənt]

명 의회, 국회

Parliament held a session on national security.
의회가 국가 안보에 관한 회의를 열었다.

유의어 assembly, congress, senate, council

1710
committee ★
[kəmíti]

명 위원회

The labor **committee** negotiated wage increases.
노동 위원회가 임금 인상을 협상했다.

1711
democratic ★★★
[dèməkrǽtik]

형 민주주의의, 민주적인

A **democratic** society respects diverse opinions.
민주주의 사회는 다양한 의견들을 존중한다.

파생어 democracy 명 민주주의

1712
autonomous ★★
[ɔːtánəməs]

형 자치의, 자율의

Autonomous cities set their own tax rates.
자치 도시들은 자신들의 세율을 결정한다.

파생어 autonomy 명 자치권, 자율성
유의어 자치의 self-governing

1713
agency ★★
[éidʒənsi]

명 (정부) 기관, …청, …국, 대행사

The health **agency** monitors disease outbreaks.
보건 기관은 질병 발생을 감시한다.

파생어 agent 명 (공공 기관의) 직원, 대리인

1714
grant
[grænt]

동 승인하다, 인정하다

The court **granted** the defendant's request for an appeal.
법원이 피고인의 항소 요청을 승인했다.

1715
delegate
[déligèit]

2010 서울시 9급

동 위임하다, (대표로) 세우다   명 [déligət] 대리자, 대표인

The president **delegated** authority to the vice president.
대통령이 부통령에게 권한을 위임했다.

Tip a party delegate 당 대표

1716
distribute
[distríbju:t]

2015 사회복지직 9급

동 배포하다, 분배하다

The health department **distributed** masks to the public.
보건부가 대중에게 마스크를 배포했다.

파생어 distribution 명 분배, 분포, 유통
유의어 dispense, allocate, allot, give out, hand out
Tip dis(따로) + tribute(주다)

1717
mayor
[méiər]

명 시장(市長)

The **mayor** promised to reduce crime rates in the city.
시장은 시의 범죄율을 줄일 것을 약속했다.

Tip '주요한'의 major와 같은 어원을 가진다.

1718
conduct
[kəndʌ́kt]

동 실시하다, 지휘하다

The airline **conducted** a safety inspection before departure.
항공사가 출발 전에 안전 점검을 실시했다.

유의어 실시하다 carry out
Tip conduct a concert 음악회를 지휘하다

1719
minister
[mínistər]

명 장관, 공사, 목사

The environment **minister** promoted clean energy.
환경부 장관이 청정 에너지를 홍보했다.

파생어 ministry 명 부처
Tip Vice Minister 차관   Deputy Minister 차관보, 본부장

1720
corrupt
[kərʌ́pt]

형 부패한, 타락한

A **corrupt** official leaked confidential data to private firms.
부패한 공무원이 기밀 데이터를 민간 기업에 유출했다.

파생어 corruption 명 부패, 타락
유의어 rotten
Tip cor(함께) + rupt(부수다)

TEST

A 다음 영단어의 뜻을 찾아 연결하시오. [01~10]

01	institute 명	•	• (정부) 기관, …청, …국, 대행사
02	unanimous 형	•	• 만장일치의
03	branch 명	•	• 이행하다
04	conduct 동	•	• 기관, 협회
05	agency 명	•	• 뇌물 수수
06	corrupt 형	•	• 부패한, 타락한
07	committee 명	•	• 지사, 지청, 나뭇가지
08	bribery 명	•	• 위원회
09	implement 동	•	• 감독, 관리
10	supervision 명	•	• 실시하다, 지휘하다

B 다음 영단어의 뜻을 우리말로 쓰시오. [11~20]

11 state 명 _____
12 process 동 _____
13 distribute 동 _____
14 parliament 명 _____
15 nominate 동 _____
16 municipal 형 _____
17 delegate 동 _____
18 compile 동 _____
19 tyranny 명 _____
20 contract 동 _____

Answer

A 01 기관, 협회 02 만장일치의 03 지사, 지청, 나뭇가지
04 실시하다, 지휘하다 05 (정부) 기관, …청, …국, 대행사
06 부패한, 타락한 07 위원회 08 뇌물 수수
09 이행하다 10 감독, 관리

B 11 상태, 국가 12 처리하다 13 배포하다, 분배하다
14 의회, 국회 15 지명하다, 임명하다
16 지방(자치제)의, 시의 17 위임하다, (대표로) 세우다
18 (책을) 편찬하다, (자료를) 모으다 19 폭정, 전제 정치
20 계약하다, 수축하다

PART 2 직무·실용 어휘

Day 44

암기 전 미리보기 & 암기 후 확인하기

학습 전에 아는 단어에 체크해 보세요.
학습 후에 암기한 단어에 체크해 보세요.
체크가 안 된 약점 어휘만 보면서 복습용으로 활용해 보세요.

✓ Self Check

맞힌 개수 　　 / 40개　 1회독 ☐　 2회독 ☐　 3회독 ☐

영단어 암기 테스트

☐ statute	법령, 규칙	☐ dimension	크기, 규모, 차원
☐ pardon	용서하다, 사면하다; 용서, 사면	☐ illicit	불법적인
☐ heir	상속인, 계승자	☐ petition	청원(서), 탄원(서); 청원하다
☐ norm	규범	☐ rent	집세, 임대료; 임대하다, 세내다
☐ censor	검열하다; 검열관	☐ fake	가짜의; 조작하다, 위조하다
☐ court	법원, 법정	☐ swear	맹세하다, 선서하다; 선서, 욕설
☐ clause	조항, 절	☐ testify	증언하다, 증명하다
☐ racial	인종의, 민족의	☐ valid	유효한, 근거가 확실한
☐ revision	수정, 교정, 개정	☐ absurd	불합리한, 터무니없는
☐ justice	정의, 공평함	☐ criticize	비판하다, 비난하다
☐ witness	목격자, 증인; 목격하다, 증언하다	☐ charge	청구하다, 기소하다, 충전하다; 요금, 책임, 기소, 혐의
☐ conform	따르다, 순응하다	☐ abolish	폐지하다
☐ abhor	혐오하다, 몹시 싫어하다	☐ defendant	피고
☐ act	법률, 행동, (연극의) 막; 행동을 취하다	☐ bondage	속박, 감금
☐ belittle	과소평가하다, 얕보다	☐ inhibition	금지, 억제, 제지
☐ formal	공식의, 형식적인	☐ condemn	비난하다, 선고를 내리다
☐ demonstrate	보여 주다, 증명하다, 시연하다, 시위하다	☐ forbid	금하다, 허락하지 않다
☐ prove	입증하다, ~으로 판명되다	☐ judicial	사법의, 재판의
☐ legislate	법률을 제정하다	☐ impartial	공평한
☐ detain	억류하다, 붙들다	☐ trial	재판, 시도

X 모름
△ 애매함
○ 알고 있음

법

1721

statute
[stǽtʃuːt]

명 **법령, 규칙**

The environmental **statute** limits carbon emissions.
환경 법령이 탄소 배출을 제한한다.

유의어 law

1722

pardon
[páːrdn]

동 **용서하다, 사면하다** 명 **용서, 사면**

The rebels refused to **pardon** those who betrayed them.
반란군은 자신들을 배신한 사람들을 용서하지 않았다.

유의어 용서하다 forgive

1723

heir
[ɛər]

명 **상속인, 계승자**

The eldest son became the rightful **heir**.
맏아들은 정당한 상속인이 되었다.

Tip heiress 여성 상속자

1724

norm
[nɔːrm]

명 **규범**

Breaking the **norm** can lead to social exclusion.
규범을 어기는 것은 사회적 배제로 이어질 수 있다.

Tip social norm 사회적 규범

1725

censor
[sénsər]

동 **검열하다** 명 **검열관**

The book was **censored** before publication.
그 책은 출판 전에 검열되었다.

Tip cens(평가, 확인) + or(사람)

1726

court
[kɔːrt]

명 **법원, 법정**

The **court** has the power to interpret the law.
법원은 법을 해석할 권한을 가지고 있다.

1727

clause
[klɔːz]

명 **조항, 절**

The employment contract has a non-compete **clause**.
근로 계약서에 경쟁 금지 조항이 있다.

Tip a contract clause 계약 조항

1728
racial [réiʃəl] ★★

형 인종의, 민족의

Racial discrimination violates human rights.
인종 차별은 인권을 침해한다.

- 파생어 race 명 경주, 경쟁, 인종
- 유의어 ethnic

1729
revision [rivíʒən] ★

명 수정, 교정, 개정

The document needs a **revision** before submission.
문서는 제출 전에 수정이 필요하다.

- 파생어 revise 동 수정하다, 개정하다
- 유의어 correction

1730
justice [dʒʌ́stis] ★★★

명 정의, 공평성

The struggle for freedom and **justice** continues.
자유와 정의를 위한 투쟁은 계속되고 있다.

- 파생어 just 형 공정한, 적절한
- 유의어 fairness, equity, impartiality
- Tip legal justice 사법 정의   social justice 사회 정의

1731
witness [wítnis] ★

명 목격자, 증인   동 목격하다, 증언하다

The police are looking for **witnesses** to the accident.
경찰은 그 사고의 목격자들을 찾고 있다.

1732
conform [kənfɔ́ːrm] ★★

동 따르다, 순응하다

Employees must **conform** to company policies.
직원들은 회사 정책을 따라야 한다.

- 파생어 conformity 명 따름, 순응, 일치
- 유의어 obey, observe, follow, abide by, comply with, keep to, go by
- Tip con(함께) + form(형태) → 형태를 함께하다

1733
abhor [æbhɔ́ːr] ★★★

2017 국가직 9급
2011 국회사무처(속기·사서직) 9급
2010 지방직 7급

동 혐오하다, 몹시 싫어하다

Many people **abhor** animal cruelty.
많은 사람들이 동물 학대를 혐오한다.

- 파생어 abhorrent 형 혐오스러운
- 유의어 loathe, detest, dislike
- Tip ab(떨어져) + horrere(떨다) → 치가 떨려 멀어지다

1734
act
[ækt]

명 법률, 행동, (연극의) 막 동 행동을 취하다

The environmental **act** limits pollution levels.
그 환경 **법률**이 오염 수준을 제한한다.

파생어 active 형 활동적인, 적극적인

1735
belittle
[bilítl]

2018 서울시(1회) 7급

동 과소평가하다, 얕보다

Don't **belittle** your own achievements.
자신의 업적을 **과소평가하지** 마라.

유의어 과소평가하다 underestimate

1736
formal
[fɔ́ːrməl]

형 공식의, 형식적인

Formal approval is necessary for policy changes.
정책 변경을 위해 **공식** 승인이 필요하다.

유의어 ceremonial
반의어 비공식의, 격식을 차리지 않는 informal

1737
demonstrate
[démənstrèit]

동 보여 주다, 증명하다, 시연하다, 시위하다

She **demonstrated** her proficiency in English.
그녀는 영어에 대한 능숙함을 **보여 주었다**.

유의어 보여 주다 show, illustrate, exemplify

1738
prove
[pruːv]

동 입증하다, ~으로 판명되다

New data **proved** the effectiveness of the vaccine.
새로운 데이터는 그 백신의 효과를 **입증했다**.

유의어 verify
Tip probe 조사하다

1739
legislate
[lédʒislèit]

동 법률을 제정하다

Governments **legislate** to regulate financial markets.
정부는 금융 시장을 규제하기 위해 **법률을 제정한다**.

파생어 legislation 명 입법, 법률   legislator 명 입법자
Tip legislate for ~을 인정하는 법을 제정하다
    legislate against ~을 금지하는 법을 제정하다

1740
detain
[ditéin]

동 억류하다, 붙들다

Authorities **detained** the journalist at the airport.
당국은 공항에서 그 기자를 **억류했다**.

파생어 detainee 명 억류자   detention 명 억류, 구금, 지체
유의어 억류하다 imprison

1741
dimension
[diménʃən]

명 크기, 규모, 차원

The stadium's **dimensions** meet international standards.
그 경기장의 **크기**는 국제 기준을 충족한다.

> Tip 3D = three dimensions 3차원

1742
illicit
[ilísit]

형 불법적인

Customs officers detected **illicit** goods at the border.
세관 직원들은 국경에서 **불법적인** 물품들을 발견했다.

유의어 unlawful, illegal, illegitimate
반의어 합법적인, 정당한 licit, lawful, legal, legitimate

> Tip elicit(끌어내다)과 철자가 비슷하고, 발음이 같으므로 혼동하지 않도록 주의하자.

1743
petition
[pitíʃən]

명 청원(서), 탄원(서) 동 청원하다

Workers signed a **petition** demanding higher wages.
노동자들은 임금 인상을 요구하는 **청원서**에 서명했다.

유의어 request, appeal

1744
rent
[rent]

명 집세, 임대료 동 임대하다, 세내다

You need to pay the **rent** by the end of the month.
당신은 월말까지 **집세**를 내야 한다.

파생어 rental 명 사용료, 임대

1745
fake
[feik]

2014 서울시 7급

형 가짜의 동 조작하다, 위조하다

Fake news spread rapidly on social media.
가짜 뉴스는 소셜 미디어에서 빠르게 퍼졌다.

유의어 가짜의 false, counterfeit, spurious, fraudulent, forged

> Tip fake an alibi 알리바이를 조작하다

1746
swear
[swεər]

동 맹세하다, 선서하다 명 선서, 욕설

I **swear** to God that I will speak the truth.
나는 진실을 말할 것을 하느님께 **맹세합니다**.

유의어 맹세하다 vow

1747
testify
[téstəfài]

동 증언하다, 증명하다

The lawyer asked the witness to **testify** clearly.
그 변호사는 증인에게 명확하게 **증언하도록** 요청했다.

파생어 testification 명 증언, 증명
유의어 증명하다 prove, attest, verify

1748
valid
[vǽlid]

형 유효한, 근거가 확실한

The discount code is **valid** for first-time customers only.
그 할인 코드는 오직 신규 고객에게만 유효하다.

- 파생어 validate 동 입증하다, 유효하게 하다
- 유의어 good, effective
- 반의어 무효한 invalid
- Tip a valid contract 유효한(합법적인) 계약
       an invalid ticket 무효 티켓

1749
absurd
[əbsə́ːrd]

형 불합리한, 터무니없는

Many people complained about **absurd** regulations.
많은 사람들이 불합리한 규정들에 대해 불평했다.

- 유의어 ridiculous, outrageous
- 반의어 합리적인 reasonable, sensible

1750
criticize
[krítisàiz]

동 비판하다, 비난하다

Citizens **criticized** the slow response to the crisis.
시민들은 위기에 대한 느린 대응을 비판했다.

- 파생어 criticism 명 비판, 비난, 비평   critic 명 비평가
- 유의어 censure

1751
charge
[tʃɑːrdʒ]
2014 국가직 7급

동 청구하다, 기소하다, 충전하다   명 요금, 책임, 기소, 혐의

Online platforms **charge** monthly subscription fees.
온라인 플랫폼들은 월 구독료를 청구한다.

- Tip in charge of ~을 책임지고 있는, ~을 맡고 있는

1752
abolish
[əbáliʃ]
2023 지방직 9급

동 폐지하다

Many countries **abolished** the death penalty years ago.
많은 국가들이 몇 년 전 사형제를 폐지했다.

- 파생어 abolishment 명 폐지(= abolition)
- 유의어 annul, nullify, repeal, rescind, revoke, do away with, get rid of
- Tip abolish a ceiling 최고 한도를 폐지하다

1753
defendant
[diféndənt]

명 피고

The **defendant** denied all charges in court.
피고는 법정에서 모든 혐의를 부인했다.

1754
bondage
[bándidʒ]

명 속박, 감금

The rebels fought against political **bondage**.
반군들은 정치적 **속박**에 맞서 싸웠다.

유의어 captivity

Tip bond(끈, 유대감) + age(명사형 어미) → 끈으로 묶음 → 속박, 감금

1755
inhibition
[ìnhəbíʃən]

명 금지, 억제, 제지

Inhibition of drug use was strictly enforced.
약물 사용 **금지**는 엄격하게 시행되었다.

파생어 inhibit 동 억제하다
유의어 억제 curb, restraint, suppression

1756
condemn
[kəndém]
2002 국가직 7급

동 비난하다, 선고를 내리다

International groups **condemned** the use of violence.
국제 단체들은 폭력 사용을 **비난했다**.

유의어 비난하다 censure, criticize, denounce, rebuke, reprimand, reproach, admonish
선고를 내리다 sentence

1757
forbid
[fərbíd]

동 금하다, 허락하지 않다

The school **forbids** using mobile phones in class.
그 학교는 수업 중 휴대폰 사용을 **금한다**.

유의어 ban, prohibit, inhibit, prevent, proscribe

1758
judicial
[dʒu:díʃəl]

형 사법의, 재판의

We should respect the **judicial** decision.
우리는 **사법의** 판결을 존중해야 한다.

1759
impartial
[impá:rʃəl]
2013 서울시 7급

형 공평한

People expect **impartial** reporting from journalists.
사람들은 기자들로부터 **공평한** 보도를 기대한다.

유의어 fair, just, unbiased, equitable

Tip im(~ 아닌) + partial(편파적인)

1760
trial
[tráiəl]

명 재판, 시도

The defendant was found not guilty at the end of the **trial**.
피고인은 **재판**이 끝날 때 무죄 판결을 받았다.

Tip go on trial 재판을 받다

TEST

A 다음 영단어의 뜻을 찾아 연결하시오. [01~10]

01 racial 형 • • 과소평가하다, 얕보다
02 witness 명 • • 재판, 시도
03 belittle 동 • • 인종의, 민족의
04 valid 형 • • 비난하다, 선고를 내리다
05 trial 명 • • 목격자, 증인
06 impartial 형 • • 크기, 규모, 차원
07 condemn 동 • • 혐오하다, 몹시 싫어하다
08 dimension 명 • • 규범
09 abhor 동 • • 공평한
10 norm 명 • • 유효한, 근거가 확실한

B 다음 영단어의 뜻을 우리말로 쓰시오. [11~20]

11 revision 명
12 court 명
13 statute 명
14 heir 명
15 conform 동
16 petition 명
17 abolish 동
18 defendant 명
19 bondage 명
20 absurd 형

Answer

A 01 인종의, 민족의 02 목격자, 증인
03 과소평가하다, 얕보다 04 유효한, 근거가 확실한
05 재판, 시도 06 공평한 07 비난하다, 선고를 내리다
08 크기, 규모, 차원 09 혐오하다, 몹시 싫어하다
10 규범

B 11 수정, 교정, 개정 12 법원, 법정 13 법령, 규칙
14 상속인, 계승자 15 따르다, 순응하다
16 청원(서), 탄원(서) 17 폐지하다 18 피고
19 속박, 감금 20 불합리한, 터무니없는

Day 45

암기 전 미리보기 & 암기 후 확인하기

학습 전에 아는 단어에 체크해 보세요.
학습 후에 암기한 단어에 체크해 보세요.
체크가 안 된 약점 어휘만 보면서 복습용으로 활용해 보세요.

✓ Self Check

맞힌 개수 ___ / 40개   1회독 ☐   2회독 ☐   3회독 ☐

영단어 암기 테스트

☐ owe	빚을 지다, 신세를 지다	☐ dismiss	기각하다, 해고하다
☐ warn	경고하다, 주의를 주다	☐ suspect	용의자; 수상한, 의심스러운; 의심하다
☐ jury	배심원단	☐ coverage	보도, 취재, 적용 범위
☐ justly	공정하게, 바르게	☐ proof	증거, 증명
☐ abuse	남용, 학대; 남용하다, 학대하다	☐ penalty	처벌, 형벌
☐ interrogate	심문하다	☐ hierarchy	위계질서, 계급 제도
☐ punishment	처벌	☐ divorce	이혼; 이혼하다
☐ falsify	위조하다	☐ plagiarism	표절
☐ arrest	체포하다, 주의를 끌다; 체포, 정지	☐ involve	수반하다, 포함하다
☐ judge	판단하다; 판사	☐ escape	탈출하다, 벗어나다; 탈출, 도피
☐ custom	관습, 습관, 세관	☐ law	법
☐ violate	위반하다, 침해하다	☐ conviction	확신, 유죄 판결
☐ verdict	(배심원의) 평결, 판단	☐ sentence	선고하다; 판결, 문장
☐ taxation	과세, 세제, 세율	☐ perjury	위증, 거짓 맹세
☐ convention	관례, 관습, 회의	☐ lease	임대차 계약; 임대하다, 대여하다
☐ ban	금지; 금하다	☐ amendment	개정, 수정
☐ legal	법률의, 합법의	☐ consent	동의, 합의; 동의하다
☐ codify	(법률 등을) 성문화하다	☐ patent	특허권; 특허권을 얻다
☐ activate	활성화시키다, 작동시키다	☐ discreet	신중한, 분별 있는
☐ coerce	강요하다, 억지로 ~시키다	☐ article	기사, 글

X 모름
△ 애매함
○ 알고 있음

법

1761 owe [ou] ★★
동 빚을 지다, 신세를 지다
The company **owes** millions of dollars to the bank.
그 회사는 은행에 수백만 달러의 빚을 지고 있다.
Tip owe A to B B에게 A를 빚지다

1762 warn [wɔːrn] ★
동 경고하다, 주의를 주다
The weather forecast **warned** people about heavy rain.
일기 예보가 사람들에게 폭우에 대해 경고했다.
유의어 caution

1763 jury [dʒú(ː)əri] ★★
명 배심원단
Jury selection is a crucial part of the trial.
배심원단 선정은 재판에서 중요한 과정이다.

1764 justly [dʒʌ́stli] ★
부 공정하게, 바르게
The trade organization settled disputes **justly**.
무역 기관은 분쟁을 공정하게 해결했다.
파생어 just 형 공정한
유의어 rightly, impartially

1765 abuse [əbjúːs] ★★★
명 남용, 학대 동 [əbjúːz] 남용하다, 학대하다
Governments must avoid **abuse** of emergency powers.
정부는 비상 권력 남용을 피해야 한다.
파생어 abusive 형 학대하는, 모욕적인
유의어 남용하다 misuse
     학대하다 mistreat, maltreat
Tip ab(벗어나) + use(사용하다) → 벗어나서 사용하다 → 학대, 남용

1766 interrogate [intérəgèit] ★★
동 심문하다
The military police **interrogated** the captured spy.
군 경찰은 붙잡힌 스파이를 심문했다.
유의어 question, probe, examine

2017 지방직 7급

1767
punishment
[pʌ́niʃmənt]

명 처벌

The teacher supports strict **punishment** for cheating.
그 교사는 부정행위에 대한 엄격한 처벌을 지지한다.

파생어 punish 동 처벌하다
유의어 penalty, retribution, sanction

1768
falsify
[fɔ́ːlsəfài]

동 위조하다

Falsifying official documents is a serious crime.
공문서를 위조하는 것은 중대한 범죄이다.

유의어 forge, fake, fabricate, counterfeit

1769
arrest
[ərést]

동 체포하다, 주의를 끌다   명 체포, 정지

The detective **arrested** the thief after a long chase.
형사가 긴 추격 끝에 도둑을 체포했다.

유의어 체포하다 apprehend

1770
judge
[dʒʌdʒ]

동 판단하다   명 판사

People should not **judge** others by appearance.
사람들은 외모로 다른 사람들을 판단해서는 안 된다.

1771
custom
[kʌ́stəm]

명 관습, 습관, 세관

Every culture has its own unique **customs**.
모든 문화는 자체의 고유한 관습을 가지고 있다.

유의어 관습 practice, tradition, convention
Tip customs 세관, 관세

1772
violate
[váiəlèit]

동 위반하다, 침해하다

The company **violated** environmental regulations.
그 회사는 환경 규정을 위반했다.

파생어 violation 명 위반
유의어 infringe, breach

1773 verdict
[və́ːrdikt]

명 (배심원의) 평결, 판단

The defendant waited anxiously for the **verdict**.
피고인은 평결을 초조하게 기다렸다.

- 유의어 decision
- Tip verdict of acquittal 무죄 평결

1774 taxation
[tækséiʃən]

명 과세, 세제, 세율

Taxation on luxury goods increased this year.
올해 사치품에 대한 과세가 증가했다.

- Tip tax return 세금 신고

1775 convention
[kənvénʃən]

명 관례, 관습, 회의

Bowing is a common **convention** in many Asian countries.
절하는 것은 많은 아시아 국가에서 흔한 관례이다.

- 파생어 conventional 형 관습적인, 판에 박힌
- Tip 특정 분야에 관하여 전문성을 띠는 대규모 모임이나 회의, 전시회 따위를 '컨벤션'이라고 부른다.

1776 ban
[bæn]

명 금지 동 금하다

Activists called for a **ban** on animal testing.
활동가들은 동물 실험 금지를 요구했다.

- 유의어 금지 sanction, prohibition, boycott, embargo, veto
  금하다 bar, forbid, prohibit

1777 legal
[líːgəl]

2008 국회사무처 8급

형 법률의, 합법의

The **legal** system protects citizens' basic rights.
법률 체계가 시민들의 기본 권리를 보호한다.

- 유의어 lawful, legitimate
- 반의어 불법의 illegal

1778 codify
[kádəfài]

2015 서울시 9급

동 (법률 등을) 성문화하다

The government **codified** labor rights to protect workers.
정부는 노동자를 보호하기 위해 노동권을 성문화했다.

1779 activate
[æktəvèit]

동 활성화시키다, 작동시키다

Press the button to **activate** the alarm system.
경보 시스템을 활성화시키려면 버튼을 누르세요.

- Tip activate a machine 기계를 작동시키다

1780 ★★★
coerce [kouə́ːrs]

동 강요하다, 억지로 ~시키다

The police **coerced** the suspect into making a false confession.
경찰은 용의자에게 거짓 자백을 **강요했다**.

파생어 coercion [kouə́ːrʃən] 명 강요, 강제, 강압
유의어 push, oblige, force, compel

1781 ★★
dismiss [dismís]

2008 지방직 9급

동 기각하다, 해고하다

The lawyer requested the court to **dismiss** the charges.
변호사는 법원에 혐의를 **기각하도록** 요청했다.

유의어 기각하다 reject, turn down
Tip dis(다른 방향으로) + miss(보내다)

1782 ★★
suspect [sʌ́spekt]

명 용의자 형 수상한, 의심스러운 동 [səspékt] 의심하다

A witness provided a description of the **suspect**.
한 목격자가 **용의자**의 인상착의를 제공했다.

파생어 suspicion 명 의심   suspicious 형 의심하는

1783 ★★
coverage [kʌ́vəridʒ]

명 보도, 취재, 적용 범위

The news channel provided live **coverage** of the election.
그 뉴스 채널은 선거에 대한 생방송 **보도**를 제공했다.

파생어 cover 동 보도하다, 덮다

1784 ★
proof [pruːf]

명 증거, 증명

The DNA test provided **proof** of his innocence.
DNA 검사는 그의 결백을 입증하는 **증거**를 제공했다.

파생어 prove 동 증명하다
유의어 증거 evidence
Tip in proof of ~을 증명하기 위해

1785 ★★
penalty [pénəlti]

명 처벌, 형벌

The government increased the **penalty** for bribery.
정부는 뇌물 수수에 대한 **처벌**을 강화했다.

파생어 penal 형 처벌의
Tip 축구에서 수비가 골대 근처에서 반칙을 범하면 공격자는 '페널티' 킥을 얻게 된다.

1786 ★★
hierarchy [háiərɑ̀ːrki]

명 위계질서, 계급 제도

Social **hierarchy** existed in many ancient civilizations.
사회적 **위계질서**는 많은 고대 문명에서 존재했다.

1787
divorce [divɔ́:rs]

명 이혼 동 이혼하다

Divorce rates have increased in recent years.
이혼율은 최근 몇 년 동안 증가했다.

1788
plagiarism [pléidʒərìzm]

2022 서울시(1차) 9급

명 표절

Plagiarism can lead to academic penalties.
표절은 학문적 처벌로 이어질 수 있다.

파생어 plagiarize 동 표절하다
유의어 piracy, copying

1789
involve [inválv]

동 수반하다, 포함하다

Political change **involves** social resistance.
정치적 변화는 사회적 저항을 수반한다.

파생어 involvement 명 관련, 연루   involved 형 관여하는, 연루된
Tip be involved in ~에 관련되다, ~에 연루되다

1790
escape [iskéip]

동 탈출하다, 벗어나다 명 탈출, 도피

The hostages **escaped** after days of captivity.
인질들은 며칠간의 감금 끝에 탈출했다.

1791
law [lɔ:]

명 법

The new **law** protects consumer rights.
새로운 법은 소비자 권리를 보호한다.

Tip obey the law 법을 따르다
    violate the law 법을 어기다

1792
conviction [kənvíkʃən]

명 확신, 유죄 판결

Strong **conviction** leads to confident decisions.
강한 확신은 자신감 있는 결정으로 이어진다.

파생어 convict 동 유죄를 선고하다

1793
sentence [séntəns]

동 선고하다 명 판결, 문장

The criminal was **sentenced** to ten years in jail.
그 범죄자는 징역 10년 형을 선고받았다.

유의어 선고하다 condemn

1794
perjury ★★
[pə́ːrdʒəri]
2016 서울시 9급

명 위증, 거짓 맹세

Perjury undermines the justice system.
위증은 사법 체계를 약화시킨다.

파생어 perjure 동 위증하다

1795
lease ★
[liːs]

명 임대차 계약 동 임대하다, 대여하다

The **lease** for the apartment expires next month.
그 아파트의 임대차 계약은 다음 달에 만료된다.

1796
amendment ★
[əméndmənt]

명 개정, 수정

A recent **amendment** raised tax rates nationwide.
최근의 개정은 전국적으로 세율을 인상시켰다.

유의어 revision, alteration, mending

1797
consent ★
[kənsént]

명 동의, 합의 동 동의하다

The contract must include written **consent**.
계약은 서면 동의를 포함해야만 한다.

유의어 agreement, accord, assent
반의어 반대 dissent

1798
patent ★★
[pǽtənt]

명 특허권 동 특허권을 얻다

The inventor filed a lawsuit for **patent** infringement.
그 발명가는 특허권 침해에 대한 소송을 제기했다.

1799
discreet ★★
[diskríːt]

형 신중한, 분별 있는

A **discreet** investor avoids risky financial decisions.
신중한 투자자는 위험한 금융 결정을 피한다.

파생어 discretion 명 재량, 신중함
유의어 cautious, careful, watchful, heedful, circumspect, wary, alert, vigilant, prudent

Tip be discreet in ~을 삼가다, 신중히 하다

1800
article ★★
[áːrtikl]

명 기사, 글

The journalist wrote an **article** about climate change.
기자는 기후 변화에 관한 기사를 작성했다.

TEST

A 다음 영단어의 뜻을 찾아 연결하시오. [01~10]

- 01 interrogate 동 · · 위조하다
- 02 falsify 동 · · 위증, 거짓 맹세
- 03 hierarchy 명 · · 심문하다
- 04 consent 명 · · 신중한, 분별 있는
- 05 discreet 형 · · 공정하게, 바르게
- 06 perjury 명 · · 동의, 합의
- 07 coverage 명 · · (배심원의) 평결, 판단
- 08 codify 동 · · (법률 등을) 성문화하다
- 09 verdict 명 · · 보도, 취재, 적용 범위
- 10 justly 부 · · 위계질서, 계급 제도

B 다음 영단어의 뜻을 우리말로 쓰시오. [11~20]

- 11 owe 동
- 12 taxation 명
- 13 plagiarism 명
- 14 amendment 명
- 15 coerce 동
- 16 convention 명
- 17 abuse 명
- 18 lease 명
- 19 patent 명
- 20 conviction 명

Answer

A 01 심문하다 02 위조하다 03 위계질서, 계급 제도
04 동의, 합의 05 신중한, 분별 있는 06 위증, 거짓 맹세
07 보도, 취재, 적용 범위 08 (법률 등을) 성문화하다
09 (배심원의) 평결, 판단 10 공정하게, 바르게

B 11 빚을 지다, 신세를 지다 12 과세, 세제, 세율
13 표절 14 개정, 수정 15 강요하다, 억지로 ~시키다
16 관례, 관습, 회의 17 남용, 학대
18 임대차 계약 19 특허권 20 확신, 유죄 판결

Day 46

✅ 암기 전 미리보기 & 암기 후 확인하기

학습 전에 아는 단어에 체크해 보세요.
학습 후에 암기한 단어에 체크해 보세요.
체크가 안 된 약점 어휘만 보면서 복습용으로 활용해 보세요.

✓ Self Check 맞힌 개수 ___ / 40개 1회독 ☐ 2회독 ☐ 3회독 ☐

영단어 암기 테스트

☐	warrant	영장, 보증서; 정당화하다, 보증하다	☐	complimentary	무료의, 칭찬하는
☐	goods	상품, 재산	☐	respond	대응하다, 반응하다, 대답하다
☐	valuable	귀중한, 소중한	☐	barter	물물 교환하다; 물물 교환
☐	lucrative	수익성이 좋은, 수지맞는	☐	waste	낭비하다, 황폐하게 하다; 낭비, 쓰레기
☐	fare	(교통) 요금	☐	budget	예산
☐	wholesale	도매의, 대규모의; 도매로	☐	pecuniary	금전상의
☐	prodigal	낭비하는, 풍부한	☐	debt	빚, 부채
☐	deposit	(은행) 예금, 보증금, 침전물; 예금하다, 두다, 침전시키다	☐	asset	자산, 재산, 자질
☐	venture	벤처 (사업), (사업상의) 모험; 위험을 무릅쓰고 ~하다	☐	allowance	용돈, 수당, 급여
☐	boom	호황, 붐	☐	efficient	효율적인
☐	labor	노동	☐	mortgage	(담보) 대출, 융자(금)
☐	strategy	전략	☐	produce	생산하다, (결과를) 낳다
☐	artificial	인공의, 인조의, 부자연스러운	☐	amount	양, 총액; 총계가 ~에 이르다
☐	expensive	돈이 많이 드는, 비싼	☐	discharge	해고하다, (짐을) 내리다
☐	merchandise	상품, 물품	☐	insolvent	파산한
☐	increment	증액, 증대	☐	hallmark	특징, 품질 증명
☐	retail	소매의, 소매상의; 소매, 소매상	☐	monopoly	독점, 전매
☐	merge	합병하다, 합치다, 병합하다	☐	quality	질, 품질
☐	speculate	추측하다, 투기하다	☐	advertise	광고하다
☐	deficit	적자	☐	refund	환불; 환불하다

X 모름
△ 애매함
○ 알고 있음

경제 · 일자리

1801 warrant
[wɔ́(:)rənt]

명 영장, 보증서 동 정당화하다, 보증하다

The court issued a **warrant** for the company's financial data.
법원이 그 기업의 재무 데이터에 대한 영장을 발부했다.

파생어 warranty 명 품질 보증서

1802 goods
[gudz]

명 상품, 재산

They found cheaper and better ways to produce **goods**.
그들은 상품을 생산하기 위한 더 저렴하고 나은 방법들을 발견했다.

유의어 product, commodity, merchandise

Tip good은 형용사로 '좋은'을 의미하고 명사로는 '선(善)'을 뜻한다.

1803 valuable
[vǽljuəbl]

형 귀중한, 소중한

Skilled workers are **valuable** assets to any company.
숙련된 노동자는 어떤 기업에든 귀중한 자산이다.

파생어 value 명 가치

1804 lucrative
[lú:krətiv]

2008 국가직 7급

형 수익성이 좋은, 수지맞는

High-tech industry is now the most **lucrative** business.
첨단 기술 산업은 이제 가장 수익성이 좋은 사업이다.

유의어 profitable, productive, fruitful, remunerative

1805 fare
[fɛər]

명 (교통) 요금

A 10% increase in public transport **fares** was announced.
대중교통 요금의 10퍼센트 인상이 발표되었다.

유의어 charge, bill, fee, rate

Tip an economy fare 가장 싼 요금

1806 wholesale
[hóulsèil]

형 도매의, 대규모의 부 도매로

He sold consumer electronics at **wholesale** prices.
그는 소비자 전자 제품을 도매가로 팔았다.

반의어 소매(의), 소매로 retail

Tip whole(전체의) + sale(판매)

1807
prodigal
[prádigəl]
2016 서울시 9급

형 낭비하는, 풍부한
His **prodigal** lifestyle hurt his financial stability.
그의 낭비하는 생활 방식이 재정 안정성을 해쳤다.
유의어 낭비하는 wasteful, lavish, extravagant
반의어 절약하는 frugal, thrifty, economical

1808
deposit
[dipázit]

명 (은행) 예금, 보증금, 침전물 동 예금하다, 두다, 침전시키다
Banks use your **deposit** to make loans to others.
은행은 당신의 예금을 다른 사람들에게 대출해 주는 데 사용한다.
반의어 인출 withdrawal

1809
venture
[véntʃər]

명 벤처 (사업), (사업상의) 모험 동 위험을 무릅쓰고 ~하다
The tech company might invest in an Internet **venture**.
그 기술 기업은 인터넷 벤처 사업에 투자할 수 있다.

1810
boom
[bu:m]

명 호황, 붐
The economic **boom** created many job opportunities.
경제 호황이 많은 취업 기회를 창출했다.

1811
labor
[léibər]

명 노동
Cheap **labor** reduces production costs for companies.
값싼 노동이 기업의 생산 비용을 줄인다.
파생어 laborious 형 힘든

1812
strategy
[strǽtədʒi]

명 전략
It is high time to change our financial **strategy**.
이제 우리의 재정 전략을 바꿀 때가 되었다.

1813
artificial
[à:rtəfíʃəl]

형 인공의, 인조의, 부자연스러운
The house is so extravagant that it has an **artificial** lake.
그 집은 너무나 사치스러워서 인공 호수까지 있다.
유의어 인공의 synthetic, man-made
Tip an artificial smile 억지 웃음

1814

expensive
[ikspénsiv]

형 돈이 많이 드는, 비싼

Starting a business in the city is an **expensive** decision.
도시에서 사업을 시작하는 것은 돈이 많이 드는 결정이다.

- 파생어 **expense** 명 비용
- 반의어 비싸지 않은 **inexpensive**
- Tip **expensive**는 주로 물건에 대해 쓰므로, 가격에 대해 **an expensive price**라고 하는 것은 적절하지 않다. 따라서 **a high price**라고 표현한다.

1815

merchandise
[mə́ːrtʃəndàiz]

명 상품, 물품

They are using fashion **merchandise** to attract customers.
그들은 고객들을 끌기 위해 패션 상품을 이용하고 있다.

- 유의어 **goods, product, commodity**

1816

increment
[ínkrəmənt]

명 증액, 증대

The new cards may be recharged in **increments** of $5.00.
새 카드는 5달러씩 증액하며 재충전할 수 있다.

1817

retail
[ríːtèil]

형 소매의, 소매상의 명 소매, 소매상

The average **retail** price for a lime hit 56 cents.
라임의 평균 소매 가격은 56센트에 달했다.

- 반의어 도매(의) **wholesale**

1818

merge
[məːrdʒ]

동 합병하다, 합치다, 병합하다

The two companies **merged** to increase market share.
그 두 기업은 시장 점유율을 높이기 위해 합병했다.

- 유의어 **combine, integrate, affiliate, consolidate, incorporate, annex**
- Tip **plan to merge** 합병을 계획하다

1819

speculate
[spékjulèit]

2009 국회사무처 8급

동 추측하다, 투기하다

I couldn't **speculate** on the reasons for her resignation.
나는 그녀의 사임 이유를 추측할 수 없었다.

- 유의어 추측하다 **guess, assume, presume**
- Tip **speculate in real estate** 부동산에 투기하다

1820
deficit ★★
[défəsit]

명 적자

The drop in the **deficit** was largely due to the savings.
적자 감소는 주로 저축 덕분이었다.

유의어 red ink

1821
complimentary ★
[kàmpləméntəri]

2009 지방직·소방직 9급

형 무료의, 칭찬하는

I promised her **complimentary** consultation.
나는 그녀에게 무료 상담을 약속했다.

파생어 compliment 명 칭찬, 찬사
유의어 무료의 free, for nothing, free of charge
칭찬하는 flattering, admiring, approving, commendatory, laudatory

Tip complimentary remarks 칭찬의 말

1822
respond ★
[rispánd]

동 대응하다, 반응하다, 대답하다

Businesses must **respond** quickly to market changes.
기업들은 시장 변화에 빠르게 대응해야 한다.

파생어 response 명 대응, 반응, 대답
유의어 반응하다 react

Tip respond to ~에 대응하다, ~에 답하다

1823
barter ★★
[bá:rtər]

동 물물 교환하다   명 물물 교환

For economic reasons, they **bartered** things for things.
경제적인 이유로 그들은 물건을 물물 교환했다.

Tip by barter 물물 교환으로

1824
waste ★★
[weist]

동 낭비하다, 황폐하게 하다   명 낭비, 쓰레기

The company **wastes** resources on ineffective marketing.
그 회사는 비효율적인 마케팅에 자원을 낭비한다.

Tip waste A on B   A를 B에 낭비하다

1825
budget ★★
[bʌ́dʒit]

명 예산

The governmental **budget** bill was passed.
정부 예산안이 통과되었다.

1826
pecuniary ★
[pikjú:nièri]

형 금전상의

He got a **pecuniary** advantage throughout his tenure.
그는 임기 내내 금전상의 이익을 얻었다.

유의어 financial, monetary, fiscal

1827 debt
[det]

명 빚, 부채

The newlywed is struggling to pay off their **debt**.
그 신혼부부는 빚을 갚는 데 어려움을 겪고 있다.

1828 asset
[ǽset]

명 자산, 재산, 자질

The only **asset** he had was the house he lived in.
그가 가진 유일한 재산은 그가 살던 집이었다.

유의어 property

1829 allowance
[əláuəns]

명 용돈, 수당, 급여

Parents teach their children how to use their **allowance**.
부모는 아이들에게 용돈을 어떻게 써야 할지 가르친다.

파생어 allow 동 허락하다, 지급하다

1830 efficient
[ifíʃənt]

2013 지방직 9급

형 효율적인

It is important to make the work process more **efficient**.
업무 프로세스를 더 효율적으로 만드는 것이 중요하다.

파생어 efficiency 명 효율

1831 mortgage
[mɔ́ːrɡidʒ]

명 (담보) 대출, 융자(금)

The stress of paying a **mortgage** is continuous.
담보 대출을 갚는 스트레스가 지속적이다.

유의어 loan

1832 produce
[prədjúːs]

동 생산하다, (결과를) 낳다

Factories **produce** thousands of goods every day.
공장들은 매일 수천 개의 상품을 생산한다.

파생어 production 명 생산   productive 형 생산적인
유의어 cause, generate, give rise to, bring about, lead to, result in
Tip pro(앞으로) + duce(이끌다)

1833 amount
[əmáunt]

명 양, 총액 동 총계가 ~에 이르다

A set **amount** of energy is produced at the power plant.
정해진 양의 에너지가 발전소에서 생산된다.

유의어 양 quantity
Tip amount to ~에 이르다

1834 discharge
[distʃáːrdʒ]

동 해고하다, (짐을) 내리다

Firms **discharge** countless workers during recessions.
기업들은 경기 침체 동안 수많은 노동자들을 해고한다.

유의어 해고하다 dismiss

Tip dis(떨어져) + charge(짐) → 짐을 떼어놓다

1835 insolvent
[insálvənt]
2010 국가직 9급

형 파산한

He was **insolvent** after failing to repay his debts.
그는 빚을 갚지 못한 후 파산했다.

유의어 broke, bankrupt

Tip in(없는) + solvent(지급 능력이 있는) → 지급 능력이 없는, 파산한

1836 hallmark
[hɔ́ːlmɑ̀ːrk]

명 특징, 품질 증명

Innovation is the **hallmark** of a successful business.
혁신은 성공적인 기업의 특징이다.

1837 monopoly
[mənápəli]

명 독점, 전매

The government is trying to break up all **monopolies**.
정부는 모든 독점들을 해체하려고 노력하고 있다.

파생어 monopolize **동** 독점하다

Tip mono(혼자서) + poly(팔다)

1838 quality
[kwáləti]

명 질, 품질

Customers are satisfied with the **quality** of the service.
고객들은 그 서비스의 질에 만족한다.

Tip quantity 양

1839 advertise
[ǽdvərtàiz]

동 광고하다

Companies **advertise** sugar-free food as a trend.
기업들은 무설탕 식품을 하나의 트렌드로 광고한다.

파생어 advertisement **명** 광고   advertiser **명** 광고주

1840 refund
[ríːfʌnd]

명 환불   **동** [rifʌ́nd] 환불하다

Customers can request a **refund** for defective products.
고객들은 불량 제품에 대해 환불을 요청할 수 있다.

파생어 refundable **형** 변제할 수 있는

TEST

A 다음 영단어의 뜻을 찾아 연결하시오. [01~10]

- 01 deposit 명 • • 적자
- 02 pecuniary 형 • • 합병하다, 합치다, 병합하다
- 03 valuable 형 • • 낭비하는, 풍부한
- 04 barter 동 • • 금전상의
- 05 merge 동 • • 해고하다, (짐을) 내리다
- 06 discharge 동 • • 인공의, 인조의, 부자연스러운
- 07 prodigal 형 • • (은행) 예금, 보증금, 침전물
- 08 deficit 명 • • 효율적인
- 09 efficient 형 • • 물물 교환하다
- 10 artificial 형 • • 귀중한, 소중한

B 다음 영단어의 뜻을 우리말로 쓰시오. [11~20]

- 11 strategy 명
- 12 budget 명
- 13 monopoly 명
- 14 lucrative 형
- 15 asset 명
- 16 complimentary 형
- 17 warrant 명
- 18 speculate 동
- 19 increment 명
- 20 insolvent 형

Answer

A 01 (은행) 예금, 보증금, 침전물 02 금전상의 03 귀중한, 소중한 04 물물 교환하다 05 합병하다, 합치다, 병합하다 06 해고하다, (짐을) 내리다 07 낭비하는, 풍부한 08 적자 09 효율적인 10 인공의, 인조의, 부자연스러운

B 11 전략 12 예산 13 독점, 전매 14 수익성이 좋은, 수지맞는 15 자산, 재산, 자질 16 무료의, 칭찬하는 17 영장, 보증서 18 추측하다, 투기하다 19 증액, 증대 20 파산한

Day 47

암기 전 미리보기 & 암기 후 확인하기

학습 전에 아는 단어에 체크해 보세요.
학습 후에 암기한 단어에 체크해 보세요.
체크가 안 된 약점 어휘만 보면서 복습용으로 활용해 보세요.

✓ Self Check   맞힌 개수   / 40개 1회독 ☐ 2회독 ☐ 3회독 ☐

☐ estate	토지, 재산	☐ property	재산, 부동산, 특성
☐ calculate	계산하다, 산출하다	☐ prosperous	번영하는, 성공한
☐ exchange	교환하다; 교환, 환전	☐ executive	임원, 경영진, 행정부; 관리직의, 경영의, 행정상의
☐ worth	가치 있는	☐ merchant	상인
☐ headquarters	본사, 본부	☐ necessity	필요, 필수품
☐ invest	투자하다	☐ execute	실행하다, 처형하다
☐ incentive	장려금, 장려책, 동기	☐ annual	연간의, 일 년의, 일 년마다의
☐ overtime	초과 근무	☐ fluctuate	변동하다, 오르내리다
☐ entrepreneur	사업가, 기업가	☐ refined	세련된
☐ equip	장비를 갖추다	☐ squander	낭비하다
☐ curtail	삭감하다, 짧게 줄이다	☐ income	소득, 수입
☐ withdraw	인출하다, 철회하다, 철수하다	☐ account	계좌, 장부, 계정, 설명; 설명하다
☐ corporate	기업의, 법인의, 공동의	☐ commerce	무역, 상업
☐ subscribe	구독하다, 기부하다	☐ salary	급여, 봉급
☐ profitable	수익성 있는, 이익이 되는	☐ gross	총, 중대한; 총계
☐ deliver	배달[배송]하다, 연설하다, 판결하다	☐ copyright	저작권
☐ appliance	기기, 가전제품, 장치	☐ prerequisite	전제 조건, 선행 조건
☐ fee	요금, 수수료	☐ slump	급감하다; 급감, 폭락
☐ auction	경매; 경매로 팔다	☐ import	수입, 수입품; 수입하다
☐ affordable	(가격이) 알맞은, 입수 가능한, 저렴한	☐ margin	수익, 가장자리, 여백, 차이

영단어
암기 테스트

X 모름
△ 애매함
○ 알고 있음

경제 · 일자리

1841
estate
[istéit]
명 토지, 재산

His family owns an **estate** in the country.
그의 가족은 시골에 토지를 소유하고 있다.

> Tip real estate 부동산

1842
calculate
[kǽlkjəlèit]
동 계산하다, 산출하다

The amount was not precisely **calculated**.
그 양은 정확하게 계산되지 않았다.

파생어 calculation 명 계산

1843
exchange
[ikstʃéindʒ]
동 교환하다 명 교환, 환전

He **exchanged** the faulty product for a new one.
그는 결함이 있는 제품을 새것으로 교환했다.

유의어 trade, swap, barter

1844
worth
[wəːrθ]
형 가치 있는

The company's assets are **worth** millions of dollars.
그 회사의 자산은 수백만 달러의 가치가 있다.

유의어 deserving

> Tip be worth + (동)명사, be worthy of + (동)명사

1845
headquarters
[hédkwɔ̀ːrtərz]
명 본사, 본부

The firm's **headquarters** is situated in this city.
그 회사의 본사는 이 도시에 위치해 있다.

1846
invest
[invést]
2024 국가직 9급
동 투자하다

They **invested** time into public-private partnerships.
그들은 민관 협력 사업에 시간을 투자했다.

파생어 investment 명 투자

1847
incentive
[inséntiv]
명 장려금, 장려책, 동기

Incentives are given to top-performing civil servants.
최고의 성과를 올린 공무원들에게 장려금이 주어진다.

유의어 장려 encouragement, urge, spur

1848
overtime *
[òuvərtáim]

명 초과 근무

Overtime pay will be given on an hourly basis.
초과 근무 수당은 시간제로 지급될 것이다.

1849
entrepreneur **
[à:ntrəprəná:r]

명 사업가, 기업가

Entrepreneurs need capital to start a new company.
사업가들은 새로운 회사를 시작하기 위해 자본이 필요하다.

유의어 enterpriser

1850
equip **
[ikwíp]

동 장비를 갖추다

The company **equips** its factories with the latest technology.
그 회사는 최신 기술로 공장에 장비를 갖추고 있다.

파생어 equipment 명 장비, 설비

1851
curtail **
[kə:rtéil]

동 삭감하다, 짧게 줄이다

The board will **curtail** spending on marketing severely.
이사회는 마케팅에 대한 지출을 대폭 삭감할 것이다.

유의어 삭감하다 cut down
       짧게 줄이다 decrease, diminish, reduce, shorten

Tip curt(짧게 하다) + tail(자르다)

1852
withdraw ***
[wiðdrɔ́:]

2016 서울시 7급

동 인출하다, 철회하다, 철수하다

I don't know how to **withdraw** money.
나는 돈을 인출하는 방법을 모른다.

파생어 withdrawal 명 인출, 철회

유의어 인출하다 take out
       철회하다 annul, repeal, revoke, rescind, recall
       철수하다 retreat, pull out

1853
corporate **
[kɔ́:rpərit]

형 기업의, 법인의, 공동의

The **corporate** strategy focuses on global expansion.
기업 전략은 글로벌 확장에 중점을 둔다.

파생어 corporation 명 기업, 법인

1854
subscribe *
[səbskráib]

동 구독하다, 기부하다

They **subscribe** to many journals related to the economy.
그들은 경제와 관련된 많은 저널들을 **구독한다**.

파생어 subscription 명 구독, 기부
유의어 구독하다 take in
기부하다 donate, contribute

1855
profitable ***
[práfitəbl]

2014 서울시 7급
2012 서울시 9급
2008 국회사무처 8급
2008 국가직 7급

형 수익성 있는, 이익이 되는

Profitable companies are attractive to investors.
수익성 있는 회사들은 투자자들에게 매력적이다.

파생어 profit 명 이익, 수익
유의어 lucrative, productive

1856
deliver ***
[dilívər]

2024 국가직 9급

동 배달(배송)하다, 연설하다, 판결하다

We don't **deliver** the goods on Saturdays.
우리는 토요일에는 상품을 **배달하지** 않는다.

파생어 delivery 명 배달

1857
appliance ***
[əpláiəns]

명 기기, 가전제품, 장치

All **appliances** for the dish are provided free of charge.
그 요리에 필요한 모든 **기기들**이 무료로 제공된다.

유의어 apparatus, device, gadget

1858
fee **
[fi:]

명 요금, 수수료

You will be fined for not paying utility **fees** on time.
공과**금**을 제때 납부하지 않으면 벌금을 낼 것이다.

유의어 요금 charge, fare, bill, rate

1859
auction *
[ɔ́:kʃən]

명 경매 동 경매로 팔다

The company held an **auction** to sell its surplus inventory.
그 회사는 잉여 재고를 팔기 위해 **경매**를 열었다.

1860
affordable ***
[əfɔ́:rdəbl]

형 (가격이) 알맞은, 입수 가능한, 저렴한

Good quality ice wines are now more **affordable**.
이제 좋은 품질의 아이스 와인의 **가격이** 더 알맞아졌다.

파생어 afford 동 여유가 되다

Tip affordable price 알맞은(살 수 있는) 가격

1861
★★★
property
[prápərti]

명 재산, 부동산, 특성

He inherited a large **property** from his parents.
그는 부모님으로부터 많은 재산을 상속받았다.

1862
★★
prosperous
[práspərəs]

형 번영하는, 성공한

A **prosperous** economy creates more job opportunities.
번영하는 경제는 더 많은 일자리 기회를 창출한다.

파생어 prosper 동 번영하다, 성공하다, 발전하다
유의어 thriving, flourishing, successful

1863
★
executive
[iɡzékjətiv]

명 임원, 경영진, 행정부   형 관리직의, 경영의, 행정상의

He decided on the business expansion as an **executive**.
그는 임원으로서 사업 확장을 결정했다.

Tip executive 행정부
     legislature 입법부
     judiciary 사법부

1864
★★
merchant
[mə́:rtʃənt]

명 상인

Merchants should trade goods fairly at the markets.
상인들은 시장에서 상품을 공정하게 거래해야 한다.

유의어 trader

1865
★★★
necessity
[nəsésəti]

명 필요, 필수품

Necessity is the mother of invention.
필요는 발명의 어머니이다.

파생어 necessary 형 필요한   necessarily 부 반드시
Tip daily necessity 생활 필수품

1866
★
execute
[éksəkjù:t]

동 실행하다, 처형하다

They made and **executed** a plan to create more jobs.
그들은 더 많은 일자리를 창출하기 위한 계획을 세우고 실행했다.

파생어 execution 명 실행, 처형

1867
★★
annual
[ǽnjuəl]

형 연간의, 일 년의, 일 년마다의

The price increases at an **annual** rate of 12 percent.
가격이 연간 12퍼센트씩 증가한다.

파생어 annually 부 일 년에 한 번
유의어 yearly
Tip biennial 2년마다의   biannual 연 2회의

1868
fluctuate
[flʌ́ktʃuèit]

2018 기상직 9급
2011 국회사무처 8급

동 **변동하다, 오르내리다**

Farm prices tend to **fluctuate** more than most other prices.
농산물 가격은 대부분의 다른 가격들보다 더 **변동하는** 경향이 있다.

파생어 fluctuation 명 급변, 변동
유의어 vary, change, swing, mutate
Tip fluctuate between hopes and fears 일희일비하다

1869
refined
[rifáind]

형 **세련된**

They have a **refined** approach to customer service.
그들은 **세련된** 고객 서비스 접근 방식을 가지고 있다.

파생어 refine 동 세련되게 하다, 정제하다
유의어 graceful, elegant, polished
Tip re(다시) + fine(좋게 끝내다) → 정제하다, 세련되게 하다

1870
squander
[skwɑ́ndər]

2013 서울시 7급

동 **낭비하다**

We **squandered** resources on unnecessary expenses.
우리는 불필요한 지출에 자원을 **낭비했다**.

유의어 waste
Tip squander on ~에 낭비하다

1871
income
[ínkʌm]

명 **소득, 수입**

We don't get enough **income** to set aside for savings.
우리는 저축하기 위해 따로 모아둘 만큼 충분한 **소득**을 벌지 못한다.

유의어 earnings, salary, wage, revenue
반의어 지출 expenditure, expense

1872
account
[əkáunt]

명 **계좌, 장부, 계정, 설명** 동 **설명하다**

He transferred money to his **account** yesterday.
그는 어제 자신의 **계좌**로 돈을 이체했다.

파생어 accountability 명 책임   accountable 형 책임이 있는
Tip account for ~을 설명하다
　　　take account of ~을 고려하다
　　　on account of ~ 때문에

1873
commerce
[kɑ́mə(:)rs]

명 **무역, 상업**

Recently, international **commerce** has grown rapidly.
최근에 국제 **무역**이 빠르게 성장하고 있다.

파생어 commercial 형 상업의

1874
salary [sǽləri]
명 급여, 봉급
Their **salary** includes room, meals, and transportation.
그들의 급여는 숙소, 식사 그리고 교통비를 포함한다.

1875
gross [grous]
형 총, 중대한 명 총계
Last year, **gross** domestic product increased significantly.
작년에, 국민 총 생산이 크게 증가했다.
유의어 총계의 total, whole
Tip Gross Domestic Product(GDP) 국내총생산

1876
copyright [kápiràit]
명 저작권
They protect their product designs with **copyright**.
그들은 자사의 제품 디자인을 저작권으로 보호한다.
Tip infringe a copyright 저작권을 침해하다

1877
prerequisite [pri:rékwəzit]
명 전제 조건, 선행 조건
A stable economy is a **prerequisite** for foreign investment.
안정적인 경제는 외국인 투자를 위한 전제 조건이다.
유의어 requirement
Tip prerequisite learning 선행 학습

1878
slump [slʌmp]
동 급감하다 명 급감, 폭락
Sales **slumped** during the economic downturn.
경제 침체 동안 매출이 급감했다.
유의어 decline, plunge, collapse
Tip hit a slump 슬럼프에 빠지다

1879
import [ímpɔ:rt]
명 수입, 수입품 동 [impɔ́:rt] 수입하다
They simplified the procedure to record **import** contracts.
그들은 수입 계약을 기록하는 절차를 간소화했다.
반의어 수출하다 export

1880
margin [má:rdʒin]
명 수익, 가장자리, 여백, 차이
The government supports small businesses with low **margins**.
정부는 수익이 적은 중소기업을 지원한다.
파생어 marginal 형 주변부의, 미미한
유의어 가장자리 edge, verge, brink

TEST

A 다음 영단어의 뜻을 찾아 연결하시오. [01~10]

01 curtail 동 · · 무역, 상업
02 executive 명 · · 구독하다, 기부하다
03 affordable 형 · · 연간의, 일 년의, 일 년마다의
04 squander 동 · · 사업가, 기업가
05 estate 명 · · 삭감하다, 짧게 줄이다
06 subscribe 동 · · 낭비하다
07 margin 명 · · 임원, 경영진, 행정부
08 commerce 명 · · (가격이) 알맞은, 입수 가능한, 저렴한
09 entrepreneur 명 · · 토지, 재산
10 annual 형 · · 수익, 가장자리, 여백, 차이

B 다음 영단어의 뜻을 우리말로 쓰시오. [11~20]

11 invest 동
12 auction 명
13 profitable 형
14 execute 동
15 prosperous 형
16 headquarters 명
17 fluctuate 동
18 prerequisite 명
19 equip 동
20 income 명

Answer

A 01 삭감하다, 짧게 줄이다 02 임원, 경영진, 행정부
03 (가격이) 알맞은, 입수 가능한, 저렴한 04 낭비하다
05 토지, 재산 06 구독하다, 기부하다
07 수익, 가장자리, 여백, 차이 08 무역, 상업
09 사업가, 기업가 10 연간의, 일 년의, 일 년마다의

B 11 투자하다 12 경매 13 수익성 있는, 이익이 되는
14 실행하다, 처형하다 15 번영하는, 성공한
16 본사, 본부 17 변동하다, 오르내리다
18 전제 조건, 선행 조건 19 장비를 갖추다
20 소득, 수입

Day 48

암기 전 미리보기 & 암기 후 확인하기

학습 전에 아는 단어에 체크해 보세요.
학습 후에 암기한 단어에 체크해 보세요.
체크가 안 된 약점 어휘만 보면서 복습용으로 활용해 보세요.

✓ Self Check

맞힌 개수　　/ 40개　1회독 ☐　2회독 ☐　3회독 ☐

영단어 암기 테스트

☐ coincide	동시에 일어나다	☐ purchase	구매(한 것), 구입(물); 구매하다, 구입하다
☐ industry	산업	☐ enterprise	회사, 기업
☐ bond	유대, 채권	☐ smuggle	밀수하다
☐ counterfeit	위조의, 가짜의; 위조품	☐ repair	수리, 수선; 수리하다, 수선하다
☐ client	고객, 의뢰인	☐ superior	상사, 상관; 월등한, 우수한
☐ outsourcing	외주 (제작), 하청	☐ export	수출하다; 수출, 수출품
☐ spend	(돈을) 쓰다, (시간을) 보내다	☐ output	생산(량), 생산물
☐ sum	합계, 금액	☐ acquire	얻다, 획득하다
☐ baggage	수하물, 짐	☐ union	(노동) 조합, 연합
☐ loan	대출, 대여; 빌려주다	☐ qualification	자격, 조건
☐ trade	무역, 거래, 사업; 거래하다, 사업을 하다	☐ economy	경제, 경기, 절약
☐ profession	직업	☐ greed	탐욕, 욕심, 식탐
☐ monetary	통화의, 금융의, 재정의	☐ credit	신용, 신용 거래; 믿다, 입금하다
☐ luxury	호화로움, 사치(품)	☐ deduct	공제하다, 빼다
☐ resignation	사직, 체념	☐ commodity	상품, 물품
☐ streamline	능률화하다, 간소화하다	☐ manage	관리[경영]하다, 처리하다
☐ commission	수수료, 위원회, 위임; 위임하다	☐ equity	자기 자본, 순자산, 주식, 공정(성)
☐ donate	기부하다	☐ impose	부과하다, 강요하다
☐ incorporate	법인으로 만들다, 통합하다; 법인의, 결합된	☐ employ	고용하다
☐ flourish	번영하다, 번성하다, 잘 자라다	☐ wage	임금, 급료

X 모름
△ 애매함
○ 알고 있음

경제 · 일자리

1881 coincide
[kòuinsáid]
⑧ 동시에 일어나다

Changes in supply and demand always **coincide**.
공급과 수요의 변화는 항상 **동시에 일어난다**.

파생어 coincidence ⑨ 우연의 일치
Tip co(함께) + incide(일어나다, 발생하다)

1882 industry
[índəstri]
⑨ 산업

The E-commerce **industry** is at its peak of growth.
전자 상거래 **산업**은 성장의 정점에 있다.

Tip industrial 산업의
industrious 근면한

1883 bond
[band]
⑨ 유대, 채권

Bonds between employees improve company productivity.
직원 간의 **유대**는 회사 생산성을 향상시킨다.

Tip 접착제인 '본드'를 생각하면 어떤 두 대상을 연결시킨다는 의미를 유추할 수 있다.

1884 counterfeit
[káuntərfìt]
⑱ 위조의, 가짜의 ⑨ 위조품

A lot of **counterfeit** money gets into circulation each year.
매년 많은 **위조** 지폐가 유통되고 있다.

유의어 가짜의 fake, forged, false, fraudulent, spurious, specious
위조하다 fabricate, forge, falsify

1885 client
[kláiənt]
⑨ 고객, 의뢰인

Personalized service is offered to retain a lot of **clients**.
많은 **고객들**을 유지하기 위해 맞춤형 서비스가 제공된다.

1886 outsourcing
[àutsɔ́ːrsiŋ]
⑨ 외주 (제작), 하청

Cost-cutting is the more effective strategy than **outsourcing**.
비용 절감이 **외주 제작**보다 더 효과적인 전략이다.

파생어 outsource ⑧ 외부에 위탁하다

1887 spend
[spend]
2024 국가직 9급
⑧ (돈을) 쓰다, (시간을) 보내다

Consumers tend to **spend** more during the holiday season.
소비자들은 연휴 시즌에 더 많은 **돈을 쓰는** 경향이 있다.

Tip spend + 시간(돈) + (in) -ing ~하는 데 시간(돈)을 쓰다

1888
sum [sʌm]

명 합계, 금액

The **sum** of the firm's expenses exceeded its revenue.
그 회사의 지출 합계가 수익을 초과했다.

유의어 합계 total

1889
baggage [bǽgidʒ]

명 수하물, 짐

Airlines increased **baggage** allowance for national flights.
항공사들은 국내선의 수하물 허용량을 늘렸다.

유의어 luggage

Tip baggage claim (공항의) 수하물 찾는 곳

1890
loan [loun]

명 대출, 대여 동 빌려주다

The government provides **loans** to homeless young people.
정부는 무주택 청년들에게 대출을 제공한다.

유의어 빌려주다 lend

1891
trade [treid]

명 무역, 거래, 사업 동 거래하다, 사업을 하다

The country expanded its **trade** with neighboring nations.
그 국가는 주변 국가들과의 무역을 확대했다.

1892
profession [prəféʃən]

명 직업

A financial analyst is a respected **profession** these days.
금융 분석가는 요즘 존경받는 직업이다.

유의어 vocation, occupation, trade

Tip be a(n) ~ by profession
= make ~ a profession(business)
~을 업으로 하다

1893
monetary [mánətèri]

형 통화의, 금융의, 재정의

The current **monetary** policy aims to control inflation.
현재의 통화 정책은 인플레이션을 통제하는 것을 목표로 한다.

유의어 financial, pecuniary, fiscal

Tip moneta(동전) + ary(형용사형 어미)

1894
luxury ★★★
[lʌ́kʃəri]

명 호화로움, 사치(품)

The **luxury** of a cozy retirement needs proper planning.
아늑한 은퇴의 호화로움은 적절한 계획을 필요로 한다.

파생어 luxurious 형 고급의, 호화로운

1895
resignation ★
[rèzignéiʃən]

명 사직, 체념

The mayor determined to accept his secretary's **resignation**.
시장은 비서의 사직을 수락하기로 결정했다.

파생어 resign 동 사임하다, 체념하다

1896
streamline ★★
[strí:mlàin]
2008 국가직 7급

동 능률화하다, 간소화하다

New rules are being introduced to **streamline** procedures.
절차들을 능률화하기 위해 새로운 규칙들이 도입되고 있다.

유의어 simplify

1897
commission ★★
[kəmíʃən]

명 수수료, 위원회, 위임   동 위임하다

The platform charges **commission** per transaction.
그 플랫폼은 거래당 수수료를 부과한다.

파생어 commit 동 맡기다

1898
donate ★★
[dóuneit]

동 기부하다

Many companies **donate** a portion of their profits to charity.
많은 기업들이 수익의 일부를 자선 단체에 기부한다.

파생어 donation 명 기부

1899
incorporate ★★
[inkɔ́:rpərèit]

동 법인으로 만들다, 통합하다   형 [inkɔ́:rpərit] 법인의, 결합된

He **incorporated** his business to avoid certain taxes.
그는 특정 세금을 피하기 위해 그의 사업을 법인으로 만들었다.

유의어 통합하다 integrate, include

Tip incorporate ~ into works ~을 작품에 포함시키다

1900
flourish ★
[flə́:riʃ]
2008 중앙선거관리위원회·소방직 9급

동 번영하다, 번성하다, 잘 자라다

Small businesses can **flourish** in a stable economy.
소기업은 안정적인 경제에서 번영할 수 있다.

파생어 flourishing 형 번창하는

유의어 prosper, thrive, bloom

Tip flour(꽃) + ish(~으로 되다) → 꽃이 되다

1901
purchase
[pə́ːrtʃəs]

명 구매(한 것), 구입(물) 동 구매하다, 구입하다

She unloaded her **purchases** onto the counter.
그녀는 자신이 **구매한 것들**을 계산대 위에 내려놓았다.

유의어 구매하다, 구입하다 buy, make a purchase

1902
enterprise
[éntərpràiz]

명 회사, 기업

You should take the lead with regard to joint **enterprises**.
합작 **회사**에 관해서는 당신이 주도권을 잡아야 한다.

1903
smuggle
[smʌ́gl]

동 밀수하다

They were accused of **smuggling** drugs into China.
그들은 중국으로 마약을 **밀수하여** 기소되었다.

1904
repair
[ripέər]

명 수리, 수선 동 수리하다, 수선하다

The warranty covers the cost of the **repair** for the product.
보증서는 제품의 **수리** 비용을 보장한다.

유의어 fix, mend

1905
superior
[sjuː(ː)píː(ː)əriər]

명 상사, 상관 형 월등한, 우수한

He did not follow his **superior**'s unfair instructions.
그는 **상사**의 부당한 지시를 따르지 않았다.

파생어 superiority 명 우월성, 우세
유의어 우수한 outstanding, excellent
반의어 열등한 inferior

1906
export
[ikspɔ́ːrt]

동 수출하다 명 [ékspɔːrt] 수출, 수출품

They **export** electronic goods to various countries.
그들은 여러 나라에 전자 제품을 **수출한다**.

반의어 수입(하다) import

1907
output
[áutpùt]

명 생산(량), 생산물

The daily **output** has increased with the new equipment.
새로운 장비로 인해 일일 **생산량**이 증가했다.

유의어 production, yield

1908 ** acquire
[əkwáiər]

동 얻다, 획득하다

He **acquired** valuable skills through his work experience.
그는 직장 경험을 통해 귀중한 기술을 얻었다.

파생어 acquisition 명 획득 acquisitive 형 획득하려는, 탐욕스러운
유의어 obtain, gain, procure, get, attain, earn, come by

1909 ** union
[júːnjən]

명 (노동) 조합, 연합

The **union** went on a strike for better working conditions.
노조는 더 나은 노동 조건을 위해 파업에 돌입했다.

Tip go on a strike 파업에 돌입하다

1910 ** qualification
[kwàləfikéiʃən]

명 자격, 조건

The job requires specific **qualifications** for applicants.
그 직업은 지원자들에게 특정 자격을 요구한다.

파생어 qualify 동 자격을 갖추다
유의어 eligibility

1911 *** economy
[ikánəmi]

명 경제, 경기, 절약

The **economy** shows signs of recovery after the recession.
경제는 불황 이후 회복의 징후를 보인다.

파생어 economical 형 경제적인

1912 ** greed
[griːd]
2013 서울시 9급

명 탐욕, 욕심, 식탐

"Give and take" is the rule; don't let **greed** fool you.
'주고받기'가 원칙이다; 탐욕에 속지 마라.

파생어 greedy 형 탐욕스러운

1913 ** credit
[krédit]

명 신용, 신용 거래 동 믿다, 입금하다

Consumers with poor **credit** histories are increasing.
신용 기록이 좋지 못한 소비자들이 늘고 있다.

파생어 credible 형 믿을 수 있는   credibility 명 신뢰성
Tip credit card 신용 카드

1914 * deduct
[didʌ́kt]

동 공제하다, 빼다

Insurance premiums will be **deducted** from your pay.
보험료가 당신의 봉급에서 공제될 것이다.

파생어 deduction 명 공제(액)
유의어 subtract

1915
commodity ★★
[kəmάdəti]

명 상품, 물품
The price of **commodity** fluctuates with market demand.
상품 가격은 시장 수요에 따라 변동한다.
유의어 상품 goods, merchandise
Tip commodity price 물가

1916
manage ★★★
[mǽnidʒ]

동 관리(경영)하다, 처리하다
He **manages** the company's financial resources efficiently.
그는 회사의 재정을 효율적으로 관리한다.
파생어 manager 명 관리자, 매니저   management 명 관리, 경영(진)
Tip manage + to부정사: 어떻게든 ~하다

1917
equity ★★
[ékwəti]

명 자기 자본, 순자산, 주식, 공정(성)
The ratio of owner's **equity** affects financial stability.
소유주의 자기 자본 비율은 재정 안정성에 영향을 미친다.
유의어 공정(성) fairness
Tip pay equity 임금의 공평성   investment in equities 주식 투자

1918
impose ★★
[impóuz]

동 부과하다, 강요하다
The government **imposes** taxes on imported goods.
정부는 수입 상품에 세금을 부과한다.
파생어 imposition 명 부과, 시행
Tip impose A on(upon) B A를 B에게 부과하다
impose on(upon) ~을 이용하다, ~에 편승하다

1919
employ ★
[implɔ́i]

동 고용하다
The firm **employs** about 150 people a year.
그 회사는 일 년에 약 150명의 사람들을 고용한다.
파생어 employment 명 고용   employer 명 고용주
employee 명 피고용인, 직원
유의어 hire

1920
wage ★★★
[weidʒ]

명 임금, 급료
The public sector firms have reduced the gender **wage** gap.
공공 부문의 회사들은 성별 임금 격차를 줄여 왔다.
유의어 payment, income

TEST

A 다음 영단어의 뜻을 찾아 연결하시오. [01~10]

- 01 monetary 형
- 02 baggage 명
- 03 incorporate 동
- 04 coincide 동
- 05 wage 명
- 06 output 명
- 07 counterfeit 형
- 08 bond 명
- 09 profession 명
- 10 flourish 동

- 직업
- 위조의, 가짜의
- 임금, 급료
- 생산(량), 생산물
- 번영하다, 번성하다, 잘 자라다
- 법인으로 만들다, 통합하다
- 유대, 채권
- 통화의, 금융의, 재정의
- 동시에 일어나다
- 수하물, 짐

B 다음 영단어의 뜻을 우리말로 쓰시오. [11~20]

- 11 deduct 동
- 12 smuggle 동
- 13 equity 명
- 14 impose 동
- 15 resignation 명
- 16 commission 명
- 17 sum 명
- 18 qualification 명
- 19 streamline 동
- 20 commodity 명

Answer

A 01 통화의, 금융의, 재정의 02 수하물, 짐
03 법인으로 만들다, 통합하다 04 동시에 일어나다
05 임금, 급료 06 생산(량), 생산물 07 위조의, 가짜의
08 유대, 채권 09 직업
10 번영하다, 번성하다, 잘 자라다

B 11 공제하다, 빼다 12 밀수하다
13 자기 자본, 순자산, 주식, 공정(성)
14 부과하다, 강요하다 15 사직, 체념
16 수수료, 위원회, 위임 17 합계, 금액 18 자격, 조건
19 능률화하다, 간소화하다 20 상품, 물품

PART 2 직무·실용 어휘 | 399

Day 49

암기 전 미리보기 & 암기 후 확인하기

학습 전에 아는 단어에 체크해 보세요.
학습 후에 암기한 단어에 체크해 보세요.
체크가 안 된 약점 어휘만 보면서 복습용으로 활용해 보세요.

✓ Self Check

맞힌 개수   / 40개   1회독 ☐   2회독 ☐   3회독 ☐

영단어 암기 테스트

☐ feast	축제, 진수성찬	☐ radical	급진적인, 근본적인, 철저한; 급진주의자
☐ archive	기록 보관소, 공적 기록, 아카이브	☐ context	맥락, 전후 사정, 문맥
☐ phenomenon	현상	☐ contribute	기여하다, 기부하다
☐ symbol	상징(물), 부호	☐ diversity	다양성, 차이
☐ antipathy	반감, 혐오	☐ virtue	미덕
☐ disparity	불균형, 불일치	☐ source	근원, 원천, 출처
☐ dialect	방언	☐ portrait	초상화
☐ emigrate	이민을 가다, 이주하다	☐ traditional	전통적인
☐ spirit	정신, 영혼	☐ heritage	유산, 전통
☐ fundamental	근본적인, 기초의	☐ remnant	유물, 남은 부분, 나머지
☐ supremacy	우위, 우월	☐ discrimination	차별 (대우), 구별
☐ incident	사건, 일어난 일	☐ costume	의상
☐ contemporary	현대의, 동시대의	☐ superstition	미신
☐ route	길, 방법, 노선	☐ eradicate	근절하다, 뿌리째 뽑다
☐ inherit	물려받다, 상속받다	☐ author	작가, 저자
☐ era	시대	☐ convert	전환하다, 전향시키다
☐ character	특징, 성격, 등장인물, 글자	☐ immigrate	이주하다
☐ origin	기원, 근원	☐ precious	귀중한, 소중한
☐ sculpture	조각(품); 조각하다, 새기다	☐ status	지위, 신분
☐ milestone	획기적인 사건, 이정표	☐ recessive	열성의, 후퇴하는, 퇴행성의

X 모름
△ 애매함
○ 알고 있음

문화·관광

1921
feast [fiːst]
명 축제, 진수성찬
Most traditional **feasts** have significant religious aspects.
대부분의 전통 **축제들**은 중요한 종교적인 측면을 가진다.
유의어 축제 festival, fair
Tip feastful, festive 축제의

1922
archive [áːrkaiv]
명 기록 보관소, 공적 기록, 아카이브
War diaries are important items for history **archives**.
전쟁 일지는 역사 **기록 보관소**에 중요한 물품들이다.

1923
phenomenon [fənáːminən]
명 현상
Cultural policy research is a fairly new **phenomenon**.
문화적인 정책 연구는 상당히 새로운 **현상**이다.
파생어 phenomenal 형 엄청난, 경이적인
Tip 복수형은 phenomena이다.

1924
symbol [símbəl]
명 상징(물), 부호
In many cultures, pigs are the **symbol** of wealth.
많은 문화에서 돼지는 부의 **상징**이다.
파생어 symbolize 동 상징하다   symbolic 형 상징적인, 상징하는
Tip symbolize = be a symbol of

1925
antipathy [æntípəθi]
명 반감, 혐오
The locals showed **antipathy** toward mass tourism.
현지인들은 대규모 관광에 **반감**을 보였다.
유의어 aversion, dislike, animosity, loathing, hostility
Tip anti(반대) + pathy(감정)

1926
disparity [dispǽrəti]
명 불균형, 불일치
Disparity in cultural access exists between rich and poor.
문화적 접근성의 **불균형**이 부유층과 빈곤층 사이에 존재한다.
파생어 disparate 형 이질적인, 다른
유의어 difference, discrepancy, imbalance, unbalance
Tip dis(= not) + parity(동등, 동일)

1927
dialect
[dáiəlèkt]

명 방언

Each region has its own unique **dialect** and traditions.
각 지역에는 고유한 방언과 전통이 있다.

> Tip dia(사이에) + lect(말하다) → 어중간한 말

1928
emigrate
[éməgrèit]

동 이민을 가다, 이주하다

Many people **emigrate** for better job opportunities.
많은 사람들이 더 나은 일자리 기회를 위해 이민을 간다.

1929
spirit
[spírit]

명 정신, 영혼

She made a speech to develop the **spirit** of brotherhood.
그녀는 동포애의 정신을 북돋아주는 연설을 했다.

파생어 spiritual 형 영혼의
유의어 soul, psyche
> Tip holy spirit 성령

1930
fundamental
[fʌ̀ndəméntl]

형 근본적인, 기초의

The book raises **fundamental** questions about culture.
그 책은 문화에 대한 근본적인 질문을 제기한다.

유의어 elementary, rudimentary, basic

1931
supremacy
[supréməsi]

명 우위, 우월

The country has cultural **supremacy** over neighboring ones.
그 나라는 이웃 나라들에 대해 문화적 우위를 점하고 있다.

파생어 supreme 형 최고의
유의어 superiority

1932
incident
[ínsidənt]

명 사건, 일어난 일

The festival was canceled due to a safety **incident**.
그 축제는 안전 관련 사건으로 인해 취소되었다.

파생어 incidental 형 부차적인
유의어 case, event, affair, matter, happening
> Tip incidental to ~에 부수적인

1933
contemporary
[kəntémpərèri]

형 현대의, 동시대의

Local **contemporary** art has been promoted for tourism.
지역 현대 미술은 관광을 위해 발전되어 왔다.

유의어 modern, present
> Tip con(함께) + tempus(시간, 시기) + ary(형용사형 어미)

1934
route
[ruːt]

명 길, 방법, 노선

This **route** takes tourists to cultural landmarks.
이 길은 관광객들을 문화 유적지로 안내한다.

유의어 노선 line

1935
inherit
[inhérit]

동 물려받다, 상속받다

They **inherited** the cultural legacy of their ancestors.
그들은 조상들의 문화 유산을 물려받았다.

파생어 inheritance 명 상속

Tip inherit the family business 가업(家業)을 물려받다

1936
era
[érə]

명 시대

We live in an **era** of rapid cultural and technological change.
우리는 급격한 문화적·기술적 변화의 시대에 살고 있다.

Tip the digital era 디지털 시대

1937
character
[kǽriktər]

명 특징, 성격, 등장인물, 글자

Traditional festivals reflect the unique **character** of a culture.
전통 축제는 한 문화의 독특한 특징을 반영한다.

파생어 characterize 동 특성을 띠다

Tip character 도덕, 윤리적 관점에서의 특성
personality 인상, 품성
individuality 다른 사람과 구별되는 특징

1938
origin
[ɔ́(ː)ridʒin]

명 기원, 근원

This guidebook explains the **origin** of the attraction.
이 안내 책자는 명소의 기원을 설명한다.

파생어 originate 동 비롯되다, 유래하다

1939
sculpture
[skʌ́lptʃər]

명 조각(품) 동 조각하다, 새기다

Many **sculptures** were excavated from the historic site.
많은 조각품들이 그 유적지에서 발굴되었다.

Tip sculptor 조각가

1940
milestone
[máilstòun]

명 획기적인 사건, 이정표

The invention of the printing press was a **milestone** in history.
인쇄기의 발명은 역사상 획기적인 사건이었다.

유의어 landmark

Tip milestone은 도로 위에 마일 단위로 거리를 표시한 돌, 기둥이라는 의미이다.

1941
radical [rǽdikəl]

형 급진적인, 근본적인, 철저한 명 급진주의자

The artist introduced a **radical** change in modern art.
그 예술가는 현대 미술에 급진적인 변화를 가져왔다.

파생어 radically 부 근본적으로
Tip rad(뿌리) + ical(~의)

1942
context [kάntekst]

명 맥락, 전후 사정, 문맥

Culture should be understood in its historical **context**.
문화는 역사적 맥락 속에서 이해되어야 한다.

1943
contribute [kəntríbjuːt]

동 기여하다, 기부하다

Cultural exchanges **contribute** to mutual understanding.
문화 교류는 상호 이해에 기여한다.

파생어 contribution 명 기여, 기부(금)
Tip con(함께) + tribute(주다) → 공동 목표에 대해 원조하다

1944
diversity [daivə́ːrsəti]
2016 교육행정직 9급

명 다양성, 차이

Healthy plants in the wild maintain genetic **diversity**.
야생의 건강한 식물들은 유전적 다양성을 유지한다.

파생어 diverse 형 다양한
유의어 다양성 variety

1945
virtue [vəːrtʃuː]

명 미덕

For the ancient Greeks, beauty was a valued **virtue**.
고대 그리스 사람들에게 있어 아름다움은 소중한 미덕이었다.

Tip in(by) virtue of ~ 덕분에, ~ 때문에

1946
source [sɔːrs]

명 근원, 원천, 출처

Folk tales are a rich **source** of cultural heritage.
민속 이야기는 문화유산의 풍부한 근원이다.

Tip from a reliable source 믿을 만한 출처로부터

1947
portrait [pɔ́ːrtrit]

명 초상화

The museum displays **portraits** of the past kings of France.
그 박물관은 프랑스 역대 왕들의 초상화들을 전시한다.

파생어 portray 동 그리다

1948
traditional
[trədíʃənl]

형 전통적인

Visitors can experience **traditional** dance performances.
방문객들은 전통 춤 공연을 경험할 수 있다.

파생어 tradition 명 전통
유의어 folk, conventional

1949
heritage
[héritidʒ]

명 유산, 전통

We must preserve the national **heritage**.
우리는 국가 유산을 보존해야 한다.

Tip World Heritage Site 세계 문화 유산

1950
remnant
[rémnənt]

2015 교육행정직 9급

명 유물, 남은 부분, 나머지

The **remnants** of this civilization remain well-preserved.
이 문명의 유물들은 잘 보존되어 있다.

유의어 remains
Tip re(뒤에 = rear) + mnant(남은 것)

1951
discrimination
[diskrìmənéiʃən]

명 차별 (대우), 구별

Racial **discrimination** is not culture; it is a crime.
인종 차별은 문화가 아니다; 그것은 범죄이다.

파생어 discriminate 동 차별하다, 구별하다
discriminating 형 안목이 있는, 구별할 수 있는
유의어 구별 distinction, differentiation

1952
costume
[kástju:m]

명 의상

People in colorful **costumes** march in a street parade.
화려한 의상을 입은 사람들이 거리 퍼레이드에서 행진한다.

1953
superstition
[sù:pərstíʃən]

명 미신

Superstition has nearly vanished with scientific progress.
미신은 과학의 발전과 함께 거의 사라졌다.

1954
eradicate
[irǽdəkèit]

2017 국회사무처 9급
2009 서울시 9급

동 근절하다, 뿌리째 뽑다

They are conducting a probe to **eradicate** bad customs.
그들은 악습을 근절하기 위한 조사를 시행하고 있다.

유의어 remove, eliminate, exterminate, get rid of, wipe out, root out
Tip e(x)(외부로) + radicate(뿌리내리게 하다)

1955
author
[ɔ́:θər]

명 작가, 저자

Famous **authors** have published works on local culture.
유명한 **작가들**이 향토 문화에 관한 작품들을 발표했다.

1956
convert
[kənvə́:rt]

동 전환하다, 전향시키다

The old temple was **converted** into a history museum.
그 오래된 사원은 역사 박물관으로 **전환되었다**.

- 파생어 conversion 명 전환
- 유의어 전환하다 change, transform
- Tip con(완전히) + vert(방향을 바꾸다 = turn)

1957
immigrate
[íməgrèit]

동 이주하다

They want to **immigrate** to a country with cultural diversity.
그들은 문화적 다양성이 있는 나라로 **이주하고** 싶어 한다.

- 파생어 immigration 명 이주
- 유의어 migrate, move

1958
precious
[préʃəs]

형 귀중한, 소중한

Tourists are criticized for damaging **precious** cultural heritage.
관광객들이 **귀중한** 문화재를 손상시켜서 비난받고 있다.

- 유의어 priceless, valuable
- Tip price(가격) + ous(~이 많은)

1959
status
[stéitəs]

명 지위, 신분

Social **status** is often determined by family background.
사회적 **지위**는 가정 배경에 의해 종종 결정된다.

- 유의어 rank, position

1960
recessive
[risésiv]

2012 지방직 9급

형 열성의, 후퇴하는, 퇴행성의

Some cultures reemerge in later eras like **recessive** genes.
일부 문화는 **열성** 유전자처럼 후대에 다시 등장한다.

- 파생어 recede 동 물러나다   recession 명 경기 후퇴, 물러남
- 반의어 우성의 dominant
- Tip re(뒤로) + cess(가다) + ive → 뒤로 가는, 역행하는

TEST

A 다음 영단어의 뜻을 찾아 연결하시오. [01~10]

- 01 recessive 형 • • 유물, 남은 부분, 나머지
- 02 inherit 동 • • 유산, 전통
- 03 disparity 명 • • 시대
- 04 heritage 명 • • 물려받다, 상속받다
- 05 antipathy 명 • • 미덕
- 06 remnant 명 • • 이민을 가다, 이주하다
- 07 era 명 • • 열성의, 후퇴하는, 퇴행성의
- 08 virtue 명 • • 급진적인, 근본적인, 철저한
- 09 emigrate 동 • • 반감, 혐오
- 10 radical 형 • • 불균형, 불일치

B 다음 영단어의 뜻을 우리말로 쓰시오. [11~20]

- 11 fundamental 형
- 12 eradicate 동
- 13 archive 명
- 14 incident 명
- 15 diversity 명
- 16 feast 명
- 17 discrimination 명
- 18 supremacy 명
- 19 phenomenon 명
- 20 contribute 동

Answer

A 01 열성의, 후퇴하는, 퇴행성의 02 물려받다, 상속받다 03 불균형, 불일치 04 유산, 전통 05 반감, 혐오 06 유물, 남은 부분, 나머지 07 시대 08 미덕 09 이민을 가다, 이주하다 10 급진적인, 근본적인, 철저한

B 11 근본적인, 기초의 12 근절하다, 뿌리째 뽑다 13 기록 보관소, 공적 기록, 아카이브 14 사건, 일어난 일 15 다양성, 차이 16 축제, 진수성찬 17 차별 (대우), 구별 18 우위, 우월 19 현상 20 기여하다, 기부하다

Day 50

암기 전 미리보기 & 암기 후 확인하기

학습 전에 아는 단어에 체크해 보세요.
학습 후에 암기한 단어에 체크해 보세요.
체크가 안 된 약점 어휘만 보면서 복습용으로 활용해 보세요.

✓ Self Check

맞힌 개수　　/ 40개　1회독 ☐　2회독 ☐　3회독 ☐

영단어 암기 테스트

☐ bias	편견, 편향	☐ medieval	중세의
☐ realistic	사실주의의, 현실주의의	☐ supernatural	초자연적인; 초자연적인 현상
☐ religious	종교의, 신앙심이 깊은	☐ exotic	이국적인, 외국산의
☐ reflect	반영하다, 반사하다, 심사숙고하다	☐ outdated	구식인, 시대에 뒤진
☐ trend	추세, 경향	☐ discrepancy	차이, 모순, 불일치
☐ descendant	자손, 후예	☐ novel	소설; 기발한, 새로운
☐ mythology	신화	☐ cemetery	공동묘지
☐ dynamic	역동적인, 활동적인; 원동력, (pl.) 역학	☐ emerge	나타나다, 등장하다
☐ grave	무덤, 죽음; 심각한	☐ masterpiece	걸작
☐ crave	열망하다, 간청하다	☐ reputation	평판, 명성
☐ indigenous	토착의, 고유의	☐ exquisite	멋진, 정교한
☐ average	평균의, 보통의; 평균	☐ cryptic	수수께끼 같은, 신비의, 숨은
☐ leisure	여가	☐ marginal	가장자리의, 중요하지 않은, 미미한
☐ tale	이야기, 설화	☐ attractive	매력적인, 관심을 끄는
☐ coexist	공존하다	☐ tribe	부족, 종족
☐ peer	또래, 동료; 응시하다	☐ gregarious	사교적인, 군거하는
☐ folk	민속의, 민간의; (일반적인) 사람들	☐ audience	청중, 시청자
☐ fashion	유행 (방식), 인기; 만들다	☐ primitive	원시의, 원시적인
☐ altruistic	이타적인	☐ aesthetic	미학의, 미적인, 미에 관한
☐ classic	고전적인, 일류의, 전형적인	☐ native	원주민의, 토착의; 원주민, 토착민, 현지인

✕ 모름
△ 애매함
○ 알고 있음

문화·관광

1961
bias [báiəs]

명 편견, 편향

Cultural **bias** can affect how people interpret traditions.
문화적 **편견**은 사람들이 전통을 해석하는 방식에 영향을 미칠 수 있다.

파생어 biased 형 편향된
유의어 bigotry
Tip without bias and without favor 공평무사하게

1962
realistic [ri:əlístik]

형 사실주의의, 현실주의의

19th-century artists developed the **realistic** style.
19세기 예술가들은 **사실주의** 양식을 발전시켰다.

파생어 real 형 사실의   reality 명 사실, 현실
유의어 practical, rational, pragmatic

1963
religious [rilídʒəs]

형 종교의, 신앙심이 깊은

The politicians gathered to support **religious** freedom.
그 정치인들은 **종교의** 자유를 지지하기 위해 모였다.

파생어 religion 명 종교

1964
reflect [riflékt]

동 반영하다, 반사하다, 심사숙고하다

Media **reflects** today's societal pressure to be thin.
미디어는 날씬해야 한다는 오늘날의 사회적 압박을 **반영한다**.

파생어 reflective 형 사색에 잠긴   reflection 명 반사, 반영, 심사숙고
유의어 심사숙고하다 muse, contemplate, consider, ponder, mull over

1965
trend [trend]

명 추세, 경향

Eco-friendly travel is a growing **trend** in tourism.
친환경 여행은 관광에서 점점 더 증가하는 **추세**이다.

Tip on-trend 유행하는

1966
descendant [diséndənt]

2008 지방직(하반기) 7급

명 자손, 후예

The **descendants** of the ancient tribe live across the region.
그 고대 부족의 **자손들**은 지역 곳곳에 살고 있다.

파생어 descend 동 내려가다, 내려오다   descending 형 내려가는, 하향의
유의어 posterity, offspring
반의어 조상, 선조 ancestor, forefather, ascendant

1967
mythology
[miθάlədʒi]

명 신화

Greek **mythology** covers all human desires as its theme.
그리스 신화는 모든 인간의 욕망을 주제로 다룬다.

유의어 myth, legend

1968
dynamic
[dainǽmik]

형 역동적인, 활동적인 명 원동력, (pl.) 역학

Cultural development depends on **dynamic** interactions.
문화 발전은 역동적인 상호 작용에 달려 있다.

Tip 흔히 우리말로 '다이내믹하다'는 '박진감 넘치는' 모습을 표현한다.

1969
grave
[greiv]

명 무덤, 죽음 형 심각한

The ancient **grave** was excavated by archaeologists.
고대 무덤이 고고학자들에 의해 발굴되었다.

1970
crave
[kreiv]

2012 서울시 9급

동 열망하다, 간청하다

Many travelers **crave** unique cultural experiences.
많은 여행자들은 독특한 문화적 경험을 열망한다.

파생어 craving 명 열망 형 열망하는
유의어 열망하다 long for, yearn for, aspire, desire
Tip crave pardon 용서를 빌다

1971
indigenous
[indídʒənəs]

2018 국가직 9급

형 토착의, 고유의

A forum on preserving **indigenous** culture will be held.
토착 문화 보존에 관한 포럼이 열릴 것이다.

유의어 native, aboriginal, endemic
Tip ingenious 기발한   ingenuous 순진한

1972
average
[ǽvəridʒ]

형 평균의, 보통의 명 평균

The **average** number of tourists has increased this year.
올해 평균 관광객 수가 증가했다.

Tip on the average 일반적으로, 대략

1973
leisure
[líːʒər]

명 여가

People spend their **leisure** time exploring cultural sites.
사람들은 **여가** 시간을 문화 유적을 탐방하는 데 보낸다.

1974
tale
[teil]

명 이야기, 설화

Old **tales** reflect the beliefs and values of past societies.
오래된 **이야기들**은 과거 사회의 신념과 가치를 반영한다.

Tip folktale 민간 설화

1975
coexist
[kòuigzíst]

동 공존하다

To **coexist** with nature means respecting the environment.
자연과 **공존하는** 것은 환경을 존중하는 것을 의미한다.

파생어 coexistent 형 공존의   coexistence 명 공존
Tip co(함께) + exist(존재하다)

1976
peer
[piər]

명 또래, 동료   동 응시하다

We are often influenced by our **peers** in cultural trends.
우리는 문화적 유행에서 **또래**에게 종종 영향을 받는다.

유의어 동료 colleague, companion
       응시하다 stare, gaze

1977
folk
[fouk]

형 민속의, 민간의   명 (일반적인) 사람들

Folk tales preserve the wisdom of past generations.
민속 이야기는 과거 세대의 지혜를 보존한다.

1978
fashion
[fǽʃən]

명 유행 (방식), 인기   동 만들다

Fashion in all fields always comes back around.
모든 분야에서 **유행**은 항상 돌아온다.

Tip be in(out of) fashion 유행하고 있다(있지 않다)

1979
altruistic
[æ̀ltruːístik]

2021 국회직 9급

형 이타적인

Her motives for donating the money are **altruistic**.
그녀가 돈을 기부하는 동기는 **이타적인** 것이다.

파생어 altruism 명 이타주의
유의어 unselfish
반의어 이기적인 selfish, self-centered, egoistic

1980
classic [klǽsik] ★★

형 고전적인, 일류의, 전형적인

Classic literature continues to influence modern storytelling.
고전 문학은 현대 이야기 구성에 계속해서 영향을 미친다.

파생어 classical 형 고전의
유의어 전형적인 quintessential
Tip classic myths 그리스, 로마 신화

1981
medieval [mèdíːvəl] ★★

형 중세의

The castle is a good example of **medieval** architecture.
그 성은 중세 건축의 좋은 예이다.

Tip 중세 시대 The Middle Ages, The Dark Ages

1982
supernatural [sjùːpərnǽtʃərəl] ★★

형 초자연적인 명 초자연적인 현상

Witches are known to have **supernatural** powers.
마녀는 초자연적인 힘을 가진 것으로 알려져 있다.

유의어 초자연적인 uncanny, paranormal
Tip super(넘어서는) + natural(자연의) → 자연을 넘어서는 → 초자연적인

1983
exotic [igzátik] ★★★

형 이국적인, 외국산의

They loved to visit **exotic** places during their travels.
그들은 여행 중에 이국적인 장소를 방문하는 것을 좋아했다.

Tip 그리스어 exotikos(외국의, 외래의)에서 유래했다.

1984
outdated [àutdéitid] ★

형 구식인, 시대에 뒤진

The **outdated**, unreasonable custom is no longer practiced.
그 구식의 불합리한 관습은 더 이상 행해지지 않는다.

유의어 obsolete, antiquated, old-fashioned, outmoded
Tip an outdated view 구시대적 생각

1985
discrepancy [diskrépənsi] ★★

명 차이, 모순, 불일치

There is a **discrepancy** between history and legend.
역사와 전설 사이에는 차이가 있다.

유의어 difference, disparity, disagreement
Tip discrepancy in(between) ~에(~ 사이의) 차이

1986
novel [návəl] ★

명 소설 형 기발한, 새로운

Fantasy **novels** expand your imagination.
판타지 소설은 당신의 상상력을 확장시킨다.

유의어 소설 fiction

1987
cemetery
[sémətèri]

명 공동묘지

You need to be quiet in a **cemetery** out of respect.
경의를 표하기 위해 공동묘지에서는 조용히 해야 한다.

1988
emerge
[imə́:rdʒ]

동 나타나다, 등장하다

When governments crumble, lawless societies **emerge**.
정부가 무너지면, 무법 사회가 나타난다.

파생어 emergence 명 출현
유의어 appear, show up, turn up

1989
masterpiece
[mǽstərpì:s]

명 걸작

The Taj Mahal is a **masterpiece** in the history of architecture.
타지마할은 건축사에 있어 걸작이다.

반의어 저속한 작품 kitsch

1990
reputation
[rèpjə(:)téiʃən]

명 평판, 명성

The mayor made an effort to enhance the city's **reputation**.
그 시장은 도시의 평판을 향상시키기 위해 노력했다.

1991
exquisite
[ikskwízit]

2018 기상직 9급
2008 지방직 9급

형 멋진, 정교한

The restaurant offers **exquisite** global cuisine.
그 레스토랑은 멋진 세계 요리를 제공한다.

유의어 beautiful, fine

1992
cryptic
[kríptik]

형 수수께끼 같은, 신비의, 숨은

The ancient manuscript contains a **cryptic** message.
그 고대의 원고는 수수께끼 같은 메시지를 담고 있다.

파생어 cryptically 부 아리송하게
유의어 신비의 mysterious, enigmatic, confusing, puzzling, inscrutable
Tip cryptic coloring 보호색, 은폐색

1993
marginal
[mά:rdʒinl]

형 가장자리의, 중요하지 않은, 미미한

Marginal area near the river were flooded last night.
강 근처의 가장자리 지역들이 어젯밤에 침수되었다.

파생어 margin 명 가장자리, 끝   marginalize 동 하찮은 존재로 만들다
marginally 부 미미하게, 가장자리에
유의어 중요하지 않은 insignificant

1994
attractive
[ətræktiv]
2012 국가직 7급

형 매력적인, 관심을 끄는
The city has many **attractive** tourist spots.
그 도시에는 매력적인 관광지들이 많이 있다.

파생어 attract 동 끌어당기다, 매혹하다   attraction 명 매력, 관광지
유의어 charming, appealing

1995
tribe
[traib]

명 부족, 종족
Researchers visited a remote **tribe** to learn about their culture.
연구자들은 그들의 문화를 배우기 위해 외딴 부족을 방문했다.

파생어 tribal 형 부족의, 종족의
유의어 race

1996
gregarious
[grigɛ́əriəs]

형 사교적인, 군거하는
Gregarious people get along well even at first meetings.
사교적인 사람들은 첫 만남에서도 서로 잘 어울린다.

유의어 사교적인 sociable
반의어 혼자 있기 좋아하는 solitary

1997
audience
[ɔ́:diəns]

명 청중, 시청자
He played the guitar in front of an **audience** of 500.
그는 500명의 청중 앞에서 기타를 연주했다.

유의어 crowd, spectator, listener

1998
primitive
[prímətiv]

형 원시의, 원시적인
Primitive humans began to transform stones into tools.
원시인들은 돌을 도구로 변형시키기 시작했다.

유의어 primeval, original
Tip primitive colors 원색

1999
aesthetic
[esθétik]
2014 지방직 9급

형 미학의, 미적인, 미에 관한
Aesthetic theory has incorporated into philosophy.
미학 이론은 철학에 편입되었다.

유의어 esthetic

2000
native
[néitiv]

형 원주민의, 토착의   명 원주민, 토착민, 현지인
The **native** Americans played a game called Lacrosse.
아메리카 원주민들은 라크로스라고 불리는 게임을 했다.

유의어 indigenous, endemic, aboriginal
반의어 외국의, 이질적인 foreign

TEST

A 다음 영단어의 뜻을 찾아 연결하시오. [01~10]

01 outdated 형 · · 자손, 후예
02 coexist 동 · · 이국적인, 외국산의
03 emerge 동 · · 원시의, 원시적인
04 primitive 형 · · 공동묘지
05 reflect 동 · · 공존하다
06 exotic 형 · · 또래, 동료
07 cemetery 명 · · 수수께끼 같은, 신비의, 숨은
08 peer 명 · · 구식인, 시대에 뒤진
09 descendant 명 · · 반영하다, 반사하다, 심사숙고하다
10 cryptic 형 · · 나타나다, 등장하다

B 다음 영단어의 뜻을 우리말로 쓰시오. [11~20]

11 supernatural 형
12 indigenous 형
13 bias 명
14 gregarious 형
15 aesthetic 형
16 religious 형
17 altruistic 형
18 discrepancy 명
19 mythology 명
20 exquisite 형

Answer

A 01 구식인, 시대에 뒤진 02 공존하다
03 나타나다, 등장하다 04 원시의, 원시적인
05 반영하다, 반사하다, 심사숙고하다
06 이국적인, 외국산의 07 공동묘지 08 또래, 동료
09 자손, 후예 10 수수께끼 같은, 신비의, 숨은

B 11 초자연적인 12 토착의, 고유의 13 편견, 편향
14 사교적인, 군거하는 15 미학의, 미적인, 미에 관한
16 종교의, 신앙심이 깊은 17 이타적인
18 차이, 모순, 불일치 19 신화 20 멋진, 정교한

Day 51

암기 전 미리보기 & 암기 후 확인하기

학습 전에 아는 단어에 체크해 보세요.
학습 후에 암기한 단어에 체크해 보세요.
체크가 안 된 약점 어휘만 보면서 복습용으로 활용해 보세요.

✅ Self Check   맞힌 개수   / 40개   1회독 ☐ 2회독 ☐ 3회독 ☐

☐ compatible	호환이 되는, 양립하는, 조화하는	☐ object	목표, 목적; 반대하다	
☐ encounter	(우연히) 만나다, 부딪치다	☐ junior	나이가 어린, 손아래의, 하급의	
☐ dominant	지배적인, 우성의	☐ educate	교육하다	
☐ pupil	(특히 어린) 학생, 제자; 눈동자	☐ periodical	정기 간행물; 주기적인	
☐ causal	인과(관계)의	☐ investigate	조사하다	
☐ literacy	문해, 글을 읽고 쓰는 능력	☐ logic	논리, 타당성, 논리학	
☐ intangible	무형의, 만질 수 없는	☐ potential	잠재적인; 가능성, 잠재력	
☐ examine	검사하다, 조사하다, 검토하다	☐ project	프로젝트, 계획[기획], 연구 과제; 예상하다, 계획하다, 튀어나오다	
☐ puberty	사춘기	☐ interact	소통하다, 교류하다, 상호 작용하다	
☐ motivate	동기를 부여하다	☐ instruct	가르치다, 지시하다	
☐ arbitrary	임의적인, 제멋대로의	☐ magnitude	중대성, 크기	
☐ grade	등급[지위], 성적, 학년; 성적을 주다, 등급을 나누다	☐ session	학기, 수업, 시간, 기간	
☐ savvy	박식한, 정통한	☐ scholar	학자	
☐ award	상; 수여하다	☐ nurture	양육하다, 키우다, 교육하다; 교육, 양육	
☐ stimulate	자극하다, 고무하다	☐ attitude	태도, 자세	
☐ comprehensive	포괄적인	☐ reputable	평판이 좋은	
☐ consequence	결과, 영향, 중대성	☐ prowess	기량, 용기	
☐ transcript	성적 증명서, 사본	☐ faculty	교수진, 능력, 학부	
☐ publish	출판하다, 발표하다	☐ blunt	무딘, 무뚝뚝한	
☐ biography	전기, 일대기	☐ integral	필수의, 완전한, 전체의	

영단어 암기 테스트

X 모름
△ 애매함
○ 알고 있음

교육

2001 compatible [kəmpǽtəbl]
- 형 호환이 되는, 양립하는, 조화하는
- This software is not **compatible** with my computer.
- 이 소프트웨어는 내 컴퓨터에서 호환이 되지 않는다.
- 유의어 adaptable, consistent, congruent, suitable, reconcilable
- 반의어 양립할 수 없는 incompatible

2002 encounter [inkáuntər]
- 동 (우연히) 만나다, 부딪치다
- He can converse with people **encountered** without effort.
- 그는 우연히 마주친 사람들과 무리 없이 대화할 수 있다.
- 유의어 meet by chance, run across, come across, run into, bump into

2003 dominant [dάmənənt]
- 형 지배적인, 우성의
- Rock music became the **dominant** form of popular music.
- 록 음악은 대중 음악의 지배적인 형태가 되었다.
- 파생어 dominate 동 지배하다
- Tip a dominant gene 우성 유전자

2004 pupil [pjúːpəl]
- 명 (특히 어린) 학생, 제자, 눈동자
- The teacher encouraged each **pupil** to think critically.
- 교사는 각 학생이 비판적으로 생각하도록 격려했다.
- 유의어 제자 disciple

2005 causal [kɔ́ːzəl]
- 형 인과(관계)의
- There is a **causal** relationship between effort and success.
- 노력과 성공 사이에는 인과 관계가 있다.
- Tip caus(이유, 원인) + al(형용사형 어미)

2006 literacy [lítərəsi]
- 명 문해, 글을 읽고 쓰는 능력
- High zeal for education causes a high **literacy** rate.
- 높은 교육 열정이 높은 문해율을 유발한다.
- 파생어 literate 형 글을 읽고 쓸 줄 아는
- 반의어 문맹 illiteracy   문맹의 illiterate

2007
intangible
[intǽndʒəbl]
2008 서울시 9급

형 무형의, 만질 수 없는

Education offers **intangible** benefits to students.
교육은 학생들에게 **무형의** 혜택을 제공한다.

유의어 impalpable, untouchable, nonphysical
반의어 유형의 tangible, palpable, touchable, physical
Tip in(부정) + tang(만지다 = touch) + ible(할 수 있는) → 만질 수 없는, 형태가 없는

2008
examine
[igzǽmin]

동 검사하다, 조사하다, 검토하다

Teachers **examine** students' progress regularly.
교사들은 학생들의 학습 진척도를 정기적으로 **검사한다**.

파생어 examination 명 검사, 조사, 검토
유의어 investigate, scrutinize, inspect, look into, probe into

2009
puberty
[pjúːbərti]

명 사춘기

Children experience physical changes during **puberty**.
아이들은 **사춘기** 동안 신체 변화를 겪는다.

2010
motivate
[móutəvèit]

동 동기를 부여하다

This curriculum **motivates** children with visual impairment.
이 교육 과정은 시각 장애 아동들에게 **동기를 부여한다**.

파생어 motivation 명 동기 부여, 욕구

2011
arbitrary
[ɑ́ːrbitrèri]

형 임의적인, 제멋대로의

Arbitrary rules can confuse students in the classroom.
임의적인 규칙은 교실에서 학생들을 혼란스럽게 할 수 있다.

유의어 random, unplanned
Tip arbitrary decision 임의적인 결정

2012
grade
[greid]

명 등급(지위), 성적, 학년 동 성적을 주다, 등급을 나누다

He received a **Grade** 2 in his internal school assessment.
그는 내신 평가에서 2**등급**을 받았다.

유의어 등급(지위) level, rank, order, class

2013
savvy
[sǽvi]

형 박식한, 정통한

The newly appointed professor is **savvy** about laws.
새로 부임한 교수는 법에 대해서 **박식하다**.

유의어 sagacious, shrewd, astute, acute
Tip tech-savvy 최신 기술에 능한

2014
award
[əwɔ́:rd]

명 상 동 수여하다

She received an **award** for academic excellence.
그녀는 학업 우수**상**을 받았다.

유의어 수여하다 give, grant, bestow

2015
stimulate
[stímjulèit]

2011 국회사무처(속기·사서직) 9급
2011 국회사무처 8급

동 자극하다, 고무하다

Good teachers **stimulate** students' curiosity for learning.
훌륭한 교사는 학생들의 학습 호기심을 **자극한다**.

유의어 prompt, inspire, encourage

2016
comprehensive
[kàmprihénsiv]

2015 서울시 7급

형 포괄적인

The school provides a **comprehensive** curriculum.
그 학교는 **포괄적인** 교육 과정을 제공한다.

유의어 inclusive, extensive, complete, full

Tip comprehensible은 '이해할 수 있는'의 뜻을 가진 형용사이다.

2017
consequence
[kánsikwèns]

2015 교육행정직 9급
2010 지방직 7급

명 결과, 영향, 중대성

Students understand the **consequences** of their actions.
학생들은 자신들의 행동의 **결과**를 이해한다.

파생어 consequential 형 중대한

유의어 결과 result, outcome, effect
중대성 importance

Tip of consequence = of importance 중대한, 중요한

2018
transcript
[trǽnskript]

2014 국회사무처 8급

명 성적 증명서, 사본

You must submit your academic **transcript** for admission.
너는 입학을 위해 성적 **증명서**를 제출해야 한다.

2019
publish
[pʌ́bliʃ]

동 출판하다, 발표하다

The national textbook will be revised and **published** this year.
국정 교과서가 올해 개정되어 **출판될** 것이다.

Tip populus(사람들) → (대중에게) 널리 알리다

2020
biography
[baiágrəfi]

명 전기, 일대기

Students read the **biography** of a historical figure in class.
학생들은 수업 시간에 역사적 인물의 **전기**를 읽는다.

2021
object
[ábdʒikt]

명 목표, 목적 동 [əbdʒékt] 반대하다

The main **object** of education is to develop critical thinking.
교육의 주요 **목표**는 비판적 사고를 기르는 것이다.

파생어 objection 명 반대
유의어 목표, 목적 objective, goal
반대하다 oppose, resist, disagree
Tip object to + 명사(동명사): ~에 반대하다

2022
junior
[dʒúːnjər]

형 나이가 어린, 손아래의, 하급의

Senior students should guide their **junior** students.
상급 학생들은 **나이가 어린** 학생들을 이끌어야 한다.

Tip junior high school 중학교

2023
educate
[édʒukèit]

동 교육하다

The minister started a project to **educate** future leaders.
장관은 미래의 지도자들을 **교육할** 프로젝트를 시작했다.

파생어 education 명 교육
유의어 instruct, teach, train, discipline

2024
periodical
[pìəriádikəl]

명 정기 간행물 형 주기적인

You can't check out the scholarly **periodicals** from the library.
학술 **정기 간행물**들은 도서관에서 대출할 수 없다.

파생어 period 명 기간   periodically 부 주기적으로

2025
investigate
[invéstəgèit]

2017 서울시 9급

동 조사하다

Students learn how to **investigate** scientific problems.
학생들은 과학 문제들을 **조사하는** 방법을 배운다.

파생어 investigation 명 조사
유의어 examine, scrutinize, inspect, probe into, look into, delve into, pore over, go over

2026
logic
[ládʒik]

명 논리, 타당성, 논리학

The professor's **logic** has fundamental structural flaws.
그 교수의 **논리**는 근본적인 구조적 결함을 가지고 있다.

파생어 logical 형 논리적인   logically 부 논리적으로
유의어 reasoning

2027
potential ★★★
[pəténʃəl]
2017 서울시 사회복지직 9급

- 형 잠재적인 명 가능성, 잠재력
- Even persons with great **potential** abilities can fail.
  엄청난 잠재적 능력을 가진 사람들조차 실패할 수 있다.
- 유의어 가능성, 잠재력 capacity, capability

2028
project ★★
[prádʒekt]

- 명 프로젝트, 계획(기획), 연구 과제
- 동 [prədʒékt] 예상하다, 계획하다, 튀어나오다
- The students completed their final **project** for the course.
  학생들은 수업을 위한 자신들의 최종 프로젝트를 완료했다.
- 파생어 projecting 형 돌출한
- 유의어 예상하다 estimate, predict, forecast, expect
  튀어나오다 bulge, extend, stick out, protrude
- Tip 타동사일 경우에는 '예상하다, 계획하다'의 뜻으로 주로 수동태로 사용되고, 자동사일 경우에는 '튀어나오다'의 의미로 사용된다.

2029
interact ★★★
[ìntərǽkt]

- 동 소통하다, 교류하다, 상호 작용하다
- Students **interact** with their peers during group projects.
  학생들은 그룹 프로젝트 중에 또래들과 소통한다.
- 파생어 interaction 명 소통
- 유의어 communicate
- Tip interact with ~와 상호 작용을 하다

2030
instruct ★
[instrʌ́kt]

- 동 가르치다, 지시하다
- They set up guidelines on how to **instruct** students effectively.
  그들은 학생들을 효과적으로 가르치는 방법에 대한 지침을 마련했다.
- 파생어 instruction 명 교육, 지시

2031
magnitude ★★
[mǽgnətjùːd]

- 명 중대성, 크기
- The principal did not realize the **magnitude** of the incident.
  교장은 그 사건의 중대성을 인식하지 못했다.
- Tip the average magnitude 평균 크기

2032
session ★★
[séʃən]

- 명 학기, 수업, 시간, 기간
- The first summer **session** of the year finished.
  올해의 첫 여름 학기가 끝났다.

2033
scholar ★
[skálər]

- 명 학자
- The **scholar** presented his research at the conference.
  그 학자는 학술 대회에서 자신의 연구를 발표했다.

2034
nurture ★★
[nə́ːrtʃər]

동 양육하다, 키우다, 교육하다   명 교육, 양육

Parents **nurture** their children as the first educators.
부모는 첫 번째 교육자로서 자신의 아이를 양육한다.

유의어 양육하다 nourish, raise, foster, rear, bring up

Tip nature and nurture 천성과 교육

2035
attitude ★★
[ǽtitjùːd]

명 태도, 자세

His arrogant **attitude** disrupts the classroom atmosphere.
그의 건방진 태도는 수업 분위기를 방해한다.

Tip -tude는 라틴 계통의 형용사에 붙여서 성질, 상태를 의미한다.
aptitude 소질, 적성

2036
reputable ★★
[répjətəbl]
2024 국가직 9급

형 평판이 좋은

The new Minister of Education is known as **reputable**.
새로운 교육부 장관은 평판이 좋은 것으로 알려져 있다.

파생어 reputation 명 평판, 명성

2037
prowess ★
[práuis]

명 기량, 용기

He demonstrated exceptional **prowess** in mathematics.
그는 수학에서 뛰어난 기량을 보여 주었다.

유의어 기량 skill, ability, capability, accomplishment

Tip 전쟁터에서의 '용기'를 의미한다.

2038
faculty ★
[fǽkəlti]

명 교수진, 능력, 학부

The salaries of **faculty** members were reduced by 30%.
교수진의 봉급이 30퍼센트 삭감되었다.

Tip facil(용이한) + ty(것)

2039
blunt ★★
[blʌnt]

형 무딘, 무뚝뚝한

The tools in the science lab are **blunt** and ineffective.
과학 실험실의 도구들은 무디고 비효율적이다.

파생어 bluntly 부 무뚝뚝하게
유의어 dull
반의어 예리한 sharp, keen

2040
integral ★★★
[íntigrəl]

형 필수의, 완전한, 전체의

Group work became an **integral** part of our research.
공동 작업은 우리 연구에서 필수적인 부분이 되었다.

파생어 integrity 명 진실성, 온전함
유의어 필수의 essential, indispensable, requisite, fundamental, vital
전체의 intact, entire, whole

TEST

A 다음 영단어의 뜻을 찾아 연결하시오. [01~10]

- 01 puberty 명 • • 자극하다, 고무하다
- 02 comprehensive 형 • • 중대성, 크기
- 03 encounter 동 • • 호환이 되는, 양립하는, 조화하는
- 04 integral 형 • • 지배적인, 우성의
- 05 dominant 형 • • 사춘기
- 06 potential 형 • • 조사하다
- 07 compatible 형 • • (우연히) 만나다, 부딪치다
- 08 stimulate 동 • • 잠재적인
- 09 investigate 동 • • 포괄적인
- 10 magnitude 명 • • 필수의, 완전한, 전체의

B 다음 영단어의 뜻을 우리말로 쓰시오. [11~20]

- 11 arbitrary 형
- 12 periodical 명
- 13 reputable 형
- 14 intangible 형
- 15 savvy 형
- 16 causal 형
- 17 motivate 동
- 18 literacy 명
- 19 consequence 명
- 20 prowess 명

Answer

A 01 사춘기 02 포괄적인 03 (우연히) 만나다, 부딪치다 04 필수의, 완전한, 전체의 05 지배적인, 우성의 06 잠재적인 07 호환이 되는, 양립하는, 조화하는 08 자극하다, 고무하다 09 조사하다 10 중대성, 크기
B 11 임의적인, 제멋대로의 12 정기 간행물 13 평판이 좋은 14 무형의, 만질 수 없는 15 박식한, 정통한 16 인과(관계)의 17 동기를 부여하다 18 문해, 글을 읽고 쓰는 능력 19 결과, 영향, 중대성 20 기량, 용기

Day 52

암기 전 미리보기 & 암기 후 확인하기

학습 전에 아는 단어에 체크해 보세요.
학습 후에 암기한 단어에 체크해 보세요.
체크가 안 된 약점 어휘만 보면서 복습용으로 활용해 보세요.

✓ Self Check

맞힌 개수 ___ / 40개 1회독 ☐ 2회독 ☐ 3회독 ☐

영단어 암기 테스트

☐ decipher	해독하다	☐ analyze	분석하다
☐ moist	습기 있는, 축축한	☐ liquid	액체
☐ revolve	돌다, 회전하다, 맴돌다	☐ extinguish	멸종시키다, 소멸시키다, (불을) 끄다
☐ species	종(種)	☐ measure	측정하다, (치수, 길이, 양 등이) ~이다, 판단하다; 조치, 척도, 측정, 단위
☐ angle	각도	☐ adverse	부정적인, 반대의, 불리한
☐ decay	썩다, 부패하다; 부패, 쇠퇴	☐ dispose	배치하다, ~의 경향을 갖게 하다
☐ remote	먼, 외진	☐ melt	녹다, 용해하다
☐ diameter	직경, 지름	☐ catalyst	촉매, 기폭제, 계기, 자극
☐ distant	먼, 떨어져 있는	☐ gravity	중력, 심각성
☐ cell	세포, 작은 방, 감방	☐ material	재료, 직물, 자료, 소재; 물질의
☐ incurable	불치의, 교정할 수 없는	☐ orbit	궤도, 세력(범위)
☐ nocturnal	밤의, 야행성의	☐ detect	탐지하다, 발견하다
☐ magnet	자석	☐ durable	내구성 있는, 오래 가는
☐ evolve	진화하다, 발전하다	☐ evaporate	증발하다, 사라지다
☐ bold	대담한, 용감한	☐ tissue	(세포) 조직, 화장지
☐ proximity	근접(성), 접근	☐ mammal	포유동물
☐ hereditary	유전적인, 세습의	☐ classification	분류
☐ spatial	공간의, 우주의	☐ chronic	만성적인, 상습적인
☐ induce	유도하다, 설득하여 ~하게 하다	☐ counterpart	(동일한 지위나 기능을 갖는) 상대, 대응 관계의 사람(것)
☐ complacent	현실에 안주하는, 자기만족적인	☐ homogeneous	동종의, 동질의, 균질의

X 모름
△ 애매함
○ 알고 있음

과학 · 기술

2041
decipher
[disáifər]

2013 서울시 9급
2009 국회사무처 8급

동 해독하다

Scientists work to **decipher** complex genetic codes.
과학자들은 복잡한 유전자 암호를 해독하기 위해 노력한다.

유의어 decode

Tip de(제거하다) + cipher(암호) → 암호를 제거하다

2042
moist
[mɔist]

형 습기 있는, 축축한

Moist conditions are essential for plant growth in the lab.
습기 있는 환경은 실험실에서 식물 성장에 필수적이다.

파생어 moisturize 동 습기를 주다   moisture 명 습기
유의어 damp

2043
revolve
[riválv]

동 돌다, 회전하다, 맴돌다

The moon steadily **revolves** around the earth.
달은 지구 주위를 꾸준히 돈다.

유의어 turn, rotate, whirl, spin

2044
species
[spíːʃiːz]

명 종(種)

The human **species** have evolved on earth.
인간 종들이 지구상에서 진화했다.

유의어 kind, sort, type

Tip species는 단수 · 복수의 형태가 같다.

2045
angle
[æŋgl]

명 각도

The **angle** of light affects the shadow's length.
빛의 각도가 그림자의 길이에 영향을 미친다.

2046
decay
[dikéi]

동 썩다, 부패하다   명 부패, 쇠퇴

He studied how organic matter **decays** over time.
그는 유기 물질이 시간이 지남에 따라 어떻게 썩는지 연구했다.

유의어 rot, decompose

Tip decay 썩다, 부패하다
    ferment 발효되다, 발효시키다

2047
remote
[rimóut]

형 먼, 외진

The sensor detected the temperature of **remote** objects.
그 센서는 먼 물체의 온도를 감지했다.

유의어 far, distant

Tip re(다시) + mote(움직이다) → 쉬었다 다시 움직여 갈 만큼 먼

2048
diameter
[daiǽmətər]
2015 기상직 9급

명 직경, 지름

The hexagonal pavilion is 3 m in **diameter** and 8 m high.
그 육각형 정자는 직경이 3미터이고 높이가 8미터이다.

Tip radius 반지름

2049
distant
[dístənt]

형 먼, 떨어져 있는

The observatory is to search in **distant** areas.
그 전망대는 먼 지역을 탐사하기 위한 것이다.

Tip distant from ~에서 멀리 떨어진

2050
cell
[sel]

명 세포, 작은 방, 감방

Cells are the smallest units that compose all living beings.
세포는 모든 생명체를 구성하는 가장 작은 단위이다.

2051
incurable
[inkjúrəbl]
2009 국가직 9급

형 불치의, 교정할 수 없는

Hospices treat patients suffering from **incurable** diseases.
호스피스는 불치병을 앓고 있는 환자들을 다룬다.

반의어 치료 가능한 curable

2052
nocturnal
[nɑktə́:rnl]
2016 서울시 9급

형 밤의, 야행성의

The cold **nocturnal** air is bad for the people with asthma.
차가운 밤공기는 천식 환자들에게 나쁘다.

반의어 주행성의 diurnal

2053
magnet [mǽgnit]
명 자석
The **magnet** attracts metal objects with its strong force.
자석은 강한 힘으로 금속 물체를 끌어당긴다.

2054
evolve [ivάlv]
2015 기상직 9급
동 진화하다, 발전하다
The zebra **evolved** from a horselike animal with no stripes.
얼룩말은 줄무늬가 없는 말과 비슷한 동물에서 진화했다.
파생어 evolution 명 진화, 발전   evolutionary 형 진화의(= evolutional)

2055
bold [bould]
형 대담한, 용감한
The scientist made a **bold** discovery in the field of genetics.
그 과학자는 유전학 분야에서 대담한 발견을 했다.
파생어 boldness 명 대담
유의어 brave, audacious
Tip bald 대머리의

2056
proximity [prɑːksíməti]
명 근접(성), 접근
The **proximity** of the satellite to Earth affects its orbit.
지구와의 위성의 근접성이 그것의 궤도에 영향을 미친다.
Tip in the proximity of ~의 근처에

2057
hereditary [hərédətèri]
형 유전적인, 세습의
Big eyes are a **hereditary** factor from my mother's family.
큰 눈은 외가 쪽에서 온 유전적 요인이다.
파생어 heredity 명 유전(적 특징)
유의어 유전성의 inherent, inborn, genetic, innate
Tip hereditary property 세습 재산

2058
spatial [spéiʃəl]
형 공간의, 우주의
Spatial awareness technology is crucial for self-driving cars.
공간 인식 기술은 자율 주행차에 중요하다.
유의어 우주의 universal
Tip spacious (공간이) 널찍한

2059
induce [indjúːs]
동 유도하다, 설득하여 ~하게 하다
Electric currents are used to **induce** a magnetic field.
전류는 자기장을 유도하는 데 사용된다.
파생어 inductive 형 귀납적인
유의어 유발하다 cause, produce, generate, bring about
    설득하여 ~하게 하다 prompt, inspire

2060 complacent
[kəmpléisnt]
2012 국가직 9급

형 현실에 안주하는, 자기만족적인

A **complacent** attitude in research prevents new discoveries.
연구에서 현실에 안주하는 태도는 새로운 발견을 막는다.

파생어 complacency 명 현실 안주, 자기만족
유의어 self-contented, self-satisfied

2061 analyze
[ǽnəlàiz]

동 분석하다

Experts are **analyzing** the DNA evidence in the case.
전문가들이 그 사건의 DNA 증거를 분석하고 있다.

파생어 analysis 명 분석

2062 liquid
[líkwid]

명 액체

Water is a **liquid** essential for many chemical reactions.
물은 많은 화학 반응에 필수적인 액체이다.

Tip solid 고체   gas 기체

2063 extinguish
[ikstíŋgwiʃ]

동 멸종시키다, 소멸시키다, (불을) 끄다

Humans have made a decision to **extinguish** species.
인간은 종을 멸종시키는 결정을 내려 왔다.

파생어 extinction 명 멸종, 소멸
유의어 소멸시키다 destroy, eliminate, eradicate

2064 measure
[méʒər]

동 측정하다, (치수, 길이, 양 등이) ~이다, 판단하다
명 조치, 척도, 측정, 단위

Scientists **measure** the temperature to study climate change.
과학자들은 기후 변화를 연구하기 위해 온도를 측정한다.

파생어 measurement 명 측정
유의어 gauge, estimate
Tip take a measure(step/action) 조치를 취하다

2065 adverse
[ǽdvəːrs]
2016 지방직 9급
2009 서울시 9급

형 부정적인, 반대의, 불리한

The policy had **adverse** effect on small businesses.
그 정책은 소규모 사업체에 부정적인 영향을 미쳤다.

유의어 해로운 harmful   불리한 unfavorable
반대의 contrary, opposing
Tip adverse effect 부작용
the adverse page 반대쪽 페이지

2066 dispose
[dispóuz]

동 배치하다, ~의 경향을 갖게 하다

He **disposed** the samples in specific locations for testing.
그는 실험을 위해 샘플을 특정 위치에 배치했다.

파생어 disposition 명 배치, 경향, 성향
Tip be disposed to ~하는 경향이 있다

2067
melt [melt]

동 녹다, 용해하다

She observed how the metal **melts** at high temperatures.
그녀는 고온에서 금속이 어떻게 녹는지 관찰했다.

2068
catalyst [kǽtəlist]

2015 교육행정직 9급

명 촉매, 기폭제, 계기, 자극

The **catalyst** speeds up the rate of the chemical reaction.
촉매는 화학 반응 속도를 증가시킨다.

2069
gravity [grǽvəti]

명 중력, 심각성

Newton discovered **gravity** as the force that attracts objects.
뉴턴은 물체를 끌어당기는 힘으로서 중력을 발견했다.

2070
material [mətíəriəl]

명 재료, 직물, 자료, 소재 형 물질의

He tested different **materials** to find the strongest one.
그는 가장 강한 것을 찾기 위해 다양한 재료들을 시험했다.

2071
orbit [ɔ́ːrbit]

명 궤도, 세력(범위)

Near-earth asteroids have **orbits** relatively close to the Earth.
지구 근접 소행성들은 상대적으로 지구에 가까운 궤도를 가지고 있다.

유의어 궤도 path, cycle, route, rotation
세력(범위) domain, scope, range

Tip within the orbit of ~의 세력권 안에

2072
detect [ditékt]

동 탐지하다, 발견하다

Some animals can **detect** a sign of the earthquake.
어떤 동물들은 지진의 전조를 탐지할 수 있다.

파생어 detection 명 탐지 detective 명 탐정
유의어 discover, spot, expose, find out

Tip de(반대) + tect(덮개) → 덮개를 벗기다 → 발견하다

2073
durable [djúərəbl]

형 내구성 있는, 오래 가는

Long-lasting electronics are made of **durable** materials.
오래 지속되는 전자 제품은 내구성 있는 재료들로 만들어진다.

유의어 오래 가는 lasting, endurable, permanent

2074
evaporate
[ivǽpərèit]

동 증발하다, 사라지다

Distilled water can be considered as **evaporated** water.
증류수는 **증발된** 물로 간주될 수 있다.

파생어 evaporation 명 증발

Tip e(바깥으로) + vapor(열기) + ate(~으로 되다)

2075
tissue
[tíʃuː]

명 (세포) 조직, 화장지

Alzheimer's disease slowly destroys brain **tissue**.
알츠하이머병은 뇌 **조직**을 서서히 파괴한다.

Tip a tissue of lies 거짓말 덩어리

2076
mammal
[mǽməl]

명 포유동물

A dolphin is a **mammal** that lives in the ocean.
돌고래는 바다에 사는 **포유동물**이다.

2077
classification
[klæ̀səfikéiʃən]

2016 교육행정직 9급

명 분류

The **classification** of plants is based on their characteristics.
식물의 **분류**는 그들의 특성에 기반한다.

파생어 classify 동 분류하다

Tip class(계급, 종류) + ify(~으로 하다) + tion(명사형 어미)

2078
chronic
[kránik]

형 만성적인, 상습적인

Chronic diseases require long-term medical treatment.
만성 질환은 장기적인 치료가 필요하다.

유의어 confirmed, deep-rooted, habitual, persistent

반의어 급성의 acute

Tip chronic disease 만성 질병

2079
counterpart
[káuntərpà:rt]

명 (동일한 지위나 기능을 갖는) 상대, 대응 관계의 사람(것)

Humans outperform robotic **counterparts** in creativity.
인간은 창의성에서 로봇으로 된 **상대**보다 뛰어나다.

유의어 equal, match

Tip counter(반대의) + part(쪽) → 마주보는 쪽, 맞은편

2080
homogeneous
[hòumədʒíːniəs]

형 동종의, 동질의, 균질의

Homogeneous substances can have similar properties.
동종의 물질은 비슷한 성질을 가질 수 있다.

유의어 same, equal, uniform, identical

Tip homos(같은) + genos(종족, 종류)

TEST

A 다음 영단어의 뜻을 찾아 연결하시오. [01~10]

01 homogeneous 형 • • 돌다, 회전하다, 맴돌다
02 proximity 명 • • 직경, 지름
03 diameter 명 • • 현실에 안주하는, 자기만족적인
04 analyze 동 • • 배치하다, ~의 경향을 갖게 하다
05 revolve 동 • • 동종의, 동질의, 균질의
06 complacent 형 • • 해독하다
07 dispose 동 • • 불치의, 교정할 수 없는
08 hereditary 형 • • 근접(성), 접근
09 incurable 형 • • 분석하다
10 decipher 동 • • 유전적인, 세습의

B 다음 영단어의 뜻을 우리말로 쓰시오. [11~20]

11 induce 동
12 nocturnal 형
13 extinguish 동
14 spatial 형
15 decay 동
16 chronic 형
17 species 명
18 durable 형
19 evolve 동
20 adverse 형

Answer

A 01 동종의, 동질의, 균질의 02 근접(성), 접근
03 직경, 지름 04 분석하다 05 돌다, 회전하다, 맴돌다
06 현실에 안주하는, 자기만족적인
07 배치하다, ~의 경향을 갖게 하다 08 유전적인, 세습의
09 불치의, 교정할 수 없는 10 해독하다

B 11 유도하다, 설득하여 ~하게 하다 12 밤의, 야행성의
13 멸종시키다, 소멸시키다, (불을) 끄다
14 공간의, 우주의 15 썩다, 부패하다
16 만성적인, 상습적인 17 종(種)
18 내구성 있는, 오래 가는 19 진화하다, 발전하다
20 부정적인, 반대의, 불리한

Day 53

암기 전 미리보기 & 암기 후 확인하기

학습 전에 아는 단어에 체크해 보세요.
학습 후에 암기한 단어에 체크해 보세요.
체크가 안 된 약점 어휘만 보면서 복습용으로 활용해 보세요.

✓ Self Check

맞힌 개수　　　／40개　1회독 ☐　2회독 ☐　3회독 ☐

영단어
암기 테스트

☐ impulsive	충동적인, 추진적인	☐ entity	독립체, 실재
☐ explore	탐험하다, 답사하다	☐ particle	입자, 작은 조각
☐ carnivorous	육식성의	☐ radiate	(빛·열을) 방사하다, 내뿜다
☐ irrigate	물을 대다, 관개하다	☐ dilate	팽창시키다, 넓히다
☐ crude	가공하지 않은, 거친	☐ dilute	희석시키다, 묽게 하다, ~을 약하게 하다
☐ instinct	본능, 타고난 재능	☐ antidote	해독제, 해결책
☐ fallacy	오류	☐ mixture	혼합물, 혼합
☐ astronomer	천문학자	☐ breakthrough	돌파구, 획기적인 성공
☐ experiment	실험; 실험을 하다	☐ sphere	구(球), 영역
☐ survey	(설문) 조사, 측량; 조사하다, 점검하다	☐ instrument	도구, 악기, 수단
☐ graphic	그래픽, 도표; 그래픽의, 생생한	☐ vacuum	진공 (상태), 진공 공간; 진공의, 진공을 이용한
☐ distorted	왜곡된, 일그러진	☐ dormant	휴면(기)의, 활동하지 않고 있는, 잠자는
☐ deficiency	결핍, 부족	☐ sediment	침전물, 앙금, 퇴적물
☐ gene	유전자	☐ rubber	고무, 지우개; 고무의
☐ horn	뿔, 촉수	☐ alter	바꾸다
☐ metal	금속	☐ organ	장기, 기관
☐ atom	원자, 극소량	☐ theory	이론, 학설
☐ intact	온전한, 손상되지 않은, 원래 대로의	☐ emit	내뿜다, 방출하다
☐ solid	고체의, 단단한, 견고한; 고체	☐ condense	응결되다, 농축되다, 요약하다
☐ clue	실마리, 단서	☐ erode	침식시키다, 부식시키다, 약화시키다

X 모름
△ 애매함
○ 알고 있음

과학·기술

2081 impulsive
[impʌ́lsiv]
2009 국회사무처 8급

형 **충동적인, 추진적인**

Impulsive ideas can sometimes lead to inventions.
충동적인 아이디어가 간혹 발명으로 이어지기도 한다.

파생어 impulse 명 충동
유의어 impetuous
Tip in(안에서) + pul(밀다, 추진하다) + sive(~적인, ~하는)

2082 explore
[ikspló:r]

동 **탐험하다, 답사하다**

Astronauts **explore** planets to gather data for research.
우주 비행사들은 연구를 위한 데이터를 수집하기 위해 행성들을 탐험한다.

2083 carnivorous
[kɑːrnívərəs]
2016 지방직 7급

형 **육식성의**

Carnivorous animals primarily feed on other animals.
육식 동물은 주로 다른 동물을 먹고 산다.

Tip herbivorous 초식성의
      omnivorous 잡식성의

2084 irrigate
[írəgèit]

동 **물을 대다, 관개하다**

The system is designed to **irrigate** crops efficiently.
그 시스템은 작물에 효율적으로 물을 대도록 설계되었다.

2085 crude
[kruːd]

형 **가공하지 않은, 거친**

Crude materials are processed to create refined products.
정제된 제품들을 만들기 위해 가공하지 않은 재료들이 처리된다.

유의어 rough, raw

2086 instinct
[instíŋkt]

명 **본능, 타고난 재능**

Animals rely on **instinct** to find food and survive.
동물들은 먹이를 찾고 생존하기 위해 본능에 의존한다.

Tip an instinct for music 음악에 대한 재능

2087
fallacy
[fǽləsi]

명 오류

It is a **fallacy** to confuse causation and correlation.
인과관계와 상관관계를 혼동하는 것은 오류이다.

- 파생어 **fallacious** 형 잘못된, 틀린
- 유의어 mistake, misconception
- Tip genetic fallacy 발생론적 오류 gamblers' fallacy 도박꾼의 오류

2088
astronomer
[əstrάnəmər]

명 천문학자

Astronomers study the stars through a telescope.
천문학자들은 망원경을 통해 별들을 연구한다.

2089
experiment
[ikspérəmənt]

명 실험 동 실험을 하다

The laboratory carried out **experiments** on pigs.
그 실험실은 돼지들에게 실험을 진행했다.

2090
survey
[sə́ːrvei]

명 (설문) 조사, 측량 동 [səːrvéi] 조사하다, 점검하다

The water quality **survey** was conducted on a national scale.
수질 조사가 전국적인 규모로 시행되었다.

2091
graphic
[grǽfik]

명 그래픽, 도표 형 그래픽의, 생생한

This **graphic** shows the distribution of tropical plants.
이 그래픽은 열대 식물의 분포를 보여 준다.

- Tip a graphic account(description) of ~에 대한 생생한 설명

2092
distorted
[distɔ́ːrtid]

2024 국가직 9급
2017 국회사무처 9급
2008 국회사무처 8급

형 왜곡된, 일그러진

The **distorted** data is due to errors in measurement.
왜곡된 데이터는 측정에서의 오류 때문이다.

- 파생어 **distort** 동 왜곡시키다, 비틀다 **distortion** 명 왜곡
- 유의어 warped, twisted, crooked, biased, prejudiced

2093
deficiency
[difíʃənsi]

명 결핍, 부족

A **deficiency** of enzymes like amylase impairs digestion.
아밀라제 같은 효소의 결핍은 소화를 저해한다.

- 유의어 lack, scarcity, shortage, paucity, dearth
- Tip de(저하) + fici(만들다, 충분하다) + ency(성질)

2094
gene [dʒiːn]
뗑 유전자
The **gene** for eye color is inherited from both parents.
눈 색깔을 결정하는 유전자는 두 부모로부터 유전된다.

2095
horn [hɔːrn]
뗑 뿔, 촉수
Some animals use their **horns** for defense and hunting.
일부 동물들은 방어와 사냥을 위해 자신들의 뿔을 사용한다.

2096
metal [métəl]
뗑 금속
Metal has the property of allowing electricity to pass through.
금속은 전기가 통과하게 하는 특성이 있다.

2097
atom [ǽtəm]
뗑 원자, 극소량
Atoms are the basic building blocks of matter.
원자는 물질의 기본 구성 단위이다.
파생어 atomic 휑 원자의, 원자력의
Tip atomic bomb 원자폭탄

2098
intact [intǽkt]
휑 온전한, 손상되지 않은, 원래대로의
The specimen remained **intact** even after heating.
표본은 심지어 가열된 이후에도 온전한 상태를 유지했다.
유의어 whole, complete, perfect, flawless
Tip in(= not) + tact(만지다) → 손대지 않은

2099
solid [sálid]
2013 서울시 9급
휑 고체의, 단단한, 견고한 뗑 고체
Solid objects are denser than their liquid form.
고체 물체들은 그것의 액체 형태보다 밀도가 높다.
파생어 solidify 동 굳어지다   solidity 뗑 견고함
Tip rock-solid 바위처럼 단단한, 굳건한

2100
clue [kluː]
뗑 실마리, 단서
Clues about human evolution were found in ancient fossils.
인간 진화의 실마리는 고대 화석에서 발견되었다.
유의어 sign, tip, hint

2101
entity [éntəti] ★★

명 독립체, 실재

Each cell is considered an **entity** with its own functions.
각 세포는 자체 기능을 가진 **독립체**로 간주된다.

유의어 thing, individual, object

Tip enti는 라틴어의 esse에서 유래한 것으로 '실체, 존재'의 의미가 있다. essence를 함께 기억해두면 좋다.

2102
particle [páːrtikl] ★★★

명 입자, 작은 조각

A **particle** can have both wave and particle properties.
입자는 파동과 입자 특성들을 모두 가질 수 있다.

Tip part(부분) + cle(작은)

2103
radiate [réidièit] ★★

동 (빛·열을) 방사하다, 내뿜다

The moon does not **radiate** light but reflects it from the sun.
달은 **빛을 방사하지** 않고 태양 빛을 반사시킨다.

파생어 radiation 명 방사선, (열·에너지 등의) 복사
유의어 emit, give off

Tip radi(광선) + ate(~하게 하다) → 반짝반짝 빛나다

2104
dilate [dailéit] ★

동 팽창시키다, 넓히다

Aspirin **dilates** blood vessels and reduces inflammation.
아스피린은 혈관을 **팽창시켜서** 염증을 감소시킨다.

유의어 expand, augment, magnify
반의어 수축하다 contract

2105
dilute [dilúːt] ★★
2024 지방직 9급

동 희석시키다, 묽게 하다, ~을 약하게 하다

Scientists **dilute** the acid solution to measure its pH level.
과학자들은 pH 수치를 측정하기 위해 산성 용액을 **희석시킨다**.

유의어 water down, weaken, attenuate

Tip di(멀어지게 하다) + lute(씻어내다)

2106
antidote [ǽntidòut] ★

명 해독제, 해결책

Endorphins neutralize pain by acting like an **antidote**.
엔돌핀은 **해독제**처럼 작용함으로써 고통을 중화시킨다.

유의어 remedy

Tip anti(반대로) + dote(하다, 주다 = do) → 반대로 주는 것 → 해독제

2107
mixture
[míkstʃər]

명 혼합물, 혼합

A **mixture** of oil and water forms two separate layers.
기름과 물의 **혼합물**은 두 개의 별도의 층들을 형성한다.

> Tip without mixture 혼합물이 없는, 순수한

2108
breakthrough
[bréikθrùː]

명 돌파구, 획기적인 성공

The software update was a **breakthrough** in data security.
그 소프트웨어 업데이트는 데이터 보안의 **돌파구**였다.

유의어 advance, innovation, revolution

> Tip break(부수다) + through → '장애물을 관통하여 간다'는 의미로 '돌파구'라는 뜻이 된다.

2109
sphere
[sfiər]

명 구(球), 영역

The Earth is not a perfect **sphere** due to its rotation speed.
지구는 회전 속도 때문에 완벽한 **구**가 아니다.

2110
instrument
[ínstrəmənt]

명 도구, 악기, 수단

He used a precise **instrument** to measure the temperature.
그는 온도를 측정하기 위해 정밀한 **도구**를 사용했다.

파생어 instrumental 형 도움이 되는, 악기의, 중요한
유의어 도구 device, implement, means, tool

2111
vacuum
[vǽkjuəm]

명 진공 (상태), 진공 공간   형 진공의, 진공을 이용한

Space is a **vacuum** where no air or matter exists.
우주는 공기나 물질이 존재하지 않는 **진공 상태**이다.

> Tip vacuum cleaner 진공 청소기

2112
dormant
[dɔ́ːrmənt]
2016 서울시 9급

형 휴면(기)의, 활동하지 않고 있는, 잠자는

The **dormant** volcano has been inactive for centuries.
그 **휴면** 화산은 수 세기 동안 활동하지 않고 있다.

유의어 활동하지 않고 있는 inactive, inert, static, stagnant, sedentary, latent

2113
sediment
[sédəmənt]

명 침전물, 앙금, 퇴적물

The river carried **sediment** to the ocean, forming new land.
강은 **침전물**을 바다로 운반하여 새로운 땅을 형성했다.

파생어 sedimentary 형 퇴적물의

2114
rubber [rʌ́bər]
명 고무, 지우개 형 고무의
Rubber is a material that easily stretches and contracts.
고무는 쉽게 늘어나고 줄어드는 물질이다.

2115
alter [ɔ́:ltər]
동 바꾸다
Different variables can **alter** the outcomes of experiments.
다양한 변수들이 실험 결과를 바꿀 수 있다.
유의어 change, adjust, amend, modify, rectify

2116
organ [ɔ́:rgən]
명 장기, 기관
The heart is an **organ** pumping blood throughout the body.
심장은 몸 전체로 혈액을 내보내는 장기이다.

2117
theory [θí(:)əri]
명 이론, 학설
Scientists prove their **theories** by experiments.
과학자들은 자신의 이론을 실험으로 증명한다.
유의어 가설 hypothesis
Tip Einstein's theory of relativity 아인슈타인의 상대성 이론

2118
emit [imít]
2008 국회사무처 8급
동 내뿜다, 방출하다
It is said that diesel vehicles **emit** pollutants into the air.
디젤 차량은 공기 중에 오염물질을 내뿜는다고 한다.
유의어 discharge, release, radiate, give off

2119
condense [kəndéns]
동 응결되다, 농축되다, 요약하다
Water vapor **condenses** into liquid droplets when cooled.
수증기는 냉각되면 액체 방울로 응결된다.
유의어 요약하다 shorten, abridge, abbreviate, recapitulate
Tip con(대단히) + dense(밀집한)

2120
erode [iróud]
동 침식시키다, 부식시키다, 약화시키다
Wind and water **erode** the surface of rocks over time.
바람과 물은 시간이 지나면서 암석의 표면을 침식시킨다.
파생어 erosion 명 부식, 침식
유의어 corrode

TEST

A 다음 영단어의 뜻을 찾아 연결하시오. [01~10]

01 intact
02 crude
03 dilate
04 entity
05 irrigate
06 distorted
07 fallacy
08 dormant
09 radiate
10 sediment

- (빛·열을) 방사하다, 내뿜다
- 휴면(기)의, 활동하지 않고 있는, 잠자는
- 독립체, 실재
- 왜곡된, 일그러진
- 오류
- 가공하지 않은, 거친
- 침전물, 앙금, 퇴적물
- 온전한, 손상되지 않은, 원래대로의
- 물을 대다, 관개하다
- 팽창시키다, 넓히다

B 다음 영단어의 뜻을 우리말로 쓰시오. [11~20]

11 gene
12 dilute
13 carnivorous
14 alter
15 particle
16 emit
17 impulsive
18 breakthrough
19 deficiency
20 erode

Answer

A 01 온전한, 손상되지 않은, 원래대로의 02 가공하지 않은, 거친 03 팽창시키다, 넓히다 04 독립체, 실재 05 물을 대다, 관개하다 06 왜곡된, 일그러진 07 오류 08 휴면(기)의, 활동하지 않고 있는, 잠자는 09 (빛·열을) 방사하다, 내뿜다 10 침전물, 앙금, 퇴적물
B 11 유전자 12 희석시키다, 묽게 하다, ~을 약하게 하다 13 육식성의 14 바꾸다 15 입자, 작은 조각 16 내뿜다, 방출하다 17 충동적인, 추진적인 18 돌파구, 획기적인 성공 19 결핍, 부족 20 침식시키다, 부식시키다, 약화시키다

Day 54

암기 전 미리보기 & 암기 후 확인하기

학습 전에 아는 단어에 체크해 보세요.
학습 후에 암기한 단어에 체크해 보세요.
체크가 안 된 약점 어휘만 보면서 복습용으로 활용해 보세요.

✅ Self Check

맞힌 개수 ___ / 40개   1회독 ☐   2회독 ☐   3회독 ☐

영단어 암기 테스트

☐ salutary	유익한, 건전한	☐ welfare	복지, 행복
☐ addict	중독시키다; 중독자	☐ compensate	보상하다, 보상금을 주다
☐ charity	자선, 자선 단체	☐ abortion	낙태
☐ adoption	입양, 채택	☐ inferior	(~보다) 못한, 열등한, 하위의; 후배, 열등한 사람
☐ pregnant	임신한	☐ starve	굶주리다, 굶어 죽다
☐ adolescent	청소년; 청년기의	☐ numb	무감각한, 감각을 잃은; 마비시키다
☐ integrate	통합하다	☐ famine	기근, 기아, 굶주림
☐ disabled	장애를 가진, 신체 장애의	☐ reception	접수처, 환영(회), 수신
☐ device	장치, 기구, 방법	☐ premium	보험료, 할증료; 우수한, 고급의, 고가의
☐ treat	대하다, 치료하다; 대접, 한턱내기	☐ limb	팔(다리), 날개
☐ dumb	벙어리의, 침묵을 지키는	☐ challenge	도전, 이의, 문제, 어려움; 이의를 제기하다, 도전하다
☐ gamble	도박을 하다, 투기하다; 도박	☐ deaf	청각 장애가 있는, 귀를 기울이지 않는
☐ social	사회의, 사회적인	☐ custody	양육(권), 감금, 관리
☐ illusion	착각, 환상	☐ handicap	장애, 불리한 조건
☐ relieve	(고통 등을) 덜어 주다, 없애다, 완화시키다	☐ ambivalence	상반된 감정, 양면 가치
☐ latent	잠재적인	☐ longevity	장수
☐ sober	술 취하지 않은, 정신이 맑은, 진지한	☐ foster	촉진(조성)하다, 기르다, 위탁 양육하다; 위탁의, 수양의
☐ abandon	버리다, 떠나다, 단념하다	☐ reference	언급, 참조, 문의, 추천서
☐ vulnerable	취약한	☐ insurance	보험
☐ secure	안전한, 안심하는; 안전하게 하다, 확보하다	☐ anxiety	불안, 열망

X 모름
△ 애매함
○ 알고 있음

사회 복지

2121

salutary
[sǽljutèri]

형 유익한, 건전한

Salutary policies improve public health and well-being.
유익한 정책들은 대중의 건강과 복지를 개선한다.

유의어 유익한 beneficial, useful, advantageous

Tip exercise a salutary influence over ~에 건전한 영향을 미치다

2122

addict
[ədíkt]

동 중독시키다   명 [ǽdikt] 중독자

The illegal drug **addicted** many teenagers in the state.
그 불법 약물은 그 국가의 많은 십 대들을 **중독시켰다**.

파생어 addictive 형 중독성의   addiction 명 중독

2123

charity
[tʃǽrəti]

명 자선, 자선 단체

Charity organizations provide financial assistance to those in need.
자선 단체들은 도움이 필요한 사람들에게 재정적 지원을 제공한다.

Tip in charity 가엾게 여겨

2124

adoption
[ədápʃən]

명 입양, 채택

The nation encourages **adoption** through legal measures.
그 국가는 법적 조치들을 통해 **입양**을 장려한다.

파생어 adopt 동 입양하다, 채택하다

2125

pregnant
[prégnənt]

형 임신한

Pregnant women receive support in healthcare programs.
임신한 여성은 건강 관리 프로그램에서 지원을 받는다.

파생어 pregnancy 명 임신

2126

adolescent
[ædəlésənt]

명 청소년   형 청년기의

Adolescents need guidance to overcome social challenges.
청소년들은 사회적 어려움을 극복하기 위해 지도가 필요하다.

2127
integrate
[íntəgreit]

통 통합하다

We should **integrate** services to support vulnerable classes.
우리는 취약 계층을 지원하기 위해 서비스를 **통합해야** 한다.

유의어 combine

2128
disabled
[diséibld]

형 장애를 가진, 신체 장애의

The government put portable restrooms for **disabled** people.
정부는 **장애를 가진** 사람들을 위해 이동식 화장실을 설치했다.

2129
device
[diváis]

명 장치, 기구, 방법

The **device** was designed to assist the visually impaired.
그 **장치**는 시각 장애인들을 돕기 위해 고안되었다.

2130
treat
[triːt]

통 대하다, 치료하다   명 대접, 한턱내기

Social workers **treat** individuals with respect and empathy.
사회 복지사는 사람들을 존중과 공감으로 **대한다**.

유의어 대하다 deal with, handle
파생어 treatment 치료, 취급, 대우
Tip My treat. = I will treat. 내가 살게.

2131
dumb
[dʌm]

형 벙어리의, 침묵을 지키는

The young deaf and **dumb** man was trying to stand alone.
그 귀가 먹고 **벙어리인** 젊은 남자는 자립하려고 애쓰고 있었다.

유의어 침묵을 지키는 silent

2132
gamble
[gǽmbl]

통 도박을 하다, 투기하다   명 도박

Some people **gamble** to escape from personal issues.
일부 사람들은 개인적인 문제에서 벗어나기 위해 **도박을 한다**.

2133
social
[sóuʃəl]

형 사회의, 사회적인

Social workers help populations suffering due to poverty.
사회 복지사들은 가난으로 고통받는 사람들을 돕는다.

파생어 society 명 사회
Tip social worker 사회 복지사   social security 사회 보장 제도

2134 illusion
[ilúːʒən] **

명 착각, 환상

Addiction can create the **illusion** of control over one's life.
중독은 자신의 삶을 통제한다는 착각을 일으킬 수 있다.

> Tip a sweet illusion 달콤한 환상

2135 relieve
[rilíːv] ***

동 (고통 등을) 덜어 주다, 없애다, 완화시키다

Counseling can **relieve** the emotional pain of trauma.
상담은 트라우마로 인한 정서적 고통을 덜어 줄 수 있다.

파생어 relief 명 안도, 안심
유의어 alleviate, mitigate, soothe, appease, ease, reduce, lessen, pacify

2136 latent
[léitənt] **

형 잠재적인

Latent learning is a topic receiving great attention recently.
잠재 학습은 최근에 커다란 주목을 받는 주제이다.

유의어 hidden, dormant, potential
> Tip latent 현재 존재하지만 드러나지 않음
>   potential 가능성은 있지만 현재는 존재하지 않음

2137 sober
[sóubər] **

형 술 취하지 않은, 정신이 맑은, 진지한

It is important to remain **sober** during alcohol treatment.
알코올 중독 치료 중에는 술 취하지 않은 상태를 유지하는 것이 중요하다.

파생어 sobriety 명 냉철함, 진지함
유의어 진지한 serious
> Tip sober up 술이 깨다

2138 abandon
[əbǽndən] ***
2017 국가직 9급
2016 기상직 9급

동 버리다, 떠나다, 단념하다

Some children are **abandoned** due to financial hardship.
어떤 아이들은 경제적 어려움으로 인해 버려진다.

파생어 abandonment 명 포기
유의어 포기하다 renounce, relinquish, forsake, forgo, give up
       버리다 desert, discard, dump

2139 vulnerable
[vʌ́lnərəbl] ***

형 취약한

Younger women can be **vulnerable** to eating disorders.
젊은 여성들은 식이 장애에 취약할 수 있다.

유의어 susceptible
반의어 영향을 받지 않는 immune, exempt, free

2140
secure [sikjúər] ★★★

형 안전한, 안심하는   동 안전하게 하다, 확보하다

The nation must ensure a **secure** environment for its citizens.
국가는 국민을 위해 **안전한** 환경을 보장해야 한다.

파생어 security 명 보안, 안보, 안전

Tip secure a door 문단속을 하다

2141
welfare [wélfɛər] ★★★

명 복지, 행복

The US established the social **welfare** system long ago.
미국은 사회 **복지** 제도를 오래 전에 확립했다.

Tip public welfare 공공 복지

2142
compensate [kámpənsèit] ★★★

동 보상하다, 보상금을 주다

It **compensates** for the reduction in pension income.
이것은 연금 수입 삭감을 **보상한다**.

파생어 compensation 명 보상(금)

2143
abortion [əbɔ́ːrʃən] ★★

명 낙태

There are medical exceptions to the anti-**abortion** law.
낙태 금지법에는 의학적 예외 조항들이 있다.

파생어 abort 동 유산시키다, 유산하다

2144
inferior [infí(ː)əriər] ★★

형 (~보다) 못한, 열등한, 하위의   명 후배, 열등한 사람

People **inferior** to others in resources face greater issues.
자원 면에서 남들**보다 못한** 사람들은 더 큰 어려움에 직면한다.

Tip inferior와 superior는 모두 라틴어에서 유래한 형용사의 비교급으로 '~보다'를 나타낼 때 than을 쓰지 않고 to를 쓴다.

2145
starve [stɑːrv] ★★

동 굶주리다, 굶어 죽다

Many children in poverty **starve** due to lack of food access.
빈곤에 시달리는 많은 아이들은 식량 접근성 부족으로 **굶주린다**.

파생어 starvation 명 굶주림

2146
numb [nʌm] ★

형 무감각한, 감각을 잃은   동 마비시키다

War victims often feel **numb** due to the trauma they endured.
전쟁 피해자들은 자신들이 겪은 트라우마로 인해 종종 **무감각하게** 느낀다.

2147
famine [fǽmin]
명 기근, 기아, 굶주림
Newspapers have reported on the **famine** in Africa for months.
신문들이 수개월 동안 아프리카의 기근에 대해 보도했다.
- 유의어 starvation, hunger
- Tip 라틴어 fames(굶주림 = hunger, starvation)에서 유래했다.

2148
reception [risépʃən]
명 접수처, 환영(회), 수신
The **reception** at the shelter offers help to those in need.
쉼터의 접수처는 도움이 필요한 사람들에게 지원을 제공한다.

2149
premium [prí:miəm]
명 보험료, 할증료 형 우수한, 고급의, 고가의
Low-income families struggle to pay insurance **premiums**.
저소득 가정은 보험료를 내는 데 어려움을 겪는다.
- Tip premium rate 할증 요금

2150
limb [lim]
명 팔(다리), 날개
This program supports people who lost their **limbs**.
이 프로그램은 팔(다리)을 잃은 사람들을 지원한다.
- Tip limb이 몸통에 붙은 팔과 다리를 의미한다면 팔과 다리를 제외한 몸통은 torso 라고 한다.

2151
challenge [tʃǽlindʒ]
명 도전, 이의, 문제, 어려움 동 이의를 제기하다, 도전하다
Building a welfare society is a big **challenge** for governments.
복지 사회를 구축하는 것은 정부에게 큰 도전이다.
- 파생어 challenging 형 도전적인, 힘 드는

2152
deaf [def]
형 청각 장애가 있는, 귀를 기울이지 않는
Traffic signals should be improved for the safety of the **deaf**.
청각 장애인들의 안전을 위해 교통 신호가 개선되어야 한다.

2153
custody [kʌ́stədi]
명 양육(권), 감금, 관리
The court granted **custody** to the mother after the divorce.
법원은 이혼 후 어머니에게 양육권을 부여했다.
- 유의어 감금 detention, captivity, imprisonment, bondage
- Tip take the suspect into custody 용의자를 유치장에 가두다

2154
handicap ★★
[hǽndikæp]

명 장애, 불리한 조건

Public buildings provide facilities for people with **handicaps**.
공공 건물은 장애가 있는 사람들에게 편의 시설을 제공한다.

> Tip under a handicap 불리한 조건하에서

2155
ambivalence ★
[æmbívələns]

명 상반된 감정, 양면 가치

People may feel **ambivalence** about getting social services.
사람들은 사회 복지 서비스를 받는 것에 대해 상반된 감정을 느낄 수도 있다.

> 파생어 ambivalent 형 반대 감정이 공존하는
> Tip ambi(양쪽) + valence(포용력) → 양면성을 포용하는 심리 상태

2156
longevity ★★
[lɑndʒévəti]
2016 서울시 7급

명 장수

Improved healthcare services contribute to **longevity**.
향상된 건강 관리 서비스는 장수에 기여한다.

2157
foster ★★
[fɔ́(:)stər]
2009 지방직(하반기) 7급

동 촉진(조성)하다, 기르다, 위탁 양육하다   형 위탁의, 수양의

The program **fosters** support for young heads of household.
그 프로그램은 어린 가장에 대한 지원을 촉진한다.

> 유의어 기르다 nurse, nurture, raise, bring up

2158
reference ★
[réfərəns]

명 언급, 참조, 문의, 추천서

The ancient legal codes have little **reference** to welfare.
고대의 법전에는 복지에 대한 언급이 거의 없다.

> 파생어 refer 동 참고하다
> Tip a letter of reference 추천서

2159
insurance ★★
[inʃú(:)ərəns]
2025 국가직 9급

명 보험

Universal health **insurance** is the basis of welfare.
전 국민의 의료 보험은 복지의 기초이다.

> 파생어 insure 동 보험에 가입하다, 보장하다
> 유의어 보장 guarantee, assurance

2160
anxiety ★★★
[æŋzáiəti]

명 불안, 열망

A welfare society must address individuals' emotional **anxiety**.
복지 사회는 개인의 정서적 불안을 해결해야 한다.

> 파생어 anxious 형 불안해하는

TEST

A 다음 영단어의 뜻을 찾아 연결하시오. [01~10]

- 01 ambivalence 명 · · 팔(다리), 날개
- 02 secure 형 · · 양육(권), 감금, 관리
- 03 integrate 동 · · 버리다, 떠나다, 단념하다
- 04 premium 명 · · 취약한
- 05 custody 명 · · 착각, 환상
- 06 adolescent 명 · · 안전한, 안심하는
- 07 vulnerable 형 · · 청소년
- 08 limb 명 · · 상반된 감정, 양면 가치
- 09 illusion 명 · · 보험료, 할증료
- 10 abandon 동 · · 통합하다

B 다음 영단어의 뜻을 우리말로 쓰시오. [11~20]

- 11 sober 형
- 12 charity 명
- 13 famine 명
- 14 latent 형
- 15 salutary 형
- 16 longevity 명
- 17 compensate 동
- 18 addict 동
- 19 relieve 동
- 20 starve 동

Answer

A 01 상반된 감정, 양면 가치 02 안전한, 안심하는 03 통합하다 04 보험료, 할증료 05 양육(권), 감금, 관리 06 청소년 07 취약한 08 팔(다리), 날개 09 착각, 환상 10 버리다, 떠나다, 단념하다

B 11 술 취하지 않은, 정신이 맑은, 진지한 12 자선, 자선 단체 13 기근, 기아, 굶주림 14 잠재적인 15 유익한, 건전한 16 장수 17 보상하다, 보상금을 주다 18 중독시키다 19 (고통 등을) 덜어 주다, 없애다, 완화시키다 20 굶주리다, 굶어 죽다

Day 55

❖ 암기 전 미리보기 & 암기 후 확인하기

학습 전에 아는 단어에 체크해 보세요.
학습 후에 암기한 단어에 체크해 보세요.
체크가 안 된 약점 어휘만 보면서 복습용으로 활용해 보세요.

✓ Self Check   맞힌 개수   / 40개 1회독 ☐ 2회독 ☐ 3회독 ☐

영단어
암기 테스트

☐ surgery	수술, 외과	☐ bruise	타박상, 멍; 타박상을 입히다
☐ diagnose	진단하다	☐ therapy	치료, 치료법
☐ sever	절단하다, 끊다	☐ veterinarian	수의사
☐ limp	기운이 없는, 흐느적거리는; 절뚝거리다	☐ fracture	골절; 부수다
☐ disorder	장애, 무질서	☐ panacea	만병통치약
☐ joint	관절, 연결 부위; 공동의, 합동의	☐ disease	질병
☐ medicine	약, 의학, 의술, 의료	☐ lethargy	권태, 무기력
☐ remedy	치료(약), 치료 요법	☐ skeleton	골격, 뼈대
☐ flesh	살, 고기, 과육	☐ backbone	등뼈, 척추
☐ transfusion	수혈, 주입	☐ wound	상처, 부상; 상처를 입히다
☐ diabetes	당뇨병	☐ medical	의학의, 의료의
☐ implant	이식하다, 심다	☐ physician	(내과) 의사
☐ dose	복용량; 복용시키다, 조제하다	☐ inject	주사하다, 주입하다
☐ sprain	(발목을) 삐다	☐ distress	고통, 곤궁; 괴롭히다
☐ cancer	암	☐ patient	환자; 인내심이 강한
☐ fiber	섬유, 섬유질	☐ drug	약, 마약; 약물을 투여하다
☐ liver	간	☐ complication	합병증, 복잡
☐ prescribe	처방하다, 규정하다	☐ bend	굽히다, 숙이다, 구부리다
☐ poison	독, 독약; 중독시키다, 해치다	☐ sore	아픈
☐ paralyze	마비시키다	☐ lung	폐, 허파

X 모름
△ 애매함
○ 알고 있음

보건 의료

2161 surgery
[sə́ːrdʒəri]

명 수술, 외과

The patient underwent **surgery** to treat the injury.
환자는 부상을 치료하기 위해 수술을 받았다.

파생어 surgical 형 수술의, 외과의
Tip surgeon 외과 전문의

2162 diagnose
[dàiəgnóus]

동 진단하다

One with potential problems should be **diagnosed** by doctors.
문제가 있을 가능성이 있는 사람은 의사에 의해 진단을 받아야 한다.

파생어 diagnosis 명 진단

2163 sever
[sévər]

동 절단하다, 끊다

The surgeon **severed** his left arm to prevent infection.
외과 의사는 감염을 막기 위해 그의 왼팔을 절단했다.

유의어 split, divide

2164 limp
[limp]

형 기운이 없는, 흐느적거리는 동 절뚝거리다

He became **limp** due to surgery and a long hospital stay.
수술과 긴 입원으로 그는 기운이 없어졌다.

Tip She felt limp. 그녀는 기운이 없었다.

2165 disorder
[disɔ́ːrdər]

명 장애, 무질서

A nerve **disorder** can cause paralysis of the legs.
신경 장애는 다리의 마비를 불러일으킬 수 있다.

유의어 장애, 병 illness, disease, condition

2166 joint
[dʒɔint]

명 관절, 연결 부위 형 공동의, 합동의

The elderly suffer from stiff **joints** and weak muscles.
노인들은 뻣뻣한 관절과 약한 근육으로 고통받는다.

반의어 단독의 sole

2167
medicine
[médəsin]

명 약, 의학, 의술, 의료

The high cost of **medicine** is a burden for many patients.
높은 약값은 많은 환자들에게 부담이 된다.

파생어 medical 형 의학의, 의료의   medicinal 형 약의, 약효가 있는

2168
remedy
[rémədi]

명 치료(약), 치료 요법

Traditional medicine offers a natural **remedy** for chronic pain.
전통 의학은 만성 통증에 대한 자연 치료를 제공한다.

파생어 remedial 형 치료상의
유의어 treatment

2169
flesh
[fleʃ]

명 살, 고기, 과육

The doctor examined the wound to check for damaged **flesh**.
의사는 손상된 살이 있는지 확인하기 위해 상처를 검사했다.

2170
transfusion
[trænsfjúːʒən]

명 수혈, 주입

Without a blood **transfusion**, patients can't be operated on.
수혈이 없으면 환자들은 수술을 받을 수 없다.

파생어 transfuse 동 수혈하다, 주입하다
Tip trans(건너서) + fuse(붓다, 도화선) + ion(명사형 어미)

2171
diabetes
[dàiəbíːtiz]

명 당뇨병

People with **diabetes** often monitor their blood sugar levels.
당뇨병이 있는 사람들은 혈당 수치를 자주 점검한다.

파생어 diabetic 형 당뇨병이 있는   명 당뇨병 환자
Tip have diabetes 당뇨병을 앓다   develop diabetes 당뇨병이 생기다

2172
implant
[implǽnt]

동 이식하다, 심다

Doctors **implanted** a tiny heart monitor in his chest.
의사들은 그의 가슴에 작은 심장 모니터를 이식했다.

Tip im(안에) + plant(심다)

2173
dose [dous]

명 복용량 동 복용시키다, 조제하다

It is important to take the recommended **dose** of the drug.
약물의 권장 복용량을 섭취하는 것은 중요하다.

Tip a daily dose 일일 복용량
     a fatal dose 치사량

2174
sprain [sprein]

동 (발목을) 삐다

When you **sprain** your ankle, the first thing to do is icing it.
발목을 삐었을 때 가장 먼저 할 일은 얼음 찜질을 하는 것이다.

유의어 twist

2175
cancer [kǽnsər]

명 암

Cancer occurs when abnormal cells grow uncontrollably.
암은 비정상적인 세포가 통제되지 않고 자랄 때 발생한다.

Tip get(have) cancer 암에 걸리다

2176
fiber [fáibər]

명 섬유, 섬유질

The doctor explained that the **fiber** can cause skin irritation.
의사는 섬유가 피부 자극을 일으킬 수 있다고 설명했다.

Tip synthetic fiber 합성 섬유

2177
liver [lívər]

명 간

Excessive drinking may be the cause of **liver** cancer.
지나친 음주는 간암의 원인이 될 수 있다.

2178
prescribe [priskráib]

2008 지방직(하반기) 7급

동 처방하다, 규정하다

Patients should take medication as **prescribed** by their doctors.
환자들은 의사가 처방한 대로 약을 복용해야 한다.

파생어 prescription 명 처방   prescriptive 형 규정하는
유의어 규정하다 specify, stipulate, direct
Tip pre(앞에) + scribe(쓰다) → 미리 써서 그대로 따르게 하다

2179
poison [pɔ́izən]

명 독, 독약 동 중독시키다, 해치다

The **poison** from the snakebite can cause severe reactions.
뱀에 물린 독은 심각한 반응을 일으킬 수 있다.

파생어 poisonous 형 유독한, 독성이 있는

2180
paralyze
[pǽrəlàiz]

동 마비시키다
Certain toxins **paralyze** the nervous and muscular systems.
특정 독소들은 신경계와 근육계를 마비시킨다.
파생어 paralysis 명 마비
유의어 numb

2181
bruise
[bruːz]

명 타박상, 멍 동 타박상을 입히다
Intense exercise can induce injuries such as **bruises**.
격렬한 운동은 타박상 같은 부상을 유발할 수 있다.

2182
therapy
[θérəpi]

명 치료, 치료법
Physical **therapy** helps patients recover from sports injuries.
물리 치료는 환자들이 스포츠 부상에서 회복하는 데 도움을 준다.
유의어 treatment, cure

2183
veterinarian
[vètərənέ(ː)əriən]

명 수의사
Veterinarians diagnose and treat health issues in animals.
수의사는 동물의 건강 문제를 진단하고 치료한다.

2184
fracture
[frǽktʃər]

명 골절 동 부수다
Elderly patients are at high risk of hip **fractures** from falls.
노인 환자들은 낙상으로 인한 고관절 골절의 위험이 높다.

2185
panacea
[pæ̀nəsíːə]

2015 국회사무처 8급

명 만병통치약
Antibiotics are not a **panacea** for all infectious diseases.
항생제는 모든 감염성 질환에 대한 만병통치약이 아니다.
유의어 cure-all
Tip pan(모두) + acea(치료하다) → 만병통치약

2186
disease
[dizíːz]

명 질병
Chronic **diseases** can be the leading causes of death.
만성 질병은 사망의 주요 원인이 될 수 있다.
유의어 disorder, illness, sickness

2187 lethargy
[léθərdʒi]
2015 국회사무처 8급

명 권태, 무기력

Daily meditation is a proven remedy for spiritual **lethargy**.
일상의 명상은 정신적인 **권태**에 대한 증명된 치료법이다.

유의어 fatigue, apathy, inertia

Tip leth(망각) + argy(게으름)

2188 skeleton
[skélətn]

명 골격, 뼈대

There are more than 400 muscles that attach to your **skeleton**.
여러분들의 **골격**에는 400개 이상의 근육들이 붙어 있습니다.

2189 backbone
[bǽkbòun]

명 등뼈, 척추

The **backbone** is a fundamental element for vertebrates.
등뼈는 척추동물들에게 기본적인 요소이다.

유의어 등뼈 spine

2190 wound
[wu:nd]

명 상처, 부상 동 상처를 입히다

Proper **wound** care prevents infection and promotes healing.
적절한 **상처** 관리는 감염을 예방하고 치유를 촉진한다.

유의어 상처를 입히다 hurt, injure

2191 medical
[médikəl]

형 의학의, 의료의

Medical research advances our understanding of diseases.
의학 연구는 질병에 대한 우리의 이해를 증진시킨다.

2192 physician
[fizíʃən]

명 (내과) 의사

Physicians should communicate clearly with their patients.
의사는 자신의 환자들과 명확하게 의사소통해야 한다.

Tip surgeon (외과) 의사

2193 inject
[indʒékt]

동 주사하다, 주입하다

Nurses **inject** pain medication to relieve patients' discomfort.
간호사들은 환자의 불편을 완화하기 위해 진통제를 **주사한다**.

파생어 injection 명 주사, 주입

유의어 주입하다 instill, infuse

2194
distress
[distrés]

2013 서울시 7급

명 고통, 곤궁 동 괴롭히다

Chronic pain often leads to emotional **distress** in patients.
만성 통증은 환자들에게 정서적 고통을 종종 야기한다.

유의어 고통 agony, anguish, woe, suffering, hardship, affliction
괴롭히다 annoy, torment, torture, afflict, harass, pester, plague

Tip distress oneself 고민하다

2195
patient
[péiʃənt]

명 환자 형 인내심이 강한

Many forms of meditation can benefit cancer **patients**.
여러 가지 형태의 명상이 암 환자들에게 이로울 수 있다.

파생어 patience 명 인내
유의어 인내심이 강한 tolerant, enduring, forbearing
Tip make patient efforts 인내심을 갖고 노력하다

2196
drug
[drʌg]

명 약, 마약 동 약물을 투여하다

He prescribed **drugs** to treat various medical conditions.
그는 다양한 의학적 질환을 치료하기 위해 약을 처방한다.

Tip drugstore 약국

2197
complication
[kàmpləkéiʃən]

명 합병증, 복잡

Elderly flu victims are vulnerable to various **complications**.
감기에 걸린 노인들은 다양한 합병증에 걸리기 쉽다.

Tip '합병증'의 의미를 가질 때는 주로 복수 형태가 된다.

2198
bend
[bend]

동 굽히다, 숙이다, 구부리다

The cast makes it difficult for patients to **bend** their leg.
깁스를 하면 환자가 다리를 굽히기 어렵다.

2199
sore
[sɔːr]

형 아픈

His stomach was **sore** from eating some spoiled food.
그는 상한 음식을 먹어서 배가 아팠다.

유의어 painful, sick, ill, aching, hurting
Tip sore throat는 목이 부어 아픈 것을 말한다.

2200
lung
[lʌŋ]

명 폐, 허파

Doctors take X-rays of the **lungs** to check for pneumonia.
의사들은 폐렴을 확인하기 위해 폐에 X선 검사를 한다.

TEST

A 다음 영단어의 뜻을 찾아 연결하시오. [01~10]

01 complication 명	•	• 진단하다
02 poison 명	•	• 골격, 뼈대
03 implant 동	•	• 고통, 곤궁
04 distress 명	•	• 수혈, 주입
05 sever 동	•	• 마비시키다
06 transfusion 명	•	• 독, 독약
07 diagnose 동	•	• 타박상, 멍
08 paralyze 동	•	• 합병증, 복잡
09 skeleton 명	•	• 절단하다, 끊다
10 bruise 명	•	• 이식하다, 심다

B 다음 영단어의 뜻을 우리말로 쓰시오. [11~20]

11 sore 형
12 dose 명
13 lethargy 명
14 sprain 동
15 remedy 명
16 bend 동
17 fracture 명
18 limp 형
19 inject 동
20 prescribe 동

Answer

A 01 합병증, 복잡 02 독, 독약 03 이식하다, 심다 04 고통, 곤궁 05 절단하다, 끊다 06 수혈, 주입 07 진단하다 08 마비시키다 09 골격, 뼈대 10 타박상, 멍

B 11 아픈 12 복용량 13 권태, 무기력 14 (발목을) 삐다 15 치료(약), 치료 요법 16 굽히다, 숙이다, 구부리다 17 골절 18 기운이 없는, 흐느적거리는 19 주사하다, 주입하다 20 처방하다, 규정하다

Day 56

암기 전 미리보기 & 암기 후 확인하기

학습 전에 아는 단어에 체크해 보세요.
학습 후에 암기한 단어에 체크해 보세요.
체크가 안 된 약점 어휘만 보면서 복습용으로 활용해 보세요.

✓ Self Check   맞힌 개수   / 40개 1회독 ☐ 2회독 ☐ 3회독 ☐

영단어
암기 테스트

☐ suck	빨아들이다, 흡수하다	☐ stomach	위, 배, 식욕
☐ fatigue	피로, 피곤	☐ appetite	식욕, 욕구
☐ confine	제한하다, 감금하다	☐ consume	소비하다, 먹다, 마시다
☐ freeze	얼리다, 얼다; 동결, 금지	☐ grain	곡물, 알갱이
☐ dairy	유제품, 낙농업; 유제품의, 낙농업의	☐ crop	(농)작물; 경작하다, 아주 짧게 깎다
☐ sanitation	위생 (설비)	☐ microwave	전자레인지, 극초단파
☐ swallow	삼키다; 제비	☐ edible	식용의, 먹을 수 있는
☐ height	(사람의) 키[신장], (사물의) 높이	☐ optical	시각의, 눈의
☐ protein	단백질	☐ raw	날것의, 가공되지 않은, 세련되지 않은
☐ cuisine	요리법	☐ physical	신체의, 육체적인
☐ flavor	맛, 풍미	☐ clinic	병원
☐ sight	시력, 시야, (눈에 보이는) 광경	☐ organic	유기농의, 화학 비료를 쓰지 않는
☐ obesity	비만	☐ immune	면역성의, 면제된
☐ fear	공포, 두려움, 염려; 두려워하다, 염려하다	☐ grocery	식료품 잡화점, 식료품
☐ traumatic	정신적 외상의, 대단히 충격적인	☐ metabolic	(신진)대사의
☐ digest	소화하다; 요약(판)	☐ rot	썩다, 썩히다, 부패시키다; 썩음, 부패
☐ suicide	자살	☐ nutrient	영양소, 영양분; 영양이 되는
☐ delusion	망상, 환상	☐ breathe	숨을 쉬다, 호흡하다
☐ chew	물어뜯다, 씹다	☐ symptom	증상
☐ isolate	격리하다, 분리하다, 구분하다	☐ infectious	전염성의

X 모름
△ 애매함
○ 알고 있음

공공 보건

2201 suck [sʌk]
동 빨아들이다, 흡수하다
Mosquitoes **suck** blood from humans, transmitting diseases.
모기는 인간의 피를 빨아들여 질병을 전염시킨다.

2202 fatigue [fətíːg]
명 피로, 피곤
Healthcare workers' **fatigue** leads to increased medical errors.
의료진의 피로는 의료 과실의 증가로 이어진다.

2203 confine [kənfáin]
동 제한하다, 감금하다
Initial vaccination is often **confined** to high-risk groups.
초기 백신 접종은 종종 고위험군으로 제한된다.
파생어 confinement 명 제한, 감금
유의어 제한하다 limit, constrain, restrict, circumscribe
Tip con(완전히) + fine(끝을 마무리 짓다) → 경계를 짓다

2204 freeze [friːz]
동 얼리다, 얼다 명 동결, 금지
We **freeze** certain foods to prevent bacterial growth.
우리는 세균 증식을 막기 위해 특정 식품을 얼린다.

2205 dairy [dɛ́(ː)əri]
명 유제품, 낙농업 형 유제품의, 낙농업의
Some nutritionists advise limiting **dairy** intake for children.
일부 영양학자들은 아이들의 유제품 섭취를 제한하라고 조언한다.

2206 sanitation [sæ̀nitéiʃən]
명 위생 (설비)
Proper **sanitation** is crucial for maintaining public health.
적절한 위생은 공중 보건을 유지하는 데 필수적이다.
파생어 sanity 형 위생의
Tip hygiene은 개인 위생, sanitation은 주로 시설물, 장소 등의 환경 위생을 의미한다.

2207
swallow [swάlou]

동 삼키다 명 제비

Children may **swallow** harmful substances by accident.
아이들은 유해 물질을 우발적으로 삼킬 수 있다.

2208
height [hait]

명 (사람의) 키(신장), (사물의) 높이

Taking various vitamins helps children's **height** growth.
다양한 비타민의 섭취는 어린이들의 키 성장에 도움이 된다.

2209
protein [próuti:n]

명 단백질

Protein is needed for growth and development in children.
단백질은 아이들의 성장과 발달에 필요하다.

> Tip   vitamin 비타민   fat 지방   carbohydrate 탄수화물

2210
cuisine [kwizí:n]

명 요리법

Mediterranean **cuisine** is known for being heart-healthy.
지중해 요리법은 심장 건강에 좋은 것으로 유명하다.

> Tip   nouvelle cuisine 현대식 요리   haute cuisine 최고급 요리

2211
flavor [fléivər]

명 맛, 풍미

Adding **flavor** to healthy foods can improve their appeal.
건강식에 맛을 더하면 그 매력이 높아질 수 있다.

유의어   taste, savor, relish

2212
sight [sait]

명 시력, 시야, (눈에 보이는) 광경

Regular eye exams help detect problems with **sight** early.
정기적인 눈 검사는 시력 문제를 조기에 발견하는 데 도움이 된다.

> Tip   come into sight(view) 시야에 들어오다, 보이게 되다

2213
obesity [oubí:səti]

명 비만

There is a direct link between **obesity** and fast food.
비만과 패스트푸드 간에는 직접적인 관련이 있다.

파생어   obese 형 비대한

2214
fear [fiər]
- 명 공포, 두려움, 염려 동 두려워하다, 염려하다
- **Fear** is sometimes used to promote public behavior change.
- 대중의 행동 변화를 촉진하기 위해 공포가 때때로 활용된다.

2215
traumatic [trɔːmǽtik]
- 형 정신적 외상의, 대단히 충격적인
- The programs address **traumatic** stress in disaster survivors.
- 그 프로그램들은 재난 생존자들의 정신적 외상 스트레스를 다룬다.
- 파생어 trauma 명 정신적 외상
- 유의어 shocking
- Tip post-traumatic stress disorder (PTSD) 외상 후 스트레스 증후군

2216
digest [daidʒést]
- 동 소화하다 명 [dáidʒest] 요약(판)
- Older adults may have difficulty **digesting** certain foods.
- 노인들은 특정 음식을 소화하는 데 어려움을 겪을 수 있다.
- 파생어 digestive 형 소화의 digestion 명 소화

2217
suicide [súːəsàid]
- 명 자살
- **Suicide** prevention starts with recognizing its warning signs.
- 자살 예방은 그것의 경고 징후를 인식하는 것에서 시작한다.
- Tip sui(자기 스스로) + cide(죽이다) → 스스로를 죽이다

2218
delusion [dilúːʒən]
2012 지방직 7급
- 명 망상, 환상
- **Delusions** of guilt are associated with a higher risk of suicide.
- 죄책감에 관한 망상은 더 높은 자살 위험과 관련되어 있다.
- 파생어 delude 동 현혹하다

2219
chew [tʃuː]
- 동 물어뜯다, 씹다
- Stray dogs may **chew** on dirty items, posing a health risk.
- 떠돌이 개들이 더러운 물건을 물어뜯어 건강 위험을 초래할 수 있다.

2220
isolate [áisəlèit]
- 동 격리하다, 분리하다, 구분하다
- People should **isolate** themselves during the pandemic.
- 사람들은 전염병 기간에 자신을 격리해야 한다.
- 파생어 isolation 명 격리, 분리

2221
stomach
[stʌ́mək]

명 위, 배, 식욕

Excessive alcohol consumption damages the **stomach** lining.
과도한 술 소비는 위 점막을 손상시킨다.

Tip an empty stomach 공복

2222
appetite
[ǽpətàit]

명 식욕, 욕구

Poor **appetite** can lead to malnutrition in elderly individuals.
노인들의 식욕 부진은 영양 부족으로 이어질 수 있다.

유의어 욕구 desire

Tip an appetite for ~에의 욕구

2223
consume
[kənsúːm]

동 소비하다, 먹다, 마시다

The new medical equipment **consumes** much electricity.
그 새로운 의료 장비는 많은 전기를 소비한다.

파생어 consumer 명 소비자

Tip black consumer는 상품을 제공한 곳을 상대로 '고의적으로 악성 민원을 제기하는 소비자'를 뜻한다.

2224
grain
[grein]

명 곡물, 알갱이

Whole **grains** reduce the risk of heart disease and diabetes.
통곡물은 심장병과 당뇨병의 위험을 줄인다.

2225
crop
[krɑp]

명 (농)작물 동 경작하다, 아주 짧게 깎다

Healthy **crops** contribute to better nutrition and food security.
건강한 농작물은 더 나은 영양과 식량 안보에 기여한다.

2226
microwave
[máikrəwèiv]

명 전자레인지, 극초단파

Microwaves can heat food unevenly, risking food safety.
전자레인지는 음식을 불균일하게 가열하여 식품 안전에 위험을 초래할 수 있다.

2227
edible
[édəbl]

2008 서울시 9급

형 식용의, 먹을 수 있는

Edible mushrooms must be identified to avoid poisoning.
식용 버섯은 독성을 피하기 위해 식별되어야 한다.

유의어 eatable

반의어 먹을 수 없는 inedible

2228 optical
[áptikəl]

형 시각의, 눈의

Optical safety measures protect workers' eyes in industry.
산업에서 **시각** 안전 조치는 노동자들의 눈을 보호한다.

유의어 visual

2229 raw
[rɔː]

형 날것의, 가공되지 않은, 세련되지 않은

Raw meat contains harmful bacteria if not properly handled.
날고기는 제대로 취급하지 않으면 유해한 박테리아를 포함한다.

유의어 crude

2230 physical
[fízikəl]

형 신체의, 육체적인

Physical contact with an ill person should be avoided.
병에 걸린 사람과 **신체** 접촉은 피해야 한다.

유의어 bodily, corporal
반의어 정신의, 마음의 mental

Tip 학교에서 체육 과목을 P.E.라고 부르는데, 이는 **physical education**(신체 교육)의 약자이다.

2231 clinic
[klínik]

명 병원

Welfare recipients can receive free vaccines in **clinics**.
복지 수급자들은 **병원**에서 무료 백신을 맞을 수 있다.

파생어 clinical 형 임상의

2232 organic
[ɔːrɡǽnik]

형 유기농의, 화학 비료를 쓰지 않는

Organic farming reduces risks from pesticide exposure.
유기농 농업은 농약 노출의 위험을 줄인다.

파생어 organism 명 유기체, 생물

2233 immune
[imjúːn]

형 면역성의, 면제된

Immune responses to colds vary among individuals.
감기에 대한 **면역** 반응은 개인마다 다르다.

파생어 immunize 동 면역성을 주다   immunization 명 예방 접종
유의어 면제된 free, exempt

Tip be immune from ~가 면제되다

2234
grocery
[gróusəri]

명 식료품 잡화점, 식료품

They opened a small **grocery** near the train station.
그들은 기차역 근처에 작은 식료품 잡화점을 열었다.

2235
metabolic
[mètəbálik]

형 (신진)대사의

Metabolic disorders impact overall health significantly.
신진대사 장애는 전반적인 건강에 큰 영향을 미친다.

파생어 metabolism 명 신진대사

2236
rot
[rɑt]

동 썩다, 썩히다, 부패시키다   명 썩음, 부패

Hot weather causes food to **rot**, resulting in many infections.
더운 날씨는 음식을 썩게 해서, 많은 전염병을 일으킨다.

파생어 rotten 형 썩은, 부패한
유의어 decay, decompose, corrode, perish, go bad

2237
nutrient
[njú:triənt]

명 영양소, 영양분   형 영양이 되는

African children often suffer from a lack of essential **nutrients**.
아프리카 어린이들은 종종 필수 영양소 부족을 겪는다.

유의어 영양이 되는 nutritious, nourishing

2238
breathe
[bri:ð]

동 숨을 쉬다, 호흡하다

People **breathe** deeply to relax during stressful situations.
스트레스 상황에서 사람들은 긴장을 풀기 위해 깊게 숨을 쉰다.

파생어 breath 명 호흡, 숨

2239
symptom
[símptəm]

명 증상

Fever and fatigue are common **symptoms** of many illnesses.
열과 피로는 많은 질병의 흔한 증상이다.

2240
infectious
[inférkʃəs]

형 전염성의

Infectious diseases spread quickly in crowded city areas.
전염성 질환은 혼잡한 도시 지역에서 빠르게 퍼진다.

파생어 infection 명 감염, 전염병
유의어 contagious, communicable, spreading

TEST

A 다음 영단어의 뜻을 찾아 연결하시오. [01~10]

01 metabolic 형 • • 자살
02 isolate 동 • • 소화하다
03 edible 형 • • 정신적 외상의, 대단히 충격적인
04 obesity 명 • • 비만
05 consume 동 • • 삼키다
06 digest 동 • • (신진)대사의
07 immune 형 • • 면역성의, 면제된
08 swallow 동 • • 격리하다, 분리하다, 구분하다
09 traumatic 형 • • 소비하다, 먹다, 마시다
10 suicide 명 • • 식용의, 먹을 수 있는

B 다음 영단어의 뜻을 우리말로 쓰시오. [11~20]

11 delusion 명
12 raw 형
13 nutrient 명
14 infectious 형
15 suck 동
16 rot 동
17 fatigue 명
18 symptom 명
19 confine 동
20 sanitation 명

Answer

A 01 (신진)대사의 02 격리하다, 분리하다, 구분하다
03 식용의, 먹을 수 있는 04 비만
05 소비하다, 먹다, 마시다 06 소화하다
07 면역성의, 면제된 08 삼키다
09 정신적 외상의, 대단히 충격적인 10 자살

B 11 망상, 환상 12 날것의, 가공되지 않은, 세련되지 않은
13 영양소, 영양분 14 전염성의
15 빨아들이다, 흡수하다 16 썩다, 썩히다, 부패시키다
17 피로, 피곤 18 증상 19 제한하다, 감금하다
20 위생 (설비)

Day 57

암기 전 미리보기 & 암기 후 확인하기

학습 전에 아는 단어에 체크해 보세요.
학습 후에 암기한 단어에 체크해 보세요.
체크가 안 된 약점 어휘만 보면서 복습용으로 활용해 보세요.

✓ Self Check

맞힌 개수 ___ / 40개   1회독 ☐   2회독 ☐   3회독 ☐

☐ diplomat	외교관	☐ aggressive	공격적인, (대단히) 적극적인
☐ scheme	계획, 음모	☐ alternative	대안, 양자택일; 대체 가능한, 대안이 되는
☐ retaliate	보복하다	☐ disciplined	훈련된, 규율 있는
☐ embassy	대사관	☐ republic	공화국
☐ conquer	정복하다, 이기다	☐ state-of-the-art	최신식의
☐ intimidate	위협하다	☐ trap	덫, 함정; 덫을 놓다, 함정에 빠뜨리다
☐ unify	통합하다, 통일하다	☐ defend	방어하다, 수비하다
☐ flee	달아나다, 도망하다	☐ seize	붙잡다, 장악하다, 체포하다, 압수하다
☐ threat	위협, 협박, 위험	☐ weapon	무기
☐ rebel	반란을 일으키다, 반항하다; 반역자, 반대자	☐ tension	긴장, 긴장 상태
☐ resolute	단호한, 굳게 결심한	☐ deal	거래, 합의; 거래하다, 다루다
☐ ally	연합하다, 동맹을 맺다; 동맹국, 협력자	☐ invincible	무적의
☐ havoc	큰 피해, 대파괴	☐ destroy	파괴하다
☐ enemy	적, 적군	☐ negotiation	협상
☐ conflict	갈등, 충돌; 충돌하다	☐ plight	곤경, 고통
☐ collapse	무너뜨리다, 붕괴하다	☐ urgent	긴급한
☐ victim	피해자, 희생자, 제물	☐ private	민간의, 개인의, 사설의; 사병
☐ prolong	장기화하다, 연장시키다	☐ treaty	조약
☐ defeat	패배시키다, 이기다	☐ troop	군대, 병력
☐ loyal	충성스러운, 충실한	☐ disrupt	~에 혼란을 일으키다, 붕괴시키다, 방해하다

영단어
암기 테스트

X 모름
△ 애매함
○ 알고 있음

외교·국방

2241
diplomat
[dípləmæt]

명 외교관

The President will be meeting with foreign **diplomats**.
대통령은 외국 **외교관들**과 회담할 예정이다.

Tip diplomacy 외교

2242
scheme
[ski:m]

명 계획, 음모

He proposed a **scheme** for regional security cooperation.
그는 지역 안보 협력을 위한 **계획**을 제안했다.

유의어 계획 plan, project, schedule

2243
retaliate
[ritǽlièit]

동 보복하다

They **retaliated** against cyber attacks with economic sanctions.
그들은 사이버 공격에 대해 경제 제재로 **보복했다**.

파생어 retaliation 명 보복
유의어 get even, take revenge, avenge
Tip retaliate against the enemy 적에게 보복하다

2244
embassy
[émbəsi]

명 대사관

The **embassy** issues visas and assists citizens abroad.
대사관은 비자를 발급하고 해외에 있는 시민들을 지원한다.

2245
conquer
[káŋkər]

동 정복하다, 이기다

Today, wars to **conquer** foreign lands can't be justified.
오늘날, 외국의 영토를 **정복하기** 위한 전쟁은 정당화될 수 없다.

파생어 conquest 명 정복

2246
intimidate
[intímədèit]

2018 지방직 9급
2013 국회사무처 8급
2010 서울시 9급

동 위협하다

They use military exercises to **intimidate** neighboring countries.
그들은 주변국들을 **위협하기** 위해 군사 훈련을 이용한다.

파생어 intimidation 명 위협
유의어 threaten, menace, browbeat, scare, daunt
Tip in(~의 상태로 하다) + timid(두려워하는) + ate(동사형 어미)

2247
unify
[júːnəfài]

동 통합하다, 통일하다

The government aims to **unify** its foreign and defense policies.
정부는 외교 정책과 국방 정책을 **통합하는** 것을 목표로 한다.

파생어 unification 명 통합, 통일
유의어 unite
Tip uni(하나의) + fy(~으로 되다)

2248
flee
[fliː]

동 달아나다, 도망하다

Refugees **flee** to adjacent foreign countries for freedom.
난민들은 자유를 위해 인접한 외국으로 **달아난다**.

2249
threat
[θret]

명 위협, 협박, 위험

The 9/11 attacks underscored the global **threat** of terrorism.
9/11 테러는 전 세계적인 테러 **위협**을 강조했다.

파생어 threaten 동 위협하다
유의어 위협, 위험 danger, risk, menace, peril

2250
rebel
[ribél]

동 반란을 일으키다, 반항하다 명 [rébəl] 반역자, 반대자

French citizens **rebelled** against the monarchy in 1789.
프랑스 시민들은 1789년 군주제에 **반란을 일으켰다**.

파생어 rebellion 명 반란, 반항   rebellious 형 반항적인
유의어 oppose, resist, disobey, defy

2251
resolute
[rézəlùːt]

2016 기상직 9급

형 단호한, 굳게 결심한

She remained **resolute** in leading her country to victory.
그녀는 자신의 조국을 승리로 이끄는 데 있어 **단호한** 태도를 유지했다.

파생어 resolution 명 결의안, 결단력
유의어 determined, resolved, adamant
반의어 우유부단한 irresolute
Tip a resolute leader 단호한 지도자

2252
ally
[ǽlai]

동 연합하다, 동맹을 맺다 명 동맹국, 협력자

Several European nations **allied** to fight Napoleon's army.
여러 유럽 국가들은 나폴레옹 군대와 싸우기 위해 **연합했다**.

Tip make an ally of ~을 자기 편으로 만들다

2253
havoc
[hǽvək]

명 큰 피해, 대파괴

The civil war caused **havoc** across the entire nation.
내전이 국가 전체에 큰 피해를 초래했다.

유의어 destruction, devastation, ruin, damage, disaster, catastrophe

Tip wreak havoc on ~을 사정없이 파괴하다

2254
enemy
[énəmi]

명 적, 적군

The attackers are determined to harm their **enemies**.
공격자들은 그들의 적을 해치기로 단단히 결심하고 있다.

Tip natural enemy (생태계에서의) 천적   public enemy 공공의 적

2255
conflict
[kánflikt]

명 갈등, 충돌   동 [kənflíkt] 충돌하다

The political **conflict** disrupted trade and regional stability.
정치적인 갈등이 무역과 지역 안정을 방해했다.

파생어 conflicting 형 충돌하는

2256
collapse
[kəlǽps]

2016 서울시 7급

동 무너뜨리다, 붕괴하다

The siege **collapsed** the capital's resistance within weeks.
포위 공격이 몇 주 만에 수도의 저항을 무너뜨렸다.

유의어 붕괴하다 fall, crumble, break down

Tip col(함께) + lapse(미끄러져 떨어지다)

2257
victim
[víktim]

명 피해자, 희생자, 제물

The atomic bombings left numerous civilians as war **victims**.
원자 폭탄 투하로 수많은 민간인이 전쟁 피해자가 되었다.

2258
prolong
[prəlɔ́:ŋ]

2025 국가직 9급

동 장기화하다, 연장시키다

Perennial firearm accidents **prolonged** the public's anxiety.
지속적인 총기 사고는 대중의 불안을 장기화했다.

유의어 extend, lengthen, protract

Tip pro(앞에) + long(길다)

2259
defeat
[difí:t]

동 패배시키다, 이기다

Hannibal was ultimately **defeated** by Rome in the Punic Wars.
한니발은 결국 포에니 전쟁에서 로마에 의해 패배당했다.

2260 loyal
[lɔ́iəl]

형 충성스러운, 충실한

The leader rewarded **loyal** supporters with key positions.
그 지도자는 **충성스러운** 지지자들에게 주요 직책을 보상으로 주었다.

파생어 loyalty 명 충성(심)
Tip royal 왕의, 왕실의

2261 aggressive
[əgrésiv]

형 공격적인, (대단히) 적극적인

Aggressive trade deals turned former rivals into enemies.
공격적인 무역 협정이 이전의 경쟁자들을 적으로 만들었다.

파생어 aggression 명 공격
유의어 공격적인 offensive, hostile, warlike
Tip aggress(공격하다) + ive(형용사형 어미)

2262 alternative
[ɔːltə́ːrnətiv]

명 대안, 양자택일   형 대체 가능한, 대안이 되는

An **alternative** was needed to address the border conflict.
국경 분쟁을 해결하기 위해 **대안**이 필요했다.

파생어 alternate 동 번갈아 나오다 형 번갈아 나오는
유의어 대안 choice, option
Tip the alternative of A or B A나 B 중 양자택일

2263 disciplined
[dísəplind]

2016 지방직 7급
2012 지방직(하반기)
(사회복지직·인천시) 9급

형 훈련된, 규율 있는

The mission required highly **disciplined** special forces.
그 임무는 고도로 **훈련된** 특수 부대를 필요로 했다.

파생어 discipline 명 훈육, 규율 동 훈육하다

2264 republic
[ripʌ́blik]

명 공화국

The young **republic** struggled with political instability.
그 신생 **공화국**은 정치적 불안정으로 어려움을 겪었다.

Tip Republic of Korea (ROK) 대한민국

2265 state-of-the-art
[steit əv ðe ɑːrt]

형 최신식의

The **state-of-the-art** radar detects threats from a distance.
그 **최신식** 레이더는 멀리서 위협을 감지한다.

유의어 up-to-date

2266 trap
[træp]

명 덫, 함정   동 덫을 놓다, 함정에 빠뜨리다

The soldiers discovered a hidden **trap** set by enemy forces.
병사들이 적군이 설치한 숨겨진 **덫**을 발견했다.

2267
defend
[difénd]

동 방어하다, 수비하다

Egyptians **defended** the pyramids from tomb raiders.
이집트인들은 무덤 도굴꾼들로부터 피라미드를 방어했다.

파생어 defense(defence) 명 방어 defensive 형 방어적인
Tip self-defence 정당방위

2268
seize
[si:z]

동 붙잡다, 장악하다, 체포하다, 압수하다

Guards **seized** the spy attempting to enter the embassy.
경비원들이 대사관에 침입하려던 스파이를 붙잡았다.

파생어 seizure 명 압수, 장악
유의어 붙잡다 grab, catch
Tip seize hold of ~을 붙잡다

2269
weapon
[wépən]

명 무기

The cutting-edge **weapons** can destroy the entire city.
그 최첨단 무기들은 도시 전체를 파괴할 수 있다.

2270
tension
[ténʃən]

명 긴장, 긴장 상태

Rising political **tension** led to protests in the capital.
고조되는 정치적 긴장이 수도에서 시위로 이어졌다.

파생어 tense 형 긴장한
유의어 strain

2271
deal
[di:l]

명 거래, 합의 동 거래하다, 다루다

A secret arms **deal** was exposed by intelligence agencies.
비밀 무기 거래가 정보 기관에 의해 폭로되었다.

유의어 거래; 거래하다 trade
Tip deal with ~을 다루다(처리하다)

2272
invincible
[invínsəbl]

형 무적의

The dictator claimed to have an **invincible** military force.
그 독재자는 자신이 무적의 군대를 보유하고 있다고 주장했다.

유의어 impregnable, unconquerable, unassailable
Tip in(부정)+vincere(이겨내다)+ible(~할 수 있는) → 이겨낼 수 없는 → 무적의

2273
destroy
[distrói]

동 파괴하다

The explosion **destroyed** military supplies in the bunker.
그 폭발이 벙커에 있는 군수품들을 파괴했다.

파생어 destruction 명 파괴
유의어 demolish, ruin, wreck, devastate

2274
negotiation
[nigòuʃiéiʃən]

2009 서울시(세무·기술직) 9급

명 협상

Successful **negotiation** led to a historic arms reduction.
성공적인 협상이 역사적인 군축으로 이어졌다.

파생어 negotiate 동 협상하다

Tip neg(부정) + otia(편하게 해주다) + ion(명사형 어미)

2275
plight
[plait]

2011 서울시 9급

명 곤경, 고통

International aid helped ease the **plight** of famine victims.
국제 지원이 기근 피해자들의 곤경을 완화하는 데 도움을 주었다.

유의어 difficulty, dilemma, quandary, predicament

2276
urgent
[ə́ːrdʒənt]

형 긴급한

The UN issued an **urgent** resolution to stop the brutal war.
유엔은 그 잔혹한 전쟁을 막기 위해 긴급 결의를 발표했다.

유의어 emergent, pressing, imperative, imminent

2277
private
[práivit]

형 민간의, 개인의, 사설의   명 사병

Private organizations support humanitarian aid for refugees.
민간 단체들은 난민을 위한 인도적 지원을 후원한다.

유의어 사적인 personal

Tip private information 사적인 정보

2278
treaty
[tríːti]

명 조약

A historic **treaty** ended the long-standing territorial dispute.
한 역사적인 조약이 오랜 영토 분쟁을 종식시켰다.

Tip make a treaty with ~와 조약을 맺다

2279
troop
[truːp]

명 군대, 병력

Troops withdrew from the occupied territory last year.
군대는 지난해 점령 지역에서 철수했다.

2280
disrupt
[disrʌ́pt]

동 ~에 혼란을 일으키다, 붕괴시키다, 방해하다

Cyberattacks can **disrupt** military communications instantly.
사이버 공격은 군사 통신에 즉시 혼란을 일으킬 수 있다.

파생어 disruption 명 분열, 중단

유의어 붕괴시키다 destroy, demolish

TEST

A 다음 영단어의 뜻을 찾아 연결하시오. [01~10]

01 victim 명 • • 무적의
02 resolute 형 • • 계획, 음모
03 intimidate 동 • • 달아나다, 도망하다
04 collapse 동 • • 위협하다
05 invincible 형 • • 공격적인, (대단히) 적극적인
06 diplomat 명 • • 피해자, 희생자, 제물
07 flee 동 • • 훈련된, 규율 있는
08 scheme 명 • • 무너뜨리다, 붕괴하다
09 aggressive 형 • • 단호한, 굳게 결심한
10 disciplined 형 • • 외교관

B 다음 영단어의 뜻을 우리말로 쓰시오. [11~20]

11 seize 동
12 prolong 동
13 ally 동
14 state-of-the-art 형
15 retaliate 동
16 treaty 명
17 havoc 명
18 alternative 명
19 embassy 명
20 rebel 동

Answer

A 01 피해자, 희생자, 제물　02 단호한, 굳게 결심한
03 위협하다　04 무너뜨리다, 붕괴하다　05 무적의
06 외교관　07 달아나다, 도망하다　08 계획, 음모
09 공격적인, (대단히) 적극적인　10 훈련된, 규율 있는

B 11 붙잡다, 장악하다, 체포하다, 압수하다
12 장기화하다, 연장시키다　13 연합하다, 동맹을 맺다
14 최신식의　15 보복하다　16 조약　17 큰 피해, 대파괴
18 대안, 양자택일　19 대사관
20 반란을 일으키다, 반항하다

Day 58

암기 전 미리보기 & 암기 후 확인하기

학습 전에 아는 단어에 체크해 보세요.
학습 후에 암기한 단어에 체크해 보세요.
체크가 안 된 약점 어휘만 보면서 복습용으로 활용해 보세요.

Self Check

맞힌 개수　　/ 40개　1회독 ☐　2회독 ☐　3회독 ☐

영단어
암기 테스트

☐ border	국경, 경계, 가장자리; (경계를) 접하다	☐ clash	충돌하다; 충돌
☐ aviation	항공, 비행	☐ fierce	맹렬한, 사나운, 극심한
☐ chase	추격, 추적; 뒤쫓다, 추적하다	☐ draft	초안, 초고, 징집; 징집하다
☐ blast	폭발, 돌풍, 폭파하다	☐ coordinate	조정하다, 조직화하다
☐ suppress	진압하다, 억압하다	☐ wary	경계하는, 신중한, 조심하는
☐ combat	전투, 싸움; 방지하다, 싸우다	☐ subordinate	부하; 종속된
☐ hostile	적대적인, 반대하는	☐ deprive	빼앗다
☐ ideology	이념, 이데올로기	☐ attack	공격, 폭행; 공격하다, 폭행하다
☐ barrier	장벽, 장애물	☐ revenge	복수, 보복; 복수를 하다, 보복하다
☐ mighty	강력한, 센	☐ violent	폭력적인, 격렬한
☐ command	지휘하다, 명령하다; 지휘, 명령	☐ nuclear	핵의
☐ assist	돕다, ~의 조수로 일하다	☐ vigilant	바짝 경계하는, 방심하지 않는
☐ fusion	융합, 통합, 합동체; 융합의, 혼합한	☐ triumph	승리; 승리를 거두다, 이기다
☐ strife	투쟁, 다툼	☐ capture	포로로 잡다, 억류하다, 함락시키다; 생포, 포획, 함락
☐ infringe	침해하다, 위반하다	☐ riot	폭동
☐ territory	영토, 영역	☐ invade	침공하다, 침입하다
☐ salvage	(해난) 구조, (침몰선의) 인양; 구조하다, 인양하다	☐ revolution	혁명, 대변혁
☐ military	군사의, 군대의	☐ cooperate	협력하다
☐ complicity	공모, 연루	☐ sanction	제재, 인가; 인가하다, 제재를 가하다
☐ fidelity	충실(함), 엄수, 충성	☐ shield	방패, 보호자, 보호물; 보호하다

X 모름
△ 애매함
○ 알고 있음

외교·국방

2281 border [bɔ́ːrdər] ★★
명 국경, 경계, 가장자리 동 (경계를) 접하다
Additional troops were deployed to secure the **border**.
추가 병력이 **국경**을 확보하기 위해 배치되었다.
유의어 boundary

2282 aviation [èiviéiʃən] ★
명 항공, 비행
Aviation plays a key role in national defense strategies.
항공은 국가 방위 전략에서 중요한 역할을 한다.
Tip avis는 라틴어로 '새(bird)'라는 의미이다.

2283 chase [tʃeis] ★
명 추격, 추적 동 뒤쫓다, 추적하다
The **chase** ended when the enemy forces crossed the river.
추격은 적군이 강을 건너면서 끝났다.
Tip cut to the chase 바로 본론으로 들어가다

2284 blast [blæst] ★
명 폭발, 돌풍 동 폭파하다
A powerful **blast** shook the city during the early hours.
강력한 **폭발**이 이른 시간에 도시를 뒤흔들었다.

2285 suppress [səprés] ★★
동 진압하다, 억압하다
The rebellion was **suppressed** by the heavily armed police.
그 반란은 중무장한 경찰에 의해 **진압되었다**.
유의어 repress, control, quell, put down, keep down
Tip sup(아래로) + press(누르다)

2286 combat [kʌ́mbæt] ★★
명 전투, 싸움 동 [kəmbǽt] 방지하다, 싸우다
Combat in Vietnam led to major shifts in U.S. war policies.
베트남의 **전투**는 미국의 전쟁 정책에 큰 변화를 가져왔다.
Tip com(함께) + bat(치다)

2287
hostile
[hástil]

형 적대적인, 반대하는

The army monitored **hostile** movements near the border.
군대는 국경 근처의 적대적인 움직임을 감시했다.

파생어 hostility 명 적의, 적개심
유의어 적대적인 bellicose, belligerent, antagonistic, inimical, unfriendly
반의어 호의적인 hospitable, welcoming

2288
ideology
[àidiálədʒi]

명 이념, 이데올로기

The cold war was driven by competing political **ideologies**.
냉전은 서로 경쟁하는 정치 이념들에 의해 촉발되었다.

Tip ideo(이념) + logie(담론, 이론)

2289
barrier
[bǽriər]

명 장벽, 장애물

Religious **barriers** complicate peace efforts in the region.
종교적 장벽들이 해당 지역의 평화 노력들을 복잡하게 만든다.

유의어 obstacle

2290
mighty
[máiti]

형 강력한, 센

The **mighty** aircraft symbolizes the nation's military strength.
그 강력한 항공기는 국가의 군사력을 상징한다.

유의어 strong, potent, powerful, robust, sturdy

2291
command
[kəmǽnd]

동 지휘하다, 명령하다 명 지휘, 명령

Experienced officers **commanded** troops during the war.
숙련된 장교들은 전쟁 동안 군대를 지휘했다.

파생어 commander 명 사령관

2292
assist
[əsíst]

동 돕다, ~의 조수로 일하다

The country pledged to **assist** in humanitarian missions.
그 국가는 인도주의적 임무를 돕겠다고 약속했다.

파생어 assistance 명 도움, 지원

2293
fusion
[fjúːʒən]

명 융합, 통합, 합동체 형 융합의, 혼합한

The **fusion** of intelligence networks improved security.
정보망의 융합이 안보를 향상시켰다.

유의어 union

2294
strife
[straif]

명 투쟁, 다툼

Diplomatic efforts aim to end political **strife** peacefully.
외교적 노력은 정치적 투쟁을 평화적으로 종식하는 것을 목표로 한다.

파생어 **strive** 동 애쓰다, 분투하다
유의어 fight, struggle, conflict

2295
infringe
[infríndʒ]

동 침해하다, 위반하다

The government vowed not to **infringe** on civil liberties.
정부는 시민 자유를 침해하지 않을 것을 맹세했다.

파생어 **infringement** 명 위반
유의어 침해하다 encroach, trespass
위반하다 break, breach, violate
Tip in(안으로) + fringere(깨다)

2296
territory
[térətɔ̀ːri]

명 영토, 영역

The dispute over maritime **territory** required mediation.
그 해양 영토 분쟁은 중재가 필요했다.

2297
salvage
[sǽlvidʒ]

명 (해난) 구조, (침몰선의) 인양 동 구조하다, 인양하다

Divers joined the **salvage** mission to recover the cargo.
잠수부들은 화물을 회수하기 위해 구조 임무에 참여했다.

파생어 **salvation** 명 구조, 구제 (수단)
유의어 save, rescue

2298
military
[mílitèri]

형 군사의, 군대의

Military exercises improve coordination between allied forces.
군사 훈련은 동맹군 간의 협력을 향상시킨다.

Tip military service 군 복무

2299
complicity
[kəmplísəti]

명 공모, 연루

The investigation revealed **complicity** in illegal arms trading.
그 조사는 불법 무기 거래에 대한 공모를 밝혀 냈다.

파생어 **complicit** 형 연루된, 공모한
Tip accomplice 공범

2300
fidelity

[fidéləti]

명 충실(함), 엄수, 충성

The treaty highly emphasized **fidelity** to mutual defense.
그 조약은 상호 방위에 대한 충실함을 매우 강조했다.

유의어 faithfulness, loyalty

2301
clash [klæʃ]

동 충돌하다 명 충돌

The naval forces **clashed** over claims to territorial waters.
해군이 영해 주장 문제로 **충돌했다**.

유의어 충돌하다 collide

2302
fierce [fiərs]

형 맹렬한, 사나운, 극심한

The **fierce** battle lasted for several hours near the border.
그 **맹렬한** 전투는 국경 근처에서 몇 시간 동안 지속되었다.

유의어 violent

2303
draft [dræft]

명 초안, 초고, 징집 동 징집하다

Leaders discussed revisions to the **draft** during negotiations.
지도자들은 협상 중 **초안**의 수정 사항들을 논의했다.

유의어 징집하다 conscript, enlist

Tip make a draft 초고를 만들다

2304
coordinate [kouɔ́:rdəneit]

동 조정하다, 조직화하다

The allies **coordinated** their efforts to counter the threat.
동맹국들은 위협에 대응하기 위해 자신들의 노력을 **조정했다**.

유의어 arrange

Tip co(함께) + ordin(순서) + ate(동사형 어미)

2305
wary [wéəri]

형 경계하는, 신중한, 조심하는

The troops remained **wary** of possible ambushes at night.
군대는 가능성 있는 야간 매복을 계속 **경계했다**.

유의어 careful, cautious, circumspect, alert, watchful, heedful, prudent

2306
subordinate [səbɔ́:rdənət]

명 부하 형 종속된

Subordinates must report any irregularities to their superiors.
부하들은 모든 이상 사항을 자신들의 상관에게 보고해야 한다.

파생어 subordination 명 종속

Tip sub(아래에) + ordinatus(순서대로 놓인)

2307
deprive [dipráiv]

2025 국가직 9급

동 빼앗다

The invasion **deprived** many civilians of their homes.
침략은 많은 민간인들에게서 그들의 집을 **빼앗았다**.

Tip deprive A of B A에게서 B를 빼앗다

2308
attack
[ətǽk]

명 공격, 폭행　동 공격하다, 폭행하다

An air **attack** destroyed several enemy supply routes.
공중 **공격**이 적의 여러 보급로를 파괴했다.

유의어 공격하다, 폭행하다 assault, strike, aggress, charge

2309
revenge
[rivéndʒ]

명 복수, 보복　동 복수를 하다, 보복하다

The rebels sought **revenge** after losing their base.
반군은 그들의 기지를 잃은 후 **복수**를 꾀했다.

유의어 복수 avenge, retaliation, retribution

2310
violent
[váiələnt]

형 폭력적인, 격렬한

The region has seen **violent** fights over territorial disputes.
그 지역은 영토 분쟁으로 인한 **폭력적인** 싸움을 겪어 왔다.

파생어 violence 명 폭력
유의어 격렬한 vehement, ferocious, fierce, brutal, vicious
Tip violate(난폭하게 다루다) + ent(상태)

2311
nuclear
[njú:kliər]

형 핵의

Nuclear weapons have been used only twice in global conflicts.
핵무기는 세계적 분쟁에서 딱 두 번 사용된 적이 있다.

2312
vigilant
[vídʒələnt]

형 바짝 경계하는, 방심하지 않는

The military is **vigilant** against any provocative actions.
군대는 어떤 도발 행위에도 대비해 **바짝 경계하고** 있다.

파생어 vigilance 명 경계, 조심
유의어 careful, watchful, heedful, cautious, circumspect, wary, alert, prudent

2313
triumph
[tráiəmf]

명 승리　동 승리를 거두다, 이기다

The operation ended in a **triumph** for the allied forces.
그 작전은 연합군의 **승리**로 끝났다.

유의어 conquest, victory
Tip triumph over ~에 대한 승리

2314
capture
[kǽptʃər]

동 포로로 잡다, 억류하다, 함락시키다　명 생포, 포획, 함락

The soldiers were **captured** after their base was taken.
기지가 점령된 후 병사들이 **포로로 잡혔다**.

유의어 사로잡다 captivate, fascinate, enthrall, enchant
Tip capture one's heart ~의 마음을 사로잡다

2315
riot
[ráiət]

명 폭동

The Los Angeles **riot** was recorded as the worst race **riot**.
LA 폭동은 최악의 인종 폭동으로 기록되었다.

2316
invade
[invéid]

2016 서울시 7급

동 침공하다, 침입하다

The British learned that Hitler was ready to **invade** England.
영국은 Hitler가 영국을 침공할 준비가 됐다는 사실을 알게 되었다.

파생어 invasion 명 침공, 침입
유의어 attack, assail, trespass

2317
revolution
[rèvəlú:ʃən]

명 혁명, 대변혁

The digital **revolution** transformed the way we communicate.
디지털 혁명은 우리의 소통 방식을 바꿔 놓았다.

파생어 revolutionary 형 혁명의, 혁명적인   revolutionize 동 대변혁을 일으키다

2318
cooperate
[kouápərèit]

동 협력하다

A lot of countries **cooperate** to prevent nuclear proliferation.
많은 국가들이 핵 확산을 막기 위해 협력한다.

파생어 cooperation 명 협력   cooperative 형 협력하는
유의어 collaborate, team up, pull together
Tip co(함께) + operate(일을 하다)

2319
sanction
[sǽŋkʃən]

명 제재, 인가   동 인가하다, 제재를 가하다

The UN lifted the **sanction** after the peace negotiations.
유엔은 평화 협상 후에 제재를 해제했다.

유의어 인가 approval, endorsement
Tip written sanction 서면 승인

2320
shield
[ʃi:ld]

명 방패, 보호자, 보호물   동 보호하다

The missile system acts as a **shield** against enemy attacks.
그 미사일 체계는 적의 공격에 대한 방패 역할을 한다.

유의어 protect, guard, defend, shelter, secure, insulate
Tip shield A (from B) A를 (B로부터) 보호하다

TEST

A 다음 영단어의 뜻을 찾아 연결하시오. [01~10]

- 01 infringe 동 • • (해난) 구조, (침몰선의) 인양
- 02 fierce 형 • • 충돌하다
- 03 suppress 동 • • 장벽, 장애물
- 04 clash 동 • • 경계하는, 신중한, 조심하는
- 05 blast 명 • • 폭발, 돌풍
- 06 wary 형 • • 적대적인, 반대하는
- 07 salvage 명 • • 침해하다, 위반하다
- 08 hostile 형 • • 침공하다, 침입하다
- 09 invade 동 • • 맹렬한, 사나운, 극심한
- 10 barrier 명 • • 진압하다, 억압하다

B 다음 영단어의 뜻을 우리말로 쓰시오. [11~20]

- 11 assist 동
- 12 deprive 동
- 13 strife 명
- 14 border 명
- 15 sanction 명
- 16 complicity 명
- 17 aviation 명
- 18 subordinate 형
- 19 mighty 형
- 20 fidelity 명

Answer

A 01 침해하다, 위반하다 02 맹렬한, 사나운, 극심한 03 진압하다, 억압하다 04 충돌하다 05 폭발, 돌풍 06 경계하는, 신중한, 조심하는 07 (해난) 구조, (침몰선의) 인양 08 적대적인, 반대하는 09 침공하다, 침입하다 10 장벽, 장애물

B 11 돕다, ~의 조수로 일하다 12 빼앗다 13 투쟁, 다툼 14 국경, 경계, 가장자리 15 제재, 인가 16 공모, 연루 17 항공, 비행 18 부하 19 강력한, 센 20 충실(함), 엄수, 충성

Day 59

암기 전 미리보기 & 암기 후 확인하기

학습 전에 아는 단어에 체크해 보세요.
학습 후에 암기한 단어에 체크해 보세요.
체크가 안 된 약점 어휘만 보면서 복습용으로 활용해 보세요.

✓ Self Check

맞힌 개수   / 40개   1회독 ☐   2회독 ☐   3회독 ☐

☐ circulate	순환하다, 돌다	☐ slope	경사면, 경사; 경사지다, 기울어지다
☐ blow	(바람이) 불다, (입으로) 불다; 세게 때림, 강타	☐ inhabit	~에 서식하다(살다), ~에 거주하다
☐ soil	토양, 흙	☐ horizon	지평선, 수평선, 범위, 영역
☐ fossil	화석	☐ feather	(새의) 깃털, 부류
☐ cave	동굴	☐ discard	폐기하다, 버리다
☐ extinct	멸종된, 사라진	☐ vehicle	차량, 탈것
☐ reproduction	번식, 생식, 복제	☐ deplete	고갈시키다
☐ cultivate	경작하다, 재배하다, 장려하다	☐ debate	논쟁, 토론; 논쟁하다, 토론하다
☐ recycle	재활용하다; 재활용	☐ fuel	연료; 연료를 공급하다
☐ bush	덤불	☐ timber	목재, 재목
☐ nourish	영양분을 공급하다, 기르다	☐ abundant	풍부한, 풍족한
☐ breed	새끼를 낳다, 사육하다, 야기하다; 품종, 유형	☐ devastation	대대적 파괴, 유린
☐ harbor	항구, 항만	☐ circumstance	상황, 환경, 형편
☐ facet	측면, 양상	☐ tide	조수, 조류
☐ ecosystem	생태계	☐ atmosphere	대기, 공기, 분위기
☐ trace	추적하다, 찾아내다; 자취, 흔적	☐ surface	표면, 수면
☐ habitat	서식지, 거주지	☐ pollute	오염시키다
☐ disastrous	재난을 일으키는, 처참한, 비참한	☐ humid	(날씨가) 습한
☐ spectacle	광경, 장관	☐ marine	해양의, 바다의
☐ continent	대륙	☐ deforestation	산림 파괴, 삼림 벌채

영단어 암기 테스트

X 모름
△ 애매함
○ 알고 있음

환경

2321
circulate
[sə́ːrkjulèit]

동 순환하다, 돌다

Water **circulates** through ecosystems, shaping landscapes.
물은 생태계를 순환하며, 지형을 만들어 낸다.

파생어 circulation 명 순환

2322
blow
[blou]

동 (바람이) 불다, (입으로) 불다   명 세게 때림, 강타

Strong winds **blow** across the desert, forming sand dunes.
강한 바람이 사막을 가로질러 불어, 모래 언덕을 형성한다.

유의어 세게 때림, 강타 beat, smack, hit, strike

2323
soil
[sɔil]

명 토양, 흙

The roots of plants help stabilize the **soil**, preventing erosion.
식물의 뿌리는 토양을 안정시키고 침식을 방지한다.

유의어 ground, earth

2324
fossil
[fάsl]

명 화석

Scientists study **fossil** records to understand past climates.
과학자들은 과거 기후를 이해하기 위해 화석 기록을 연구한다.

Tip fossil fuel 화석 연료(석탄, 석유, 천연가스 등)

2325
cave
[keiv]

명 동굴

Caves maintain consistent indoor temperatures and humidity.
동굴은 일정한 실내 온도와 습도를 유지한다.

2326
extinct
[ikstíŋkt]

형 멸종된, 사라진

A lot of species have become **extinct** due to human activities.
수많은 종들이 인간의 활동 때문에 멸종되었다.

파생어 extinction 명 멸종, 소멸

Tip an extinct species 멸종된 종

2327
reproduction
[rìːprədʌ́kʃən]

2016 교육행정직 9급
2009 국가직 9급

명 번식, 생식, 복제

Species adopt rapid **reproduction** in unstable environments.
불안정한 환경에서 종들은 빠른 번식을 채택한다.

파생어 reproduce 동 번식하다, 복제하다
reproductive 형 번식의, 생식의, 복제의

유의어 복제, 모사품 replica, duplicate, facsimile

2328
cultivate
[kʌ́ltəvèit]

동 경작하다, 재배하다, 장려하다

Farmers **cultivate** diverse crops to maintain soil health.
농부들은 토양 건강을 유지하기 위해 다양한 작물을 경작한다.

파생어 cultivation 명 재배, 경작

유의어 breed, raise, nurture, foster, bring up

Tip cultivate crops 작물을 경작하다

2329
recycle
[riːsáikl]

동 재활용하다 명 재활용

We **recycle** paper to reduce waste and conserve resources.
우리는 쓰레기를 줄이고 자원을 보존하기 위해 종이를 재활용한다.

파생어 recyclable 형 재활용할 수 있는 명 재활용품

2330
bush
[buʃ]

명 덤불

Bushes provide habitat and shelter for many small animals.
덤불은 작은 동물에게 서식지와 피난처를 제공한다.

2331
nourish
[nə́ːriʃ]

동 영양분을 공급하다, 기르다

Healthy soil **nourishes** plants and promotes biodiversity.
건강한 토양은 식물에 영양분을 공급하고 생물 다양성을 촉진한다.

유의어 기르다 nurture, bring up

2332
breed
[briːd]

동 새끼를 낳다, 사육하다, 야기하다 명 품종, 유형

Endangered species struggle to **breed** in damaged habitats.
멸종 위기 종은 손상된 서식지에서 새끼를 낳는 데 어려움을 겪는다.

유의어 기르다 bring up, cultivate, raise, nurture, foster

2333
harbor [háːrbər]
명 항구, 항만
Coastal development keeps reducing natural **harbors**.
해안 개발이 자연 항구를 계속 줄어들게 한다.
유의어 port

2334
facet [fǽsit]
명 측면, 양상
Climate change affects every **facet** of our ecosystem.
기후 변화는 생태계의 모든 측면에 영향을 미친다.
유의어 side, aspect, phase
Tip face(얼굴) + et(작은) → 작은 면

2335
ecosystem [íːkousìstəm]
명 생태계
Pollution can disrupt the delicate balance of an **ecosystem**.
오염은 생태계의 섬세한 균형을 무너뜨릴 수 있다.

2336
trace [treis]
동 추적하다, 찾아내다 명 자취, 흔적
They **trace** the migration patterns of atmospheric pollutants.
그들은 대기 오염 물질의 이동 패턴을 추적한다.
유의어 track

2337
habitat [hǽbitæt]
명 서식지, 거주지
Without plants to eat, animals must leave their **habitat**.
먹을 식물들이 없다면, 동물들은 그들의 서식지를 떠나야 한다.
유의어 home
Tip 라틴어 habere(보유하다)가 어원으로 오래 살고 있는 곳, 즉 '서식지'를 의미한다. habit 또한 같은 어원으로 오래 보유하고 있는 것, '습관'을 의미한다.

2338
disastrous [dizǽstrəs]
형 재난을 일으키는, 처참한, 비참한
Human activities may bring about **disastrous** climate changes.
인간의 활동이 재난을 일으키는 기후 변화를 초래할 수 있다.
파생어 disaster 명 재난, 완전한 실패, 재해, 재앙

2339
spectacle [spéktəkl]
명 광경, 장관
Melting glaciers offer a **spectacle** of environmental destruction.
녹아내리는 빙하는 환경이 파괴되는 광경을 제공한다.
파생어 spectacular 형 장관을 이루는

2340
continent
[kɑ́ntənənt]

명 대륙

A hidden **continent** is known to be beneath New Zealand.
숨겨진 한 **대륙**이 뉴질랜드 아래에 있다고 알려져 있다.

2341
slope
[sloup]

명 경사면, 경사   동 경사지다, 기울어지다

Steep **slopes** make it hard to bring back the degraded forests.
가파른 **경사면**은 황폐화된 숲을 되살리기 어렵게 한다.

2342
inhabit
[inhǽbit]

동 ~에 서식하다(살다), ~에 거주하다

Rare birds **inhabit** the dense rainforests of the Amazon.
희귀한 새들이 아마존의 울창한 열대우림**에 서식한다**.

유의어 live in, reside in, dwell in

Tip 철자가 비슷한 inhibit은 '방해하다'라는 의미이므로 구분하자.

2343
horizon
[həráizn]

명 지평선, 수평선, 범위, 영역

The closer the sun is to the **horizon**, the greater the refraction.
태양이 **지평선**에 가까울수록 굴절이 더 커진다.

파생어 horizontal   형 수평의, 가로의
반의어 수직 verticality

2344
feather
[féðər]

명 (새의) 깃털, 부류

The bird's **feathers** became sticky and stiff from the oil spill.
기름 유출로 인해 새의 **깃털들**이 끈적하고 뻣뻣해졌다.

2345
discard
[diskɑ́:rd]

2016 서울시 7급
2014 서울시 7급

동 폐기하다, 버리다

Toxic waste must be properly **discarded** to prevent pollution.
오염을 방지하기 위해 유독성 폐기물은 적절히 **폐기되어야** 한다.

유의어 abandon, desert, do away with, dispose of

Tip dis(떨어져) + card(카드) → 패를 버리다

2346
vehicle
[ví:ikl]

명 차량, 탈것

Hydrogen can be a sustainable alternative fuel for **vehicles**.
수소는 **차량**의 지속 가능한 대체 연료가 될 수 있다.

2347
deplete
[diplí:t]

동 고갈시키다

Excessive logging **depletes** vital natural resources in forests.
과도한 벌목은 숲의 중요한 천연자원을 고갈시킨다.

파생어 depletion 명 고갈
유의어 exhaust, drain, use up, wear out

2348
debate
[dibéit]

명 논쟁, 토론 동 논쟁하다, 토론하다

The role of renewable energy sparks **debate** among experts.
재생 가능 에너지의 역할은 전문가들 사이에서 논쟁을 불러일으킨다.

유의어 논쟁; 논쟁하다 dispute

2349
fuel
[fjú(:)əl]

명 연료 동 연료를 공급하다

Burning fossil **fuels** significantly contributes to air pollution.
화석 연료를 태우는 것은 공기 오염의 큰 원인이 된다.

2350
timber
[tímbər]

명 목재, 재목

To protect nature, recycled **timber** is used in construction.
자연을 보호하기 위해 재활용된 목재가 건축에 사용된다.

유의어 목재 lumber

2351
abundant
[əbʌ́ndənt]

형 풍부한, 풍족한

Unlike fossil fuels, solar energy is an **abundant** energy source.
화석 연료와 달리, 태양 에너지는 풍부한 에너지원이다.

파생어 abundantly 부 풍부하게, 매우
유의어 rich, ample, plentiful, copious
Tip be abundant in ~이 풍부하다

2352
devastation
[dèvəstéiʃən]

명 대대적 파괴, 유린

Deforestation causes severe **devastation** to wildlife habitats.
산림 파괴는 야생 동물 서식지에 심각한 대대적 파괴를 초래한다.

파생어 devastating 형 충격적인, 파괴적인
유의어 havoc, destruction, ruin

2353
circumstance
[sə́:rkəmstæ̀ns]

명 상황, 환경, 형편

Under no **circumstance** should plastic waste pollute the ocean.
어떤 상황에서도 플라스틱 쓰레기가 바다를 오염시켜서는 안 된다.

Tip in(under) no circumstances 어떤 경우에도(무슨 일이 있어도) ~하지 않다

2354
tide ★★
[taid]

명 조수, 조류

Rising ocean **tides** increasingly threaten coastal ecosystems.
상승하는 해양 조수가 해안 생태계를 점점 더 위협한다.

2355
atmosphere ★★★
[ǽtməsfìər]

명 대기, 공기, 분위기

Carbon emissions pollute the Earth's upper **atmosphere**.
탄소 배출이 지구의 상층 대기를 오염시킨다.

유의어 분위기 ambience

Tip atmos(공기의) + sphere(구)

2356
surface ★★★
[sə́ːrfis]

명 표면, 수면

Greenhouse gases increase the Earth's **surface** temperature.
온실가스가 지구 표면 온도를 상승시킨다.

2357
pollute ★★
[pəlúːt]

동 오염시키다

Pesticides **pollute** the soil and prevent plants from growing.
살충제가 토양을 오염시키고 식물이 성장하는 것을 방해한다.

파생어 pollution 명 오염 pollutant 명 오염 물질, 오염원
유의어 더럽히다 tarnish, taint, contaminate

2358
humid ★
[hjúːmid]

형 (날씨가) 습한

Tropical rainforests have a **humid** climate with heavy rainfall.
열대 우림은 강우량이 많아 습한 기후를 가진다.

Tip like a sauna 덥고 습한

2359
marine ★★★
[məríːn]

형 해양의, 바다의

Coral reefs provide shelter for many **marine** species.
산호초는 많은 해양 생물들에게 서식지를 제공한다.

2360
deforestation ★★
[diːfɔ̀ːristéiʃən]

명 산림 파괴, 삼림 벌채

Deforestation significantly increases the risk of soil erosion.
산림 파괴는 토양 침식의 위험을 상당히 증가시킨다.

Tip de(제거하다) + forest(숲) + ion(명사형 어미)

TEST

A 다음 영단어의 뜻을 찾아 연결하시오. [01~10]

01 abundant 형 • • 새끼를 낳다, 사육하다, 야기하다
02 facet 명 • • 영양분을 공급하다, 기르다
03 devastation 명 • • 서식지, 거주지
04 nourish 동 • • 측면, 양상
05 surface 명 • • (날씨가) 습한
06 habitat 명 • • ~에 서식하다(살다), ~에 거주하다
07 breed 동 • • 풍부한, 풍족한
08 humid 형 • • 추적하다, 찾아내다
09 inhabit 동 • • 표면, 수면
10 trace 동 • • 대대적 파괴, 유린

B 다음 영단어의 뜻을 우리말로 쓰시오. [11~20]

11 reproduction 명
12 atmosphere 명
13 deforestation 명
14 disastrous 형
15 fossil 명
16 extinct 형
17 discard 동
18 circulate 동
19 pollute 동
20 deplete 동

Answer

A 01 풍부한, 풍족한 02 측면, 양상 03 대대적 파괴, 유린 04 영양분을 공급하다, 기르다 05 표면, 수면 06 서식지, 거주지 07 새끼를 낳다, 사육하다, 야기하다 08 (날씨가) 습한 09 ~에 서식하다(살다), ~에 거주하다 10 추적하다, 찾아내다

B 11 번식, 생식, 복제 12 대기, 공기, 분위기 13 산림 파괴, 삼림 벌채 14 재난을 일으키는, 처참한, 비참한 15 화석 16 멸종된, 사라진 17 폐기하다, 버리다 18 순환하다, 돌다 19 오염시키다 20 고갈시키다

Day 60

✿ 암기 전 미리보기 & 암기 후 확인하기

학습 전에 아는 단어에 체크해 보세요.
학습 후에 암기한 단어에 체크해 보세요.
체크가 안 된 약점 어휘만 보면서 복습용으로 활용해 보세요.

✓ Self Check

맞힌 개수   / 40개   1회독 ☐   2회독 ☐   3회독 ☐

영단어 암기 테스트

☐ lawn	잔디밭, 잔디		☐ pave	(길을) 포장하다
☐ wilderness	황야, 버려진 땅		☐ view	경관, 경치, 견해, 관점, 시야; ~을 보다, ~을 바라보다
☐ dense	짙은, 밀집한		☐ landscape	지형, 풍경
☐ current	현재의, 지금의, 통용되는; 흐름, 해류, 전류		☐ creature	생물, 창조물, 생명체
☐ pour	붓다, 따르다, (비가) 퍼붓다		☐ climate	기후
☐ recover	회복하다, 되찾다		☐ frost	서리, 성에; 서리로 덮다, 당의를 입히다
☐ wild	야생의, 길들지 않은; (야생 상태의) 자연		☐ fountain	원천, 분수
☐ mineral	광물		☐ depth	깊이
☐ exhaust	고갈시키다, 다 써 버리다		☐ plant	식물; 심다
☐ flock	무리, 떼; 모이다		☐ debris	잔해, 부스러기, 파편
☐ miner	광부		☐ prey	먹이, 사냥감, 희생자
☐ wreck	난파선, 잔해, 만신창이; 난파시키다, 파괴시키다		☐ environment	환경
☐ flood	홍수, 범람, 쇄도; 물에 잠기게 하다, 범람시키다, 쇄도하다		☐ blossom	꽃을 피우다; 꽃
☐ affluent	부유한, 풍부한		☐ prolific	다작의, 비옥한, 다산의
☐ fertile	비옥한, 풍부한, 가임의		☐ coast	해안
☐ resource	자원, 재원, 재료; 자원을 제공하다		☐ insect	곤충
☐ planet	행성		☐ nest	(새의) 둥지, 보금자리; 둥지를 틀다
☐ cliff	절벽		☐ predator	포식 동물, 약탈자, 육식 동물
☐ massive	거대한, 대량의, 대규모의		☐ breeze	산들바람, 미풍, 식은 죽 먹기
☐ hazard	위험		☐ nomadic	유목의, 방랑의

X 모름
△ 애매함
○ 알고 있음

환경

2361
lawn
[lɔːn]

명 잔디밭, 잔디

Too much water shouldn't be used to keep a **lawn** green.
잔디밭을 푸르게 유지하기 위해 물이 과도하게 사용되어서는 안 된다.

Tip mow the lawn 잔디를 깎다

2362
wilderness
[wíldərnis]

명 황야, 버려진 땅

Hiking in the **wilderness** allows people to connect with nature.
황야에서의 하이킹은 사람들이 자연과 교류할 수 있도록 해준다.

2363
dense
[dens]

형 짙은, 밀집한

Dense fine dust originating from factories clouds the city air.
공장들에서 발생한 짙은 미세 먼지가 도시 공기를 흐리게 한다.

유의어 짙은 thick

2364
current
[kə́ːrənt]

형 현재의, 지금의, 통용되는   명 흐름, 해류, 전류

The **current** climate conditions negatively affect crop yields.
현재의 기후 조건이 농작물 수확량에 부정적인 영향을 미친다.

파생어 currency 명 통화, 유통
유의어 현재의 present
Tip current status 현재 상태

2365
pour
[pɔːr]

동 붓다, 따르다, (비가) 퍼붓다

Eco-friendly farmers **pour** natural fertilizers onto their crops.
친환경적인 농부들은 천연 비료를 작물에 붓는다.

2366
recover
[rikʌ́vər]

동 회복하다, 되찾다

Rescued roe deer **recover** their health and return to the wild.
구조된 노루들이 건강을 회복하고 야생으로 돌아간다.

파생어 recovery 명 회복
유의어 회복하다 recuperate

2367
wild [waild]

형 야생의, 길들지 않은   명 (야생 상태의) 자연

Wild flowers flourish in places untouched by human activity.
야생화는 인간의 활동이 미치지 않은 곳에서 잘 자란다.

2368
mineral [mínərəl]

명 광물

Mining companies extract rare **minerals** from the Earth's core.
광산업체들은 지구의 핵에서 희귀 광물을 채취한다.

2369
exhaust [igzɔ́ːst]

동 고갈시키다, 다 써 버리다

Geological capital in the form of minerals will be **exhausted**.
광물 형태의 지질 자본이 고갈될 것이다.

파생어 exhausted 형 지친, 고갈된   exhaustive 형 철저한, 고갈시키는
유의어 use up, deplete, drain, wear out

2370
flock [flɑk]

명 무리, 떼   동 모이다

Birds migrate in large **flocks** during the winter season.
새들은 겨울철에 큰 무리를 지어 이동한다.

2371
miner [máinər]

명 광부

The **miner** discovered gold deposits beneath the ground.
그 광부는 지하에서 금 매장지를 발견했다.

파생어 mine 명 광산

2372
wreck [rek]

명 난파선, 잔해, 만신창이   동 난파시키다, 파괴시키다

Oil leaked steadily from the **wreck**, polluting nearby beaches.
기름이 난파선에서 꾸준히 새어 나와, 인근 해변을 오염시켰다.

2373
flood [flʌd]

명 홍수, 범람, 쇄도   동 물에 잠기게 하다, 범람시키다, 쇄도하다

The sudden **flood** destroyed hundreds of homes and farms.
갑작스러운 홍수가 수백 채의 집과 농장을 파괴했다.

유의어 inundate

2374
affluent
[ǽfluənt]

2014 기상직 9급

형 부유한, 풍부한

Affluent nations generate more waste than poorer ones do.
부유한 국가들은 가난한 국가들보다 더 많은 폐기물을 만들어 낸다.

유의어 부유한 wealthy, opulent, rich, prosperous
풍부한 plentiful, abundant, ample, bountiful, exuberant

2375
fertile
[fə́ːrtl]

2018 법원행정처 9급
2016 지방직 9급

형 비옥한, 풍부한, 가임의

The barren land finally became **fertile** after years of effort.
그 척박한 땅은 수년간의 노력 끝에 마침내 비옥해졌다.

유의어 비옥한 fruitful, productive, rich, prolific
반의어 불모의 fruitless, futile, infertile, barren, desolate, sterile
Tip fertilizer 비료

2376
resource
[ríːsɔːrs]

명 자원, 재원, 재료 동 [risɔ́ːrs] 자원을 제공하다

The depletion of **resources** leads to the loss of biodiversity.
자원의 고갈이 생물 다양성의 손실로 이어진다.

파생어 resourceful 형 수완이 좋은
Tip natural resources 천연자원

2377
planet
[plǽnit]

명 행성

Global warming threatens all living creatures on our **planet**.
지구 온난화는 우리 행성의 모든 생물들을 위협한다.

2378
cliff
[klif]

명 절벽

Rising sea levels accelerated the erosion of coastal **cliffs**.
상승하는 해수면이 해안 절벽의 침식을 가속화했다.

2379
massive
[mǽsiv]

형 거대한, 대량의, 대규모의

A **massive** earthquake damaged buildings throughout the city.
거대한 지진이 도시 전역의 건물들을 파괴했다.

파생어 mass 형 대량의, 대규모의
유의어 enormous, huge, giant, gigantic
Tip mass와 massive는 둘 다 수량이 많고, 크기가 큰 것을 의미하지만 massive는 더 큰 크기, 비중, 영향을 나타낸다.

2380
hazard
[hǽzərd]

圀 위험

Toxic chemicals in rivers pose **hazards** to public health.
강 속의 유독 화학 물질들은 공중 보건에 위험을 초래한다.

파생어 **hazardous** 휑 위험한
유의어 **danger, risk, jeopardy, peril**

2381
pave
[peiv]

圄 (길을) 포장하다

A number of cities **paved** green spaces for parking lots.
많은 도시들이 주차장을 짓기 위해 녹지를 포장했다.

파생어 **pavement** 圀 포장도로, 인도

2382
view
[vju:]

圀 경관, 경치, 견해, 관점, 시야   圄 ~을 보다, ~을 바라보다

Air pollution severely affected the **view** of the city's skyline.
대기 오염은 도시 스카이라인의 경관에 심각한 영향을 주었다.

Tip **a point of view** 관점, 견지

2383
landscape
[lǽndskèip]

圀 지형, 풍경

Climate change gradually transforms the Arctic **landscape**.
기후 변화는 북극의 지형을 점진적으로 변화시킨다.

2384
creature
[krí:tʃər]

圀 생물, 창조물, 생명체

Global warming endangers **creatures** in tropical rainforests.
지구 온난화는 열대 우림에 서식하는 생물들을 위험에 빠뜨린다.

파생어 **create** 圄 창조하다   **creation** 圀 창조

2385
climate
[kláimit]

圀 기후

Stricter policies need to be taken to fight **climate** change.
기후 변화에 대응하기 위해 보다 엄격한 정책들을 취할 필요가 있다.

Tip **weather** 날씨(주로 짧은 기간의 상태)
    climate 기후(오랜 기간의 평균 상태)

2386
frost
[frɔ(:)st]

圀 서리, 성에   圄 서리로 덮다, 당의를 입히다

Garden plants need protection against sudden spring **frost**.
정원의 식물들은 갑작스러운 봄 서리로부터 보호가 필요하다.

2387
fountain
[fáuntən]

명 원천, 분수

Healthy oceans are **fountains** of abundant marine resources.
건강한 바다는 풍부한 해양 자원의 **원천**이다.

2388
depth
[depθ]

명 깊이

Lake ecosystems vary depending on their water **depth**.
호수의 생태계는 물의 **깊이**에 따라 달라진다.

> Tip in depth 깊이(심도) 있게

2389
plant
[plænt]

명 식물 동 심다

Native **plants** prevent soil erosion along river banks.
토착 **식물들**은 강둑의 토양 침식을 방지한다.

> Tip transplant 이식하다

2390
debris
[dəbríː]

명 잔해, 부스러기, 파편

Plastic **debris** pollutes the ocean and harms marine life.
플라스틱 **잔해**가 바다를 오염시키고 해양 생물을 해친다.

유의어 remains, ruins, wreckage

2391
prey
[prei]

명 먹이, 사냥감, 희생자

The eagle spotted its **prey** and swooped down to catch it.
독수리는 자신의 **먹이**를 발견하고 낚아채기 위해 급강하했다.

2392
environment
[inváiərənmənt]

명 환경

Protect the **environment** for future generations to thrive.
미래 세대가 번영할 수 있도록 **환경**을 보호하라.

파생어 environmental 형 환경의

2393
blossom
[blásəm]

동 꽃을 피우다 명 꽃

In spring, cherry trees **blossom** beautifully across the park.
봄이 되면 벚나무들이 공원 곳곳에서 아름답게 **꽃을 피운다**.

유의어 bloom 꽃이 피다; 꽃

2394
prolific ★★
[prəlífik]

형 다작의, 비옥한, 다산의

He is maybe the most **prolific** author in this century.
그는 아마도 금세기 최고의 다작 작가일 것이다.

유의어 비옥한 productive, fertile, fruitful
반의어 불모의, 비생산적인 unproductive, barren, infertile, unfruitful
Tip a prolific year 풍년

2395
coast ★★
[koust]

명 해안

I walked along the sandy **coast**, enjoying the ocean breeze.
나는 모래 해안을 따라 걸으며 바닷바람을 즐겼다.

파생어 coastal 형 해안의
유의어 shore

2396
insect ★★
[ínsekt]

명 곤충

The garden is full of colorful flowers and buzzing **insects**.
정원은 형형색색의 꽃들과 윙윙거리는 곤충들로 가득하다.

2397
nest ★
[nest]

명 (새의) 둥지, 보금자리   동 둥지를 틀다

Birds build their **nests** in safe places to protect their eggs.
새들은 그들의 알을 보호하기 위해 안전한 곳에 둥지를 짓는다.

2398
predator ★★★
[prédətər]

2017 지방직 7급
2016 서울시 9급

명 포식 동물, 약탈자, 육식 동물

Small and fragile, the insects are ideal victims for any **predator**.
작고 약해서 곤충들은 어떤 포식 동물에게든 이상적인 희생양이다.

파생어 predatory 형 약탈하는, 육식하는 (= predacious)
유의어 carnivore

2399
breeze ★★
[bri:z]

명 산들바람, 미풍, 식은 죽 먹기

A gentle **breeze** cooled the hot summer afternoon.
부드러운 산들바람이 뜨거운 여름 오후를 식혀 주었다.

Tip a piece of cake, a snap, a breeze 식은 죽 먹기

2400
nomadic ★★
[noumǽdik]

2011 국회사무처 8급

형 유목의, 방랑의

Horseback riding was part of the **nomadic** way of life.
말 타기는 유목 생활 방식의 일부였다.

파생어 nomad 명 유목민
유의어 wandering

TEST

A 다음 영단어의 뜻을 찾아 연결하시오. [01~10]

- 01 prolific 형 • • 무리, 떼
- 02 massive 형 • • 먹이, 사냥감, 희생자
- 03 flood 명 • • 위험
- 04 prey 명 • • 부유한, 풍부한
- 05 hazard 명 • • 거대한, 대량의, 대규모의
- 06 flock 명 • • 난파선, 잔해, 만신창이
- 07 pave 동 • • 다작의, 비옥한, 다산의
- 08 wreck 명 • • 고갈시키다, 다 써 버리다
- 09 affluent 형 • • (길을) 포장하다
- 10 exhaust 동 • • 홍수, 범람, 쇄도

B 다음 영단어의 뜻을 우리말로 쓰시오. [11~20]

- 11 breeze 명
- 12 climate 명
- 13 dense 형
- 14 fertile 형
- 15 insect 명
- 16 nomadic 형
- 17 wilderness 명
- 18 cliff 명
- 19 predator 명
- 20 debris 명

Answer

A 01 다작의, 비옥한, 다산의 02 거대한, 대량의, 대규모의
03 홍수, 범람, 쇄도 04 먹이, 사냥감, 희생자 05 위험
06 무리, 떼 07 (길을) 포장하다
08 난파선, 잔해, 만신창이 09 부유한, 풍부한
10 고갈시키다, 다 써 버리다
B 11 산들바람, 미풍, 식은 죽 먹기 12 기후
13 짙은, 밀집한 14 비옥한, 풍부한, 가임의 15 곤충
16 유목의, 방랑의 17 황야, 버려진 땅 18 절벽
19 포식 동물, 약탈자, 육식 동물
20 잔해, 부스러기, 파편

PART 03

신경향 이동기 공무원 **VOCA**

생활 영어

주제별 주요 표현

상황별 주요 표현

주제별 주요 표현

1 감사 표현

- Thanks a million.
- I really appreciate it.
- I'm really grateful to you.
- I can't thank you enough.
- You were very helpful.

2 천만에요.

- You're welcome.
- (It's) My pleasure.
- The pleasure's all mine.
- It's nothing. / Think nothing of it.
- Don't mention it.
- Not at all.
- No big deal.
- No problem.
- No sweat.
- Any time.

3 사과하기 (제 잘못입니다.)

- That's my fault. / It's (all) my fault.
- I take full responsibility.
- I take the blame.
- It was very careless of me.

4 사과 받아들이기

- That's all right. / It's all right. / That's quite all right.
- That's OK.
- Don't worry about it.
- Forget (about) it.
- Never mind.
- It doesn't matter.

⚠ 주의
That's right. 그것이 맞다.
You are right. 네가 맞다.

5 승낙

- Do you mind ~? ~해도 될까요?
  → Not at all. 그렇게 하세요.
  No, I don't. / No problem. / Certainly not. / Of course not. / Go ahead.
- Can(May) I ~? ~해도 될까요?
  → Go ahead. 그렇게 하세요.
  Be my guest. / Help yourself. / Suit yourself. / By all means. / Why not?

6 안부 묻기 (어떻게 지내세요?)

- How's it going?
- How have you been?
- How are you getting along(on)?
- How goes it?

7 안부 전하기 (오래간만입니다.)

- I haven't seen you for a long time(for) ages.
- Long time no see.
- It's a long time since I saw you last.
- It's been a long time.

8 직업 묻기 (하시는 일이 무엇입니까?)

- What do you do (for a living)?
- What's your job(occupation)?
- What kind of job do you have?
- What are you up to?

9 상관하지 마. 네 알 바 아니다.

- It's none of your business(concerns/funeral).
- That's no business of yours.
- Mind your own business.
- You have nothing to do with this.
- Stay out of this.
- Keep your nose out of this.

10 피장파장이다. 중요하지 않다.

- It doesn't make any difference (to someone).
  차이가(상관이) 없다. 중요하지 않다.
- That doesn't matter.
- That is not important.

11 부탁하기 (부탁이 있습니다.)

- Will you do me a favor?
- Will you do a favor for me?
- May I ask you a favor?
- May I ask a favor of you?
- I have a favor to ask of you.

12 뭐든 괜찮아. 네가 결정해.

- I don't mind.
- It's all the same to me.
- Whatever!
- Anything is OK.
- Whatever you say.
- Either is OK.
- Either will do.
- It's up to you.
- It depends on you.
- Suit yourself.
- Help yourself.
- Have it your way.

13 동의하기 (동감이야.)

- You said it.
- You can say that again.
- You took words from my mouth.
- You are telling me.
- You're quite right.
- I quite agree with you.
- I couldn't agree with you more.
- I agree with you completely.
- I see eye to eye with you.
- I feel the same way.
- I'm all for it.
- I'm with you.
- Same here.

14 몇 시인가요?

- What time is it?
- What time do you have?
- Do you have the time?

15 시간 있으세요? (잠깐 이야기하고 싶어요.)

- Do you have time?
- May I have a moment of your time?
- Can you spare me a moment?
- I'd like to have a word with you.
- I'd like to see you if you have time right now.
- I'd like to see you if you aren't too busy now.

16~19 돈 관련 표현

16 계산 관련 표현 ① (제가 내겠습니다.)

- I'll pay the bill.
- It's on me.
- I'll treat you.
- I'll pick up the tab(bill).
- My treat.
- Let me take care of this bill.
- Let me cover it.

17 계산 관련 표현 ② (각자 계산하자.)

- Let's go Dutch (treat).
- Let's split the bill.
- Let's go fifty-fifty.

18 잘 샀어. 참 싸다.

- What a steal!
- It's a bargain.
- It's dirt cheap.
- It's a good deal.
- It's a good buy.

19 바가지 썼어.

- What a rip-off!
- You've been ripped off.

20 서둘러.

- We haven't got all day.
- Make it snappy.
- Hurry up.
- Shake a leg.
- Step on it.

⚠️ 주의
Break a leg. 행운을 빌어.
= Good luck.
= I'll cross my fingers for you.

21 천천히 해.

- Take your time.
- What's the rush?

22 무슨 걱정 있어?

- What's wrong with you?
- What's the matter with you?
- What's on your mind?
- What's eating(tormenting/bothering) you?
- Why do you have the long face?
- What's getting on your nerves?
- What's weighing on your mind?

⚠️ 주의
What does it matter?
그게 뭐가 중요해?(그게 무슨 상관이야?)

23 무슨 말을 하려는 거야?

- What's your point?
- What are you getting at?
- What's the bottom line?

24 말 돌리지 마.

- Don't talk around.
- Don't beat around the bush.
- Give it to me straight.
- Get to the point.

25 이해하시겠어요?

- Are you following me?
- Are you with me?
- Does that make any sense?

26 무슨 말인지 이해할 수 없어.

- I don't understand.
- I don't get it.
- I don't follow you.
- I've lost you.
- You've lost me.
- It's over(above) my head.
- It's beyond me.

27 편하게 생각해. 진정해.

- Take it easy.
- Relax.
- Feel at ease.
- Make yourself at home.

28 오늘은 그만하자.

- Let's call it a day.
- Let's call it quits.
- So much for today.

29~30 전화 관련 표현

29 전화 통화 표현 ① (~을 바꿔 드릴게요.)

- I'll get ~ for you.
- I'll put you through to ~.
- I'll connect you to ~.
- I'll put ~ on the line.

30 전화 통화 표현 ②

- Hold on. 잠깐 기다리세요.
- I'll call you later. 나중에 다시 걸겠습니다.
- Could you take a message?
  메모 남겨 주시겠습니까?
- I'm sorry, you have the wrong number.
  죄송하지만, 잘못 거셨어요.
- I'll call you back in five minutes.
  제가 5분 뒤에 다시 걸겠습니다.
- Don't hang up. 전화 끊지 마세요.
- Wait a moment, please. 잠시만 기다려 주세요.
- The line is busy. 통화 중이에요.
- bad reception 수신이 잘 안 되는

31 기억 관련 표현

- It slipped my mind. 깜빡했어.
- My mind is a blank. 완전히 잊어버렸어.
- It's on the tip of my tongue.
  생각이 날 듯 말 듯해.
- That rings a bell. 기억이 나.
- Sounds familiar. 들어본 적 있어.

32 길 안내 관련 표현

- Could you show(tell) me the way to ~?
  ~로 가는 길을 알려 주시겠어요?
- I'm a stranger myself. 저도 초행길입니다.
- I'm new here myself. 저도 초행길입니다.
- You can't miss it. 찾기 쉬울 거예요.

33 음식 관련 표현

- Help yourself. 마음껏 드세요.
- Can I have seconds? 더 먹어도 될까요?
- I'm stuffed(full). 배가 불러요.
- I'm being served(waited on/helped).
  이미 주문을 받아 갔어요.

34 ~은 어떻게 해 드릴까요?

- How would you like (to have) your steak?
  스테이크는 어떻게 해 드릴까요?
  → Well done. 잘 익혀 주세요.
    Medium. 중간 정도 익혀 주세요.
    Rare. 조금만 익혀 주세요.
- How would you like your egg?
  계란은 어떻게 해 드릴까요?
  → Sunny side up. 한쪽 면만 익혀 주세요.
    Scrambled. 스크램블로 주세요.
- How would you like your coffee?
  커피는 어떻게 드릴까요?
  → I'd like it strong. 진하게 해 주세요.
    Two sugar and two cream.
    설탕, 크림 두 스푼씩 넣어 주세요.
- How would you like your bills?
  지폐는 어떻게 드릴까요?
  → In fifties please. 50달러짜리로 바꿔 주세요.

35 감정(기분) 관련 표현

- You look upset(down/nervous/depressed).
  당신은 언짢아(안 좋아/근심 있어/우울해) 보이네요.
- I'm not in a good mood(blue/in a bad humor). 기분이 좋지 않아요(우울해요).
- I'm a bit under the weather.
  몸이 좋지 않아요.
- Could be better. 그냥 그래요.
  ↔ Couldn't be better. 최고야.
- I really hit the ceiling. 화가 머리끝까지 나요.

36 참아!

- Hang in there! 힘내!
- Stick to it! 포기하지 마!
- Keep your chin up. 용기 잃지 마.

37 소용없어. 허사야.

- It's no use (crying over spilt milk).
- It's down the drain.
- It's in vain.

주요 질문

38 왜 늦었어?

- What took you so long?
- What kept you so long?

39 어떤 일로 왔나요?

- What brought you here?
- Why did you come here?

⚠ 주의
How did you come here? 어떻게 오셨나요? (방법)

40 다음에 해도 될까?

- I'll take a rain check.
- Can I have a rain check?

41 절대 안 돼.

- Over my dead body.
- No way.

42 기타 표현

- Can you give me a hand? 도와주실 수 있나요?
- Not that I know of. 내가 알기로는 아닌데.
- That doesn't seem likely. 그럴 것 같지는 않아.
- Don't get me wrong. 오해하지 마.
- That's news to me. 금시초문인데.
- I'm all set. 나 준비 다 되었어.
- I tossed and turned all night. 밤새 뒤척였어.
- It's too good to be true.
  너무 좋아서 실감이 안 나네.
- It's a piece of cake(a snap/a breeze/a cakewalk). 식은 죽 먹기야.
- Count me in. 나도 껴 줘.
- Count me out. 난 빼 줘.
- I'll squeeze you in. 너를 위한 짬을 내 볼게.
- I'm not myself today.
  오늘 제정신이 아니에요. 상태가 안 좋아요.
- Keep up the good work. 계속 수고해.
- We go way back. 우린 알고 지낸 지 오래되었어.
- I screwed(goofed/messed up).
  내가 다 망쳤어.
- You got it. 맞았어.
- You have gone too far. 너무했어. 지나쳤어.
- Don't bother. 염려하지 마세요.
- It couldn't be better. 최고야.
- I couldn't help it. 어쩔 수 없었어.
- I've been there myself. 나도 그런 적이 있어.
- I got the green light. 나 허락받았어.
- Just bring yourself. 그냥 몸만 오면 돼요.
- It serves you right! = Serve you right!
  쌤통이다! 꼴좋다!
- You deserve it.
  너는 그럴 자격이 있어. / 너는 그래도 싸다.
- Beats me. 전혀 모르겠어.
- That's a deal. 좋아. 알았어.
- Big deal. 대단하군(빈정거림).
- Fat chance! 퍽도 그렇겠다!
- Would you care for some coffee?
  커피 드시겠어요?
- You can count on me. 믿으셔도 됩니다.
- Give it a shot(try). 한번 해 봐.
- Give me your word. 약속해 주세요.
- My ears are burning.
  누가 내 얘기를 하고 있나 봐(귀가 간질간질해).
- Don't hold your breath. 기대하지 마.
- How big is your party? 일행이 몇 명입니까?
- We got company. 우리는 일행이 있습니다.
- Here we go again. / There you go again.
  또 시작이네.
- You did it to yourself. 네가 자초한 거야.
- I'll be there. 지금 갈게.
- We are almost there. 거의 다 왔어.
- Just have it your way. 네 맘대로 해.
- Spill it. 그냥 말해.
- I don't buy it. 난 안 믿어.
- Have a heart. 좀 봐주세요.
- Give me a break. 좀 봐주세요.
- What are friends for? 친구 좋다는 게 뭐야.
- What are neighbors for?
  이웃 좋다는 게 뭐겠어요.
- You're on. 좋았어(제안이나 내기를 받아들일 때).
- What a small world! 세상 참 좁다!
- You're flattering me. / I'm flattered.
  과찬이십니다.
- Here you are. 여기 있습니다(상대방에게 주면서).
- Here it is(they are). 여기 있습니다.
- Here we are. 다 왔어요.
- Consider it done. 바로 해 드릴게요.
- Look who's talking!
  누가 할 소리인데! 사돈 남말 하네!
- Go for it! 해보자! 힘내!

상황별 주요 표현

1 공항

airport facilities 공항 시설
lounge 라운지
layover 레이오버, (항공, 여행 중) 환승 대기
duty free shop 면세점
lost and found 분실물 보관소
customs 세관
tax refund 세금 환급
baggage claim 수하물 찾는 곳
information desk 안내 데스크
seat assignment 좌석 배치
departure gate 출발 탑승구
immigration 출입국 관리소 (입국)
check-in counter 탑승 수속 창구
boarding gate 탑승구
boarding pass 탑승권
check in 탑승 수속
terminal 터미널
first class / business class
 퍼스트 클래스 / 비즈니스 클래스
currency exchange 환전

2 관공서

application form 신청서
bureaucracy 관료주의
public service 공공 서비스
government official 정부 공무원
civil servant 공무원
public records 공공 기록물
tax return 세금 신고
municipal office 시청
embassy 대사관
consulate 영사관
public hearing 공청회
official document 공식 문서
official business trip 출장
civil complaint 민원
minimum wage 최저 임금

3 여행 숙박

agency / agent 여행사 / 대리인
take a tour 관광하다
sightseeing 관광
itinerary 일정표
make a reservation 예약하다
confirm a reservation 예약을 확인하다
brochure 안내 책자
pack (짐을) 싸다
landmark 랜드마크
attraction 관광 명소
admission price 입장료
room with a view 전망 좋은 객실
additional guest 추가 손님
extra charges 여분의 비용
accommodation 숙박
voucher 바우처
one-way trip 편도 여행
round trip 왕복 여행

4 교통 수단

drop off the rent 빌린 차를 반납하다
international driver's license 국제 운전면허증
renew (면허증 등을) 갱신하다
expire (면허증 등이) 만기가 되다
license plate 번호판
rear view mirror 백미러
rear door 뒷문
car repair shop 자동차 정비소
flat tire 구멍난 타이어
tow 견인하다
car-wreck 자동차 사고
break down 차가 고장 나다
car insurance 자동차 보험
take apart (부품 등을) 분해하다
car mechanic 차량 정비공
inspect 검사하다
get the car started 차에 시동을 걸다
road sign 교통 표지판
bus-only lane 버스 전용차선
valet parking 대리 주차
speed bump 과속방지턱
ferry 여객선
cab 택시
convertible 차체가 열리는 자동차
4-wheel-drive vehicle 4륜구동차
van 승합차
used car 중고차 (= secondhand car)

5 은행

open an account 계좌를 열다
balance 은행 잔고
bank statement 입출금 내역서
teller 창구 직원 (= bank clerk)
bank guard 은행 경비원
bill 지폐 (= note)
personal check 개인 수표
make a deposit 입금하다
deposit 예금하다 (예금, 보증금)
transfer 이체하다
wire 송금하다
by wire 온라인으로
withdraw 인출하다
withdrawal 인출
exchange 환전 (= currency exchange)
loan application 대출 신청서
get a loan 대출받다
pay off ~ ~을 갚다
debt 채무
collateral 담보물
mortgage 주택 담보 대출
interest 이자
current rate 현행 금리
interest rate 이자
due 만기된
credit card 신용카드
debit card (한국에서 말하는) 체크 카드
transact 거래하다 (은행 거래)
transaction 거래
minimum balance 최소 잔고
identification card (ID card) 신분증
Photo ID 사진이 있는 신분증
Automatic Teller Machine, ATM 현금 자동 인출기
fee 수수료
branch 지점

6 도서관

information desk 안내소
circulation desk 대출 데스크
librarian 사서
membership card 회원증
check-out (책을) 빌리다, 대출받다
return 반납하다
due date 반납일
renew 갱신하다, ~의 기한을 연장하다
overdue 기한이 지난
fine 벌금
rare book 진본, 희귀 서적
new release 신간
xerox machine 복사(= photocopy machine)

7 우체국

surface mail 보통우편(= regular mail)
express mail 빠른우편
registered mail 등기우편
international mail 국제우편
airmail 항공우편(= air)
junk mail 광고 우편물
delivery receipt 배달 영수증
zip code 우편번호
rent a p.o. box 사서함을 대여하다
address 주소
courier 운반, 택배
parcel 소포(= package)
fragile sticker 취급주의 스티커
mail carrier 우체부(= mailman)
enclose 동봉하다

8 병원

emergency room, ER 응급실
general hospital 종합병원
Dr's office 개인 병원
reception desk 접수처
receptionist 접수 담당자
waiting area 대기실
fill in the sheet 서류를 작성하다
make an appointment 예약하다
medical checkup(examination) 건강 검진
regular checkup 정기 검진
checkup 검진
treatment 치료
ache 통증
infection 감염, 전염
diagnose 진단하다
diagnosis 진단
physician 내과 의사
surgeon 외과 의사
surgery 수술(= operation)
pharmacy 약국
prescription 처방전
fill a prescription 처방대로 조제하다
dosage 복용량

9 식당

- order 주문하다(= make an order, place an order, put in an order)
- take an order 주문 받다
- chef's special 주방장 특선 요리
- today's special 오늘의 특선 요리
- to-go 포장
- to-go-box 포장 용기
- under ~명의
- tab water 수돗물
- tab 계산
- leftover 남은 음식
- separate 먹은 것을 각자 계산하는 것
- split 1/n 하는 것
- bill 계산서(= check)
- appetizer 전체 요리
- main course 주요리(= entree)
- dessert 디저트
- beverage 음료(= drink)
- recipe 조리법
- cuisine 요리
- patio 테라스(= terrace)
- sample 샘플; 맛보다
- sweet 달콤한
- sour 신, 시큼한
- bitter 쓴
- salty 짠
- delicious 맛있는
- roast 굽다(=grill)
- stir-fry 볶다
- fry 튀기다(= deep fry)
- steam 찌다
- boil 끓이다
- chop 다지다
- cut 자르다
- dice 깍둑썰기 하다
- slice 얇게 편 뜨다, 자르다
- stir 휘젓다
- blend 섞다
- chef 주방장
- ingredient 재료

신경향 이동기 공무원 **VOCA**

부록

기초 어휘
학문 어휘
문법 어휘

기초 어휘

a.m.	오전	**advise** [ədváiz]	동 충고하다, 조언하다
able [éibl]	형 ~할 수 있는, 재능 있는	**afraid** [əfréid]	형 두려워하는, 유감스러우나 ~인
aboard [əbɔ́:rd]	부 (배·기차·비행기 등에) 탑승하여	**afternoon** [æ̀:ftərnú:n]	명 오후
above [əbʌ́v]	전 ~보다 위에(위로) 부 위에, 위로	**again** [əgén]	부 다시, 한 번 더
abroad [əbrɔ́:d]	부 해외로, 해외에(서)	**against** [əgéinst]	전 ~에 반대하여, ~에 기대어
academy [əkǽdəmi]	명 학원, 학회	**age** [eidʒ]	명 연령(나이), 시기(시대)
accent [ǽksent]	명 강세, 악센트 동 [æksént] 강조하다	**ago** [əgóu]	부 이전에, 전에
accident [ǽksidənt]	명 사고, 우연	**agree** [əgrí:]	동 동의하다, 찬성하다
across [əkrɔ́:s]	전 ~을 가로질러, ~의 맞은편에 부 가로질러, 맞은편에	**ahead** [əhéd]	부 미리, 앞서서
add [æd]	동 추가하다, 더하다	**air** [ɛər]	명 공기, 하늘
address [ǽdres]	명 주소, 연설 동 [ədrés] 연설하다, 다루다	**airline** [ɛ́ərlàin]	명 항공사, 항공 회사
adult [ǽdʌlt]	명 성인, 어른 형 성인의, 다 자란	**airplane** [ɛ́ərplèin]	명 비행기
adventure [ədvéntʃər]	명 모험(심)	**airport** [ɛ́ərpɔ̀:rt]	명 공항

alibi [ǽləbài]	명 알리바이	**ant** [ænt]	명 개미
all [ɔ:l]	형 모든, 전부의 대 모두, 모든 것(사람)	**any** [éni]	형 어떤 (~이라도), 어느 (~이든) 대 누군가, 무엇이든지
almost [ɔ́:lmoust]	부 거의, 대체로	**apple** [ǽpl]	명 사과
alone [əlóun]	형 혼자의, 외로운 부 혼자서	**area** [ɛ́əriə]	명 지역, 구역, 분야
along [əlɔ́(:)ŋ]	전 ~을 따라서 부 함께, 앞으로	**arm** [ɑ:rm]	명 팔, (동물의) 앞발
aloud [əláud]	부 큰 소리로, 크게	**army** [ɑ́:rmi]	명 군대, 육군
already [ɔ:lrédi]	부 이미, 벌써	**around** [əráund]	부 사방에(서), 도처에 전 ~의 둘레에, ~ 주위에
alright [ɔ:lráit]	부 훌륭히, 더할 나위 없이 형 괜찮은, 좋은	**arrive** [əráiv]	동 도착하다, 닿다
also [ɔ́:lsou]	부 ~도 또한, 게다가	**arrow** [ǽrou]	명 화살, 화살표
always [ɔ́:lweiz]	부 늘, 항상, 언제나	**art** [ɑ:rt]	명 예술(미술), 예술(미술) 작품
angel [éindʒəl]	명 천사, 천사 같은 사람	**ask** [æsk]	동 묻다, 부탁(요청)하다
anger [ǽŋgər]	명 화, 분노	**aunt** [ænt]	명 고모, 이모, 아주머니
animal [ǽnəməl]	명 동물, 짐승	**autumn** [ɔ́:təm]	명 가을
another [ənʌ́ðər]	형 또 하나의, 다른 대 또 하나의 것, 다른 것	**away** [əwéi]	부 (시간적·공간적으로) 떨어져서
answer [ǽnsər]	명 대답(응답), 해결책 동 대답(응답)하다		

baby [béibi]	명 아기, (동물의) 새끼	**bat** [bæt]	명 방망이, 박쥐
back [bæk]	명 등, 허리, 뒤(쪽) / 형 뒤의 / 부 뒤로 / 동 후원하다, 지지하다	**bath** [bæθ]	명 목욕, 욕조
background [bǽkgràund]	명 배경, 성장 환경	**bathroom** [bǽθrù(:)m]	명 욕실, 화장실
bad [bæd]	형 나쁜, 불쾌한	**battery** [bǽtəri]	명 건전지
bake [beik]	동 (빵·과자 등을) 굽다	**battle** [bǽtl]	명 전투
ball [bɔːl]	명 공, 공 모양의 것	**bay** [bei]	명 만(灣) (바다, 호수 등 큰 물이 육지쪽으로 파고 들어온 것)
balloon [bəlúːn]	명 풍선, 기구(氣球)	**be** [biː]	동 ~이다, ~이 있다(존재하다)
band [bænd]	명 밴드, 악단	**beach** [biːtʃ]	명 해변
bank [bæŋk]	명 은행, 둑	**beak** [biːk]	명 (새의) 부리
base [beis]	명 기초, 토대	**bean** [biːn]	명 콩, 열매
baseball [béisbɔ̀ːl]	명 야구	**bear** [bɛər]	명 곰 / 동 참다
basement [béismənt]	명 지하실, 지하층	**beard** [biərd]	명 턱수염
basic [béisik]	형 기초의, 초보적인	**beauty** [bjúːti]	명 아름다움
basket [bǽskit]	명 바구니	**become** [bikʌ́m]	동 ~이 되다
basketball [bǽskitbɔ̀ːl]	명 농구	**bed** [bed]	명 침대

bedroom [bédrù(:)m]	명 침실	**birth** [bəːrθ]	명 탄생
bee [biː]	명 벌	**birthday** [bə́ːrθdèi]	명 생일, 창립 기념일
beef [biːf]	명 쇠고기	**bit** [bit]	명 약간, 조금
begin [bigín]	동 시작하다, 시작되다	**bite** [bait]	동 물다 명 물기, 한 입
behind [biháind]	전 (시간·공간상) ~ 뒤에 부 뒤에, 늦어서	**black** [blæk]	형 검은, 흑인의 명 검은(색)
believe [bilíːv]	동 믿다, 생각하다	**blanket** [blǽŋkit]	명 담요
bell [bel]	명 벨, 종, 종소리	**block** [blɑk]	명 덩어리, 장애물, 한 구획 동 막다, 방해하다
below [bilóu]	전 ~의 아래에 부 아래에(서)	**blonde** [blɑːnd]	형 금발인
beside [bisáid]	전 ~의 옆에	**blood** [blʌd]	명 피
bicycle [báisikl]	명 자전거 동 자전거를 타다	**blue** [bluː]	형 파란, 우울한 명 파란색
big [big]	형 (수량·규모 등이) 큰, 대규모의	**board** [bɔːrd]	명 널빤지, 게시판, 이사회 동 타다, 탑승하다
bill [bil]	명 청구서, 법안	**boat** [bout]	명 보트, 배
billion [bíljən]	명 10억	**body** [bɑ́di]	명 몸, 무리
bin [bin]	명 쓰레기통, 통	**bomb** [bɑm]	명 폭탄 동 폭격하다
bird [bəːrd]	명 새	**bone** [boun]	명 뼈

book [buk]	명 책, 도서 동 예약하다	**break** [breik]	동 부수다, 고장 나다 명 휴식 (시간), (짧은) 휴가
boot [buːt]	명 목이 긴 신발, 부츠	**breakfast** [brékfəst]	명 아침 식사
borrow [bάːrou]	동 빌리다	**breast** [brest]	명 가슴, 유방
boss [bɔːs]	명 상사, 사장	**brick** [brik]	명 벽돌
both [bouθ]	형 둘 다의, 양쪽의 대 둘 다, 양쪽	**bridge** [bridʒ]	명 다리, 교량 동 다리를 놓다
bottle [bάtl]	명 병 동 병에 담다	**bright** [brait]	형 밝은, 빛나는
bottom [bάtəm]	명 (밑)바닥, 맨 아래 형 밑바닥의	**bring** [briŋ]	동 가져오다, 데려오다
boundary [báundəri]	명 경계	**brother** [brʌ́ðər]	명 형제
bowl [boul]	명 볼, 사발	**brown** [braun]	형 갈색의 명 갈색
boy [bɔi]	명 소년	**brush** [brʌʃ]	명 솔, 붓 동 솔질을 하다, 털다
brain [brein]	명 뇌	**brute** [bruːt]	명 짐승 같은 인간 형 사나운
brake [breik]	명 브레이크, 제동 장치 동 브레이크를 밟다	**bubble** [bʌ́bl]	명 거품
brand [brænd]	명 브랜드, 상표	**bug** [bʌg]	명 벌레, 작은 곤충
brave [breiv]	형 용감한, 용기 있는	**build** [bild]	동 짓다, 건설하다
bread [bred]	명 빵, 식빵	**bull** [bul]	명 황소

bundle [bʌ́ndl]	동 묶다, 마구 집어넣다 명 묶음	**butcher** [bútʃər]	명 정육점 주인, 도살자
burn [bəːrn]	동 불태우다, 불타다	**button** [bʌ́tən]	명 버튼, 단추 동 단추를 채우다
business [bíznis]	명 사업, 장사, 업무	**buy** [bai]	동 사다, 구입하다
busy [bízi]	형 바쁜, 분주한		

cable [kéibl]	명 케이블, 전선	**captain** [kǽptən]	명 선장, 우두머리
cage [keidʒ]	명 새장, 우리	**car** [kɑːr]	명 승용차, 자동차
calendar [kǽləndər]	명 달력, 일정표	**care** [kɛər]	명 돌봄, 조심 동 마음을 쓰다, 돌보다
call [kɔːl]	동 부르다, 전화하다	**carrot** [kǽrət]	명 당근
calm [kɑːm]	형 침착한, 고요한 동 진정하다, 안정시키다	**carry** [kǽri]	동 나르다, 가지고 다니다
can [kæn]	조 ~할 수 있다 명 깡통, 통조림	**cart** [kɑːrt]	명 손수레, (이륜) 짐마차
candy [kǽndi]	명 캔디, 사탕	**case** [keis]	명 경우, 상황, 상자
canvas [kǽnvəs]	명 캔버스 (천)	**cash** [kæʃ]	명 현금, 돈 동 현금으로 바꾸다 형 현금의, 현금 거래의
cap [kæp]	명 모자	**castle** [kǽsl]	명 성, 큰 저택
cape [keip]	명 망토	**cat** [kæt]	명 고양이

catch [kætʃ]	동 잡다, 붙잡다	**chin** [tʃin]	명 아래턱, 턱끝
cattle [kǽtl]	명 소(떼)	**chip** [tʃip]	명 칩, 조각
ceiling [síːliŋ]	명 천장	**choose** [tʃuːz]	동 고르다, 선택하다
century [séntʃəri]	명 세기, 100년	**church** [tʃəːrtʃ]	명 교회
certain [sə́ːrtən]	형 확실한, 틀림없는, 확신하는	**cigarette** [sìgərét]	명 담배
chain [tʃein]	명 체인, 사슬	**cinema** [sínəmə]	명 영화관, 극장
chair [tʃɛər]	명 의자, 의장	**circle** [sə́ːrkl]	명 원, 동그라미 동 회전하다, 돌다
chance [tʃæns]	명 기회, 가능성, 우연	**citizen** [sítizən]	명 시민
change [tʃeindʒ]	동 변하다, 변경하다 명 변화, 변경	**city** [síti]	명 도시, 시
cheap [tʃiːp]	형 (값이) 싼, 저렴한	**class** [klæs]	명 학급(반), 수업, 계급
check [tʃek]	동 확인하다, 점검하다 명 검사, 수표	**classroom** [klǽsrù(ː)m]	명 교실
cheek [tʃiːk]	명 뺨	**clay** [klei]	명 점토, 찰흙
chef [ʃef]	명 요리사, 주방장	**clean** [kliːn]	형 깨끗한, 청결한 동 깨끗하게 하다, 청소하다
chest [tʃest]	명 가슴	**clear** [kliər]	형 맑은, 분명한 동 치우다, 깨끗하게 하다
child [tʃaild]	명 아이, 어린이, 자식	**clerk** [kləːrk]	명 직원, 점원

clever [klévər]	형 영리한, 똑똑한	**come** [kʌm]	동 오다, 다가오다
climb [klaim]	동 오르다, 올라가다	**comedy** [kámidi]	명 코미디, 희극
clip [klip]	동 클립(핀)으로 고정하다, 자르다 명 클립, 깎기	**company** [kʌ́mpəni]	명 회사, 단체, 일행
clock [klɑk]	명 시계	**compass** [kʌ́mpəs]	명 범위, 나침반
close [klouz]	동 (문을) 닫다, 휴업하다 형 [klous] 가까운, 친한	**concert** [kánsə(ː)rt]	명 콘서트, 연주회
cloth [klɑθ]	명 천, 옷감	**condition** [kəndíʃən]	명 상태, 조건
cloud [klaud]	명 구름	**congratulate** [kəngrǽtʃəlèit]	동 축하하다
club [klʌb]	명 클럽, 동아리	**contest** [kántest]	명 콘테스트, (경연) 대회 동 [kəntést] 겨루다
coach [koutʃ]	동 코치하다, 지도하다	**control** [kəntróul]	명 지배, 통제(력) 동 통제하다, 지배하다
coal [koul]	명 석탄	**cook** [kuk]	동 요리하다 명 요리사
coin [kɔin]	명 동전, 주화 동 (화폐를) 주조하다, 만들다	**cookie** [kúki]	명 쿠키
cold [kould]	형 추운, 차가운	**cool** [kuːl]	형 시원한, 멋진
collect [kəlékt]	동 모으다, 수집하다	**cop** [kɑp]	명 경찰관
college [kálidʒ]	명 (단과)대학, 대학교	**copy** [kápi]	명 복사, 사본 동 복사하다
color [kʌ́lər]	명 색, 색깔 동 색칠하다	**cord** [kɔːrd]	명 끈, 전기 코드

corn [kɔːrn]	명 옥수수, 곡식	**cow** [kau]	명 암소, 젖소
corner [kɔ́ːrnər]	명 모퉁이, 모서리	**crazy** [kréizi]	형 미친, 열광한
cost [kɔ(ː)st]	명 가격, 비용 동 (비용·대가 등이) 들다	**cross** [krɔ(ː)s]	명 십자가, 십자형 동 건너다, 가로지르다
cottage [kátidʒ]	명 오두막집, 작은 집	**crown** [kraun]	명 왕관 동 왕관을 씌우다
cotton [kátən]	명 목화, 면직물	**cry** [krai]	동 울다, 외치다
couch [kautʃ]	명 소파, 긴 의자	**culture** [kʌ́ltʃər]	명 문화
could [kud]	조 can의 과거형	**curious** [kjú(ː)əriəs]	형 궁금한, 호기심이 많은
country [kʌ́ntri]	명 나라, 국가, 시골	**curtain** [kə́ːrtən]	명 커튼, (무대의) 막
countryside [kʌ́ntrisàid]	명 시골 (지역), 지방	**customer** [kʌ́stəmər]	명 고객, 손님
couple [kʌ́pl]	명 둘, 한 쌍	**cut** [kʌt]	동 베다, 자르다
cousin [kʌ́zən]	명 사촌	**cute** [kjuːt]	형 귀여운
cover [kʌ́vər]	동 덮다, 씌우다 명 덮개, 뚜껑	**cycle** [sáikl]	명 순환, 주기, 자전거

dad [dæd]	명 아빠	**danger** [déindʒər]	명 위험
dance [dæns]	명 댄스, 춤, 무용 동 춤을 추다	**dark** [dɑːrk]	형 어두운, 짙은

date [deit]	명 날짜, 연월일, 만날 약속, 데이트	**diary** [dáiəri]	명 일기(장), 일지
daughter [dɔ́:tər]	명 딸	**dictionary** [díkʃənèri]	명 사전
day [dei]	명 낮, 하루	**die** [dai]	동 죽다
dead [ded]	형 죽은	**different** [dífərənt]	형 다른, 별개의
death [deθ]	명 죽음	**difficult** [dífəkʌ̀lt]	형 어려운, 힘든
decide [disáid]	동 결정하다, 결심하다	**dinner** [dínər]	명 (하루 중 가장 중요한) 식사, 만찬
decision [disíʒən]	명 결정, 판단	**dirty** [dɔ́:rti]	형 더러운, 지저분한
deep [di:p]	형 깊은	**discount** [dískaunt]	명 할인 동 할인하다
degree [digrí:]	명 정도, 학위	**discuss** [diskʌ́s]	동 논의하다
delicious [dilíʃəs]	형 맛있는	**dish** [diʃ]	명 접시, 요리
demon [dí:mən]	명 악마	**divide** [diváid]	동 나누다, 쪼개다
dentist [déntist]	명 치과 의사	**do** [du]	동 하다
design [dizáin]	명 디자인, 설계 동 디자인하다, 설계하다	**doctor** [dáktər]	명 의사, 박사
desk [desk]	명 책상	**dog** [dɔ:g]	명 개
dialogue [dáiəlɔ̀(:)g]	명 대화	**doll** [dɑl]	명 인형

dolphin [dálfin]	명 돌고래	**drink** [driŋk]	명 음료, 마실 것 동 마시다
door [dɔːr]	명 문, 출입구	**drive** [draiv]	동 운전하다, 몰다 명 드라이브, 운전
double [dʌ́bl]	형 두 배의, 이중의 부 두 배로, 이중으로 명 두 배	**drop** [drɑp]	동 떨어지다 명 (액체의) 방울
down [daun]	부 아래로, 아래에 전 ~의 아래에	**dry** [drai]	형 마른, 건조한 동 말리다, 마르다
draw [drɔː]	동 그리다, 당기다	**duck** [dʌk]	명 오리 동 (머리나 몸을) 수그리다, 피하다
drawer [drɔːr]	명 서랍	**during** [djú(ː)əriŋ]	전 ~ 동안에
dream [driːm]	명 꿈 동 꿈을 꾸다		

each [iːtʃ]	형 각각의, 각자의 대 각자	**eat** [iːt]	동 먹다, 식사하다
ear [iər]	명 귀	**egg** [eg]	명 알, 달걀
early [ə́ːrli]	형 일찍(이), 이르게 대 이른, 빠른	**electric** [iléktrik]	형 전기의
earth [əːrθ]	명 지구	**electronic** [ilektrɑ́nik]	형 전자의
ease [iːz]	명 쉬움, 편안함	**elementary** [èləméntəri]	형 기본적인, 초급의
east [iːst]	명 동쪽, 동부 형 동쪽의, 동쪽에 있는 부 동쪽으로	**elephant** [éləfənt]	명 코끼리
easy [íːzi]	형 쉬운, 수월한	**else** [els]	부 (그 밖의) 다른

end [end]	명 끝, 결말 동 끝내다, 마치다	**evening** [í:vniŋ]	명 저녁, 밤
engine [éndʒən]	명 엔진, 기관	**ever** [évər]	부 여태껏, 지금까지, 언젠가
engineer [èndʒəníər]	명 엔지니어, 기사	**every** [évri]	형 모든, 모두(의)
enjoy [indʒɔ́i]	동 즐기다, 즐거운 시간을 보내다	**examination** [igzæmənéiʃən]	명 시험, 검사
enough [inʌ́f]	형 충분한 부 충분히	**example** [igzǽmpl]	명 예, 본보기
enter [éntər]	동 들어가다, 참가하다	**exercise** [éksərsàiz]	명 운동, 연습 동 운동하다, 연습하다
eraser [iréisər]	명 (고무) 지우개	**exit** [éksit]	명 출구 동 나가다
error [érər]	명 실수, 오류, 잘못	**eye** [ai]	명 눈
even [í:vən]	부 심지어, ~도	**eyebrow** [áibràu]	명 눈썹

fact [fækt]	명 사실, 실제	**famous** [féiməs]	형 유명한, 잘 알려진
factory [fǽktəri]	명 공장	**fan** [fæn]	명 (스포츠·영화 등의) 팬, 선풍기, 부채
fail [feil]	동 실패하다, ~하지 못하다	**fantastic** [fæntǽstik]	형 환상적인, 굉장한
fall [fɔ:l]	동 떨어지다, (눈·비 등이) 내리다 명 가을, 떨어짐	**far** [fɑ:r]	부 멀리, ~(만큼) 떨어져, 훨씬 형 먼, 멀리 떨어진
family [fǽməli]	명 가족	**farm** [fɑ:rm]	명 농장, 농원

fast [fæst]	형 빠른 부 빨리, 빠르게	**finger** [fíŋgər]	명 손가락
fat [fæt]	형 살찐, 뚱뚱한	**finish** [fíniʃ]	동 끝내다, 마치다 명 마지막, 끝손질
father [fá:ðər]	명 아버지	**fire** [fáiər]	명 불, 화재
favorite [féivərit]	형 가장 좋아하는	**fish** [fiʃ]	명 물고기, 어류 동 낚시하다
feel [fi:l]	동 느끼다, 만져보다	**flag** [flæg]	명 기, 깃발
female [fí:mèil]	형 여성의	**floor** [flɔ:r]	명 (방의) 바닥, 마루, 층
fever [fí:vər]	명 열, 발열	**flower** [fláuər]	명 꽃, 화초
few [fju:]	형 거의 없는	**fly** [flai]	동 날다, 비행기로 가다 명 파리
field [fi:ld]	명 들판, 밭	**fog** [fɔ(:)g]	명 안개
fight [fait]	동 싸우다, 전투하다 명 싸움	**food** [fu:d]	명 음식, 식량
file [fail]	명 파일, 서류철 동 (서류를) 철하다, 정리하다	**fool** [fu:l]	명 바보, 멍청이
fill [fil]	동 (가득) 채우다, 메우다	**foot** [fut]	명 발
find [faind]	동 찾다, 발견하다, 알아내다	**football** [fútbɔ̀:l]	명 풋볼, 축구
fine [fain]	형 훌륭한, 멋진 명 벌금	**force** [fɔ:rs]	동 강요하다, 억지로 ~시키다

forest [fɔ́(ː)rist]	명 숲, 삼림	**front** [frʌnt]	명 앞면, 정면 형 앞면의, 정면의
forever [fɔːrévər]	부 영원히, 영구히	**fruit** [fruːt]	명 과일, 열매
forget [fərgét]	동 잊다, 잊어버리다	**fry** [frai]	동 (기름으로) 튀기다
form [fɔːrm]	명 모양, 종류 동 형태로 만들다	**full** [ful]	형 가득 찬, 완전한
fox [fɑks]	명 여우	**fun** [fʌn]	명 재미, 즐거움(을 주는 것) 형 재미있는
free [friː]	형 자유로운, 공짜의	**fur** [fəːr]	명 모피, 털
fresh [freʃ]	형 신선한, 새로운	**furniture** [fɔ́ːrnitʃər]	명 가구
friend [frend]	명 친구, 벗	**future** [fjúːtʃər]	명 미래, 장래 형 미래의, 장래의
frog [frɔg]	명 개구리		

gang [gæŋ]	명 범죄 조직, 패거리	**gentleman** [dʒéntlmən]	명 신사
gap [gæp]	명 격차, 틈	**gesture** [dʒéstʃər]	명 제스처, 몸짓
garage [gərɑ́ːdʒ]	명 차고, 주차장	**get** [get]	동 얻다, 받다, 구하다
garden [gɑ́ːrdən]	명 정원, 뜰	**ghost** [goust]	명 유령, 귀신
gate [geit]	명 문, 정문, 출입구	**giant** [dʒáiənt]	명 거인 형 거대한

gift [gift]	명 선물, 재능	**grandfather** [grǽndfɑ̀:ðər]	명 할아버지, 조부
giraffe [dʒəræf]	명 기린	**grape** [greip]	명 포도
girl [gə:rl]	명 소녀	**grass** [græs]	명 풀밭, 잔디
give [giv]	동 주다, 제공하다	**great** [greit]	형 큰, 엄청난, 훌륭한
glad [glæd]	형 기쁜, 즐거운	**green** [gri:n]	형 녹색의, 환경 친화적인 명 녹색
glass [glæs]	명 유리, 유리잔	**grey** [grei]	형 회색의 명 회색
glove [glʌv]	명 장갑	**group** [gru:p]	명 그룹, 집단, 무리
glue [glu:]	명 접착제, 풀 동 접착제(풀)로 붙이다	**grow** [grou]	동 자라다, 성장하다
go [gou]	동 가다	**guess** [ges]	동 추측(짐작)하다, (추측으로) 알아맞히다 명 추측, 짐작
goal [goul]	명 목적, 목표, 골, 득점	**guest** [gest]	명 손님, 투숙객
goat [gout]	명 염소	**guide** [gaid]	명 안내(서), (관광) 안내인 동 안내하다
god [gɑ:d]	명 신	**gulf** [gʌlf]	명 만(灣)
gold [gould]	명 금	**guy** [gai]	명 남자, 녀석
good [gud]	형 좋은, 잘 된	**gymnasium** [dʒimneizíəm]	명 체육관, 실내 경기장
goodbye [gùdbái]	감 안녕히 가세요 명 작별 인사		

habit [hǽbit]	명 습관, 버릇	**health** [helθ]	명 건강
hair [hɛər]	명 머리카락, 털	**hear** [hiər]	동 듣다, 들리다
half [hæf]	명 절반	**heart** [hɑːrt]	명 심장, 가슴
hall [hɔːl]	명 복도, 현관	**heat** [hiːt]	명 열, 열기 동 뜨겁게 만들다
hammer [hǽmər]	명 망치	**heaven** [hévən]	명 하늘, 천국
hand [hænd]	명 손, 도움 동 건네주다	**heavy** [hévi]	형 무거운, 묵직한
handsome [hǽnsəm]	형 잘생긴, 멋진	**heel** [hiːl]	명 발뒤꿈치
hang [hæŋ]	동 걸다, 교수형에 처하다	**height** [hait]	명 높이, 신장
happy [hǽpi]	형 행복한, 기쁜	**helicopter** [héləkàptər]	명 헬리콥터
hard [hɑːrd]	형 단단한, 어려운, 힘든 부 단단히, 열심히	**hell** [hel]	명 지옥, 지옥 같은 상태
hat [hæt]	명 (테가 있는) 모자	**hello** [həlóu]	감 여보세요, 이봐, 안녕하세요
hate [heit]	동 몹시 싫어하다, 미워하다	**help** [help]	동 돕다, 거들다 명 도움, 원조
have [hæv]	동 가지고 있다, 소유하다	**here** [hiər]	부 여기에(서) 명 여기
head [hed]	명 머리, 책임자	**hero** [hí(ː)ərou]	명 영웅, (남자) 주인공
headache [hédèik]	명 두통	**high** [hai]	형 높은, (가격이) 비싼

highway [háiwèi]	명 고속도로	**hospital** [háspitəl]	명 병원
hill [hil]	명 언덕, 낮은 산	**hot** [hɑt]	형 더운, 뜨거운
history [hístəri]	명 역사, 이력	**hour** [áuər]	명 시간, 1시간
hit [hit]	동 때리다, 치다 명 치기, 성공	**house** [haus]	명 집, 주택
hobby [hábi]	명 취미	**hug** [hʌg]	동 껴안다, 끌어안다
hold [hould]	동 (손에) 쥐고(들고) 있다, 잡다	**huge** [hjuːdʒ]	형 거대한, 엄청난
hole [houl]	명 구멍	**human** [hjúːmən]	형 인간의, 사람의 명 인간, 사람
holiday [hálidèi]	명 (공)휴일, 휴가	**humor** [júːmər]	명 유머, 익살
home [houm]	명 집, 가정	**hundred** [hʌ́ndrəd]	명 백, 100 형 100(개, 사람)의
homework [hóumwə̀ːrk]	명 숙제, 과제	**hungry** [hʌ́ŋgri]	형 배고픈, 굶주리는
honest [ánist]	형 정직한, 솔직한	**hunt** [hʌnt]	동 사냥하다
honey [hʌ́ni]	명 꿀, 여보	**hurry** [hə́ːri]	동 서두르다, 급히 ~하다 명 서두름, 급함
hop [hɑp]	동 깡충깡충 뛰다	**husband** [hʌ́zbənd]	명 남편
hope [houp]	명 희망 동 희망하다	**hut** [hʌt]	명 오두막
horse [hɔːrs]	명 말		

ice [ais]	명 얼음, 얼음판	**international** [ìntərnǽʃənəl]	형 국제적인
idea [aidí(:)ə]	명 아이디어, 생각	**introduce** [ìntrədjúːs]	동 소개하다, 도입하다, 발표하다
idiom [ídiəm]	명 관용구, 숙어, 언어	**invite** [inváit]	동 초대(초청)하다, 요청하다
important [impɔ́ːrtənt]	형 중요한	**iron** [áiərn]	명 쇠, 철
inn [in]	명 여관, 여인숙	**island** [áilənd]	명 섬
inner [ínər]	형 내부의	**item** [áitem]	명 물품, 항목
inside [insáid]	전 ~의 안쪽에, ~ 내부에 부 안에 명 안(쪽), 내부		

jail [dʒeil]	명 교도소, 감옥	**jog** [dʒɑg]	동 조깅하다
jar [dʒɑːr]	명 단지, 병	**join** [dʒɔin]	동 결합하다, 참가하다
jaw [dʒɔː]	명 턱	**joke** [dʒouk]	명 농담
jeans [dʒiːnz]	명 바지, 청바지	**journal** [dʒə́ːrnəl]	명 학술지, 신문
jet [dʒet]	명 제트기, 분출	**joy** [dʒɔi]	명 즐거움, 기쁨
job [dʒɑb]	명 일, 직업, 일터	**just** [dʒʌst]	부 딱(꼭), 바로, 단지 형 공평한, 공정한

부 록 기초 어휘 | 527

keep [ki:p]	동 유지하다, 계속하다	**kit** [kit]	명 세트, 도구 한 벌
key [ki:]	명 키, 열쇠 형 가장 중요한	**kitchen** [kítʃən]	명 부엌, 주방
kick [kik]	동 (발로) 차다, 걷어차다 명 차기, 발길질	**knee** [ni:]	명 무릎
kid [kid]	명 아이 동 놀리다, 속이다	**knife** [naif]	명 칼, 나이프
kill [kil]	동 죽이다, 살해하다	**knight** [nait]	명 기사
kind [kaind]	명 종류, 유형 형 친절한, 상냥한	**knock** [nɑk]	동 두드리다, 노크하다
kindergarten [kíndərgà:rtən]	명 유치원	**know** [nou]	동 알다, 알고 있다
king [kiŋ]	명 왕, 국왕		

label [léibəl]	명 라벨, 꼬리표	**lamp** [læmp]	명 램프, 등
ladder [lǽdər]	명 사다리	**land** [lænd]	명 육지, 땅, 뭍 동 착륙하다
lady [léidi]	명 여자, 숙녀, 귀부인	**landmark** [lǽndmà:rk]	명 랜드마크(지형이나 도시의 지표가 되는 구조물), 획기적 사건
lake [leik]	명 호수	**language** [lǽŋgwidʒ]	명 언어
lamb [læm]	명 어린 양	**lap** [læp]	명 무릎, 한 바퀴

large [lɑːrdʒ]	형 큰, 광대한	**letter** [létər]	명 편지, 글자, 문자
last [læst]	형 맨 마지막의, 최후의, 지난 동 계속하다, 지속하다	**library** [láibrèri]	명 도서관
late [leit]	형 늦은, 작고한, 고(故)~	**lid** [lid]	명 뚜껑
laugh [læf]	동 웃다	**lie** [lai]	동 눕다, 누워 있다, 거짓말하다 명 거짓말
laundry [lɔ́ːndri]	명 세탁물	**light** [lait]	명 빛, 광선 형 가벼운
lazy [léizi]	형 게으른, 나태한	**like** [laik]	동 좋아하다 전 ~와 같이, ~처럼
leaf [liːf]	명 잎, 나뭇잎	**line** [lain]	명 선, 줄 동 선(줄)을 긋다
league [liːg]	명 연합, 리그	**lion** [láiən]	명 사자
learn [ləːrn]	동 배우다, 학습하다	**lip** [lip]	명 입술
leather [léðər]	명 가죽	**list** [list]	명 목록, 리스트
left [left]	형 왼쪽의, 좌측의 명 왼쪽, 좌측	**listen** [lísn]	동 듣다, 귀를 기울이다
leg [leg]	명 다리	**little** [lítl]	형 작은, 소규모의, 거의 없는
lesson [lésən]	명 학과, 과, 수업, 레슨	**live** [liv]	동 살다, 거주하다 형 [laiv] 살아 있는, 라이브의, 생방송의
let [let]	동 허락하다	**livingroom** [líviŋrùːm]	명 거실

log [lɔ(:)g]	명 통나무 동 벌목하다	**love** [lʌv]	명 사랑 동 사랑하다, 아주 좋아하다
long [lɔ(:)ŋ]	형 (길이·시간 등이) 긴	**low** [lou]	형 (키·높이·위치 등이) 낮은 부 낮게
look [luk]	동 보다, 바라보다, 찾다	**luck** [lʌk]	명 운, 행운
lose [lu:z]	동 잃어버리다, 분실하다	**lump** [lʌmp]	명 덩어리, 혹
lot [lɑt]	명 많음, 다량, 몫, 운명	**lunch** [lʌntʃ]	명 점심
loud [laud]	형 소리가 큰, 시끄러운		

machine [məʃí:n]	명 기계	**man** [mæn]	명 남자, 사람, 인류
mad [mæd]	형 미친, 정상이 아닌, (몹시) 화난	**many** [méni]	형 많은, 다수의 대 다수
magazine [mæ̀gəzí:n]	명 잡지	**map** [mæp]	명 지도
mail [meil]	명 우편, 우편물 동 우편으로 보내다	**marry** [mǽri]	동 결혼하다
main [mein]	형 주요한, 주된	**mathematics** [mæ̀θəmǽtiks]	명 수학
make [meik]	동 만들다, 제조하다	**may** [mei]	조 ~일지도 모른다
male [meil]	형 수컷의, 남성의	**meat** [mi:t]	명 (식용) 고기

meet [miːt]	동 ~을 만나다, 모이다, (필요·요구 등을) 충족시키다	**morning** [mɔ́ːrniŋ]	명 아침, 오전
memorize [méməràiz]	동 암기하다	**mother** [mʌ́ðər]	명 어머니
memory [méməri]	명 기억, 기억력	**mountain** [máuntən]	명 산
middle [mídl]	형 중앙의, 한가운데의 명 중앙, 한가운데	**mouse** [maus]	명 쥐, 생쥐
might [mait]	조 may의 과거형 명 힘, 권력	**mouth** [mauθ]	명 입, 입구
milk [milk]	명 우유, 젖	**move** [muːv]	동 움직이다, 옮기다
mind [maind]	명 마음, 정신 동 꺼리다, 유념하다	**movie** [múːvi]	명 영화
mirror [mírər]	명 거울	**much** [mʌtʃ]	형 많은, 다량의 대 많음, 다량
miss [mis]	동 놓치다, 그리워하다	**mud** [mʌd]	명 진흙, 진창
missile [mísəl]	명 미사일	**muscle** [mʌ́sl]	명 근육, 힘
money [mʌ́ni]	명 돈, 금전	**museum** [mjuzíːəm]	명 박물관
monkey [mʌ́ŋki]	명 원숭이	**mushroom** [mʌ́ʃru(ː)m]	명 버섯
monster [mʌ́nstər]	명 괴물, 도깨비	**music** [mjúːzik]	명 음악
month [mʌnθ]	명 월, 달, 개월	**must** [mʌst]	조 ~해야 한다
moon [muːn]	명 달		

name [neim]	명 이름, 성명	**next** [nekst]	형 다음의, 뒤의 부 다음에, 그다음은
nation [néiʃən]	명 국가	**nice** [nais]	형 좋은, 멋진, 즐거운
nature [néitʃər]	명 자연, 천성, 본질	**niece** [niːs]	명 여자 조카
navy [néivi]	명 해군, 짙은 남색	**night** [nait]	명 밤, 야간
near [niər]	형 (거리상·시간상) 가까운 전 ~에서 가까운	**nightmare** [náitmɛ̀ər]	명 악몽, 아주 끔찍한 일
neck [nek]	명 목	**noise** [nɔiz]	명 (시끄러운) 소리, 소음
need [niːd]	동 필요로 하다, ~해야 하다 명 필요, 요구	**none** [nʌn]	대 아무(하나)도 ~ 않다
neighbor [néibər]	명 이웃 (사람)	**noon** [nuːn]	명 정오, 낮 12시
neither [níːðər]	대 둘 다 ~ 아니다 형 둘 다 아닌	**nor** [nɔːr]	접 부 ~도 (또한) 아니다(없다)
nephew [néfjuː]	명 남자 조카	**north** [nɔːrθ]	명 북, 북쪽, 북부
net [net]	명 그물, 망	**nose** [nouz]	명 코
never [névər]	부 결코 ~ 아니다	**not** [nɑt]	부 ~ 아니다, ~ 않다
new [njuː]	형 새로운, 새 ~	**note** [nout]	명 메모, 기록 동 적어 두다, 주의하다
newspaper [njúːzpèipər]	명 신문, 신문지	**nothing** [nʌ́θiŋ]	대 아무것도 ~ 아니다(없다)

notify [nóutəfài]	동 알리다, 통지하다	number [nʌ́mbər]	명 수, 숫자
notion [nóuʃən]	명 생각, 개념	nurse [nəːrs]	명 간호사, 유모
now [nau]	부 지금, 이제	nut [nʌt]	명 견과, 나무 열매

ocean [óuʃən]	명 대양, 바다	only [óunli]	부 오직(단지) ~ 뿐인 형 유일한
office [ɔ́(ː)fis]	명 사무실, 영업소	open [óupən]	형 (문 등이) 열려 있는, 개방된, 영업 중인 동 열다
often [ɔ́(ː)fən]	부 종종, 자주	opinion [əpínjən]	명 의견, 견해
oil [ɔil]	명 석유, 기름	order [ɔ́ːrdər]	명 주문, 명령, 질서
old [ould]	형 늙은, 나이 많은, 낡은	out [aut]	부 밖으로, 밖에 전 ~ 밖에, ~ 밖으로
one [wʌn]	형 하나의, 한 사람의 대 하나, 한 사람	over [óuvər]	전 ~ 위쪽에(의) 부 위쪽에

p.m.	오후	pan [pæn]	명 냄비
paint [peint]	명 페인트, 도료, 물감 동 페인트칠하다	pants [pænts]	명 바지
pair [pɛər]	명 (두 개로 된) 쌍(켤레)	paper [péipər]	명 종이, 신문, 서류
palace [pǽlis]	명 궁전	parent [pɛ́(ː)ərənt]	명 어버이, 부모

park [pɑːrk]	명 공원 동 주차하다	**picnic** [píknik]	명 피크닉, 소풍
part [pɑːrt]	명 부분, 일부	**picture** [píktʃər]	명 그림, 사진
pass [pæs]	동 지나가다, 합격하다 명 통과, 입장권	**piece** [piːs]	명 한 부분(조각), 작품
past [pæst]	명 과거, 지난날	**pig** [pig]	명 돼지
pay [pei]	동 지불하다, 내다	**pill** [pil]	명 알약
peace [piːs]	명 평화	**pine** [pain]	명 소나무, 솔
pear [pɛər]	명 배, 배나무	**pink** [piŋk]	형 분홍색의 명 분홍색
pencil [pénsəl]	명 연필 동 연필로 쓰다	**place** [pleis]	명 장소, 곳 동 놓다, 두다
people [píːpl]	명 사람들	**plan** [plæn]	명 계획 동 계획하다
pepper [pépər]	명 후추	**play** [plei]	동 놀다, (경기를) 하다 명 연극
per [pər]	전 ~당, ~마다	**please** [pliːz]	동 기쁘게 하다, 즐겁게 하다 부 제발
perfect [pə́ːrfikt]	형 완벽한	**plural** [plú(ː)ərəl]	형 복수(형)의 명 복수, 복수형
pet [pet]	명 반려동물, 애완동물	**pocket** [pákit]	명 포켓, 주머니
photograph [fóutəgræf]	명 사진	**poem** [póuəm]	명 시
pick [pik]	동 고르다, 선택하다, 따다	**poet** [póuit]	명 시인

point [pɔint]	명 요점, 포인트 동 (손가락 등으로) 가리키다	**present** [prézənt]	명 선물 형 현재의, 있는, 존재하는 동 [prizént] 주다, 발표하다
pole [poul]	명 극, 막대기	**pretty** [príti]	형 예쁜, 귀여운 부 꽤, 상당히
police [pəlíːs]	명 경찰	**price** [prais]	명 가격, 값
pond [pɑnd]	명 연못, 못	**prince** [prins]	명 왕자
pool [puːl]	명 수영장, 웅덩이 동 모으다	**print** [print]	동 인쇄하다, 출력하다 명 인쇄(물)
poor [puər]	형 가난한, 빈곤한	**prize** [praiz]	명 상, 상품
pop [pɑp]	동 뻥 하고 터지다(소리나다)	**problem** [prɑ́bləm]	명 문제
pork [pɔːrk]	명 돼지고기	**professor** [prəfésər]	명 교수
possible [pɑ́səbl]	형 가능한, 일어날 수 있는	**pub** [pʌb]	명 술집, 선술집
poster [póustər]	명 포스터, 전단 광고	**punch** [pʌntʃ]	동 (주먹으로) 치다(때리다)
pot [pɑt]	명 냄비, 화분, 항아리	**puppy** [pʌ́pi]	명 강아지
potato [pətéitou]	명 감자	**push** [puʃ]	동 밀다, 밀어 내다
poverty [pɑ́vərti]	명 빈곤, 부족	**put** [put]	동 놓다, 두다
powder [páudər]	명 가루, 분말	**puzzle** [pʌ́zl]	명 퍼즐, 수수께끼 동 당황하게 하다
power [páuər]	명 힘, 권력		

queen [kwi:n]	명 여왕	**quick** [kwik]	형 빠른, 신속한
question [kwéstʃən]	명 질문, 물음, 질의	**quiet** [kwáiət]	형 조용한

rabbit [rǽbit]	명 토끼	**refrigerator** [rifrídʒərèitər]	명 냉장고
race [reis]	명 경주, 달리기, 인종, 민족	**remember** [rimémbər]	동 기억하다
rail [reil]	동 따라가다, (질질) 끌고 가다	**research** [risə́ːrtʃ]	명 연구
rain [rein]	명 비, 빗물 동 비가 오다	**restaurant** [réstərənt]	명 식당, 레스토랑
rainbow [réinbòu]	명 무지개	**restroom** [réstrùm]	명 화장실
rat [ræt]	명 쥐, 배신자 동 쥐를 잡다	**return** [ritə́ːrn]	동 돌아가다, 돌아오다
read [ri:d]	동 읽다	**rhythm** [ríðəm]	명 리듬, 규칙적 반복
ready [rédi]	형 준비가 된	**rice** [rais]	명 쌀, 밥
recipe [résəpìː]	명 조리법, 처방전	**rich** [ritʃ]	형 부유한, 돈 많은
record [rikɔ́ːrd]	형 기록적인	**ride** [raid]	동 (탈것을) 타다
red [red]	형 붉은, 빨간 (색의) 명 빨간색	**right** [rait]	형 옳은, 올바른 명 권리

ring [riŋ]	명 반지, 고리	**rookie** [rúki]	명 신참, 신병
rise [raiz]	동 증가하다, 오르다	**room** [ru(:)m]	명 방
river [rívər]	명 강, 강물	**root** [ru(:)t]	명 (식물의) 뿌리, 핵심
road [roud]	명 도로, 길	**rope** [roup]	명 밧줄, 로프
rock [rɑk]	명 바위	**round** [raund]	형 둥근, 원형의
rod [rɑd]	명 매, 회초리, 막대기	**row** [rou]	명 줄, 열
role [roul]	명 역할, 기능	**rumor** [rú:mər]	명 소문, 풍문
roof [ru(:)f]	명 지붕	**run** [rʌn]	동 달리다, 뛰다

sad [sæd]	형 슬픈, 애석한	**save** [seiv]	동 구하다, 모으다, 절약하다
safe [seif]	형 안전한	**say** [sei]	동 말하다
sale [seil]	명 판매, 세일	**scene** [si:n]	명 장면, 광경
salt [sɔ:lt]	명 소금	**school** [sku:l]	명 학교
same [seim]	형 같은, 동일한	**science** [sáiəns]	명 과학
sand [sænd]	명 모래, 모래사장	**scissors** [sízərz]	명 가위

score [skɔːr]	명 점수, 득점 동 득점하다, 채점하다	**sheet** [ʃiːt]	명 (종이) 한 장, 시트
sea [siː]	명 바다	**shell** [ʃel]	명 껍질, 껍데기
seal [siːl]	명 바다표범, 물개	**ship** [ʃip]	명 배, 선박
season [síːzən]	명 계절	**shock** [ʃɑk]	명 충격, 충격적인 일
seat [siːt]	명 자리, 좌석 동 앉히다, 앉다	**shoe** [ʃuː]	명 구두, 신발
see [siː]	동 보다, 알다	**shoot** [ʃuːt]	동 (총을) 쏘다, 사격하다
seed [siːd]	명 씨앗, 씨	**shop** [ʃɑp]	명 가게, 상점
seldom [séldəm]	부 거의 ~않는, ~의 경우가 거의 없는	**short** [ʃɔːrt]	형 짧은, 키가 작은
sell [sel]	동 팔다	**should** [ʃud]	조 (shall의 과거) ~해야 한다
send [send]	동 보내다, 발송하다	**shoulder** [ʃóuldər]	명 어깨
sense [sens]	명 의미, 뜻	**shout** [ʃɔːrt]	동 외치다
shadow [ʃǽdou]	명 그림자	**show** [ʃou]	동 보여 주다
shape [ʃeip]	명 형태, 모양	**shy** [ʃai]	형 수줍은, 부끄러워하는
sharp [ʃɑːrp]	형 날카로운, 예민한	**sick** [sik]	형 아픈, 병난
sheep [ʃiːp]	명 양	**side** [said]	명 (한)쪽, 측(면)

sign [sain]	명 신호, 표시	**sleep** [sli:p]	동 (잠을) 자다
silver [sílvər]	명 은, 은화 형 은의, 은색의	**slow** [slou]	형 느린, 더딘
simple [símpl]	형 간단한, 단순한	**small** [smɔ:l]	형 작은(적은), 소규모의
sing [siŋ]	동 노래하다	**smart** [smɑːrt]	형 똑똑한, 영리한
single [síŋgl]	형 단 한 개의, 단독의, 혼자의	**smell** [smel]	명 냄새 동 냄새가 나다, 냄새를 맡다
sister [sístər]	명 언니, 누나, 여동생	**smile** [smail]	동 웃다, 미소 짓다 명 웃음, 미소
sit [sit]	동 앉다	**smoke** [smouk]	명 연기 (같은 것)
site [sait]	명 장소, 위치	**snake** [sneik]	명 뱀
situation [sìtʃuéiʃən]	명 상황, 처지	**snow** [snou]	명 눈 동 눈이 내리다
size [saiz]	명 사이즈, 크기	**soap** [soup]	명 비누
skill [skil]	명 기술, 능력	**soccer** [sákər]	명 축구
skin [skin]	명 피부	**society** [səsáiəti]	명 사회, 단체
skirt [skəːrt]	명 스커트, 치마	**sock** [sɑk]	명 (짧은) 양말
sky [skai]	명 하늘	**soft** [sɔ(:)ft]	형 부드러운, 연한
slave [sleiv]	명 노예 동 노예처럼 일하다	**soldier** [sóuldʒər]	명 군인, 병사

some [sʌm]	형 조금, 약간의 대 몇몇, 다소	**speech** [spi:tʃ]	명 연설, 강연
son [sʌn]	명 아들	**speed** [spi:d]	명 속도
song [sɔ(:)ŋ]	명 노래	**spoon** [spu:n]	명 스푼, 숟가락
soon [su:n]	부 곧, 머지않아	**spring** [spriŋ]	명 봄 동 튀어 오르다
sorry [sɔ́(:)ri]	형 유감스러운, 미안한	**stage** [steidʒ]	명 무대, 단계
soul [soul]	명 영혼, 정신	**stair** [stɛər]	명 계단
sound [saund]	명 소리, 음 동 ~인 것 같다, ~처럼 들리다 형 건전한, 건강한	**stamp** [stæmp]	명 우표, 소인
sour [sauər]	형 신, 시큼한	**stand** [stænd]	동 서다, 서 있다, 일어서다 명 스탠드
south [sauθ]	명 남쪽, 남부 형 남쪽의, 남부의	**start** [stɑ:rt]	동 시작하다, 시작되다 명 시작, 출발
space [speis]	명 공간, 자리	**station** [stéiʃən]	명 역, 정거장
spade [speid]	명 삽, 가래	**stay** [stei]	동 머무르다, 계속 (~인 채로) 있다 명 머무름, 체류
speak [spi:k]	동 말하다, 이야기하다	**still** [stil]	부 여전히, 아직도
special [spéʃəl]	형 특별한, 특수한	**stone** [stoun]	명 돌, 돌멩이
spectrum [spéktrəm]	명 범위, 스펙트럼	**stop** [stɑp]	동 멈추다, 서다, 정지하다

영단어	뜻	영단어	뜻
store [stɔːr]	명 가게, 상점 동 저장하다, 보관하다	**study** [stÁdi]	명 공부, 연구 동 공부하다, 연구하다
storm [stɔːrm]	명 폭풍, 폭풍우	**subway** [sÁbwèi]	명 지하철, 지하도
story [stɔ́ːri]	명 이야기, 층	**succeed** [səksíːd]	동 성공하다, 상속하다
stove [stouv]	명 난로, 스토브	**sugar** [ʃúgər]	명 설탕
straw [strɔː]	명 짚, 빨대	**suite** [swiːt]	명 (호텔의) 스위트룸, (물건의) 한 벌
strawberry [strɔ́ːbèri]	명 딸기	**sun** [sʌn]	명 해, 태양
street [striːt]	명 거리, 도로	**supper** [sÁpər]	명 저녁, 저녁 식사
stress [stres]	명 스트레스, 압박 동 강조하다	**sweat** [swet]	명 땀 동 땀을 흘리다, 땀이 나다
strong [strɔ(ː)ŋ]	형 튼튼한, 강한	**sweet** [swiːt]	형 단, 달콤한
student [stjúːdənt]	명 학생	**swim** [swim]	동 수영하다, 헤엄치다

T

영단어	뜻	영단어	뜻
table [téibl]	명 테이블, 탁자, 표	**take** [teik]	동 가지고 가다, 잡다
tag [tæg]	명 꼬리표, 태그 동 꼬리표를 붙이다	**talk** [tɔːk]	동 말하다, 이야기하다 명 이야기
tail [teil]	명 꼬리	**tall** [tɔːl]	형 키가 큰

tape [teip]	명 테이프, 끈 동 테이프(끈)로 묶다, 녹음하다	**there** [ðər]	부 거기에, 그곳에서
taste [teist]	명 맛, 미각 동 맛이 나다	**thief** [θi:f]	명 도둑, 절도범
tax [tæks]	명 세금	**thin** [θin]	형 가는, 얇은
teach [ti:tʃ]	동 가르치다	**thing** [θiŋ]	명 물건, 것, 사물
teen [ti:n]	명 십 대	**think** [θiŋk]	동 생각하다
teenage [tí:nèidʒ]	형 십 대의	**thirst** [θə:rst]	명 갈증
telephone [téləfòun]	명 전화, 전화기	**thousand** [θáuzənd]	명 천, 수천 형 천 개의, 수천의
tell [tel]	동 말하다, 알리다	**throat** [θrout]	명 목, 목구멍
temple [témpl]	명 사원, 절	**thumb** [θʌm]	명 엄지손가락
test [test]	명 테스트, 시험 동 테스트(시험)하다	**tiger** [táigər]	명 호랑이
text [tekst]	명 글, 본문	**time** [taim]	명 시간, 때
textbook [tékstbùk]	명 교과서	**tin** [tin]	형 양철의, 양철로 만든 명 양철 깡통, 통조림
thank [θæŋk]	동 감사하다, 고마워하다	**title** [táitl]	명 제목, 서적, 직함 동 제목을 붙이다
theater [θí(:)ətər]	명 극장, 연극	**today** [tədéi]	명 오늘, 현재 부 오늘은, 요즘에는

toe [tou]	명 발가락	**tower** [tauər]	명 탑, 타워
together [təgéðər]	부 함께, 같이	**town** [taun]	명 (작은) 도시, 마을, 읍
toilet [tɔ́ilit]	명 변기(통), 화장실	**toy** [tɔi]	명 장난감
tomorrow [təmɑ́rou]	명 내일, 미래 부 내일, (가까운) 장래에	**train** [trein]	명 기차, 열차 동 교육(훈련)시키다
tone [toun]	명 어조, 음색	**travel** [trǽvəl]	동 여행하다, 이동하다 명 여행
tongue [tʌŋ]	명 혀, 언어	**tray** [trei]	명 쟁반, 트레이
tonight [tənáit]	명 오늘밤 부 오늘밤에	**tree** [tri:]	명 나무
too [tu:]	부 너무 (~한), (~도) 또한	**triangle** [trɑ́iæŋgl]	명 삼각형
tool [tu:l]	명 도구, 연장	**trip** [trip]	명 여행, 이동 동 발을 헛디디다
tooth [tu:θ]	명 이, 치아, 이빨	**trouble** [trʌ́bl]	명 문제, 불편
top [tɑp]	명 맨 위, 정상 형 맨 위의, 정상의	**true** [tru:]	형 사실인, 진실인
total [tóutl]	형 총, 전체의	**truth** [tru:θ]	명 진실, 사실
touch [tʌtʃ]	동 만지다, 건드리다 명 촉각	**try** [trai]	동 노력하다, 시도하다 명 시도
tour [tuər]	명 여행, 관광	**tube** [tju:b]	명 관, 튜브

tunnel [tʌ́nəl]	명 터널, 굴	**twin** [twin]	명 쌍둥이
turn [təːrn]	동 돌다, 돌리다 명 기회	**type** [taip]	명 종류, 유형 동 타자 치다, 입력하다
twice [twais]	부 두 번, 두 배		

ugly [ʌ́gli]	형 못생긴, 추한	**universe** [júːnəvə̀ːrs]	명 우주, 은하계
umbrella [ʌmbrélə]	명 우산	**university** [jùːnəvə́ːrsəti]	명 (종합) 대학교
uncle [ʌ́ŋkl]	명 아저씨, 삼촌	**up** [ʌp]	부 위로, 위쪽에 전 ~의 위로(에)
underground [ʌ̀ndərgráund]	형 지하의, 비밀의 부 지하에	**use** [juːz]	동 쓰다, 사용(이용)하다 명 [juːs] 사용, 이용
understand [ʌ̀ndərstǽnd]	동 이해하다, 알다	**utility** [juːtíləti]	명 공익 설비(시설), 유용성
uniform [júːnəfɔ̀ːrm]	명 제복, 유니폼		

vacation [veikéiʃən]	명 휴가, 방학	**vegetable** [védʒətəbl]	명 채소, 야채
valley [vǽli]	명 계곡, 골짜기	**versus** [və́ːrsəs]	전 (소송·경기 등에서) ~대(對)
van [væn]	명 밴, 유개 화물차	**very** [véri]	부 매우, 아주 형 바로 그

village [vílidʒ]	명 마을, 부락	**vocabulary** [voukǽbjəlèri]	명 단어
visit [vízit]	동 방문하다 명 방문	**voice** [vɔis]	명 목소리, 음성

wait [weit]	동 기다리다, 시중들다	**way** [wei]	명 길, 방법, 방식
wake [weik]	동 깨다, 일어나다	**weak** [wi:k]	형 약한, 힘이 없는
walk [wɔ:k]	동 걷다, 걸어가다 명 걷기, 산책	**wear** [wɛər]	동 입다, 착용하다
wall [wɔ:l]	명 벽, 담	**weather** [wéðər]	명 날씨, 기상
want [wɔ:nt]	동 원하다, 바라다 명 결핍	**wedding** [wédiŋ]	명 결혼, 혼례
war [wɔ:r]	명 전쟁	**weed** [wi:d]	명 잡초 동 잡초를 없애다, 김을 매다
warm [wɔ:rm]	형 따뜻한	**week** [wi:k]	명 주, 일주일
wash [wɔ:ʃ]	동 씻다, 빨래하다	**weekend** [wí:kènd]	명 주말
watch [wɑtʃ]	동 보다, 지켜보다 명 손목시계	**weight** [weit]	명 무게, 체중
water [wátər]	명 물 동 (화초에) 물을 주다	**welcome** [wélkəm]	동 환영하다, 맞이하다 형 환영받는, 반가운
watermelon [wɔ́:tərmèlən]	명 수박	**well** [wel]	부 잘, 제대로 명 우물

west [west]	명 서쪽 형 서쪽의 부 서쪽으로	**wire** [waiər]	명 철사, 전선
wet [wet]	형 젖은, 축축한	**wish** [wiʃ]	동 원하다, 바라다 명 바람, 의도
whale [hweil]	명 고래	**with** [wiθ]	전 ~와 함께, ~을 가지고
wheat [hwi:t]	명 밀, 소맥	**woman** [wúmən]	명 여자
white [hwait]	형 흰, 흰색의 명 흰색	**wood** [wud]	명 나무, 목재, 숲
wide [waid]	형 넓은, 광범위한	**wool** [wul]	명 양모, 털실
wife [waif]	명 아내, 부인	**word** [wə:rd]	명 단어, 낱말
will [wil]	조 ~할 것이다 명 의지	**work** [wə:rk]	동 일하다, 근무하다, 작동하다 명 일, 업무, 직업
win [win]	동 이기다, 승리하다	**world** [wə:rld]	명 (전) 세계
wind [wind]	명 바람 동 [waind] 구불구불하다	**worry** [wə́:ri]	동 걱정하다, 근심하다 명 걱정, 우려
window [wíndou]	명 창, 창문	**write** [rait]	동 쓰다
wing [wiŋ]	명 날개	**wrong** [rɔ(:)ŋ]	형 틀린, 잘못된

yawn [jɔːn]	동 하품하다	yellow [jélou]	형 노란, 노란색의 명 노란색
year [jiər]	명 해, 연	yesterday [jéstərdèi]	부 어제 명 어제
yell [jel]	동 고함치다	young [jʌŋ]	형 어린, 젊은

Z

zebra [zíːbrə]	명 얼룩말	zoo [zuː]	명 동물원
zone [zoun]	명 지역, 지구		

학문 어휘

aesthetics [esθétiks]	명 미학	**legend** [lédʒənd]	명 전설
agriculture [ǽgrəkʌ̀ltʃər]	명 농업	**literature** [lítərətʃùər]	명 문학
ambassador [æmbǽsədər]	명 대사, 사절	**philosophy** [filásəfi]	명 철학
anthropology [æ̀nθrəpálədʒi]	명 인류학	**physics** [fíziks]	명 물리학
architect [á:rkitèkt]	명 건축가	**playwright** [pléiràit]	명 극작가
biology [baiálədʒi]	명 생물학	**politics** [pálitiks]	명 정치학
communist [kámjənist]	명 공산주의자	**psychology** [saikálədʒi]	명 심리학
ecology [ikálədʒi]	명 생태학	**sociology** [sòusiálədʒi]	명 사회학
economics [ì:kənámiks]	명 경제, 경기	**specimen** [spésəmən]	명 샘플, 견본
fable [féibl]	명 우화, 꾸며낸 이야기	**statistics** [stətístiks]	명 통계 자료, 통계(학)
geography [dʒiágrəfi]	명 지리, 지리학	**submarine** [sʌ́bməri:n]	명 잠수함, 해저 식물(동물)
geology [dʒiálədʒi]	명 지질학	**telescope** [téləskòup]	명 망원경
hydrogen [háidrədʒən]	명 수소	**temperature** [témpərətʃər]	명 기온, 온도
laboratory [lǽbrətɔ̀:ri]	명 실험실	**thermometer** [θərmámitər]	명 온도계

문법 어휘

about [əbáut]	전 ~에 대한(관한), ~에 대하여(관하여)	**between** [bitwíːn]	전 ~의 사이에(서)
after [ǽftər]	전 ~ 후에, ~ 뒤에	**beyond** [bijánd]	전 ~을 넘어서, ~이상으로
alongside [əlɔ́(ː)ŋsáid]	전 ~의 옆에, ~와 함께	**but** [bət]	접 그러나
although [ɔːlðóu]	접 비록 ~이긴 하지만	**by** [bai]	전 ~ 옆에(서), ~에 의하여, ~으로
altogether [ɔ̀ːltəɡéðər]	부 완전히, 모두 합쳐	**despite** [dispáit]	전 ~에도 불구하고
among [əmʌ́ŋ]	전 ~의 사이에서, ~중에	**except** [iksépt]	전 ~을 제외하고는, ~이외는
and [ənd]	접 ~와(과), 그리고	**for** [fər]	전 ~을 위하여, ~ 동안
as [æs]	전 ~처럼(같이), ~로서	**from** [frəm]	전 ~으로부터
at [ət]	전 (장소·시간을 나타내어) ~에, ~에서	**furthermore** [fə́ːrðərmɔ̀ːr]	부 게다가, 뿐만 아니라
barely [bɛ́ərli]	부 거의 ~ 없이	**hardly** [háːrdli]	부 거의 ~아닌, 가까스로
because [bikɔ́(ː)z]	접 ~ 때문에, 왜냐하면	**hence** [hens]	부 그래서, 이런 이유로
before [bifɔ́ːr]	전 ~ 앞에, ~ 전에	**henceforth** [hénsfɔ̀ːrθ]	부 이제부터는
beneath [biníːθ]	전 ~의 아래에	**how** [hau]	부 어떻게, 얼마나
besides [bisáidz]	전 ~외에 부 게다가, 뿐만 아니라, 또(한)	**however** [hauévər]	부 아무리 ~해도, 하지만

부 록 문법 어휘 | 549

if [if]	접 만약 ~라면	**so** [sou]	부 그렇게, 너무
in [in]	전 (장소를 나타내어) ~안에(서), (시간을 나타내어) ~ 중에, ~후에	**than** [ðən]	전 ~보다(도)
into [íntə]	전 ~안으로	**that** [ðət]	형 저, 저쪽의
instead [instéd]	부 대신에	**then** [ðen]	부 그러고 나서, 그때
likewise [láikwàiz]	부 마찬가지로	**therefore** [ðɛ́ərfɔ̀:r]	부 그래서, 그러므로
meanwhile [mí:nwàil]	부 한편, 그 동안에	**this** [ðis]	대 이것, 이 사람
moreover [mɔːróuvər]	부 게다가, 더욱이	**though** [ðou]	접 (비록) ~이긴 하지만
nonetheless [nʌ̀nðəlés]	부 그럼에도 불구하고	**through** [θru:]	전 ~을 통해, ~을 관통하여
of [əv]	전 ~의	**thus** [ðʌs]	부 그러므로
off [ɔ:f]	부 떨어져서, 멀리	**toward** [tɔ:rd]	전 ~쪽으로, ~을 향하여
on [ən]	전 ~ 위에	**under** [ʌ́ndər]	전 ~ 아래에
or [ɔ:r]	접 혹은, 또는	**unless** [ənlés]	접 만약 ~이 아니라면
otherwise [ʌ́ðərwàiz]	부 (만약) 그렇지 않으면	**until** [əntíl]	전 ~까지
rather [rǽðər]	부 상당히, 오히려	**via** [váiə]	전 ~을 경유하여, ~을 통해서
since [sins]	전 ~이후, ~부터	**what** [wɑ:t]	대 무엇

when [wen]	부 언제 접 (~할) 때	**whom** [hu:m]	대 누구를, 누구에게
where [wɛər]	부 어디에, 어디로	**whose** [hu:z]	대 누구의
whereas [wɛəráez]	접 ~에 반하여, 그런데	**why** [wai]	부 왜, 어째서
whether [wéðər]	접 ~인지 (아니면 …인지)	**within** [wiðín]	전 (특정한 기간) 이내에
which [witʃ]	대 어느, 어떤	**without** [wiðáut]	전 ~ 없이
while [wail]	접 ~하는 동안(사이)	**yet** [jet]	부 아직
who [hu:]	대 누구		

부 록 문법 어휘 | 551

신경향 이동기 공무원 VOCA

INDEX
찾아보기

INDEX

A

abandon	443	admit	88	anniversary	348	assist	474
abhor	362	adolescent	441	announce	296	associate	239
abolish	365	adoption	441	annual	388	assume	303
abortion	444	advance	80	anonymous	241	assure	347
above all	327	advantage	207	anticipate	159	astronomer	434
absent	184	adventitious	211	antidote	436	at a loss	331
absolute	175	adverse	428	antipathy	401	at all costs	137
absorb	304	advertise	382	anxiety	446	at best	203
abstain from	202	advocate	256	anything but	73	at odds (with)	199
abstract	212	aesthetic	414	apart	25	at second hand	73
absurd	365	affluent	491	apology	216	at the expense(cost) of	265
abundant	485	afford	311	apparel	284		
abuse	369	affordable	387	apparent	247	at will	76
accelerate	192	agency	357	appeal	244	athlete	79
accept	23	agenda	341	appear	31	atmosphere	486
accessible	320	aggravate	151	appease	208	atom	435
acclaim	153	aggressive	468	appetite	460	attach	239
accommodate	242	aid	339	applaud	216	attack	477
accompany	153	aim	349	appliance	387	attain	143
accomplish	191	aisle	106	applicant	342	attempt	191
according to	263	alien	99	apply	26	attend	152
account	389	alike	89	appoint	345	attitude	422
accountant	228	alive	107	appreciate	231	attract	287
accumulate	279	all but	204	approach	31	attractive	414
accurate	40	allocate	192	appropriate	231	attribute	232
accuse	211	allowance	381	approve	233	auction	387
achieve	24	ally	466	approximate	239	audience	414
acid	252	alter	438	arbitrary	418	audit	355
acquiesce	216	alternative	468	archive	401	auditory	308
acquire	397	altruistic	411	argue	23	augment	304
act	363	amateur	224	arise	128	authentic	303
activate	371	amaze	177	arrest	370	author	406
actual	63	ambiguous	175	arrogant	224	authority	347
acute	304	ambition	160	article	374	automation	316
adapt	320	ambivalence	446	articulate	305	autonomous	357
addict	441	amendment	374	artificial	378	available	319
adduce	228	amenity	345	as usual	140	avenue	34
adequate	319	amount	381	aside	107	average	410
adjacent	252	amplify	235	aspect	79	aviation	473
adjust	350	analyze	428	aspire	299	avoid	23
administer	345	anchor	193	assemble	128	await	36
admire	49	ancient	24	asset	381	awake	51
		ancillary	315	assign	297	award	419
		angle	425	assimilate	320	aware	32

awesome	322	bet	228	bring up	327	catch on	204
awful	20	betray	313	broad	90	catch up with	75
awkward	281	bias	409	broadcast	81	catchy	195
		bind	148	broker	323	category	48
		biography	419	bruise	452	cater	124
B		bitter	232	budget	380	catholic	160
backbone	453	blame	153	build up	73	causal	417
backward	59	blank	25	bulk	147	cause	119
baggage	394	blast	473	bump into	203	caution	98
balance	252	blend	68	bunch	188	cave	481
bald	91	bless	41	burden	153	cease	91
ban	371	blind	58	bureaucratic	350	cede	216
bare	121	blink	27	burgeoning	163	celebrate	130
bark	82	blossom	493	burst into	267	celebrity	40
barrier	474	blow	481	burst	194	cell	426
barter	380	blunder	292	bury	26	cemetery	413
basis	96	blunt	422	bush	482	censor	361
be absorbed in	266	blur	162	by accident	139	census	339
be apt to	199	blush	105	by and large	265	ceremony	349
be based on	71	boast	16	by no means	140	certificate	342
be bound to	137	boil	19	by-product	315	chairman	353
be cut out for	74	boisterous	307			challenge	445
be fed up with	76	bold	427			chamber	250
be fond of	137	bond	393	**C**		channel	24
be good at	200	bondage	366	calculate	385	chaos	183
be involved in	327	boom	378	call for	200	character	403
be likely to	265	boost	207	call off	73	charge	365
be supposed to	329	border	473	cancel	18	charity	441
be tied up	72	bore	127	cancer	451	charm	105
be up to	203	bother	120	candidate	161	chase	473
be willing to	200	bounce	122	cannot help -ing	268	chat	99
beam	83	bow	108	capable	49	cheerful	208
bear in mind	73	branch	357	capacity	342	cherish	291
beat	107	break down	265	capital	348	chew	459
before long	332	break out	265	captivate	162	chilling	155
beg	131	break up	200	capture	477	choir	35
behave	319	breakthrough	437	care for	74	chop	179
belittle	363	breathe	462	career	33	chore	193
belong	153	breed	482	carnivorous	433	chronic	430
bend	454	breeze	494	carry out	263	chronological	196
benefit	338	bribery	355	carve	17	circular	145
benevolent	290	brief	127	cast	292	circulate	481
beside the point	72	brilliant	255	casual	18	circumspect	187
bestow	289	bring about	264	catalyst	429	circumstance	485

INDEX

civil servant	345	compassionate	234	conscience	284	corporate	386
civil service	340	compatible	417	conscious	224	correspond to	204
claim	15	compensate	444	consecutive	321	correspond	225
clap	26	compete	79	consensus	348	corrupt	358
clarify	33	compile	355	consent	374	costume	405
clash	476	complacent	428	consequence	419	cough	308
classic	412	complain	121	considerable	311	council	356
classification	430	complement	233	considerate	305	counsel	97
clause	361	complete	121	consist of	72	count	156
client	393	complex	303	consistent	239	counteract	208
cliff	491	complication	454	conspicuous	276	counterfeit	393
climate	492	complicity	475	constant	23	counterpart	430
cling	44	complimentary	380	constitute	41	county	349
clinic	461	component	295	constitution	338	courage	112
clue	435	composure	227	constructive	178	court	361
coast	494	comprehend	160	consult	49	courteous	217
codify	371	comprehensive	419	consume	460	coverage	372
coerce	372	comprise	257	contact	23	cozy	100
coexist	411	compromise	340	contain	127	crack	316
coherence	212	compulsive	112	contemporary	402	craft	145
coincide	393	compulsory	217	contempt	194	crash	177
collaborate	249	conceal	322	content	300	crave	410
collapse	467	concentrate	295	contentious	146	crawl	177
colleague	57	concept	143	context	404	creature	492
colony	41	concern	191	continent	484	credit	397
column	51	conciliatory	313	continue	120	crew	24
combat	473	conclude	175	contract	354	crime	47
come by	139	concord	220	contradict	287	crisis	18
come into effect	72	concurrent	235	contrary	161	crisp	60
come true	200	condemn	366	contrast	257	criticize	365
come up with	202	condense	438	contribute	404	crop	460
comfort	95	condone	280	controversial	323	crowd	291
command	474	conduct	358	convenient	82	crucial	271
commencement	212	confess	27	convention	371	crude	433
comment	128	confidence	279	conversation	191	cruel	25
commerce	389	confine	457	convert	406	cruise	24
commission	395	confirmation	342	convey	241	crush	49
commitment	338	conflict	467	conviction	373	cryptic	413
committee	357	conform	362	convince	250	cuisine	458
commodity	398	confront	312	cooperate	478	cultivate	482
common	119	confuse	55	coordinate	476	curb	257
communicate	119	congested	251	cope with	199	current	489
community	341	congruous	275	cope	339	curse	315
commuter	219	connect	32	copyright	390	curtail	386
comparable	233	conquer	465	core	83	curve	236

custody	445	delicate	304	devil	25	dismiss	372
custom	370	deliver	387	devise	208	disorder	449
cut back on	266	delusion	459	devote	120	disparity	401
cut in on	329	delve into	135	devour	194	disperse	211
cynical	284	demand	184	diabetes	450	displace	312
		demean	305	diagnose	449	dispose	428
		demise	292	dialect	402	disrupt	470
D		democratic	357	diameter	426	distant	426
dairy	457	demographic	348	dictate	249	distinct	311
damage	88	demonstrate	363	differ	79	distinguish	296
damp	299	dense	489	differentiate	160	distorted	434
dare	128	dent	195	diffident	251	distract	281
dawn	131	deny	177	dig	129	distress	454
deadlock	354	department	340	digest	459	distribute	358
deaf	445	departure	33	dignity	210	district	339
deal with	327	depend on(upon)	136	digress	256	disturb	319
deal	469	dependent	287	dilate	436	dive	156
debate	485	deplete	485	diligent	80	diversion	227
debris	493	deposit	378	dilute	436	diversity	404
debt	381	depreciate	282	dim	114	divorce	373
decade	249	depress	151	dimension	364	dizzy	147
decay	425	deprive	476	dip	124	do away with	328
deceive	298	depth	493	diplomat	465	do harm	264
decent	296	derive	183	direct	122	do one's best	264
decipher	425	derogatory	281	disabled	442	docile	259
declare	258	descendant	409	disadvantage	224	domain	64
decline	159	describe	55	disagree	146	domestic	60
decorate	129	deserve	171	disappoint	233	dominant	417
decrease	119	designate	273	disastrous	483	donate	395
dedicate	306	desire	48	discard	484	doom	283
deduct	397	desolate	282	discern	241	dormant	437
deed	92	desperate	167	discharge	382	dose	451
defeat	467	destination	145	disciplined	468	dot	51
defect	297	destiny	66	discord	171	doubt	58
defend	469	destroy	469	discourage	243	dozen	66
defendant	365	detach	272	discourse	145	draft	476
deficiency	434	detail	56	discreet	374	drag	52
deficit	380	detain	363	discrepancy	412	drain	255
define	311	detect	429	discrimination	405	drawback	304
definite	184	deteriorate	145	disdain	172	dread	186
deforestation	486	determine	255	disease	452	dress up	139
delay	223	detrimental	185	disgrace	248	drop in (on)	266
delegate	358	devastation	485	disguise	240	drop out	202
delete	147	develop	40	disgust	215	drown	148
deliberate	144	device	442	disinterest	196	drowsy	162

INDEX

word	page	word	page	word	page	word	page
drug	454	empire	50	escape	373	extension	232
dual	244	empirical	170	especially	192	extent	103
due to	263	employ	398	essential	63	external	103
due	67	empower	355	establish	15	extinct	481
dumb	442	empty	64	estate	385	extinguish	428
durable	429	enable	111	estimate	175	extra	104
dust	89	enclose	244	eternal	305	extract	209
duty	341	encounter	417	ethical	231	extraneous	275
dwell	346	encourage	103	evacuate	339	extraordinary	297
dynamic	410	end up	138	evaluate	346	extremely	271
		endanger	235	evaporate	430	extrovert	258
		endow	274	evel	106		
E		endure	95	evident	304	**F**	
		enemy	467	evoke	271		
eager	129	enervate	235	evolve	427	fabric	81
earn	119	enforcement	348	exact	16	face	339
economy	397	engage	243	exaggerate	271	facet	483
ecosystem	483	enhance	224	examine	418	facilitate	319
edge	114	enigmatic	212	exceed	314	facility	337
edible	460	enlighten	297	exception	296	factor	185
edit	108	ensure	287	exchange	385	faculty	422
educate	420	entail	321	exclude	295	fade	155
effect	80	enter into	74	excuse	66	failure	194
effective	255	enterprise	396	execute	388	fair	50
efficient	381	entertain	218	executive	388	faith	40
effort	255	enthusiasm	231	exemplary	162	fake	364
either	168	entice	290	exempt	161	fall behind	264
eject	236	entire	111	exhaust	490	fall short of	201
elaborate	239	entity	436	exhibit	303	fallacy	434
elastic	250	entrepreneur	386	exist	47	falsify	370
elder	178	entrust	212	exorbitant	170	fame	50
elect	354	entry	89	exotic	412	familiar	40
elegant	168	envelope	83	expensive	379	famine	445
element	31	environment	493	experience	23	fancy	60
eligible	290	envy	122	experiment	434	far from	137
embarrass	152	ephemeral	315	expert	15	fare	377
embassy	465	equal	171	expire	170	fascinate	210
embody	353	equip	386	explain	80	fashion	411
embrace	215	equity	398	explode	113	fasten	292
emerge	413	era	403	exploit	271	fatal	306
emergency	34	eradicate	405	explore	433	fatigue	457
emigrate	402	erase	193	export	396	faulty	225
emit	438	erect	251	expose	303	favor(영 favour)	31
emotion	48	erode	438	express	128	fear	459
empathy	248	erudite	323	exquisite	413	feasible	225
emphasis	15						

feast	401	for good	139	fulfill	49	gratitude	176
feather	484	for nothing	138	function	39	grave	410
feature	31	for the sake of	332	fund	27	gravity	429
federal	342	for the time being	140	fundamental	402	greed	397
fee	387	forage	308	funeral	64	greet	65
feed	129	forbid	366	furious	298	gregarious	414
feel like -ing	204	forecast	100	furnish	179	grief	49
fellow	81	forehead	115	fusion	474	grind	43
fertile	491	foreign	120	futile	322	grip	58
fiber	451	foremost	284			grocery	462
fidelity	475	foretell	131			gross	390
fierce	476	forge	291	**G**		ground	124
figure	116	formal	363	gain ground	332	grown-up	227
fill in	204	format	107	gain	41	guard	57
fill up	72	formation	89	gallant	220	guilty	17
final	128	former	131	gamble	442	gullible	251
finance	279	formidable	155	garrulous	236		
find out	135	formula	177	gather	59		
finite	90	forth	84	gender	57	**H**	
firm	106	fortify	147	gene	435	habitat	483
firsthand	114	fortitude	179	generation	95	hail	260
fit	130	fortune	159	generosity	306	hallmark	382
fix	180	forward	320	genius	84	halt	211
flame	152	fossil	481	gist	176	hammer out	203
flash	163	foster	446	give birth (to)	332	hand down	268
flat	324	found	163	give off	138	hand in	137
flatter	274	fountain	493	glance	98	hand out	135
flavor	458	fraction	180	glare	116	handicap	446
flee	466	fracture	452	glitter	99	handle	346
flesh	450	fragile	305	gloat (over)	252	hang on	139
flexible	183	fragmentary	196	gloomy	82	hang out with	330
flight	67	frame	155	glory	83	happen	114
flip	50	frankly	193	glow	123	harbor	483
float	66	free from	266	goods	377	hardship	233
flock	490	freeze	457	gorgeous	185	harm	128
flood	490	frequent	56	govern	161	harsh	144
flourish	395	fright	168	grace	188	harvest	291
flow	39	frivolous	298	grade	418	haste	250
fluctuate	389	from now on	331	gradual	337	haunt	106
fluent	283	from time to time	72	graduate	39	have nothing to do with	74
fluid	39	frost	492	grain	460	have words with	204
focus	57	frown	188	grant	358	have yet to	267
fold	27	frugal	228	graphic	434	havoc	467
folk	411	frustrate	218	grasp	236	hazard	492
fond	68	fuel	485	grateful	257		

INDEX

word	page	word	page	word	page	word	page
headquarters	385	illicit	364	incorrigible	324	insect	494
heal	81	illusion	443	increase	79	insert	26
hectic	299	illustrate	289	incredible	167	inside out	264
height	458	imagine	47	increment	379	insight	145
heir	361	imitate	159	incurable	426	insist	63
hereditary	427	immaculate	226	indeed	91	insolvent	382
heritage	405	immediate	15	independent	337	inspection	347
hesitate	105	immense	274	indicate	143	inspiration	215
hide	82	immigrate	406	indifferent	192	install	19
hideous	275	immortal	240	indigenous	410	instance	48
hierarchy	372	immune	461	individual	127	instead of	75
highlight	129	impact	176	induce	427	instill	194
hinder	185	impair	234	indulgent	282	instinct	433
hit upon(on)	199	impartial	366	industry	393	institute	353
hoarse	283	impeccable	258	inert	307	instruct	421
hold back	74	imperial	289	inevitable	247	instrument	437
hold good(true)	328	impertinent	241	infamous	164	insulate	226
hold on	331	impetus	321	infant	98	insult	258
hollow	272	implant	450	infect	168	insurance	446
homogeneous	430	implement	353	infectious	462	intact	435
honesty	127	implicate	304	infer	297	intangible	418
honor	113	imply	192	inferior	444	integral	422
horizon	484	import	390	infinite	179	integrate	442
horn	435	impose	398	inflate	185	integrity	279
horror	188	impress	49	influence	87	intellectual	240
hospitable	210	improvise	314	inform	239	intelligent	42
host	337	impulsive	433	informal	256	intend	65
hostage	291	in a row	201	infrastructure	338	intense	287
hostile	474	in addition to	136	infringe	475	intent	210
household	170	in concert with	204	ingredient	207	interact	421
humble	210	in no time	135	inhabit	484	interest	148
humid	486	in no way	330	inherent	248	interfere	216
humiliated	275	in order to	199	inherit	403	interior	131
hurt	177	in person	267	inhibition	366	intermediate	84
hybrid	300	in place of	263	initial	160	intermittent	161
		in the face of	268	initiative	342	interpret	96
		in the long run	331	inject	453	interrogate	369
		in token of	75	injure	151	interrupt	209
ideal	50	in vain	137	innate	273	intertwine	219
identical	312	incentive	385	innocent	228	interval	314
identify	346	incessant	312	innocuous	172	intervene	272
ideology	474	incident	402	innovation	355	intimate	242
idle	32	incline	17	inquire	169	intimidate	465
ignore	34	income	389	inquisitive	145	intrigue	257
ill at ease	138	incorporate	395	insatiable	146	intrinsic	240

invade	478	lately	196	literally	314	master	96
invent	103	latent	443	live on	268	masterpiece	413
invest	385	latter	179	liver	451	match	105
investigate	420	launch	187	load	42	mate	84
invincible	469	law	373	loaf	260	material	429
invitation	91	lawn	489	loan	394	maternal	243
invoke	272	lawyer	57	local	337	matter	79
involve	373	lay aside	330	locate	19	maturity	154
ironic	236	lay off	327	lock	19	maximum	107
irrigate	433	lay out	202	logic	420	mayor	358
irritate	288	lay	52	lone	35	meal	95
isolate	459	layer	19	long for	264	mean	36
issue	355	lead to	71	longevity	446	measure	428
		lead	25	look down on	76	mechanic	107
		leak	50	look for	331	mechanism	226
J		lean	51	look forward to	263	mediate	250
jealous	82	leap	26	look out	75	medical	453
jeopardize	274	lease	374	look upon A as B	328	medicine	450
joint	449	leave out	202	loose	43	medieval	412
judge	370	leave	119	loyal	468	meditative	227
judicial	366	lecture	89	lucrative	377	medium	184
junior	420	leftover	258	lung	454	melt	429
jury	369	legal	371	luxury	395	memorial	340
justice	362	legislate	363			mend	171
justify	296	leisure	411			mental	178
justly	369	lend	92	**M**		mention	33
		lenient	290	magnet	427	merchandise	379
		let ~ down	263	magnificent	156	merchant	388
K		let ~ go	267	magnitude	421	mercy	58
keen	90	let alone	330	maintain	223	mere	42
keep in mind	202	lethargy	453	majority	151	merge	379
keep in touch with	265	liability	306	mammal	430	merit	57
keep track of	140	liberation	349	manage	398	merry	32
keep up with	331	liberty	88	manifest	239	metabolic	462
kidnap	259	license	338	manipulate	313	metal	435
kindle	282	lifespan	243	manner	260	method	58
know better than to	201	lift	123	manufacture	216	meticulous	168
		likely	192	march	35	metropolitan	350
		limb	445	margin	390	microwave	460
L		limit	162	marginal	413	mighty	474
labor	378	limp	449	marine	486	migrate	176
lack	167	linguistic	167	mark	36	milestone	403
laconic	148	link	155	marvel	169	military	475
lament	296	liquid	428	masculine	232	millennium	300
landscape	492	literacy	417	massive	491	million	24

INDEX

miner	490	narrate	16	obscure	258	outline	244
mineral	490	narrow	64	observation	272	outnumber	260
minimal	96	nasty	288	obsessed	234	output	396
minimum	97	national	217	obstinate	251	outsourcing	393
minister	358	native	414	obvious	272	outweigh	250
minor	99	neat	65	occasion	247	overall	234
minute	308	necessity	388	occupy	178	overcome	87
miracle	96	needle	43	occur	143	overdue	338
miserable	241	negative	87	off the record	266	overlap	218
miserly	324	neglect	288	offend	275	overlook	288
mislead	104	negotiation	470	offer	154	overnight	98
mission	348	nervous	296	offhand	244	overtime	386
mixture	437	nest	494	offset	339	overwhelming	256
mock	323	neutralize	156	omit	52	owe	369
moderate	170	nimble	217	on behalf of	331	own	97
modify	223	no more than	137	on leave	328		
moist	425	noble	121	on the other hand	135	**P**	
moment	98	nocturnal	426	on the point of -ing	137		
momentous	307	nod	130	on the spot	265	pace	116
monetary	394	nomadic	494	once in a while	201	pack	172
monitor	225	nominal	187	once	51	pain	111
monopoly	382	nominate	356	ongoing	178	pale	259
monumental	307	norm	361	onset	219	panacea	452
mood	90	normal	130	operate	16	panel	347
moral	209	nothing but	75	opponent	159	panic	82
more often than not	265	notice	87	opportunity	55	paperwork	350
mortal	89	noticeable	322	opposite	288	paradox	258
mortgage	381	nourish	482	optical	461	paragraph	171
motion	164	novel	412	optimal	186	parallel	260
motivate	418	novice	179	optimist	207	paralyze	452
motive	186	nuclear	477	option	18	paramount	299
mount	299	nuisance	236	oral	17	pardon	361
multiple	185	nullify	195	orbit	429	parliament	357
municipal	357	numb	444	ordinary	56	parsimony	323
murder	68	numerous	127	organ	438	partial	180
mutual	312	nurture	422	organic	461	participate	280
mythology	410	nutrient	462	organize	350	particle	436
				origin	403	pass away	266
N		**O**		ornament	227	pass out	75
				out of order	329	passage	316
nadir	242	obesity	458	out of place	74	passenger	154
nagging	300	object	420	out of question	203	passionate	151
nail	28	objective	28	out of sight	138	passive	313
naive	276	oblige	272	outcome	105	paste	43
naked	27	oblivious	243	outdated	412	pat	35

patch	34	physician	453	practical	295	pristine	180
patent	374	pick on	136	practice	132	privacy	177
path	24	pick up	71	praise	17	private	470
patience	322	pile	44	pray	44	privilege	231
patient	454	pinch	67	preach	315	probably	152
patrol	345	pioneer	33	precarious	308	proceed	280
pattern	67	pious	210	precaution	291	process	356
paucity	288	pitch	65	precede	288	prodigal	378
pause	36	pity	27	precious	406	produce	381
pave	492	plagiarism	373	precipitate	225	profession	394
pay attention to	330	plain	187	precise	210	proficient	306
pay off	133	planet	491	predator	494	profitable	387
peak	52	plant	493	predict	64	profound	186
peasant	112	plate	59	prefer	31	progress	191
pecuniary	380	platform	20	pregnant	441	prohibit	146
pedestrian	252	plausible	226	prejudice	82	project	421
peel	83	play down	73	preliminary	179	proliferate	194
peer	411	pleasure	115	premature	289	prolific	494
penalty	372	plenty	81	premise	143	prolong	467
penchant	300	plight	470	premium	445	prominent	186
pension	348	plot	89	prepare	16	promise	25
perceive	183	plummet	151	prerequisite	390	promote	100
perform	103	point out	139	prescribe	451	prompt	223
perhaps	122	poison	451	presence	39	pronounce	144
period	112	policy	355	preserve	231	proof	372
periodical	420	polish	322	president	41	proper	247
periphery	291	polite	106	press	98	property	388
perish	274	poll	356	pressure	232	propitious	172
perjury	374	pollute	486	prestigious	298	prospect	217
permanent	281	popular	96	presume	307	prosperous	388
permit	103	population	349	pretend	305	protein	458
perpetual	273	portable	292	prevail	273	protest	347
perplex	217	porter	316	prevalent	247	proud	39
persecute	176	portion	96	prevent	112	prove	363
persist	215	portrait	404	previous	289	proverb	68
personality	143	portray	298	prey	493	province	341
personnel	345	pose	218	priceless	274	prowess	422
perspective	115	position	104	pride	80	proximity	427
persuasive	178	positive	84	priest	120	psyche	211
pervasive	162	possess	175	primary	120	puberty	418
petition	364	post	147	primitive	414	public	346
phase	171	postpone	164	principal	147	publicity	340
phenomenon	401	potable	233	prior	84	publish	419
phrase	65	potential	421	priority	255	pull over	327
physical	461	pour	489	prison	108	pull	64

INDEX

pump	50	reason	63	release	108	respect	209
punctual	212	reasonable	216	relentless	236	respective	283
punctuate	259	rebel	466	relevant	273	respond	380
punishment	370	rebellious	250	reliable	319	responsible	340
pupil	417	recall	242	relieve	443	rest	164
purchase	396	receive	39	religious	409	restive	300
pure	42	recent	47	reluctant	279	restore	81
purpose	47	reception	445	rely	63	restrict	271
pursue	111	recess	251	remain	20	result from	71
		recessive	406	remark	297	resume	241
		recipient	248	remedy	450	retail	379
Q		recite	105	remind	60	retaliate	465
qualification	397	reckless	250	remnant	405	retirement	341
qualify	169	recognize	319	remote	426	retrieve	324
quality	382	recommend	129	remove	55	reveal	104
quantity	111	reconcile	209	render	219	revenge	477
quarrel	89	recover	489	renew	66	review	123
quarter	233	recruit	211	rent	364	revision	362
quite	132	recycle	482	repair	396	revive	105
quote	171	reduce	111	repeat	58	revolution	478
		redundant	314	repent	315	revolve	425
		refer to	199	replace	287	reward	241
R		reference	446	replenish	320	rid	99
racial	362	refined	389	replete	283	ridiculous	193
radiate	436	reflect	409	replicate	298	riot	478
radical	404	reform	356	reply	50	ripe	152
rage	92	refresh	114	represent	276	rival	186
raise	130	refund	382	representative	337	roar	66
rally	349	refurbish	321	reproduction	482	roast	187
random	232	refuse	88	republic	468	rob	116
range	106	regard	271	reputable	422	robust	226
rank	347	regardless of	71	reputation	413	roll	36
ransack	341	regional	346	request	18	root out	267
rapid	219	register	218	require	112	rot	462
rare	144	regret	123	rescue	313	rough	35
rate	284	regular	121	resemble	90	route	403
rather	196	regulate	207	resentment	161	routine	48
ratio	148	rehearse	120	reserved	299	royal	42
rational	191	reinforce	311	resignation	395	rub	41
raw	461	reiterate	280	resilient	184	rubber	438
reach	26	relapse	280	resist	169	rude	59
react	15	relate	162	resolute	466	ruin	121
realistic	409	relationship	184	resolve	193	rule out	135
realize	55	relative	92	resort	220	run down	76
rear	28	relax	167	resource	491	run for	73

run into	140	seemingly	273	silly	44	species	425
rural	341	segregate	259	similar	56	specific	240
rush	97	seize	469	simulate	219	specify	146
		select	47	simultaneously	168	spectacle	483
		senior	41	sin	35	spectacular	208
S		sensation	305	sincere	65	speculate	379
sacred	195	sensible	279	single out	332	spell	242
sacrifice	112	sensitive	183	sinister	227	spend	393
salary	390	sentence	373	sink	17	sphere	437
salutary	441	sentient	321	skeleton	453	spill	41
salvage	475	sentiment	56	skeptical	169	spirit	402
sanction	478	separate	159	skim	211	spit	28
sanguine	195	sequence	282	skip	35	splash	83
sanitation	457	serene	282	slice	91	splendid	234
satisfy	295	series	87	slide	116	split	131
savvy	418	serve	43	slim	108	spoil	276
scale	68	session	421	slope	484	spontaneous	226
scant	163	set aside	200	slump	390	sporadic	257
scarce	115	set back	203	smash	99	spot	316
scare	218	set forth	332	smooth	122	spouse	123
scatter	290	settle	313	smuggle	396	sprain	451
scheme	465	sever	449	snap	113	spread	103
scholar	421	several	119	sneak	100	squander	389
scold	108	severe	98	sneer	259	square	99
scramble	314	sew	107	so far	267	squeeze	90
scrap	244	shade	115	soak	163	stability	347
scratch	81	shallow	88	sober	443	stabilize	224
scream	122	shame	100	social	442	stack	243
screen	220	share	223	soil	481	stagnant	283
screw	146	shave	148	sole	194	stain	316
scrub	156	sheer	323	solemn	299	stand for	329
scrutinize	243	shelf	187	solid	435	stand out	71
sculpture	403	shelter	350	solitary	167	stand up for	328
search for	329	shield	478	solve	183	standard	144
search	169	shift	306	somewhat	52	stare	172
second to none	268	show off	328	sooner or later	138	starve	444
secret	34	show up	139	sophisticated	186	state	354
secretary	353	shrink	193	sore	454	state-of-the-art	468
sector	354	sibling	160	sort	57	static	315
secular	240	sigh	154	source	404	statue	307
secure	444	sight	458	sow	67	status	406
sedentary	281	sign up for	73	span	18	statute	361
sediment	437	significant	175	spare	33	stay up	136
see off	74	signify	144	spatial	427	steady	234
seek	64	silent	25	speak ill of	266	steal	164

INDEX

steel	27	such as	72	symbol	401	thrill	95
steep	65	suck	457	sympathetic	209	throw	115
steer clear of	200	sudden	17	symptom	462	thwart	227
stem	67	suffer	48	synonymous	195	tick	131
stick to	76	sufficient	223	synopsis	180	tide	486
stick	51	suggest	63	synthetic	260	tie	92
stiff	249	suicide	459			tight	98
stigma	314	suit	16	T		tilt	235
stimulate	419	sum up	201			timber	485
sting	43	sum	394	tackle	321	tiny	152
stir	51	summary	32	tale	411	tip	164
stitch	20	summit	289	talent	153	tire	154
stomach	460	superb	306	tame	324	tissue	430
straight	129	superficial	168	tap	218	tolerate	225
straightforward	242	superior	396	target	186	torture	20
strategy	378	supernatural	412	task	349	toss	35
stream	90	superstition	405	taxation	371	tough	40
streamline	395	supervision	353	tear	55	toxic	195
stretch	113	supplement	152	tease	257	trace	483
strict	88	supply	16	telegraph	163	trade	394
strife	475	support	80	tell A from B	140	traditional	405
strike	87	suppose	113	temporary	208	tragic	56
string	123	suppress	473	tenant	248	trail	60
strip	122	supremacy	402	tend	58	trait	223
stripe	187	sure	83	tender	19	tranquil	252
strive for	199	surface	486	tension	469	transact	163
stroke	52	surge	255	tentative	251	transcript	419
structure	342	surgery	449	term	188	transfer	215
struggle	176	surpass	193	terminate	289	transform	67
stubborn	180	surprise	81	terrible	34	transfusion	450
stuff	185	surrender	321	terrific	42	transitory	244
stumble	281	surrounding	154	territory	475	translation	321
subject	44	surveillance	172	testify	364	transmit	23
subjective	215	survey	434	that is	138	transparent	176
sublime	298	survive	95	theme	28	transport	313
submit	282	suspect	372	theory	438	trap	468
subordinate	476	suspend	235	therapy	452	traumatic	459
subscribe	387	sustain	311	thick	42	treachery	283
subsequent	274	swallow	458	think little of	268	treasure	113
substance	231	swear	364	thirsty	59	treat	442
substantial	290	sweep	113	thorn	116	treaty	470
substitute	249	swell	156	thread	130	tremble	116
subtle	207	swift	91	threat	466	tremendous	104
suburb	56	swing	132	threshold	211	trend	409
succinct	320	switch	153	thrift	219	trespass	322

trial	366	usual	97	volatile	276	wreck	490
tribe	414	utilize	228	volume	34		
trick	132	utter	161	voluntary	249	**Y**	
trigger	256			vote	356		
trim	124			vulnerable	443	yardstick	226
triple	132	**V**				yield	308
triumph	477	vacant	160				
trivial	303	vacuum	437	**W**			
troop	470	vague	217				
trunk	132	vain	170	wage	398		
trust	178	valid	365	wait on	201		
try on	330	valuable	377	walk on air	76		
tune	147	vanish	311	wander	59		
turn down	136	variation	280	wane	275		
turn into	327	variety	295	warn	369		
turnover	155	vary	312	warrant	377		
typical	256	vast	95	wary	476		
tyranny	354	vehicle	484	waste	380		
		venture	378	watch out	329		
		verbal	185	wave	225		
U		verdict	371	wealth	32		
		versatile	249	weapon	469		
ubiquitous	279	vertical	257	wear out	330		
ultimate	247	veterinarian	452	weary	33		
unanimous	356	veto	276	weave	155		
undergo	207	viable	276	weigh	66		
underlie	154	vibrate	130	weird	57		
underline	43	vice	121	welfare	444		
undermine	287	vicious	248	whisper	68		
undertake	281	victim	467	wholesale	377		
unify	466	view	492	widespread	104		
union	397	vigilant	477	widow	92		
unique	290	vigorous	106	wild	490		
unit	60	villain	324	wilderness	489		
unite	20	violate	370	willing	97		
unprecedented	280	violent	477	wipe	115		
up in the air	329	virgin	124	with regard to	267		
update	18	virtually	196	withdraw	386		
uphold	350	virtue	404	witness	362		
upright	307	visible	215	witty	114		
upset	26	vision	170	wonder	91		
upward	33	visual	169	work out	201		
urban	340	vital	220	worship	124		
urge	19	vivid	145	worth	385		
urgent	470	vociferous	232	wound	453		
usher	297			wrap	146		